Kollektiver Rechtsschutz im Kartellrecht

Carl-Christian Scholl

Kollektiver Rechtsschutz im Kartellrecht

Eine rechtsvergleichende Untersuchung zum Private Enforcement im Kartellrecht

PETER LANG
Frankfurt am Main · Berlin · Bern · Bruxelles · New York · Oxford · Wien

Bibliografische Information der Deutschen Nationalbibliothek
Die Deutsche Nationalbibliothek verzeichnet diese Publikation in der Deutschen Nationalbibliografie; detaillierte bibliografische Daten sind im Internet über http://dnb.d-nb.de abrufbar.

Zugl.: Kiel, Univ., Diss., 2010

Umschlaggestaltung:
Olaf Glöckler, Atelier Platen, Friedberg

Gedruckt auf alterungsbeständigem,
säurefreiem Papier.

D 8
ISBN 978-3-631-60636-0

www.peterlang.de

Vorwort

Diese Arbeit wurde im Wintersemester 2010/2011 von der juristischen Fakultät der Christian-Albrechts-Universität zu Kiel als Dissertation angenommen. Literatur und Rechtsprechung konnten bis Oktober 2010 berücksichtigt werden.

Die Dissertation entstand zu großen Teilen während meiner Tätigkeit als wissenschaftlicher Mitarbeiter am Lehrstuhl von Prof. Dr. *Joachim Jickeli.* Er hat diese Arbeit als Doktorvater vorbildlich betreut und gefördert. Die exzellenten Bedingungen am Lehrstuhl haben mir stets die notwendigen Freiräume für selbstständiges wissenschaftliches Arbeiten gelassen und haben so wesentlichen Anteil am Erfolg dieser Arbeit. Herrn Prof. Dr. *Haimo Schack* LL.M. (Berkeley) danke ich für die zügige Erstellung des Zweitgutachtens, sowie für die wertvollen Hinweise und Korrekturvorschläge.

Meiner Familie und meinem persönlichen Umfeld gilt ein herzliches Dankeschön für die Unterstützung während der Promotionsphase. Besonderer Dank gilt meinen Eltern, *Peter* und *Christiane Scholl,* deren uneingeschränkte Förderung und mancher Rat während meiner gesamten Ausbildung diesen Abschluss des akademischen Werdegangs ermöglicht haben.

Ihnen ist die Arbeit gewidmet.

Kiel, im Dezember 2010 — Dr. Carl-Christian Scholl

Inhaltsübersicht

Inhaltsverzeichnis

Einleitung

Gegenstand dieser Arbeit ist eine rechtsvergleichende Untersuchung über die Durchsetzung zivilrechtlicher Ansprüche im Wege des kollektiven Rechtsschutzes, die aufgrund von Kartellrechtsverstößen entstanden sind.

Anlass für die Untersuchung sind die europäischen Initiativen auf dem Gebiet der privaten Rechtsdurchsetzung des Kartellrechts. Schon seit längerem fordern die Europäische Kommission (GD-Wettbewerb) und der EuGH von den Mitgliedstaaten die Verstärkung des Private Enforcements. Insbesondere die Kommission interpretiert die Formulierung des EuGH, dass „Jedermann" effektiven Ersatz für Schäden erlangen kann, die aus Kartellrechtsverstößen herrühren, in einem absoluten Sinn.[1] Ziel ist die vollständige Entschädigung der Opfer von Kartellverstößen.[2] Die Mitgliedstaaten sind angehalten, den Geschädigten Zugang zu effektiven Rechtsschutzinstrumenten zu gewähren, damit sie vollständig und effektiv für die erlittenen Schäden entschädigt werden können. Im Rahmen des rechtspolitischen Diskurses über die private Rechtsdurchsetzung wurde vor allem die mangelhafte prozessuale Durchsetzbarkeit von kartellrechtlichen Ansprüchen kritisiert. Die Geschädigten haben in der Regel nur einen geringen individuellen Schaden zu verzeichnen, sodass ein rationales Desinteresse von der Geltendmachung bestehender Ansprüche abhält. Dies gilt umso mehr, je geringer der individuelle Schaden ist.

Diese Klageapathie ist eine Hauptursache für die mangelnde Effizienz der privaten Durchsetzung des Kartellrechts.[3] Dies gilt gleichermaßen für das europäische wie für das deutsche Kartellrecht. Trotz des geringen individuellen Interesses an der Durchsetzung von kartellrechtlichen Schadensersatzklagen besteht aus Sicht der Kommission ein nicht von der Hand zu weisendes öffentliches Interesse an der Geltendmachung der Streuschäden.[4] Die Kartellverstöße führen zwar nur zu relativ geringen Schäden bei den Abnehmern, diese Individualschäden summieren sich aber zu einem volkswirtschaftlich bedeutsamen Gesamtschaden.

---

1 EuGH v. 20.9.2001, Rs. C-453/99, Slg. 2001, I-6297, Rn. 29 – *Courage und Crehan*; EuGH v. 13.7.2006, Rs. C-295 bis 298/04, Slg. 2006, I-6619 – *Vincenzo Manfredi;* KOM (2008) 165 (im Folgenden Weißbuch), S. 2.

2 Weißbuch, S. 3.

3 Vgl. *Hess* WuW 2010, 493, 502; *Jüntgen*, S. 178 ff.; *Hempel*, S. 329 ff.

4 Weißbuch, S. 2.

In Instrumenten des kollektiven Rechtsschutzes wird, mit Blick auf die Erfahrungen aus ausländischen Rechtsordnungen, die Lösung zur Beseitigung der Klageapathie gesehen. Die Europäische Kommission hat schon seit längerem Vorschläge und Initiativen für die Einführung von Instrumenten des kollektiven Rechtsschutzes auf den Weg gebracht. Erste Anregungen, die zum Teil heftig kritisiert wurden[5], wurden mit dem Grünbuch 2005[6] gegeben.

Im Weißbuch-Schadensersatzklagen der Europäischen Kommission vom April 2008 wurden die Optionen des Grünbuches präzisiert und konkrete Vorschläge zur Einführung von Gruppen- und Verbandsklagen auf nationaler Ebene formuliert. Durch die gebündelte Verfolgung kartellrechtlicher Ansprüche soll es möglich sein, die große Zurückhaltung gegenüber der Prozessführung zu beseitigen. Nach der Vorstellung der Kommission sind Sammelklagen geeignete Instrumente, um die Klagebereitschaft der Geschädigten zu fördern. Die Senkung des klägerseitigen Prozessrisikos bezwecke eine Erhöhung der Klagebereitschaft, sodass Kartelltäter häufiger mit Erfolg auf Schadensersatz gerichtlich in Anspruch genommen werden können. Die im Wege des kollektiven Rechtsschutzes eingeklagten Schadensersatzsummen sollen nach Ansicht der Kommission die Kartelltäter abschrecken. Ein solches System des privaten Rechtsschutzes soll komplementär zur behördlichen Kartellverfolgung wirken.[7]

Die Diskussion über die Einführung von Instrumenten des kollektiven Rechtsschutzes im Kartellrecht bildet einen Ausschnitt einer übergreifenden rechtspolitischen Entwicklung, die den kollektiven Rechtsschutz kontinuierlich ausbaut.[8]

Diese Arbeit untersucht zum Ersten die derzeitigen Möglichkeiten zur Bündelung und effektiven Durchsetzung von Kartellrechtsansprüchen im deutschen Prozessrecht. Dabei wird auf Bündelungsmöglichkeiten eingegangen, die schon *de lege lata* zur Verfügung stehen. Es werden die bereits existierenden Formen des kollektiven Rechtsschutzes zusammengetragen und auf ihre Anwendbarkeit im bzw. Übertragbarkeit auf das Kartellrecht hin untersucht. Rechtspolitisch wird der Frage nachgegangen, ob die derzeitigen Bündelungsmöglichkeiten den Anforderungen des Unionsrechts genügen oder ob durch erweiterte Auslegung bzw. gesetzgeberische Maßnahmen neue Rechtsschutzformen eingeführt werden müssen.

---

5 Vgl. *Lübbig/le Bell*, WRP 2006, 1209.

6 KOM (2005) 672 (im Folgenden Grünbuch), S. 1.

7 Weißbuch, S. 4.

8 *Hess* in KK-KapMuG, Einl. Rn. 15. So wurde im Jahr 2005 das KapMuG zum Schutz von geschädigten Kapitalanlegern geschaffen (hierzu im Einzelnen unten S. 147). Das KapMuG enthält in Art. 9 Abs. 2 eine *sunset-Klausel*, nach der das Gesetz probeweise zunächst bis zum 01.10.2010 galt. Mittlerweile wurde eine Verlängerung des KapMuG auf weitere zwei Jahre bis 31.10.2012 beschlossen, vgl. BT-Drucks. 17/1812, Nr. 33 S. 23.

Daher werden zum Zweiten mögliche neue Kollektivklagearten diskutiert. Hierzu erfolgt die rechtsvergleichende Darstellung der Rechtsordnungen von den USA und Schweden. Insbesondere werden die prozessrechtliche Gestaltung und die Anwendungspraxis in den USA untersucht.

Diese Arbeit will insgesamt die Frage klären, ob Instrumente des kollektiven Rechtsschutzes eine schlagkräftige Antwort auf die defizitäre Durchsetzbarkeit von kartellrechtlichen Streuschadensersatzansprüchen sind.

A. Ausgangspunkt und Hintergrund der Arbeit

Ausgangspunkt der Arbeit sind die aktuellen Entwicklungen auf dem Gebiet des kollektiven Rechtsschutzes im europäischen Rechtsraum.[9] Die von der EU-Wettbewerbskommissarin *Neelie Kroes* angeregte Diskussion zum Private Enforcement des Kartellrechts fand Anfang 2009 in einem rechtspolitisch stark umstrittenen Entwurf einer Richtlinie ihren Höhepunkt. Der Entwurf knüpft an eine schon länger geführte rechtspolitische Diskussion über kartellrechtliche Schadensersatzklagen an. Die defizitäre Durchsetzung privater Schadensersatzansprüche gegen Kartellsünder soll nach Ansicht der ehemaligen Wettbewerbskommissarin *Kroes* durch Kollektivklagen beseitigt werden. Die Kommission unter der Leitung von *Kroes* hat dabei einen Weg eingeschlagen, der an das US-amerikanische Recht anknüpft. Vor dem Hintergrund der US-amerikanischen Erfahrungen mit Sammelklagen (Class-actions) ist dies verständlich. Jedoch sind die Class-actions im kontinentaleuropäischen Rechtskreis nicht nur umstritten, sondern geradezu berüchtigt.[10] Viele Europäer sehen in den Class-actions ein erhebliches Missbrauchspotential. Medienwirksam sind vor allem die extremen Schadensersatzsummen, die von US-Gerichten den Klägern zugesprochen werden, was das kontinentaleuropäische Unverständnis zusätzlich verstärkt.[11]

Die Arbeit analysiert, ob und inwieweit die bestehenden Bedenken gegen Sammelklagen durchgreifen und ob mit der Class-action vergleichbare Klagearten in das deutsche Kartellzivilprozessrecht überhaupt integrierbar sind. Die Class-action ist in diesem Zusammenhang nicht nur wegen ihrer herausragenden Bedeutung in den USA von Interesse, sondern vor allem wegen der Auswirkungen dieser Klageart auf Deutschland. Schon seit einigen Jahren sind deutsche Unter-

9 Aktuell zur Einführung einer kollektiven Schadensersatzklage in Italien, vgl. *Togo*, GRUR Int. 2009, 132.

10 Vgl. Spiegel 17/2003, S. 122; Focus Nr. 43 (2009), abrufbar unter www.focus.de/finanzen/news/marktplatz-klage-industrie_aid_445742.html (zuletzt besucht am 19.05.2010).

11 *Sandrock*, RIW 2009, 202; *Hirte*, NJW 2002, 345.

nehmen, gerade im Bereich des Produkthaftungsrechts[12], von US-Sammelklagen betroffen. Spätestens seitdem die Zustellbarkeit von Class-actions von deutschen Gerichten angenommen wird[13], ist eine vertiefte Auseinandersetzung mit dieser Klageform auch für das Kartellrecht angezeigt. Die aufgeworfene Fragestellung erfordert daher eine Zusammenschau der aus dem Rechtsvergleich gewonnenen Erkenntnisse.

B. Gang der Untersuchung

Die Arbeit führt über fünf Kapitel zur Beantwortung der aufgeworfenen Frage.

Das erste Kapitel legt den Grundstein für das Verständnis der rechtspolitischen Diskussion, die Hintergrund dieser Arbeit ist. Die wesentlichen Entwicklungen und Defizite des Private Enforcements werden zusammengefasst, um sodann die aktuellen europäischen Initiativen zur kollektiven Rechtsdurchsetzung darzustellen. Um die unionsrechtlichen Vorgaben hinsichtlich des kollektiven Rechtsschutzes im Kartellrecht zusammenzutragen, muss zum einen die Rechtsprechung des EuGH analysiert werden. Zum anderen aber muss die Rezeption dieser Rechtsprechung durch die Kommission einer kritischen Würdigung unterzogen werden.

Die Länderberichte aus dem zweiten Kapitel sollen Anregungen und Gestaltungsmöglichkeiten für das deutsche Kartellzivilprozessrecht liefern. Der Schwerpunkt der Länderberichte liegt auf dem Recht der USA, da dort eine ausgeprägte Rechtspraxis zum kollektiven Rechtsschutz existiert. Auch das schwedische Recht wird untersucht, da Schweden als erstes europäisches Land eine Gruppenklage eingeführt hat. Die Länderberichte sowie die rechtsvergleichenden Betrachtungen sollen die Frage beantworten, ob die Kritik an den US-Sammelklagen berechtigt ist. Zudem ist zu klären, ob die Class-action selbst der Grund für die rechtspolitische Kritik ist, oder ob es die Eigenheiten des US-Rechts sind, die die Diskussion schüren. Die Untersuchung des schwedischen Rechts soll klären, ob die schwedische Ausgestaltung der Gruppenklage die Nachteile der Class-action vermeiden kann.

Das dritte Kapitel stellt die derzeitige Rechtslage zum kollektiven Rechtsschutz in Deutschland dar. Die Betrachtung erschöpft sich nicht in den Formen des kollektiven Rechtsschutzes, die im Kartellrecht existieren, sondern stellt auch Rechtsschutzinstrumente dar, die in anderen Rechtsdisziplinen eingeführt wurden. Dabei werden die normierten Rechtsschutzinstrumente auf ihre Anwendbarkeit auf

12 Vgl. *Baetge/Eichholtz* in Basedow/Hopt, S. 287, 290 m.w.N.

13 BVerfG verb. Rs. AZ 2 BvR 2247-49/06, S. 1; OLG Düsseldorf NJW-RR 2007, 640; zum Ganzen *Stürner*, JZ 2006, 60; *Schack*, IZVR, Rn. 679.

kartellrechtliche Schadensersatzklagen hin überprüft, wobei insbesondere die schon für Unterlassungs- und Beseitigungsansprüche existierende Verbandsklage nach § 33 Abs. 2 GWB von Interesse ist. Die zusammengetragenen Erkenntnisse zur deutschen Rechtslage werden mit den unionsrechtlichen Anforderungen verglichen, um zu ermitteln, ob weitergehende gesetzgeberische Maßnahmen erforderlich sind.

Aus der rechtspolitischen Diskussion und den Länderberichten wird dann im vierten Kapitel, auf dem der Schwerpunkt der Arbeit liegt, das Änderungspotential des deutschen Rechts analysiert. In diesem Kapitel wird ein konkreter Regelungsvorschlag erarbeitet. Die Normen der ZPO, des GWB und des BGB bilden den Mittelpunkt dieses Kapitels. Die Fragestellung erfordert letztlich auch eine grundlegende Auseinandersetzung mit der Dogmatik und den Prinzipien des deutschen Zivil- und Zivilprozessrechts. Das fünfte Kapitel fasst die Ergebnisse zusammen und nimmt abschließend zu den Thesen Stellung.

C. Arbeitsthese

In diesem Beitrag zum kollektiven Rechtsschutz im Kartellrecht wird untersucht, ob neue Arten der Kollektivklage mit dem aktuellen deutschen Kartellzivilprozessrecht vereinbar sind. Soweit eine Integrierbarkeit angenommen werden kann, werden Gestaltungsmöglichkeiten für neue Instrumente des kollektiven Rechtsschutzes erörtert. Zu untersuchen ist, ob die Rechtsdurchsetzung im Wege der Kollektivklage tatsächlich der effektivere, gerechtere Weg zum Schutz des unverfälschten Wettbewerbs ist.

In dieser Arbeit werden daher zwei Thesen untersucht. Erstens ist die Erweiterung der schon heute geregelten Verbandsklagebefugnis auf Schadensersatz zwar möglich, aber aus rechtspolitischen Gründen nicht wünschenswert. Dagegen ist zweitens die Einführung einer echten Gruppenklage zur Durchsetzung von Streuschäden nicht ohne umfangreiche Veränderungen des deutschen Rechts umsetzbar.

1. Kapitel: Grundlagen

Im Folgenden sollen die Grundlagen für das Verständnis der rechtspolitischen Diskussion über den kollektiven Rechtsschutz im Kartellrecht gelegt werden.

Die Ausführungen beschränken sich auf das zum Problemverständnis erforderliche Maß. Zur Durchsetzung des europäischen und deutschen Kartellrechts wird daher nur ein kurzer, allgemeiner Überblick gegeben. Die private Durchsetzung des Kartellrechts bildet als Teil des Gesamtkonzeptes der Kartellrechtsdurchsetzung[14] den Schwerpunkt, da hier die für diese Arbeit maßgeblichen Defizite zu verorten sind. In diesem Kapitel werden die wesentlichen Entwicklungslinien des Private Enforcements skizziert, um anhand dessen die Anforderungen des EuGH an die prozessuale Durchsetzbarkeit von Kartellrechtsansprüchen herauszuarbeiten. Im Anschluss daran wird auf den rechtspolitischen Standpunkt der Europäischen Kommission für Wettbewerb eingegangen, der durch die ehemalige Kommissarin *Kroes* geprägt wurde. Anhand dessen wird erarbeitet, dass die Kommission unter *Kroes* die Rechtsprechung des EuGH fehlinterpretiert und infolgedessen strengere Kriterien aufgestellt hat, als vom EuGH gefordert ist.

Die rechtspolitische Diskussion mündete in einem Richtlinienentwurf zum kollektiven Rechtsschutz im Kartellrecht ein, den *Kroes* noch 2009 einbringen wollte. In ihrer Amtsperiode ist *Kroes* mit ihrem Richtlinienentwurf gescheitert. Allerdings ist nicht ausgeschlossen, dass das Vorhaben von ihrem Nachfolger im Amt *Joaquín Almunia* weiterverfolgt wird.[15] Die Reaktionen auf den unveröffentlichten Richtlinienvorschlag fielen in Deutschland sehr unterschiedlich aus. Politisch wurde der forsche Stil der Wettbewerbskommissarin bemängelt.[16] Auf Kritik stieß insbesondere, dass die Initiative noch vor Amtsantritt der 2009 neu gewählten Kommission erfolgen sollte.[17] Juristisch wird das Konzept der Sammelklage unter diversen Gesichtspunkten kritisiert.[18] Es stellen sich dogmatische, rechtspolitische und letztlich auch verfassungsrechtliche Fragen. Hervorzuheben ist die

14 *Hempel*, S. 24.

15 *Handelsblatt* v. 09.03.2010, abrufbar unter http://www.handelsblatt.com/politik/international/entschaerfte-richtlinie-eu-will-nur-sammelklage-light-zulassen;2542085 (zuletzt besucht am 09.03.2010).

16 *Lehne*, Stellungnahme vom 15.04.2009.

17 *Handelsblatt* v. 27.04.2009 abrufbar unter http://www.handelsblatt.com/politik/international/eu-verschaerft-das-kartellrecht;2254733 (zuletzt besucht am 19.10.2009).

18 Vgl. *Alexander*, WRP 2009, 683.

Befürchtung einer *Klageindustrie* nach US-amerikanischen Vorbild.[19] Kritiker sehen in der Initiative der Europäischen Kommission die geplante Einführung von Class-actions nach amerikanischem Vorbild, was auf starken rechtspolitischen Widerstand stößt.[20]

A. Die Durchsetzung des Kartellrechts im Überblick

Die Durchsetzung des materiellen Kartellrechts erfolgt in Deutschland auf zwei Wegen. Zum einen wird die Rechtsdurchsetzung von Behörden im Wege des Kartellverwaltungsverfahrens vorgenommen. Zuständig für die öffentlich-rechtliche Durchsetzung des Kartellrechts sind die Kartellbehörden. Gemäß § 48 Abs. 1 GWB sind die Kartellbehörden das Bundeskartellamt (BKartA), die Landeskartellbehörden und das Bundesministerium für Wirtschaft.[21] Das europäische Kartellrecht wird von der Europäischen Kommission für Wettbewerb durchgesetzt, die nach Art. 4 VO 1/2003 mit den erforderlichen Befugnissen ausgestattet ist.[22] Zum anderen können die kartellrechtlichen Normen auf Initiative von Privatklägern durchgesetzt werden, indem die Kartelltäter im Klageweg auf Unterlassung, Beseitigung oder zum Schadensersatz verurteilt werden. Das so entstehende Abschreckungspotential soll die Unternehmen zur Einhaltung des Kartellrechts disziplinieren.[23] Die private Rechtsdurchsetzung ist zwar schon lange im GWB angelegt, hatte aber nur geringe praktische Bedeutung.[24] Durch die unionsrechtlichen Initiativen[25] und die 7. GWB-Novelle[26] sollen die praktische Relevanz der privaten Rechtsdurchsetzung gesteigert und die tatsächliche gerichtliche Durchsetzung von Ansprüchen erhöht werden. Im Folgenden soll ein Überblick über die behördliche und private Kartellrechtsdurchsetzung gegeben werden.

---

19 Vgl. *F.A.Z.* v. 19.08.2008, S. 19; *F.A.Z.* v. 20.10.2009, S. 13 ; *Spiegel* 17/2003, S. 122; *Focus* Nr. 43 (2009), abrufbar unter www.focus.de/finanzen/news/marktplatz-klage-industrie_aid_445742.html (zuletzt besucht am 19.05.2010).

20 Geäußert wird diese Kritik insbesondere vom Berichterstatter im Europäischen Parlament *Klaus-Heiner Lehne* (CDU), vgl. www.khlehne.eu/index2.php?option=com_content&do_pdf=1&id=42 (zuletzt besucht am 18.05.2010).

21 Vgl. *Hempel*, S. 30.

22 *Mestmäcker/Schweitzer*, § 19 Rn. 1.

23 Vgl. *Mestmäcker/Schweitzer*, § 22 Rn. 26-29.

24 *Hempel, S.* 28; *Mailänder, S.* 14.

25 Grünbuch Schadensersatzklagen aus 2005 und Weißbuch Schadensersatzklagen aus 2008.

26 In Kraft getreten am 01.07.2005, BGBl. 2005 I, 2144.

I. Behördliche Durchsetzung des deutschen Kartellrechts

Die behördliche Kartellrechtsdurchsetzung erfolgt im Wege eines justizförmig ausgestalteten Verwaltungsverfahrens durch die zuständigen Kartellbehörden.[27] Das BKartA ist eine selbstständige Bundesoberbehörde[28], die zum Geschäftsbereich des Bundesministeriums für Wirtschaft gehört.[29] Die Zuständigkeit der Kartellbehörden richtet sich hauptsächlich nach der zentralen Norm des § 48 GWB. § 48 Abs. 2 GWB nimmt Bezug auf die gesetzlichen Zuständigkeitszuweisungen, nach denen jede Kartellbehörde für die ihr zugewiesenen Bereiche ausschließlich zuständig ist.[30] Aus der gesetzlich geregelten Zuständigkeitsverteilung ergibt sich allerdings eine Zuständigkeitskonzentration beim BKartA.[31] Landeskartellbehörden sind zur Rechtsdurchsetzung nur berufen, soweit das für das Verfahren relevante Marktverhalten sich nur im Gebiet des jeweiligen Landes auswirkt.[32] Dies folgt aus der Generalklausel des § 48 Abs. 2 GWB, wonach das BKartA für sämtliche Fälle, die sich über die Landesgrenzen hinaus auswirken, zuständig ist.[33] Das Kartellverfahren vor den Kartellbehörden dient zur Vorbereitung von Verfügungen.[34] Kartellbehördliche Verfügungen sind Verwaltungsakte[35], die das Kartellverfahren abschließen[36]. Verfügungen ergehen nach der jeweiligen Verfahrensart, etwa als Missbrauchs- oder Untersagungsverfügung. Die Kartellbehörde wird nach dem Opportunitätsprinzip tätig, d.h. die Behörde ist nicht verpflichtet, jeden Verstoß aufzugreifen, sondern kann ihn auch dulden.[37] Durch die 7. GWB-Novelle wurden die Bestimmungen über die Befugnisse der Kartellbehörden präzisiert und erweitert, wobei zum einen eine Angleichung an das EU-Recht, zum anderen eine Verstärkung des Private Enforcements intendiert war.[38]

Nach dem novellierten § 32 Abs. 1 GWB kann die Kartellbehörde die Unternehmen durch Verfügung zwingen, die Zuwiderhandlung abzustellen. Zudem kann die Behörde gemäß § 32 Abs. 2 GWB mit der Abstellungsverfügung den

27 BGHZ 43, 307 – *Linoleum III*; *Bechtold*, vor § 54 Rn. 1; *Hempel, S.* 30.

28 Mit Sitz in Bonn.

29 § 51 Abs. 1 GWB.

30 *Pfeiffer* in MünchKomm-GWB, § 48 Rn. 3.

31 *Bechtold*, § 48 Rn. 1.

32 *Klaue* in Immenga/Mestmäcker, § 48 Rn. 17; *Bechtold*, § 48 Rn. 10.

33 Zum Auswirkungsprinzip *Pfeiffer* in MünchKomm-GWB, § 48 Rn. 16.

34 *Hempel, S.* 30.

35 BGHZ 55, 44, 41 – Feuerfeste Steine.

36 § 61 GWB.

37 *Bechtold*, § 32 Rn. 4; *Hempel*, S. 31.

38 *Bechtold*, vor § 32 Rn. 2

Unternehmen auch Maßnahmen, d.h. konkrete Verhaltensweisen, aufgeben, die zur wirksamen Abstellung erforderlich sind.[39]

Stellt das BKartA Verstöße gegen das Kartellrecht fest, dann kann es gegen die betroffenen Unternehmen ein Bußgeldverfahren einleiten. Das Bußgeldverfahren richtet sich nicht nach den Vorschriften des GWB, sondern nach denen des Gesetzes über Ordnungswidrigkeiten (OWiG[40]). Auch im Bußgeldverfahren gilt das Opportunitätsprinzip.[41] Hieraus folgt auch die kartellbehördliche Befugnis zur Erteilung von Duldungszusagen.[42] Sofern die Kartellbehörde einen festgestellten Verstoß gegen das Kartellrecht nicht dulden will, kann sie nach § 81 GWB die betroffenen Unternehmen mit empfindlichen Bußgeldern belegen.[43] Der durch die 7. GWB-Novelle eingeführte § 81 Abs. 4 S. 2 GWB erlaubt es dem BKartA, Bußgelder bis zu einer Höhe von 10 % des Gesamtjahresumsatzes zu verhängen.[44] Gegen die Verfügungen der Kartellbehörden muss den betroffenen Unternehmen schon wegen Art. 19 Abs. 4 GG effektiver Rechtsschutz gewährt werden. Daher gewährt § 63 Abs. 1 S. 1 GWB gegen sämtliche kartellbehördliche Verfügungen das Rechtsmittel der Beschwerde. Dabei handelt es sich, abweichend von § 40 Abs. 1 S. 1 VwGO, um ein eigenständiges Kartellbeschwerdeverfahren vor den Zivilgerichten. Zuständig in erster Instanz ist das für die handelnde Kartellbehörde zuständige Oberlandesgericht.[45] Rechtsmittelinstanz ist der BGH.[46] Für den Rechtsschutz in Bußgeldsachen gilt nach §§ 83, 84 GWB das gleiche, sodass sich eine Zuständigkeitskonzentration bei den Kartellsenaten der Oberlandesgerichte und des BGH ergibt.[47]

Von erheblicher Bedeutung für die behördliche Ermittlungstätigkeit ist das Kronzeugenprogramm des BKartA.[48] Die Bonusregelung erlaubt es dem BKartA, den Kartellteilnehmern die Geldbußen ganz zu erlassen oder zu reduzieren, wenn diese zur Aufdeckung des Kartells durch ihre Kooperation beitragen.[49] Der auf diese Weise geschaffene finanzielle Anreiz erleichtert dem BKartA die Arbeit

---

39 *Bechtold*, § 32 Rn. 2.

40 Gesetz über Ordnungswidrigkeiten i.d.F.v. 19. Februar 1987 (BGBl. I S. 602).

41 § 47 Abs. 1 OWiG; *Bechtold*, vor § 81 Rn. 3.

42 *Bechtold*, vor § 81. Rn. 3.

43 Zur derzeitigen rechtspolitischen Diskussion um die Bußgeldpraxis vgl. Dannecker in FS-Immenga, S. 61 ff.; Bach in FS-*Bechtold*, S. 1 ff.

44 Zu den verfassungsrechtlichen Bedenken siehe *Bechtold*, § 81 Rn. 25.

45 Für Verfügungen des BKartA ist das OLG Düsseldorf zuständig, § 63 Abs. 4 GWB.

46 §§ 74 ff. GWB.

47 *Hempel*, S. 32.

48 Bekanntmachung Nr. 9/2006 des BKartA v. 07.03.2006 über den Erlass und die Reduktion von Geldbußen in Kartellsachen – Bonusregelung (im Folgenden: BKartA Bonusregelung).

49 BKartA, Bonusregelung, Rn. 1.

und ermöglicht in vielen Fällen erst die Verfolgung von Kartellteilnehmern. Der Grund hierfür ist das Informationsgefälle und die Geheimhaltung kartellrechtswidriger Absprachen durch die Unternehmen.

II. Private Durchsetzung des deutschen Kartellrechts

Neben die Kartellrechtsdurchsetzung mit hoheitlichen Mitteln tritt die Rechtsdurchsetzung mit zivilrechtlichen Rechtsbehelfen. Auch im deutschen Sprachraum hat sich die im Englischen gebräuchliche Terminologie des Private Enforcements durchgesetzt. Für die Qualifizierung als *private* Rechtsdurchsetzung ist nicht der Anspruchsgläubiger, sondern die Rechtsnatur des Rechtsbehelfes entscheidend.[50] Gemeint ist die Geltendmachung zivilrechtlicher Ansprüche gegen die Kartelltäter. Man kann hierbei zwischen der defensiven und offensiven Geltendmachung zivilrechtlicher Ansprüche differenzieren.[51] Defensiv meint die Nutzung des Kartellrechts, indem im Zivilprozess gegen eine Klage auf Vertragserfüllung die Nichtigkeit der Vereinbarung eingewendet wird.[52] Bezogen auf die in Art. 101 Abs. 2 AEUV angeordnete Nichtigkeitsfolge hat sich die Bezeichnung *euro defence* etabliert.[53] Der offensive Einsatz des Kartellrechts ist durch die Geltendmachung zivilrechtlicher Ansprüche auf Unterlassung und Beseitigung sowie Schadensersatz möglich.[54] Dabei wird in den folgenden Kapiteln der Fokus auf den zivilrechtlichen Schadensersatzanspruch gelegt, da hier mit Blick auf Verfahrensarten des kollektiven Rechtsschutzes der größte Diskussionsbedarf besteht. Dennoch soll an dieser Stelle überblicksweise auf die privaten Rechtsbehelfe im deutschen Kartellrecht eingegangen werden.

Das GWB hält, wie oben bereits erwähnt, zwei zivilrechtliche Rechtsfolgen von Kartellrechtsverstößen bereit: zum einen die Nichtigkeit von kartellrechtswidrigen Vereinbarungen und Rechtsgeschäften[55], zum anderen einen Anspruch auf Unterlassung des kartellrechtswidrigen Verhaltens, Beseitigung der Folgen des Verstoßes sowie einen Anspruch auf Schadensersatz. Die zentrale Anspruchsgrundlage ist § 33 GWB, der die zivilrechtlichen Folgen von Kartellrechtsverstößen anordnet.[56] Nach § 33 Abs. 1 GWB können die Betroffenen Unterlassung und Beseitigung vom Kartelltäter verlangen. Soweit der Kartelltäter schuldhaft

---

50 *Görner*, S. 5.

51 *K. Schmidt*, ZWeR 2007, 394, 397.

52 *Säcker/Jaecks* in MünchKomm-EU-WettbR, Art. 81 Rn. 819.

53 Mäsch, EuR 2003, 825, 828.

54 Vgl. § 33 GWB.

55 § 1 GWB i.V.m. § 134 BGB.

56 *Emmerich* in Immenga/Mestmäcker, § 33 Rn. 1.

gehandelt hat, kommt nach § 33 Abs. 3 GWB ein Schadensersatzanspruch in Betracht. In Anlehnung an die Verbraucherverbandsklagebefugnis aus § 8 Abs. 3 Nr. 2 UWG wird durch § 33 Abs. 2 GWB die Anspruchsberechtigung von Interessenverbänden geschaffen.[57] Der kartellrechtliche Schadensersatzanspruch aus § 33 Abs. 3 S. 1 GWB ist wegen seiner dogmatischen Einordnung als Sonderdeliktsrecht ein kartelldeliktischer Anspruch.[58]

Im Zuge der 7. GWB-Novelle wurde das gesamte GWB an das europäische Kartellrecht angepasst. § 33 GWB erfuhr dabei einige Erweiterungen und Verschärfungen. Ziel dieser Verschärfungen war die Verringerung der behördlichen Kontrolldichte bei gleichzeitiger Stärkung der privaten Rechtsdurchsetzung.[59] Durch den Systemwechsel von der Administrativfreistellung zur Legalausnahme nahm die behördliche Kontrolle ab, sodass man die entstehenden Lücken durch die Aufwertung der zivilrechtlichen Sanktionen zu schließen suchte.[60] Anlass für die Reform war die Bestrebung, das deutsche Recht an das europäische Kartellrecht anzupassen, sowie die unionsrechtlichen Anforderungen an die private Rechtsdurchsetzung zu erfüllen.[61] Die Reform des GWB führte insbesondere zu einer Verschärfung der Schadensersatzpflicht der am Kartellverstoß beteiligten Personen bzw. Unternehmen.[62] Durch die Stärkung der zivilrechtlichen Sanktionen sollte eine effektivere Kartellrechtsdurchsetzung erreicht werden, die vor Kartellrechtsverstößen wirksam abschreckt.[63] Nach dem neuen § 33 Abs. 3 GWB entsteht ein Anspruch auf Schadensersatz, wenn gegen § 33 Abs. 1 GWB verstoßen wird. Dabei werden nicht nur Verstöße gegen das GWB, sondern auch gegen europäisches Wettbewerbsrecht und gegen kartellbehördliche Verfügungen erfasst.[64] Anspruchsberechtigt sind alle vom Kartellverstoß Betroffenen.[65]

Anders als beim Unterlassungs- bzw. Beseitigungsanspruch aus § 33 Abs. 1 GWB sind beim Schadenersatzanspruch nur die jeweils konkret Geschädigten anspruchsberechtigt. Eine Anspruchsberechtigung von Interessenverbänden oder eine Verbandsklagebefugnis hinsichtlich des Schadensersatzanspruchs existiert im GWB nicht.

---

57 Begr. BT-Drucks. 15/3640, S. 35; *Emmerich* in Immenga/Mestmäcker, § 33 Rn. 1.

58 *Bornkamm* in Langen/Bunte, § 33 Rn. 1.

59 Schon der Regierungsentwurf verfolgte diese Zielsetzung, BT-Drucks. 15/3640, S. 10 ff.

60 Begr. BT-Drucks. 15/3640, S. 35 f.

61 Begr. BT-Drucks. 15/3640, S. 35; Möschel in FS-*Bechtold*, S. 329, 330.

62 *Emmerich* in Immenga/Mestmäcker, § 33 Rn. 11.

63 Begr. BT-Drucks. 15/3640, S. 35 f.

64 *Emmerich* in Immenga/Mestmäcker, § 33 Rn. 10.

65 *Rehbinder* in L/M/R, § 33 Rn. 2. Auf das Erfordernis einer Schutzgesetzverletzung wurde im Zuge der Novelle verzichtet.

III. Durchsetzungsdefizite

Im Folgenden sollen die Defizite der privaten Rechtsdurchsetzung kurz zusammengefasst werden. Ausgangspunkt der Überlegung ist der individuell erlittene Schaden des Geschädigten: Durch die Weitergabe der kartellbedingt hohen Preise ist regelmäßig der Letztkäufer des kartellbefangenen Produktes der Geschädigte. Beim Letztkäufer ist der Schaden aber nominell relativ gering, häufig nur wenige Euros. Zwar steht jedem Geschädigten ein Schadenersatzanspruch gemäß § 33 Abs. 3 GWB zu, allerdings scheitert die tatsächliche Geltendmachung häufig schon am wirtschaftlichen Desinteresse der Anspruchsinhaber. Die Rechtsdurchsetzung ist mit Gerichtskosten, Anwaltsgebühren und letztlich einem nicht unerheblichen Prozessrisiko verbunden. Das hat mehrere Gründe:

Die Durchsetzung eines kartellrechtlichen Schadensersatzanspruchs nach § 33 Abs. 3 GWB ist schon grundsätzlich eine komplexe Materie. Eine erhebliche Rolle spielt das strukturelle Ungleichgewicht zwischen Anspruchsgläubiger und Anspruchsschuldner. Der individuell Geschädigte sieht sich in der Regel einem finanziell stärkeren Unternehmen gegenüber, das über die zur Rechtsverteidigung erforderlichen Mittel und den entsprechenden Sachverstand verfügt. Hinzu kommt, dass der Gläubiger die Anspruchsvoraussetzungen darlegen und beweisen muss. Wegen der Informationsasymmetrie – Kartellabsprachen geschehen im Geheimen – hat der Privatkläger erhebliche Schwierigkeiten, die Anspruchsvoraussetzungen nachzuweisen. Neben den Tatbestandsvoraussetzungen muss der Kläger auch die haftungsausfüllende Kausalität darlegen und seinen Schaden beweisen. Dies erfordert nach der Differenzhypothese[66] einen Preisvergleich mit einem hypothetischen Wettbewerbspreis, der nach dem Vergleichsmarktkonzept nur schwer zu berechnen ist.[67] Über den dazu erforderlichen ökonomischen Sachverstand verfügt kaum ein Privatkläger, sodass externer Sachverstand gekauft werden muss, was die Rechtsverfolgungskosten steigert.[68] Durch die Unterliegenshaftung[69] nach § 91 ZPO besteht für den Privatkläger ein hohes Kostenrisiko, was angesichts des geringen individuellen Schadens zu dem rationalen Desinteresse führt. Das ist insbesondere bei den hier relevanten Streuschäden der Fall. Abgesehen davon besteht ohnehin eine gewisse „Hemmschwelle“ hinsichtlich der gerichtlichen Rechtsverfolgung.[70] Gleichwohl besteht, insbesondere nach Auffassung der europäischen

66 Vgl. *Oetker* in MünchKomm-BGB, § 249, Rn. 14 ff.

67 Köhler, GRUR 2004, 99, 103; *Hempel*, WuW 2004, 362, 370; Säcker/Jaecks in MünchKomm-EU-WettbR, Art. 81, Rn. 882.

68 Die Vorhersage der Preisentwicklung ist ein schwieriges ökonomisches Problem, das den Sachverstand von Spezialisten erfordert. Eine präzise und verlässliche Vorhersage ist meist nicht möglich.

69 Vgl. Thomas/Putzo/*Hüßtege*, vor § 91.

70 Spezial-Eurobarometer "Die Bürger der Europäischen Union und der Zugang zur Justiz", abrufbar unter http://ec.europa.eu/consumers/redress/reports_studies/eurobaromen-

Kommission, wegen des zum Teil erheblichen volkswirtschaftlichen Gesamtschadens durch Streuschäden ein öffentliches Interesse an der effektiven gerichtlichen Durchsetzung von Streuschäden.[71]

B. Entwicklung des Private Enforcements

Wesentlich für die Entwicklung des privaten Rechtsschutzes im EG-Kartellrecht war die Novellierung der Kartellverfahrensordnung VO 1/2003.[72] Die rechtspolitische Debatte über Schadensersatzklagen wegen Kartellverstößen wurde durch Veröffentlichungen der Europäischen Kommission (GD-Wettbewerb) gestaltet, auf die im Folgenden noch näher einzugehen ist. Darüber hinaus hat sich auch der EuGH mit der Frage nach Schadenersatzansprüchen von Kartellgeschädigten befasst. In seinen Entscheidungen hat er, wie eingangs erwähnt, hervorgehoben, dass „Jedermann" den vollen Ersatz seiner durch den Kartellverstoß erlittenen Einbußen verlangen kann.[73] Die konkrete materiell- und prozessrechtliche Ausgestaltung ist dabei den Mitgliedstaaten überlassen.[74]

I. Rechtsprechung des EuGH

Der EuGH hat in den Rechtssachen *Courage* und *Vincenzo Manfredi* geurteilt, dass eine unionsrechtliche Pflicht zur Ausgestaltung von kartellrechtlichen Schadensersatzansprüchen bestehe.[75] Für die Mitgliedstaaten stellte dies den Auftrag dar, die Vorgaben des höchsten europäischen Gerichts umzusetzen.[76] Im Fall *Courage* hatte der EuGH sich mit der Frage zu befassen, ob ein Partner einer kartellrechtswidrigen Vertikalvereinbarung von seinem Vertragspartner Schadensersatz verlangen kann.[77] Vor dem englischen *Court of Appeal* stritt der Beklagte

ter_11-04_de.pdf. (zuletzt besucht am 10.11.2009); *Alexander*, WRP 2009, 683, 684; *Mattil/Desoutter*, WM 2008, 521.

71 Hierzu *Ebbing*, ZVglRWiss 103 (2004), 31, 37.

72 *Weyer* in FK, EG-Art. 81 Zivilrechtsfolgen, Rn. 2.

73 EuGH Urt. v. 20. Juni 2001, Rs. C-453/99 – *Courage und Crehan*; EuGH Urt. v. 13.7.2006, Rs. C-295 bis 298/04, Slg. 2006, I-6619 – *Vincenzo Manfredi*. Wie die Formulierung "Jedermann" zu interpretieren ist, wird im Folgenden noch näher untersucht. Siehe unten S. 39.

74 *Weyer* in FK, EG-Art. 81 Zivilrechtsfolgen, Rn. 16, 27; Bulst, S. 205.

75 Siehe hierzu *Mestmäcker/Schweitzer*, § 22 Rn. 26.

76 A.A. GA *van Gerven*, der den Schadensersatzanspruch unmittelbar aus dem Unionsrecht herleitet, vgl. Rs. C-128/92, Slg.1994, I-1209 Rz. 45 – *Banks vs. British Coal.*

77 Vgl. Brinker/Balssen in FS-*Bechtold*, S. 69.

Bernard Crehan mit der Brauerei Courage über die Zahlung von offenen Rechnungen über Bierlieferungen. Crehan hatte zuvor von der Klägerin zwei Pubs gepachtet und damit verbunden eine Alleinbezugsverpflichtung für Bier abgeschlossen. Vor dem *Court of Appeal* berief sich Crehan auf die Nichtigkeit des Vertrages mit dem Argument, dass der Vertrag gegen Art. 101 AEUV verstoße. Daraufhin erhob er Widerklage auf Schadensersatz, da die im Rahmen der Alleinbezugsverpflichtung gezahlten Preise höher waren als die normalen Marktpreise der Courage-Brauerei.[78] Nach dem britischen Fallrecht waren die Parteien einer rechtswidrigen Vereinbarung nicht vom Schutzbereich des Art. 101 AEUV umfasst, da sie als Verursacher der Wettbewerbsverzerrung nicht schutzwürdig seien.[79] Bei der Beantwortung der Fragen bezog sich der EuGH hauptsächlich auf drei Aspekte.[80] Erstens erläuterte der EuGH, anknüpfend an seine bisherige Rechtsprechung[81], dass der EG-Vertrag[82] eine eigene Rechtsordnung geschaffen hat, die von den Mitgliedstaaten in nationales Recht umzusetzen und von den Gerichten anzuwenden ist.[83] Zweitens verdeutlichte der EuGH, dass Art. 101 AEUV von grundlegender Bedeutung für das Funktionieren des Gemeinsamen Marktes ist.[84] Drittens wurde klargestellt, dass Art. 101, 102 AEUV unmittelbare Wirkung gegenüber dem Einzelnen entfalten und die nationalen Gerichte die daraus entstehenden subjektiven Rechte zu wahren haben.[85] Zur Aktivlegitimation für Schadenersatzansprüche sei es für die volle und insbesondere praktische Wirksamkeit unerlässlich, dass „Jedermann" Ersatz für Schäden verlangen kann, die ihm durch wettbewerbsrechtswidrige Verträge oder Verhaltensweisen entstanden sind.[86] Für die Durchsetzung der Wettbewerbsvorschriften der Gemeinschaft sei ein solcher Anspruch förderlich und erfülle präventive Zwecke.[87] Die Mitgliedstaaten sind nach dem Urteil des EuGH zur Ausgestaltung der „Verfahrensmodalitäten" solcher Ansprüche berufen. Gemeint ist damit nicht nur die prozessuale Durchsetzung, sondern auch die Regelung der materiellen Anspruchsgrundlagen. Dabei hat der nationale Gesetzgeber die Grundsätze der Äquivalenz und der Effektivität zu beachten.

---

78 EuGH a.a.O. Rn. 3-7 – *Courage und Crehan.*

79 EuGH a.a.O. Rn. 12 – *Courage und Crehan.*

80 *Cumming*, ECLR 2005, 199 (200); *Görner*, S. 54 f.

81 EuGH v. 5.2.1963, Rs. 26/62, Slg. 1963, 1, Rn. 25 – *Van Gend&Loos*; v. 19.11.1991, Rs. C-6/90 u. C-9/90 Slg. 1991, I-5357, Rn. 31 – *Francovich.*

82 Heute AEUV.

83 EuGH a.a.O. Rn. 19 – *Courage und Crehan.*

84 EuGH a.a.O. Rn. 20– *Courage und Crehan*; EuGH v. 30.1.1974, Rs. 127/73, Slg. 1974, 51 – *BRT/SABAM.*

85 EuGH a.a.O. Rn. 22 – *Courage und Crehan.*

86 EuGH a.a.O. Rn. 26 – *Courage und Crehan.*

87 EuGH a.a.O. Rn. 27 – *Courage und Crehan.*

Die zum Kartelldeliktsrecht in der *Courage*-Entscheidung begründete Rechtsprechung wurde vom EuGH in der Sache *Vincenzo Manfredi* aufgegriffen und präzisiert.[88] Hier ging es um Schadensersatzklagen italienischer Versicherungsnehmer gegen Kfz-Versicherungsgesellschaften, die an kartellrechtswidrigen horizontalen Absprachen beteiligt waren. Mit der Klage wurde die Rückzahlung von kartellbedingt zu hohen Versicherungsprämien begehrt. Das vorlegende italienische Gericht stellte die im Hinblick auf das Private Enforcement bedeutsame Frage, ob Art. 101 AEUV dahin auszulegen sei, dass auch Dritte, die ein rechtlich relevantes Interesse haben, sich auf die Nichtigkeitsfolge des Art. 101 Abs. 2 AEUV berufen können.[89] Weiter wurde vom Vorlagegericht gefragt, ob der Dritte Ersatz für die Schäden verlangen kann, wenn ein Kausalzusammenhang zwischen der rechtswidrigen Vereinbarung und den Schäden besteht. Zudem fragte das vorlegende Gericht nach den Vorgaben des Art. 101 AEUV zur Verjährung von Schadensersatzansprüchen sowie zur Rechtmäßigkeit von Strafschadenersatzansprüchen. Die vorgelegten Fragen beantwortete der EuGH bezugnehmend auf seine Rechtsprechung in der Sache *Courage*. In der *Manfredi*-Entscheidung führte der EuGH aus, dass es Sache des nationalen Rechtes sei, die konkreten Anspruchsvoraussetzungen und Fragen der Verjährung zu regeln.[90] Der nationale Gesetzgeber habe dabei die Grundsätze der Effektivität und der Äquivalenz zu achten.[91] Der EuGH verdeutlichte zum Sinn und Zweck des Private Enforcements, dass es weniger um den Ausgleich der individuellen Nachteile des Einzelnen als um die Steigerung der Effektivität der Wettbewerbsregeln im öffentlichen Interesse geht.[92]

II. Die Europäische Kommission für Wettbewerb

Das rechtspolitische Anliegen der Europäischen Kommission für Wettbewerb ist die Stärkung des privaten Rechtsschutzes gegen Kartellverstöße, um insbesondere den Anforderungen des EuGH zu genügen.[93] Von besonderer Bedeutung für die Wettbewerbspolitik ist die effektive Durchsetzbarkeit von Schadensersatzansprüchen, da diese nicht nur die erlittenen Einbußen ausgleichen, sondern die Unternehmen von zukünftigen Kartellverstößen abhalten sollen. Diese Abschreckungsfunktion des Schadensersatzanspruches hat aber nur dann eine spürbare Wirkung,

88 EuGH v. 13.7.2006, Rs. C-295 bis 298/04, Slg. 2006-I, 6619 – *Vincenzo Manfredi.*
89 Vgl. zu den Vorlagefragen ABl. C 71/5 vom 20.3.2004.
90 EuGH a.a.O. Rn. 62-64 – *Vincenzo Manfredi.*
91 EuGH a.a.O. Rn. 62-64 – *Vincenzo Manfredi.*
92 So *Bulst*, Bucerius Law Journal, Heft 2/2008, 81, 82.
93 Vgl. http://ec.europa.eu/competition/antitrust/actionsdamages/index.html (zuletzt besucht am 21.10.2009).

wenn die tatsächliche Durchsetzbarkeit gesichert ist. Diese zu fördern ist das wettbewerbspolitische Ziel der Europäischen Kommission.[94] Besondere Probleme hat die Kommission bei der Durchsetzung von echten Streuschäden gesehen, also Schadenersatzforderungen im Bagatellbereich.[95] Hier mangelt es nach Ansicht der Kommission an Instrumenten, die eine Bündelung der zahlreichen Einzelansprüche ermöglichen. Die Bündelung von Ansprüchen soll zum einen für die Geschädigten einen Klageanreiz schaffen und zum anderen die Gerichte davor bewahren, unter der großen Anzahl von Einzelklagen zusammenzubrechen.

Mit der Veröffentlichung des Grünbuches (2005) über Schadensersatzklagen wegen Verletzung des EU-Wettbewerbsrechts hat die Europäische Kommission erste Vorschläge zum Private Enforcement im Kartellrecht gemacht. Anlass für die Veröffentlichung war die von der Kommission in Auftrag gegebene *Ashurst*-Studie, welche die private Kartellrechtsdurchsetzung als unterentwickelt qualifizierte.[96] Im Grünbuch stellt die Kommission rechtspolitische Erwägungen zu den Durchsetzungshindernissen an und schlägt verschiedene Optionen zur Problemlösung vor. Im Ganzen ist das Grünbuch aber wenig präzise, es will vielmehr Gelegenheit zu einem Austausch von Stellungnahmen und Vorschlägen geben. Flankiert wurde das Grünbuch vom Kommissionsdienststellenpapier[97], das die Vorschläge näher erläutert.

1. Weißbuch Schadensersatzklagen

Die Vorschläge des Grünbuchs wurden am 02.04.2008 mit der Veröffentlichung des Weißbuchs „Schadensersatzklagen wegen Verletzung des EG-Wettbewerbsrechts" präzisiert.[98] Das Weißbuch ist nicht abschließend, sondern gibt den von der Kommission für erforderlich gehaltenen Mindeststandard der effektiven Rechtsdurchsetzung wieder.[99] Aus dem begleitenden Kommissionsdienststellenpapier geht hervor, dass bestimmte Regelungsanliegen durch gesetzgeberische Maßnahmen erreicht werden sollen, während in anderen Bereichen unverbindliche Inst-

94 Vgl. http://ec.europa.eu/competition/antitrust/actionsdamages/index.html (zuletzt besucht am 21.10.2009).

95 Weißbuch, S. 4.

96 „Study on the conditions of claims for damages in case of infringement of EC antitrust rules", abrufbar unter: http://europa.eu.int/comm/competition/antitrust/others/private_enforcement/index_en.html. (zuletzt besucht am 22.10.2009).

97 KOM (2005) 1732 (Staff Working Paper Grünbuch).

98 KOM (2008) (Staff Working Paper Weißbuch); allgemein zum Weißbuch vgl. *Weyer* in FK, Art. 81 EG Zivilrechtsfolgen, Rn. 17 ff.; *Weidenbach/Saller*, BB 2008, 1020.

99 Staff Working Paper Weißbuch, Rz. 319 ff.; *Weyer* in FK, Art. 81 EG Zivilrechtsfolgen, Rn. 19.

rumente[100] ausreichen.[101] Im Weißbuch schlägt die Kommission zur Verbesserung der Durchsetzbarkeit von Schadensersatzansprüchen zwei Instrumente des kollektiven Rechtsschutzes vor. Ziel des kollektiven Rechtsschutzes ist die Senkung des individuellen Prozessrisikos der Geschädigten durch die Verteilung von Risiken und Kosten auf den Verband bzw. die Gruppe.[102]

a. Verbandsklagen von qualifizierten Einrichtungen

Die Verbandsklagen sollen einerseits von qualifizierten Einrichtungen geführt werden. Dem Weißbuch zufolge sollen insbesondere Interessenverbände, Verbraucherverbände oder berufsständische Organisationen mit der Prozessführung betraut werden. Zur Sicherung der erforderlichen Sachkompetenz und Seriosität sollen die klagebefugten Einrichtungen ein Zertifizierungsverfahren durchlaufen.[103] Grundsätzlich sollen die Einrichtungen die Interessen einer genau bezeichneten Gruppe von Geschädigten wahrnehmen. Ausnahmsweise sieht die Kommission aber auch die Möglichkeit, dass Verbände für eine Gruppe von *identifizierbaren* Geschädigten tätig werden. Die Kommission sieht in den Verbandsklagen diverse, letztlich prozessökonomische Vorteile. Verbände verfügten über die erforderlichen finanziellen Ressourcen und die notwendige Sachkompetenz, um kartelldeliktische Schadensersatzklagen zu führen. Zudem stünden Verbände, anders als etwa Privatpersonen oder mittelständische Gewerbetreibende, nicht in einem Abhängigkeitsverhältnis zur Marktgegenseite. Daher sei eine Prozessführung im öffentlichen Interesse gewährleistet, die eine besonders nachdrückliche Anspruchsdurchsetzung ermögliche.[104] Zum anderen sollen die Mitgliedstaaten Einrichtungen auch *ad hoc* zur Rechtsverfolgung ermächtigen können. Dabei können die Einrichtungen die Interessen einiger Gruppenmitglieder oder sämtlicher Geschädigter wahrnehmen. Die Rechtsverfolgung durch *ad hoc* gegründete Einrichtungen soll gegenüber dem ersten Typ die Ausnahme bilden. Die *ad hoc* Einrichtungen ermöglichen eine flexible und damit effektive Reaktion auf Wettbewerbsverstöße.

b. Opt-in Gruppenklagen

Daneben schlägt das Weißbuch *Opt-in* Gruppenklagen vor, die den einzelnen Geschädigten die gemeinsame Verfolgung ihrer Interessen ermöglichen. Bei der *Opt-in* Lösung müssen die Geschädigten im Vorfeld des Verfahrens ausdrücklich ihre Zustimmung und Teilnahme am Verfahren erklären. Der Vorteil der Gruppenklage liegt nach Auffassung der Kommission in der Verteilung von Kosten

---

100 So genanntes Soft Law.

101 Staff Working Paper Weißbuch, Rz. 319.

102 Staff Working Paper Weißbuch, Rz. 40.

103 Staff Working Paper Weißbuch, Rz. 46.

104 Staff Working Paper Weißbuch, Rz. 49, 50; zustimmend *Alexander*, WRP 2009, 683, 689.

und Risiken auf eine große Zahl von Beteiligten. Neben diesem Kostenvorteil könne die Gruppe bei der Prozessführung auch auf einen größeren Sachverstand zurückgreifen. Hierdurch würde eine günstigere Kosten-Nutzen-Bilanz geschaffen, die zu einer erhöhten Klagebereitschaft führe. Außerdem weise eine *Opt-in* Gruppenklage geringeres Missbrauchspotential als eine *Opt-out* Lösung auf, die typischerweise zu exzessiver Prozessführung und zu einer Entfernung des Prozessführenden von den eigentlichen Geschädigten[105] führe.[106] Von der Wettbewerbskommission wurde dabei aber im Weißbuch nicht bedacht, dass die *Opt-in* Lösung ein sehr aufwändiges und kostenintensives Verfahren ist. Schließlich muss eine möglichst große Zahl der durch den Kartellverstoß Betroffenen ermittelt und angeschrieben werden, damit diese sich der Gruppe überhaupt erst anschließen können. Ein solches Verfahren ist – das zeigt insoweit die US-Praxis[107] – sehr teuer und könnte zu einer Überforderung des Verbandes führen.[108] Zudem geht aus dem Weißbuch nicht hervor, wie die Verteilung der erstrittenen Summen erfolgen soll. Hier sind verschiedene Gestaltungen denkbar, etwa die Auskehrung an die einzelnen Geschädigten oder die Verwendung der Summe durch die Gruppe.

c. Verhältnis von Verbands-, Gruppen- und Individualklage

Nach der Initiative der Kommission im Weißbuch Schadensersatzklagen sollen die vorgeschlagenen Mechanismen des kollektiven Rechtsschutzes einander ergänzen. Zudem soll das Recht zur Individualklage abgesichert sein, sodass es die Entscheidung des Einzelnen bleibt, oder eine Schadensersatzklage erheben will. Das komplementäre Nebeneinander soll Defizite der einzelnen Verfahrensarten ausgleichen, etwa wenn ein Interessenverband in seiner Tätigkeit überlastet ist und das Verfahren nicht führen kann.[109] Wie das Nebeneinander der Verfahrensarten geregelt wird, weist die Kommission den Mitgliedstaaten zu. Dabei wird nicht auf die Frage eingegangen, wie eine mehrfache Inanspruchnahme der Kartelltäter vermieden werden soll.[110] Praktisch ist eine mehrfache Inanspruchnahme in verschiedenen Konstellationen vorstellbar. Schließlich klärt das Weißbuch weder das Verhältnis der verschiedenen Kollektivklagen untereinander noch das Verhältnis von Individualklagen zu Kollektivklagen.

---

105 Vgl. zum Principal-Agenten Problem unten S. 169 ff.

106 Staff Working Paper Weißbuch, Rz. 58.

107 Zur Class-action siehe unten S. 71 ff.

108 Tamm, EuZW 2009, 439, 442.

109 Staff Working Paper Weißbuch, Rz. 61.

110 *Ritter*, WuW 2008, 762, 768; Weißbuch, S. 5.

2. Grünbuch zum kollektiven Rechtsschutz im Verbraucherrecht

Die Europäische Kommission für Verbraucher und Gesundheit hat in ihrer verbraucherpolitischen Strategie das Ziel ausgegeben, dass bis 2013 alle Verbraucher und Einzelhändler grenzüberschreitend genauso sicher einkaufen können wie in ihrem Heimatland.[111] Nach Auffassung der Kommission darf die Entwicklung des materiellen Verbraucherrechts nicht durch mangelnde Durchsetzbarkeit der verbraucherrechtlichen Ansprüche entwertet werden. Zur Stärkung der Durchsetzung des Verbraucherrechts regt die Kommission in ihrem Grünbuch daher Formen des kollektiven Rechtsschutzes an.[112] Ausdrücklich bezieht sich das Grünbuch nicht auf Verstöße gegen das EU-Kartellrecht.[113] Zusammenfassend wird aus dem Grünbuch zum Verbraucherrecht deutlich, dass die Kommission einen europaweit einheitlichen Standard der kollektiven Rechtsdurchsetzung anstrebt.[114] Insgesamt beschränkt sich die Kommission mit dem Grünbuch aber auf unverbindliche Vorschläge, die noch weit von einer konkreten Regelung entfernt sind.[115]

3. Richtlinienentwurf vom Frühjahr 2009

Der von der EU-Wettbewerbskommissarin *Kroes* Anfang 2009 zur Diskussion gestellte Entwurf einer Richtlinie über eine europäische Sammelklage wegen Kartellrechtsverstößen war politisch und juristisch umstritten.[116] Politisch bemängelt wurde die Tatsache, dass *Kroes* den Entwurf nach Art. 103 AEUV eingebracht hat, ohne die anderen Organe der EU zu beteiligen.[117] Diese forsche Vorgehensweise wurde von einigen als mangelhafter politischer Stil kritisiert.[118] Rechtspolitisch wurde befürchtet, dass der Richtlinienentwurf zur Einführung einer Class-action nach US-amerikanischem Vorbild führen würde. Kritiker erwarteten eine *Klageindustrie*, die hauptsächlich Anwälten nützen und Unternehmen schaden würde.[119] *Kroes* plante, den Richtlinienentwurf noch vor Ende ihrer regulären Amtszeit auf

---

111 KOM (2007), 99 (im Folgenden Grünbuch kollektiver Rechtsschutz in Verbraucherangelegenheiten), S. 2.

112 Grünbuch kollektiver Rechtsschutz in Verbraucherangelegenheiten, S. 8 ff.

113 Grünbuch kollektiver Rechtsschutz in Verbraucherangelegenheiten, S. 3.

114 *Tamm*, EuZW 2009, 439, 443.

115 So auch *Ritter*, WuW 2008, 762, 767.

116 Vgl. etwa *Wagner-von Papp*, EWS 2009, 445.

117 Vgl. den Brief des Berichterstatters im EP *Klaus-Heiner Lehne* (CDU) an die Kommissarin *Kroes* v. 15.04.2009 abrufbar unter http://www.docstoc.com/docs/6550811/Letter-Commissioner-Kroes-damages-actions-15_04_2009doc (zuletzt besucht am 23.02.2010).

118 Handelsblatt v. 08.10.2009 abrufbar unter http://www.handelsblatt.com/politik/international/sammelklagen-kroes-gibt-nicht-klein-bei;2466550 (zuletzt besucht am 23.02.2010).

119 Zu diesen Punkten im Einzelnen unten S. 97 ff., S. 167 ff..

die Tagesordnung der Europäischen Kommission zu setzen.[120] Mittlerweile kann dieses Vorhaben als gescheitert gelten, da die Europäische Kommission den Vorschlag nicht mehr im Rahmen ihres Mandats verhandelt hat.[121] Der Plan von Wettbewerbskommissarin *Kroes* wird aber vermutlich von ihrem Nachfolger *Almunia* mittel- bis langfristig weiterverfolgt werden, sodass weiterhin eine Auseinandersetzung mit dem Richtlinienentwurf geboten ist.[122]

a. Grundbegriffe und Definitionen (Art. 1 bis 3)

Den im ersten Kapitel des Richtlinienentwurfs geregelten Art. 1-3 kommt hauptsächlich eine deklaratorische Bedeutung zu.[123] In diesem Kapitel des Regelungswerks werden Grundbegriffe definiert, das Regelungsziel und der Regelungsmaßstab festgelegt. In Art. 1 Abs. 1 RiLi-Entwurf wird zuvorderst klargestellt, dass die Richtlinie den Grundsatz der Kompensation verfolgt.[124] Damit greift die Kommission die EuGH-Rechtsprechung in Sachen *Courage* und *Vincenzo Manfredi* auf, wonach – so jedenfalls die Kommission[125] – „Jedermann" vollständig für seine erlittenen Einbußen entschädigt werden muss. Art. 2 RiLi-Entwurf betrifft die Umsetzung der Regelungen ins nationale Recht, das den Äquivalenz- und den Effektivitätsgrundsatz zu wahren hat. Art. 2 nimmt dabei Bezug auf den Wortlaut der Entscheidung des EuGH in Sachen *Courage*.[126] In Art. 3 Nr. 1 bis 12 werden dann die für die Richtlinie maßgeblichen Begriffe definiert.

b. Kollektive Rechtsschutzformen (Art. 4 bis 7)

Der kollektive Rechtsschutz ist im zweiten Kapitel des Richtlinienentwurfs unter dem Oberbegriff Schadensersatzklagen[127] geregelt. Vorgesehen sind eine Gruppenklage und eine Verbandsklage (Art. 5 und 6 RiLi-Entwurf), wobei dies nur Inhalt des Mindestharmonisierungsauftrages ist.[128] Den Mitgliedstaaten bleibt es

---

120 In der Kommission gilt es als politischer Brauch keine Gesetzesinitiativen mehr einzubringen, nachdem eine neue Kommission gewählt ist, sodass die alte Kommission also nur geschäftsführend tätig ist.

121 F.A.Z. v. 26.10.2009, S. 13.

122 Der vorliegende Entwurf der Richtlinie ist eine erste Überarbeitung des ersten Entwurfs.

123 Vgl. Erwägungsgründe zum RiLi-Entwurf, S. 7.

124 Anders noch das Grünbuch aus 2005. Dort wurde ein Mehrfachschadensersatz nach Art der US-amerikanischen punitive damages (double damages) vorgeschlagen, vgl. Grünbuch S. 8. Anders im US-Kartellrecht, wo ein dreifacher Schadensersatz (treble damage) zugesprochen werden kann.

125 Zur Interpretation der Wendung „Jedermann" siehe unten, S. 39.

126 EuGH a.a.O. Tz. 29 – *Courage und Crehan*.

127 Im englischsprachigen Entwurf „Actions for Damages".

128 Hierzu ausführlicher unten S. 221 ff.

unbenommen, zusätzliche Rechtsschutzformen einzuführen.[129] Die vom Richtlinienentwurf vorgesehenen kollektiven Durchsetzungsmechanismen sollen eine effektive Durchsetzung kartellrechtlicher Streuschäden gewährleisten.[130] Inhaltlich sind die von dem Entwurf vorgesehenen Kollektivklagen keine Überraschung, da sie den Vorschlägen des Weißbuchs entsprechen.[131] Die in Art. 5 RiLi-Entwurf geregelte Gruppenklage erlaubt einer Mehrzahl von Klägern (mindestens zwei Personen), sich ausdrücklich zu einer Gruppe zusammenzuschließen (*Opt-in*) und die Ansprüche in einem einheitlichen Verfahren durchzusetzen. Das Gericht kann im Laufe des Verfahrens – nach Anhörung der Beteiligten – weitere Kläger zur Gruppe zulassen. Das Gruppenklageverfahren soll vor dem nationalen Gericht wie ein Einzelverfahren gehandhabt werden (Art. 5 Abs. 2 RiLi-Entwurf).

Die Gruppenklage wird nach dem Richtlinienentwurf (Art. 6, 7 RiLi-Entwurf) durch eine Verbandsklage ergänzt, wobei staatliche oder gemeinnützige „qualifizierte Einrichtungen" klagebefugt sind. Von besonderer Bedeutung ist, dass Art. 7 des Entwurfs vorsieht, dass die qualifizierten Einrichtungen den Kreis der Geschädigten hinreichend präzise anhand der Verletzungshandlung und der Art des entstandenen Schadens zu definieren haben. Die Einrichtungen müssen dabei geeignete Anstrengungen unternehmen, um die Anspruchsinhaber über das Verfahren zu informieren (Art. 6 Abs. 3 RiLi-Entwurf). Die Geschädigten können dann von einer Beteiligung am Verfahren absehen, indem sie von ihrem Recht zum *Opt-out* Gebrauch machen.[132] Die klagende Einrichtung muss eine hinreichende Definition der Gruppe bringen, damit das Gericht die Verfahrensrechte der Beteiligten schützen kann. Abstrakt sind als Definitionsmerkmale die Art des Schadens und die Verletzungshandlung genannt. Ob diese Merkmale aber auch in der Praxis tauglich sind, eine Gruppe zu definieren, die möglichst wenigen Interessenkonflikten ausgesetzt ist, ist fraglich. Gerade bei Abnehmern auf verschiedenen Vertriebsstufen sind die Interessenkonflikte vorprogrammiert.[133] Auch wirft die mit dem *Opt-out* Mechanismus verbundene unpräzise Definition der Gruppe (nicht alle Geschädigten werden je namentlich identifiziert werden) Fragen nach der Verteilung der Schadensersatzsumme auf.

---

129 *Wagner-von Papp*, EWS 2009, 445, 447.

130 *Wagner-von Papp*, EWS 2009, 445, 449.

131 *Klaus-Heiner Lehne* (CDU) bezeichnete den Entwurf als „a simple copy-paste", vgl. http://www.docstoc.com/docs/6550811/Letter-Commissioner-Kroes-damages-actions-15_04_2009doc (zuletzt besucht am 23.02.2010).

132 Erfolgt vor Urteilsverkündung kein Opt-out, erstreckt sich die Rechtskraft auf sämtliche Geschädigte, vgl. *Wagner-von Papp*, EWS 2009, 445, 447.

133 *Wagner-von Papp*, EWS 2009, 445, 450, der auf das Beispiel *Emerald Supplies* aus Großbritannien hinweist.

c. Disclosure-Modell (Art. 8 bis 10)

Für die Effektivität der Durchsetzung von Schadensersatzansprüchen sind die Beweisanforderungen von erheblicher Bedeutung. Art. 8 Nr. 2 lit. a-c des Entwurfes regelt daher, dass der Richter die Vorlage von Beweismitteln anordnen kann (*disclosure*). Die Voraussetzungen der in dem Entwurf geregelten *disclosure* gleichen den Vorschlägen des Weißbuchs.[134] Art. 9 regelt die Ausnahmen von der Beweisvorlagepflicht. Im Rahmen des *Leniency*-Programms kommt zum Beispiel eine Beweisvorlageanordnung bezüglich von Unternehmenserklärungen nicht in Betracht. Das gleiche gilt für Unternehmenserklärungen im Rahmen von Vergleichen.

Auch muss die gesetzliche Ausgestaltung durch die Mitgliedstaaten die grundlegenden Verfahrensrechte garantieren, insbesondere darf das Anwaltsprivileg (*attorney privilege*) nicht angetastet werden (Art. 9 Abs. 2 RiLi-Entwurf). Um die Durchsetzung der *disclosure* zu sichern, sind die Mitgliedstaaten zur Einführung geeigneter Sanktionen bei Nichtvorlage oder Zerstörung von Beweismitteln verpflichtet (Art. 10 RiLi-Entwurf).

d. Schadensersatz, Verschulden, Verjährung

Für die Streuschadensersatzansprüche und die Aktivlegitimation im Zivilprozess ist die Zulassung des Einwands der Schadensabwälzung (*pass-on*) von wesentlicher Bedeutung. Art. 11 RiLi-Entwurf stellt klar, dass der Rechtsverletzer im Zivilprozess sich mit dem Einwand der Schadensweiterwälzung verteidigen kann, allerdings insoweit auch beweispflichtig ist. Umgekehrt gilt zugunsten der indirekten Abnehmer die Vermutung, dass der gesamte kartellbedingte Preisaufschlag auf die indirekten Abnehmer abgewälzt wurde, sofern sie einen Verstoß gegen Art. 101, 102 AEUV nachweisen und diese Verletzung zu Preisaufschlägen bei Kunden des Kartelltäters geführt hat. Im Übrigen muss der Kläger Waren oder Dienstleistungen erworben haben, die von dem Verstoß betroffen sind.[135] Der Kartelltäter kann sich gegen diese Vermutung verteidigen, indem er das Gegenteil beweist. Zu Problemen führt diese Gestaltung, wenn mehrere Kläger auf verschiedenen Vertriebsstufen auftreten, deren Klagen sich aber auf denselben Kartellverstoß beziehen. Um eine Mehrfachinanspruchnahme zu verhindern, sind die mitgliedstaatlichen Gerichte vom Richtlinienentwurf aufgerufen, solche Klagen „angemessen zu berücksichtigen" (Art. 12 RiLi-Entwurf). Von Bedeutung für die Beweisanforderungen ist auch die Feststellungswirkung bestandskräftiger Behördenentscheidungen im Zivilprozess (Art. 13 des RiLi-Entwurfes). Seit 2005 regelt § 33 Abs. 4 GWB die Bindungswirkung bestandskräftiger Kartellbehördenent-

---

134 Weißbuch, S. 5.

135 *Wagner-von Papp*, EWS 2009, 445, 450.

scheidungen und erfüllt insoweit bereits die Anforderung des RiLi-Entwurfes.[136] Damit die Schadensersatzansprüche auch tatsächlich durchgesetzt werden können, müssen die Verjährungsregeln auf Ebene der Mitgliedstaaten eine effektive Anspruchsdurchsetzung gewährleisten. Daher fordert Art. 15 des Entwurfs, dass die Verjährung frühestens dann zu laufen beginnt, wenn der Geschädigte vernünftigerweise vom Verstoß hätte Kenntnis erlangen können. Hinsichtlich des Verschuldenserfordernisses knüpft Art. 14 des Entwurfs an das Weißbuch an.[137] Danach darf ein Schadenersatzanspruch am fehlenden Verschulden des Beklagten nur scheitern, wenn dieser nachweist, dass er sich vernünftigerweise nicht bewusst sein konnte, dass sein Verhalten den Wettbewerb verfälscht. Dabei werden sehr hohe Anforderungen an die Sorgfalt des Unternehmers gestellt, da verlangt wird, dass qualifizierter Rechtsrat eingeholt wird.

e. Zwischenergebnis

Eine endgültige Lösung des Streuschadensproblems bietet der Richtlinienentwurf nicht, obwohl die Durchsetzbarkeit dieser Ansprüche in der europäischen Wettbewerbspolitik von großer Bedeutung ist. Sofern die klagenden Einrichtungen keinen eigenen finanziellen Vorteil an dem Verfahren haben, ist nicht mit einem ernsthaften Engagement der Einrichtungen zu rechnen. Dies zeigen die Erfahrungen mit der deutschen Regelung der Vorteilsabschöpfung in § 34 Abs. 1 GWB, wonach die abgeschöpfte Summe allein dem Bundeshaushalt zugute kommt.[138] Schließlich müsste die Einrichtung zunächst den großen Verfahrensaufwand auf sich nehmen und vorfinanzieren. Soweit die eingeklagte Summe diese Kosten aber nicht deckt, werden die meisten Einrichtungen von einer Klage Abstand nehmen. Umgekehrt darf aber die Beteiligung der Einrichtung keinen zu großen finanziellen Anreiz bieten, da sonst mit einer missbräuchlichen Klageerhebung aus sachfremden Motiven zu rechnen ist. Auch die Tatsache, dass der Richtlinienentwurf nur eine inhaltliche Mindestharmonisierung bewirkt, wird erhebliche Auswirkungen im europäischen Rechtsraum haben. Zu unterschiedlich sind die einzelnen europäischen Rechtsordnungen, als dass mit einer gleichwertigen Regelung von kollektiven Rechtsschutzinstrumenten durch die 27 Mitgliedstaaten gerechnet werden kann. Folglich droht durch die unterschiedliche Umsetzung der Richtlinie ein *Forum Shopping*, da sich der Kläger wie auch der Beklagte nach dem jeweils günstigsten Forum in Europa umsehen wird.

Insgesamt zeigt der Richtlinienentwurf nur eine fragmentarische Regelung des europäischen rechtspolitischen Standpunktes zum kollektiven Rechtsschutz.

---

136 *Wagner-von Papp*, EWS 2009, 445, 447; *Hempel*, WuW 2005, 137.

137 Vgl. Weißbuch, S. 7.

138 *Bechtold*, § 34a Rn. 11 f.; bis dato ist es zu keinem Verfahren gekommen.

Wesentliche Folgeprobleme, die vor allem die spätere Rechtspraxis betreffen, bleiben dem nationalen Gesetzgeber zur Regelung und Lösung überlassen.[139]

C. Die Rezeption der EuGH-Rechtsprechung durch die Kommission

Das Primärrecht enthält selbst keine Aussage hinsichtlich der prozessrechtlichen Ausgestaltung des kartellrechtlichen Schadensersatzanspruchs. Nach den Entscheidungen des EuGH in Sachen *Courage*[140] und *Manfredi*[141] müssen die Mitgliedstaaten bei der Ausgestaltung des Verfahrensrechts aber die Grundsätze der Äquivalenz und der Effektivität beachten. Danach darf die Durchsetzung unionsrechtlicher Ansprüche nicht weniger günstiger gestaltet sein als für entsprechende innerstaatliche Verfahren.[142] Zudem sei „Jedermann" berechtigt einen Schadenersatzanspruch geltend zu machen, sofern er eine finanzielle Einbuße erlitten hat.

Aus diesen abstrakt formulierten Grundsätzen lassen sich nur schwer greifbare Folgerungen für die nationale Rechtspolitik treffen.[143] Die Entscheidungen des EuGH in Sachen *Courage* bzw. *Vincenzo Manfredi* hat die Kommission mit Blick auf den Kreis der Aktivlegitimierten wörtlich verstanden. Die Kommission geht davon aus, dass „Jedermann", also *jeder* Person, die in irgendeiner Weise eine finanzielle Einbuße durch einen Kartellverstoß erlitten hat, ein Schadensersatzanspruch zustehen muss. Diese sehr weite Interpretation der EuGH-Rechtsprechung zur privaten Rechtsdurchsetzung ist auch in der Literatur vorherrschend.[144] Allerdings wurde in der Literatur nicht erörtert, wie die vom EuGH verwendete Formulierung „Jedermann" zu interpretieren.[145] Insbesondere wurde nicht hinterfragt, ob das „Jedermann"-Postulat auch bei der Streuschadenskonstellation Anwendung findet, obwohl es weder in der Rechtssache *Courage* noch in der Sache *Vincenzo Manfredi* um Streuschäden ging. Bei der *Courage*-Entscheidung hatte sich der EuGH mit der Frage zu befassen, ob auch der Teilnehmer einer kartellrechtswidri-

---

139 *Wagner-von Papp*, EWS 2009, 445, 453 f.

140 EuGH Urt. v. 20. Juni 2001, Rs. C-453/99 – *Courage und Crehan.*

141 EuGH Urt. v. 13.7.2006, Rs. C-295 bis 298/04, Slg. 2006, I-6619 – *Vincenzo Manfredi.*

142 EuGH a.a.O. Tz. 29 – *Courage und Crehan.* Hierzu bereits oben S. 28.

143 *Palzer/Preisendanz*, EWS 2010, 215, 216.

144 Vgl. *Weyer* in FK, EG-Art. 81 Zivilrechtsfolgen, Rn. 25, 28; *Mestmäcker/Schweitzer*, § 22 Rn. 28, 30.

145 Kahlenberg/Haellmigk BB 2005, 1509, 1514; Keßler BB 2005, 1125, 1128; Lübbig/le Bell WRP 2006, 1209. Behandelt wird diese Frage in der Abhandlung von Brinker/Balssen in FS-*Bechtold*, S. 69, 73 ff.

gen Absprache Schadensersatz verlangen kann.[146] Im Fall *Vincenzo Manfredi* war hingegen klärungsbedürftig, ob auch unmittelbaren Abnehmern des Kartells ein Schadensersatzanspruch zusteht. In beiden Fällen hatten die Geschädigten spürbare finanzielle Einbußen erlitten und wiesen daher nicht die für Streuschäden typische rationale Apathie auf. Insofern spricht einiges – entgegen dem Wortlaut der Entscheidungen – für eine einzelfallbezogene Interpretation der Wendung „Jedermann". Das absolute Verständnis von „Jedermann" durch die Kommission lässt sich nur bei isolierter Betrachtung der Textzahlen 25 bis 27 der *Courage*-Entscheidung begründen.[147] Diese Urteilspassagen betreffen jedoch das vom EuGH festgestellte übergeordnete unionsrechtliche Regelungsanliegen. Das Regelungsanliegen ist jedoch nicht die Stärkung der Schadensersatzrechte des Einzelnen, sondern die effektive Durchsetzung des Kartellverbots (Art. 101 AEUV) und die Sicherung eines wirksamen Wettbewerbs.[148] Der EuGH sieht also im Schadensersatzanspruch des Geschädigten kein Instrument zum Ausgleich individuell erlittener Einbußen, sondern ein strategisches Werkzeug zur Kartellrechtsdurchsetzung.[149]

Beide Urteile sind zudem als Vorabentscheidungsverfahren nach Art. 267 AEUV ergangen, wo vom EuGH ausschließlich zu den von den nationalen Gerichten vorgelegten Rechtsfragen Stellung zu nehmen war. Prozessual geht es um die Klärung einer speziellen Rechtsfrage, die vom vorlegenden Gericht für entscheidungserheblich gehalten wird. Im Vorabentscheidungsverfahren werden dagegen keine allgemeinen Rechtssätze überprüft oder geschaffen. Eine Gesamtbetrachtung der Gründe der *Courage*-Entscheidung zeigt, dass der EuGH mit der Wendung „Jedermann" *jeden Vertragspartner* meinte. Dies entspricht auch der vorgelegten Rechtsfrage, ob auch der Teilnehmer (hier der Vertragspartner) einer Kartellabsprache einen Anspruch auf Schadensersatz geltend machen kann. Die Urteilsgründe nehmen daher immer wieder Bezug auf das Vertragsverhältnis. Der EuGH begründet in seinem Urteil, dass auch der Partner eines kartellrechtswidrigen Vertrags von seinem Vertragspartner Schadensersatz verlangen kann, sofern er nicht hauptsächlich selbst für den Kartellverstoß verantwortlich ist. Es geht also nicht um die Frage, ob beliebige Abnehmer einen Anspruch gegen den Kartellanten haben, sondern lediglich um die Ansprüche innerhalb des Vertragsverhältnisses. Den gleichen Bezug stellt der EuGH mit Blick auf die Nichtigkeitsfolge her: Der EuGH führt in Textzahl 22 aus, dass Art. 85 Abs. 2 EGV (heute Art. 101 Abs. 2 AEUV) eine absolute Nichtigkeit zwischen *den Vertragspartnern* entfalte, der Vertrag daher auch Dritten gegenüber keine Wirkung entfalten kön-

146 Nach der illegality rule des englischen Rechts kann dem Kartellanten kein Schadensersatzanspruch zustehen, da er den Rechtsverstoß zumindest mit verursacht habe.

147 EuGH a.a.O. Tz. 25-27 – *Courage und Crehan*.

148 So auch Brinker/Balssen in FS-*Bechtold*, S. 69, 75.

149 Brinker/Balssen in FS-*Bechtold*, S. 69, 75.

ne. Im Übrigen schränkt der EuGH die Schadensersatzberechtigung selbst ein, da der Schadensersatzanspruch dem Geschädigten nicht zustehen soll, wenn er durch den Anspruch ungerechtfertigt bereichert würde oder er für die Wettbewerbsverzerrung erhebliche Verantwortung trägt.[150]

Auch die Ausführungen des GA *Mischo* in den Schlussanträgen zur Rechtssache *Courage* lassen ein absolutes Verständnis der Wendung „Jedermann" nicht zwingend erscheinen.[151] Schon in der Darstellung des Tatbestandes wird die Frage der Aktivlegitimation auf den Teilnehmerkreis einer Kartellabsprache beschränkt.[152] Auch in der rechtlichen Würdigung bezieht sich *Mischo* auf das Vertragsverhältnis.[153] *Mischo* stellt in seinen Ausführungen zur kartellrechtlichen Schadensersatzklage seine Rechtsauffassung zur Vereinbarkeit der englischen *illegality rule* mit dem Gemeinschaftsrecht dar. Der Generalanwalt sieht diesen englischen Rechtssatz vor dem Hintergrund des Unionsrechts als problematisch an, da das europäische Recht „unmittelbare Wirkungen in den Beziehungen zwischen Einzelnen" entstehen lässt.[154] Grundsätzlich seien zwar die Einzelnen, die einen Schutz erhalten, in erster Linie Dritte, die durch das Kartell geschädigt seien.[155] Damit ist jedoch nicht gesagt, dass auch Dritte, die in keiner Vertragsbeziehung zu den Kartellanten stehen, einen Schadensersatzanspruch gegen die Kartelltäter haben. Somit kann aus diesem Satz nicht zwingend geschlossen werden, dass auch Endverbrauchern in der Streuschadenskonstellation ein Anspruch zusteht. Im Übrigen wird dann sogleich wieder der Bezug zur Ausgangsfrage hergestellt, indem argumentiert wird, dass auch dem Teilnehmer eines Kartells ein Schadensersatzanspruch zustehen muss, soweit die Teilnahme keinem sittenwidrigen Verhalten gleichkomme.[156] Vor diesem Hintergrund kommt *Mischo* zu dem Ergebnis, dass ein Schadensersatzanspruch auch dem Kartellanten zusteht, sofern ihn keine erhebliche Verantwortung für die Wettbewerbsverzerrung trifft.[157]

Auch aus dem Urteil des EuGH in Sachen *Manfredi* sind nicht die von der Kommission getroffenen Schlussfolgerungen zu ziehen.[158] Anders als bei der Streuschadenskonstellation handelte es sich bei der Entscheidung *Manfredi* im Ausgangsfall um eine Schadensersatzklage italienischer Versicherungsnehmer gegen Kfz-Haftpflichtversicherer. Bei den Anspruchsinhabern handelte es sich um die unmittel-

150 EuGH a.a.O. Tz. 30-31 – *Courage und Crehan.*

151 GA *Mischo* Schlussanträge Slg. 2001, I-6297.

152 GA *Mischo* Schlussanträge Slg. 2001, I-6297, Tz. 11.

153 Vgl. Tz. 22, 24, 27, 28 der Schlussanträge.

154 Tz. 37 der Schlussanträge.

155 Tz. 38 der Schlussanträge.

156 Tz. 40 der Schlussanträge.

157 Tz. 44 der Schlussanträge.

158 Zweifelnd und für eine „vorsichtige Interpretation" des Urteils Brinker/Balssen in FS-*Bechtold*, S. 69, 79 f.

bare Marktgegenseite des Kartells und nicht um mittelbar Geschädigte, wie bei der Streuschadenskonstellation. Wenn auch der EuGH wörtlich – genauso wie in der Rechtssache *Courage* – ausführt, dass „Jedermann" Ersatz des ihm entstandenen Schadens verlangen könne, sofern ein ursächlicher Zusammenhang zwischen dem Schaden und dem Kartellverstoß bestehe[159], so ist damit nicht zwingend *jeder Geschädigte* gemeint. Genauso wie in der Rechtssache *Courage* geht der EuGH immer wieder auf die Beziehungen zwischen Einzelnen und das jeweilige Vertragsverhältnis ein.[160] Mittelbare Abnehmer werden in der Entscheidung nicht angesprochen. Im Hinblick auf diesen Aspekt ist auch aus den Schlussanträgen des Generalanwalts *Geelhoed* kein Erkenntnisgewinn zu ziehen, da er diese Rechtsfrage unter Bezugnahme auf die *Courage*-Entscheidung begründet.[161] Soweit in den Schlussanträgen die Wendung „Jedermann" auftaucht, kann hieraus keine Schlussfolgerung auf die Streuschadenskonstellation gezogen werden. Kein anderes Ergebnis ergibt sich mit Blick auf den vom EuGH angeführten Effektivitätsgrundsatz.[162] Danach müssen die Mitgliedstaaten auf nationaler Ebene Regelungen schaffen, welche die Anspruchsdurchsetzung nicht übermäßig erschweren oder unmöglich machen. Dieser Satz des EuGH muss aber in Beziehung zur Rechtsökonomie gesehen werden. Danach kann Effektivität immer nur im Rahmen des praktisch Möglichen gemeint sein. Soweit man aber in die Wendung „Jedermann" eine Anspruchsberechtigung für *jeden* interpretiert, wird eine nahezu unendliche Kette der Aktivlegitimierten geschaffen. Eine solche Weiterung ist letztlich unübersehbar und steigert nicht die Kartellrechtsdurchsetzung, weil die Endverbraucher keinen Schadensersatzanspruch gegen das Kartell durchsetzen.[163]

Festzuhalten ist daher, dass die Europäische Kommission die Rechtsprechung des EuGH falsch interpretiert hat. Das so genannte „Jedermann"-Postulat bedeutet nicht, dass *jedem* Geschädigten ein Anspruch zustehen muss, sondern dass *jeder unmittelbare Abnehmer* des Kartells einen Anspruch auf Schadensersatz hat. Insofern geht eine nicht einzelfallbezogene, rein am Wortlaut der Entscheidungsgründe haftende Interpretation zu weit. Richtig ist vielmehr, dass „Jedermann" immer im Bezug zu dem jeweiligen vom EuGH zu entscheidenden Sachverhalt zu verstehen ist. Für die hier zu erörternde Streuschadensproblematik ergibt sich daher, dass keine unionsrechtliche Pflicht zur Ausgestaltung eines kartellrechtlichen Schadensersatzanspruchs besteht, bei dem auch mittelbar Geschädigte aktivlegitimiert sind.

---

159 EuGH Urt. v. 13.7.2006, Rs. C-295 bis 298/04, Slg. 2006, I-6619, Tz. 61 – *Vincenzo Manfredi.*

160 EuGH a.a.O. Tz. 56 ff. – *Vincenzo Manfredi.*

161 GA Geelhoed Schlussanträge Slg. 2006, I-6619, Tz. 56.

162 EuGH a.a.O. Tz. 29 – *Courage und Crehan.*

163 Vgl. Brinker/Balssen in FS-*Bechtold*, S. 69, 80.

D. Rechtspolitischer Standpunkt der Kommission

Angesichts der oben erörterten rechtspolitischen Initiativen auf Ebene der Europäischen Union ist davon auszugehen, dass der kollektive Rechtsschutz in Zukunft ein zentrales Thema der europäischen Rechtspolitik darstellen wird. Daher wird im Folgenden der rechtspolitische Standpunkt der Kommission herausgearbeitet, um mögliche Inhalte einer zukünftigen Richtlinie zu antizipieren.

Der für diese Arbeit maßgebliche Ausgangspunkt für den rechtspolitischen Gestaltungsauftrag der Gemeinschaft ist die von der Kommission in Auftrag gegebene *Ashhurst*-Studie[164]. Die Studie kam zu dem Ergebnis, dass die Durchsetzbarkeit von kartellrechtlichen Schadensersatzansprüchen *völlig unterentwickelt* ist.[165] Lediglich das schwedische Recht kennt mit dem *Group Proceedings Act* von 2003[166] eigene Regelungen für Gruppen- und Verbandsklagen. Dieses Ergebnis war Auslöser der folgenden rechtspolitischen Entwicklung auf dem Gebiet des kollektiven Rechtsschutzes, da konstatiert wurde, dass die mitgliedstaatlichen Rechtsordnungen Sammelklagebefugnisse[167] nur sehr restriktiv handhaben. Grundsätzlich enthalten die Veröffentlichungen der Kommission relativ konkrete Vorschläge bezüglich der bereitzustellenden Instrumente des kollektiven Rechtsschutzes. Allgemein gehalten sind hingegen die konkreten Anforderungen an die Ausgestaltung der Rechtsschutzinstrumente. Die neuen Mechanismen des kollektiven Rechtsschutzes sollen zu einem *wirksamen* Rechtsschutz und zu einer *angemessenen* Berücksichtigung der Verbraucherinteressen führen.[168] Den Mitgliedstaaten bleibt insoweit ein erheblicher Handlungsspielraum zur Einführung weiterer Rechtsschutzinstrumente.[169]

I. Kostenrecht

Kostentragungsvorschriften finden sich in sämtlichen Zivilverfahrensordnungen der Mitgliedstaaten. Die Vorschriften sind umfangreich und weichen im Detail voneinander ab. Allerdings finden sich auch Gemeinsamkeiten. So sind in allen Mitgliedstaaten Gerichtsgebühren zu entrichten. Im Grundsatz gilt auch in allen Mitgliedstaaten das Prinzip der Unterliegenshaftung, das im deutschen Recht in

164 *Ashurst*-Studie vom 31.08.2004, abrufbar unter http://ec.europa.eu/competition/antitrust/actionsdamages/comparative_report_clean_en.pdf (zuletzt besucht am 06.01.2010).

165 *Ashurst*-Studie, S. 1 (executive summary).

166 Abrufbar unter http://www.sweden.gov.se/content/1/c6/02/77/67/bcbe1f4f.pdf (zuletzt besucht am 06.01.2010).

167 In der Terminologie der Studie sind damit Gruppen- und Verbandsklagen gemeint.

168 Vgl. Weißbuch, S. 2.

169 Staff Working Paper Weißbuch, Tz. 198.

§ 91 ZPO geregelt ist. Weiterhin wird die Gebührenhöhe nur in Abhängigkeit vom Streitwert bestimmt.

Das Unionsrecht und insbesondere Art. 6 EMRK garantieren das Recht auf ein faires Zivilverfahren. In der Rechtssache *Kreuz gegen Polen* wurde entschieden, dass die Einziehung sehr hoher Gerichtsgebühren gegen die EMRK verstoßen kann.[170] Erforderlich ist hiernach, dass die Einkommenssituation des Gebührenschuldners angemessen berücksichtigt wird. Daher folgt auch aus Art. 6 EMRK eine Pflicht zur Gewähr von Prozesskostenhilfe. Die Rechtsprechung des EuGH hat diesen Gedanken im Urteil in der Sache *Courage* konkretisiert und ausgeführt, dass die Verfahrensmodalitäten dem Effektivitätsgrundsatz genügen müssen. Das Kostenrecht darf eine Klageerhebung nicht über Gebühr erschweren oder gar praktisch unmöglich machen.[171] Insbesondere der Grundsatz der Unterliegenshaftung erscheint vor diesem Hintergrund problematisch. Die Unterliegenshaftung ist für den Kläger zwar vollkommen unproblematisch, soweit das Obsiegen im Prozess relativ eindeutig vorhersehbar ist. Bei komplexen Verfahren – sowohl in inhaltlicher als auch zeitlicher Sicht – stellt die Unterliegenshaftung ein nicht von der Hand zu weisendes Hemmnis für potentielle Kläger dar. Gerade in wettbewerbsrechtlichen Streitigkeiten sind komplexe und rechtlich schwierige Verfahren mit ungewissem Ausgang die Regel. Der Kläger sieht sich einem erheblichen Prozessrisiko ausgesetzt.

Zur Senkung des Prozessrisikos wird von der Kommission angeregt, die Kostenentscheidung dem Gericht durch Beschluss zu überantworten. Die Gerichte sollen zudem eine Abweichungsbefugnis vom Grundsatz der Unterliegenshaftung erhalten, um den Kläger im Unterliegensfalle von der Kostentragung befreien zu können (*Kostenschutzbeschluss*).[172] Die Mitgliedstaaten wären demzufolge gehalten, keine starre Form der Unterliegenshaftung zu normieren, sondern vielmehr auch für den Fall des Prozessverlusts Abweichungen zu zulassen. Bei einer strengen Anwendung der Unterliegenshaftung soll es gleichwohl bleiben, soweit die Prozessführung missbräuchlich war.

II. Beweislastverteilung

Eine weitere Ursache für die Klageapathie der Geschädigten ist nach Ansicht der Kommission die Informationsasymmetrie zwischen Kartelltätern und Geschädig-

170 EGMR, Urt. v. 19.06.2001, *Kreuz gegen Polen* (Beschwerde Nr. 28249/05). In diesem Fall war dem Kläger eine Gerichtsgebühr auferlegt worden, die ungefähr einem Jahresgehalt entsprach.

171 EuGH a.a.O. Tz. 29 – *Courage und Crehan.*

172 Staff Working Paper Weißbuch, Rz. 220.

ten.[173] Durch das Informationsgefälle fehlen den Geschädigten die erforderlichen Informationen, um die Anforderungen des Beweisrechts zu erfüllen. Anders als die Geschädigten verfügen die Unternehmen zudem über die finanziellen und intellektuellen Ressourcen, um wettbewerbsrechtliche Prozesse erfolgreich zu führen. Zur Lösung dieses beweisrechtlichen Problems hat die Kommission verschiedene Maßnahmen vorgeschlagen. Sehr weitreichend sind die Optionen, die im Grünbuch von 2005 vorgeschlagen werden. Dort werden von der Kommission drei Kernideen angeregt. Erstens soll die Unternehmen eine Offenbarungspflicht bezüglich beweiserheblicher Dokumente treffen, die sich in der Sphäre des Unternehmens befinden.[174] Die Kommission schlägt vor, dass die Geschädigten ihre Anschuldigungen hinreichend in einem so genannten *fact pleading* glaubhaft machen müssen, um die Unternehmen zur Offenbarung von relevanten Dokumenten zu verpflichten.[175] Daneben sollen weitere Regeln geschaffen werden, nach denen ein Zwangsaustausch von Dokumenten unter den Parteien erfolgen soll.[176] Darüber hinaus wurde vorgeschlagen, dass jede Prozesspartei ein Verzeichnis über die in ihrem Besitz befindlichen maßgeblichen Dokumente erstellen soll.[177] Zur Absicherung der Offenbarungspflicht werden Sanktionen vorgeschlagen, um eine Vernichtung oder Verschleierung von Beweisen zu verhindern. Zweitens schlägt die Kommission auch eine Offenbarungspflicht für Dokumente vor, die sich in der Sphäre einer Kartellbehörde befinden.[178] Drittens wird angeregt, die Beweislast in Wettbewerbsprozessen in einer für die Geschädigten günstigen Weise zu modifizieren. Die vorgeschlagenen Optionen sind dabei sehr unterschiedlich. Nach der ersten Option sollen die Entscheidungen einer Wettbewerbsbehörde für die Gerichte Bindungswirkung entfalten bzw. eine Beweislastumkehr zu Lasten der Unternehmen bewirken.[179]

Nach dem zweiten Vorschlag soll eine generelle Beweislastumkehr die Informationsasymmetrie beseitigen, wobei eine solche Regelung eine fehlende Offenbarungspflicht in gewissen Rahmen kompensieren soll.

Nach der dritten Option soll die ungerechtfertigte Weigerung einer Partei zur Offenbarung von benannten Beweisen zu einer unwiderlegbaren Vermutung führen.[180] Daneben stellt die Anregung der Kommission, den kartellrechtlichen Scha-

173 Weißbuch, S. 5.
174 Grünbuch, S. 5, 6.
175 Grünbuch, S. 6 Option-1.
176 Grünbuch, S. 6 Option-2.
177 Grünbuch, S. 6 Option-3.
178 Grünbuch, S. 6.
179 Grünbuch, S. 7 Option-8.
180 Grünbuch, S. 7 Option-10.

densersatzanspruch verschuldensunabhängig auszugestalten, einen Vorschlag zur Senkung der Beweislast dar.[181]

In das Weißbuch (2008) fanden die Vorschläge des Grünbuchs nur teilweise Eingang. Es wird angeregt, dass die mitgliedstaatlichen Gerichte einen Offenlegungsbeschluss fassen können, soweit die Geschädigten bestimmte Voraussetzungen erfüllen.[182] Die Geschädigten müssen zunächst sämtliche Beweise erbringen, die in ihrer Sphäre liegen und deren Beibringung zumutbar ist. Sie müssen darüber hinaus dem Gericht zeigen, dass die Beibringung weiterer Beweise unmöglich ist. Dazu müssen bestimmte Beweiskategorien benannt werden und eine Offenbarung für die Klage erforderlich und erheblich sein. Zudem muss die Offenbarung für den Verpflichteten verhältnismäßig sein.[183] Auch das Weißbuch schlägt schlagkräftige Sanktionen vor, um die Vernichtung oder Verschleierung von Beweisen zu verhindern.[184]

Problematisch an den Vorschlägen zur Beweiserleichterung ist der Schutz von Geschäfts- und Unternehmensgeheimnissen. Das Kartellrecht bezweckt gerade den Geheimnisschutz und verbietet die Ausforschung von Wettbewerbern, da anderenfalls ein funktionierender Wettbewerb nicht sichergestellt werden kann. Das Weißbuch schlägt zur Lösung dieses Problems nichts vor, sondern beschränkt sich auf den Hinweis, dass Unternehmenserklärungen (*corporate statements*) einen angemessenen Schutz erfahren sollen.[185] Die Kommission bezweckt damit den Schutz der Kronzeugenprogramme, die auf die Offenbarungsbereitschaft der Kartelltäter angewiesen sind. Festzuhalten ist, dass die Vorschläge und Standpunkte der Kommission zum Beweisrecht wenig konkret sind. Gleichwohl zeigt sich eine Tendenz insoweit, als von einer grundsätzlichen Absenkung der Anforderungen zugunsten der Anspruchsinhaber und potentieller Kläger auszugehen ist. Die Beweis- und Beibringungslast muss für die Kläger so gestaltet werden, dass die Beweisführung zumutbar und erfüllbar bleibt. Daher ist damit zu rechnen, dass der unionsrechtliche Standpunkt jedenfalls gerichtlich anzuordnende Offenbarungspflichten und eine Bindungswirkung von Behördenentscheidungen enthalten wird.

III. Opt-in oder Opt-out Klagen

Die bisher veröffentlichten Dokumente über mögliche Verfahren des kollektiven Rechtsschutzes lassen Streit über die Frage entstehen, ob Kollektivklagen als *Opt-*

181 Grünbuch, S. 7.
182 Weißbuch, S. 5, 6.
183 Weißbuch, S. 6.
184 Weißbuch, S. 6.
185 Weißbuch, S. 6.

in oder *Opt-out* Variante ausgestaltet werden sollen. Während im Grünbuch von 2005 noch keine klare Aussage dazu enthalten ist, ist das Weißbuch von 2008 deutlicher. Dort werden zum einen *Opt-in* Gruppenklagen und zum anderen Verbandsklagen vorgeschlagen.[186] Die Verbandsmitglieder sollen grundsätzlich genau bezeichnet werden, wobei es aber im Einzelfall ausreichen soll, dass die Geschädigten *identifizierbar* sind. Soweit aber die klagende Einheit für *identifizierbare* Geschädigte den Prozess führt, würde ein Anspruch in Unkenntnis des Anspruchsinhabers eingeklagt. D.h. der Geschädigte müsste, um von der Prozessführung ausgenommen zu werden, ausdrücklich auf seinen entgegenstehenden Willen hinweisen. Mittelbar würde so eine *Opt-out* Klage eingeführt.

Anfang 2009 hat die ehemalige Wettbewerbskommissarin *Kroes* einen Richtlinienentwurf für Sammelklagen im Kartellrecht zur internen Diskussion gestellt. Leider blieb der Entwurf unveröffentlicht, obgleich er schnell in den *interessierten Kreisen* kursierte und Gegenstand der Presseberichterstattung wurde.[187] Art. 5 des Richtlinienentwurfs enthält eine Form der *Opt-out* Klage. Danach sind Verbraucherverbände zur Klage für Geschädigte befugt, ohne die Parteien individuell zu identifizieren. Kritiker sehen in dieser Gestaltung eine Verletzung des Selbstbestimmungsrechts und der Privatautonomie.[188] Zudem führe der Entwurf zu einer *Klageindustrie* nach US-amerikanischem Vorbild, da mit finanziellen Anreizen zu einer Prozessführung gelockt werde.[189] Dieser Entwurf wurde allerdings nicht eingebracht, sodass nicht abschließend geklärt werden kann, welche Position insoweit unionsrechtlich vertreten wird. Mit Blick auf die Problematik der Streuschäden und der geschädigten Endverbraucher spricht allerdings einiges für eine *Opt-out* Variante der Kollektivklagen. Bei Kartellverstößen mit großer Breitenwirkung wird es für den Verband sehr schwierig, über die Prozessführung so zu informieren, dass die Geschädigten von ihrem Recht zum *Opt-in* Gebrauch machen. Außerdem wäre eine Information mit erheblichen Kosten verbunden, was die US-Praxis belegt[190]. Abgesehen von den praktischen Schwierigkeiten, die die *Opt-in* Variante aufwirft, spricht auch der rechtspolitische Standpunkt der Kommission für eine *Opt-out* Lösung. Die Kommission sieht in der Durchsetzung von Schadensersatzansprüchen im Wege des kollektiven Rechtsschutzes ein großes Abschreckungspotential. Dieses entfaltet auf die Normadressaten eine Lenkungswirkung, die Ge- und Verbote des Kartellrechts einzuhalten. Dies liegt im öffent-

---

186 Weißbuch, S. 5.

187 *Handelsblatt* v. 27.04.2009 abrufbar unter http://www.handelsblatt.com/politik/international/eu-verschaerft-das-kartellrecht;2254733 (zuletzt besucht am 06.01.2010).

188 *Lehne,* Stellungnahme vom 15.04.2009.

189 *Handelsblatt* v. 27.04.2009 abrufbar unter http://www.handelsblatt.com/politik/international/eu-verschaerft-das-kartellrecht;2254733 (zuletzt besucht am 06.01.2010).

190 Hierzu unten, S. 94, 170 ff.

lichen Interesse, welches die individuelle Kompensation der erlittenen Einbuße regelmäßig überwiegt. Insoweit wird die Kommission weniger die individuellen Interessen der Geschädigten für maßgeblich halten, sofern eine effektive Rechtsdurchsetzung im Wege des kollektiven Rechtsschutzes erfolgt. Schließlich kann eine *Opt-out* Lösung auch in noch größerem Umfang die rechtswidrig erlangte Kartellrendite abschöpfen, da der Kreis der Geschädigten relativ unbestimmt bleibt. Folglich wird die Kommission den Weg einer *Opt-out* Lösung beschreiten.

IV. Schadensersatz und punitive damages

Die praktische Attraktivität der Instrumente des kollektiven Rechtsschutzes hängt ganz erheblich von der Definition und der Berechnung des ersatzfähigen Schadens ab.

Grundsätzlich ist der Schaden die Differenz zwischen dem kartellbedingt erhöhten Preis und einem hypothetischen Wettbewerbspreis. Die Schadensberechnung erfordert somit eine Vorhersage von Preisentwicklungen unter Wettbewerbsbedingungen. Hierzu können verschiedene ökonomische Modelle herangezogen werden, was die Schadensberechnung für den Rechtsanwender sehr komplex gestaltet.[191]

Rechtspolitisch denkbar wäre auch die Einführung eines Strafschadensersatzanspruchs wie in den USA (*punitive damages*). Die zivilrechtliche Sanktion könnte zur Verbesserung der Kartellrechtsdurchsetzung beitragen. Bei besonders schwerwiegenden Verstößen gegen das Kartellverbot könnte man an eine Verdoppelung des Schadensersatzes denken.[192] Das Grünbuch enthält insoweit noch keine konkreten Vorschläge, sondern stellt lediglich diverse Gestaltungsmöglichkeiten vor. Diese reichen von einem rein kompensatorischen Konzept des Schadensersatzes bis zu einem *double damage* bei schwerwiegenden Wettbewerbsrechtsverstößen.[193] Solche *double damages* hätten exemplarische Wirkung und Strafcharakter.[194]

Auch ist zu diskutieren, wie die Schadensberechnung zu gestalten ist. Die Berechnung der Schadenshöhe nach der Differenzmethode erfordert immer die Bestimmung eines hypothetischen Wettbewerbspreises, da der kartellbefange-

191 Die Kommission arbeitet derzeit an Leitlinien zur Schadensberechnung für Gerichte, vgl. hierzu die Studie zur Berechnung von Kartellschäden, abrufbar unter http://ec.europa.eu/competition/antitrust/actionsdamages/quantification_study.pdf (zuletzt besucht am 20.05.2010).

192 Vgl. Grünbuch, S. 7.

193 Grünbuch, S. 7 Optionen 14-17.

194 Einen exemplarischen Schadensersatzanspruch kennt das irische Wettbewerbsrecht, vgl. § 14 Absatz 5 des Competition Act.

ne und in der Regel überhöhte Preis mit einem Preis verglichen werden muss, der bei einem funktionierenden Wettbewerb bestanden hätte. Die Bestimmung eines hypothetischen Wettbewerbspreises erfordert eine genaue Abgrenzung des relevanten Marktes und umfangreiche ökonomische Analysen zur Berechnung des Preises. Diesen ökonomischen Sachverstand bringen die geschädigten Abnehmer nur selten mit. Die Hinzuziehung externen ökonomischen Sachverstands wird die Geschädigten regelmäßig finanziell überfordern.[195] Da dies eine Ursache der Klageapathie ist, werden zur Lösung dieses Problems mehrere Ansätze diskutiert. Die Kommission hat im Grünbuch vorgeschlagen, dass der Schaden nach Billigkeitserwägungen vom Gericht geschätzt werden soll. Darüber hinaus wurde angedacht, durch Kommissionsleitlinien die Bemessung der Schadenshöhe zu erleichtern. Einer dritten Option zufolge könnte die individuelle Schadenshöhe auch Gegenstand eines Folgeverfahrens werden, das auf die Ergebnisse des Erstverfahrens aufbaut. Einzige Rechtsfrage eines derartigen Verfahrens wäre dann die Schadenshöhe.[196] Der Umfang des ersatzfähigen Schadens wegen Kartellverstößen wurde von der Rechtsprechung des EuGH letztlich verbindlich geklärt.[197] Nunmehr ist klar, dass nicht nur die tatsächlich erlittene Einbuße (*damnum emergens*), sondern auch der entgangene Gewinn (*lucrum cessans*) zu ersetzen ist. Darüber hinaus ist die Schadensersatzforderung zu verzinsen.[198] Insoweit ist die unionsrechtliche Position also geklärt.

Es kann festgehalten werden, dass die Ausgestaltung der Schadensberechnung durch den nationalen Gesetzgeber Raum für eine richterliche Schätzung der Schadenssumme lassen muss. Die Veröffentlichungen der Kommission zeigen, dass den Geschädigten nur eine Darlegungslast auferlegt werden soll, die sie auch in zumutbarer Weise erfüllen können. Vor dem Hintergrund der EuGH-Rechtsprechung in Sachen *Courage* und *Manfredi* ist dies nachvollziehbar, da nach dieser Rechtsprechung die praktische Durchsetzbarkeit von kartellrechtlichen Schadensersatzansprüchen Voraussetzung für ein effektives europäisches Kartellrecht ist.[199]

---

195 Dass nicht nur Endverbraucher Schwierigkeiten mit der Rechtsanwendung haben, zeigt die Tatsache, dass die Kommission Leitlinien zur Schadensberechnung ausarbeiten.

196 Vgl. zu den o.g. Vorschlägen Grünbuch, S. 7.

197 EuGH a.a.O. Tz. 95 und 97 – *Vincenzo Manfredi.*

198 Vgl. Weißbuch, S. 8.

199 EuGH a.a.O. Tz. 25, 27-29 – *Courage und Crehan*; EuGH a.a.O. Tz. 95 – *Vincenzo Manfredi.*

E. Umsetzung der Konzepte in Deutschland

I. Diskussion der Vorschläge aus dem Weißbuch

Die unionsrechtlichen Vorschläge zum kollektiven Rechtsschutz wurden in Deutschland sehr unterschiedlich aufgenommen. Insbesondere die Maßnahmenvorschläge des Weißbuchs von 2008 sind schnell Gegenstand einer lebhaften und ambivalenten rechtspolitischen Diskussion geworden.[200] Daneben wurde die europäische Wettbewerbsrechtspolitik als inkonsequent und widersprüchlich kritisiert.[201] Soweit auf europäischer Ebene der *more economic approach* verfolgt werde, würden Klagen privater Geschädigter erschwert. Schließlich verlange der *more economic approach* von den Klägern umfangreiche ökonomische Analysen, sodass häufig ökonomischer Sachverstand vom Kläger „eingekauft" werden müsse.[202] Insbesondere bei der Berechnung der Schadenshöhe sei ökonomischer Sachverstand erforderlich, da ein hypothetischer Wettbewerbspreis bestimmt werden müsse.[203] Dies verteuere aber die Prozessführung für den Privatkläger. Zudem seien die erforderlichen ökonomischen Analysen methodisch und inhaltlich aufwändig, sodass die Anspruchsdurchsetzung sich auch komplexer und komplizierter darstelle. Hieraus folge daher, dass die Wettbewerbspolitik der Kommission in sich widersprüchlich sei. Im kartellrechtlichen Schrifttum wurde schon länger die defizitäre Durchsetzbarkeit kartellrechtlicher Schadensersatzansprüche durch Private bemängelt.[204]

Vor allem die Beseitigung des Konfliktes zwischen dem öffentlichen Interesse an der Geltendmachung von Streuschäden und dem rationalen Desinteresse der Anspruchsberechtigten ist immer wieder Gegenstand der Diskussion in der Literatur.[205] Die Vorschläge der Kommission zur Lösung des Problems der Streuschäden durch Instrumente des kollektiven Rechtsschutzes im Weißbuch von 2008 sind auf erhebliche Kritik gestoßen.[206] Während zwar grundsätzlich die private Durchsetzung des Kartellrechts – das *Private Enforcement* – als wünschenswert eingeordnet wird[207], stoßen die Vorschläge zum kollektiven Rechtsschutz auf rechtspolitische und dogmatische Bedenken. So wurde bemängelt, dass die Kom-

200 Vgl. *Ritter*, WuW 2008, 762; *Weidenbach/Saller*, BB 2008, 1020.

201 *Zimmer/Höft* ZGR 2009, 717.

202 *Zimmer/Höft* ZGR 2009, 717.

203 Möschel in FS-*Bechtold*, S. 331.

204 Vgl. schon *Steindorff*, ZHR 138 (1974), 504.

205 Zimmer/Höft, ZGR 2009, 662, 682; *Ritter*, WuW 2008, 762.

206 *Weidenbach/Saller*, BB 2008, 1020; Ritter, WuW 2008, 762; Bulst, Bucerius Law Journal Heft 2/2008, 81.

207 *Hempel*, S. 333.

mission sich auf den Standpunkt stellt, dass eine effektivere Durchsetzung des Kartellrechts nur im Wege der Klagebündelung erreicht werden könne.[208] Bezweifelt wurde auch, ob es überhaupt der Einführung von Kollektivklagen in Deutschland bedürfe.[209] Generell wird aus deutscher Sicht vor der unbesehenen Übernahme US-amerikanischer Rechtsinstrumente in das deutsche Recht gewarnt.[210] Von einigen Kritikern wird eine „Klageindustrie" nach US-amerikanischem Vorbild befürchtet.[211] Vor allem Unternehmen sehen sich einem erheblichen Prozessrisiko ausgesetzt, was zu einem *over-enforcement* des Kartellrechts führen kann. Durch das Prozessrisiko sind Unternehmen regelmäßig versucht, Kartellverstöße zu vermeiden. Gerade aber in wettbewerbsrechtlichen Grauzonen werden die Unternehmen durch das hohe zivilrechtliche Haftungsrisiko, das durch Kollektivklagen besteht, im Zweifel auf jede wirtschaftliche Innovation verzichten, die auch nur im Ansatz kartellrechtswidrig sein könnte. Diese Abnahme der Risiko- und Innovationsbereitschaft wird aber vom Kartellrecht nicht bezweckt. Zudem wenden die Unternehmen zur Vermeidung der Schadensersatzpflicht erhebliche Kosten auf[212], die den Nutzen der Kollektivklagen schnell übersteigen könnten. Insoweit ist mit einer Ressourcenverschwendung zu rechnen, die mit einer wirtschaftlichen Unternehmensführung unvereinbar und nicht vom Kartellrecht bezweckt ist.[213] Letztlich könnte sich dadurch die Wettbewerbsfähigkeit der Wirtschaft insgesamt verringern.[214]

Im Übrigen wurde bezweifelt, dass Kollektivklagen dogmatisch mit dem deutschen Prozessrecht vereinbar sind, da von dem individuell-kontradiktorisch geprägten deutschen Modell des Zivilprozesses abgewichen würde. Neben der zivilprozessualen Dogmatik sind auch verfassungsrechtliche Bedenken gegen den kollektiven Rechtsschutz erhoben worden.[215]

Die Initiativen zum kollektiven Rechtsschutz könnten in die grundrechtlich geschützte Privatautonomie, den Grundsatz rechtlichen Gehörs sowie die Dispositionsmaxime eingreifen.[216] Insbesondere die im Weißbuch vorgeschlagene Verbandsklagebefugnis für *identifizierbare* Personen wirft diesbezüglich Fragen auf.

---

208 *Ritter*, WuW 2008, 762, 766.

209 BKartA Diskussionspapier v. 26.09.2005, S. 30 f.

210 Stellungnahme der GRUR zum Weißbuch Schadensersatzklagen vom 15.07.2009, S. 1.

211 Diese Bedenken äußern insbesondere Unternehmen, vgl. F.A.Z. v. 06.01.2009, S. 11; *Möschel*, WuW 2006, 115 spricht von Erpressung. Den gleichen Vorwurf erhebt das OLG Koblenz WuW/E 2005, 1157, 1152.

212 Compliance-Strategien werden mittlerweile von zahlreichen mit Kartellrecht befassten Sozietäten angeboten.

213 *Zimmer/Höft*, ZGR 2009, 771.

214 Vgl. schon Mertens, ZHR 139 (1975), 438, 461; aktueller *Jüntgen*, S. 178.

215 *Ritter*, WuW 2008, 762, 767.

216 *Jüntgen*, S. 179.

Zweifelhaft ist außerdem die praktische Umsetzbarkeit der Kommissionsvorschläge, da die Kommission für eine Vielzahl von Problemen keine Lösungsvorschläge anbietet, sondern die Ausgestaltung den Mitgliedstaaten überlässt.[217] Hervorzuheben ist insbesondere die Verwaltung von Verbands- und Gruppenklagen sowie die Verteilung der eingeklagten Summen.[218] Ebenso offen gelassen wurde die Frage, in welchem Konkurrenzverhältnis die klagebefugten Einrichtungen zu einander stehen. Somit bleiben aus deutscher Sicht zahlreiche Fragen offen, die zunächst die grundsätzliche Einführbarkeit und schließlich die praktische Umsetzung von Kollektivklagen betreffen.

II. Umsetzungsgrenzen des deutschen Rechts

Die Initiativen zum kollektiven Rechtsschutz werfen aus deutscher Sicht rechtliche, rechtspolitische und letztlich dogmatische Fragen auf. Während von einigen Vertretern der Literatur schon das praktische Bedürfnis nach Instrumenten des kollektiven Rechtsschutzes nicht gesehen wird, halten andere Vertreter die Einführung derartiger Rechtsschutzformen im deutschen Recht für nur schwer umsetzbar.[219]

Den Verbands- und Gruppenklagen ist die kollektive Durchsetzung des Rechts gemeinsam. Bei der Verbandsklage wird der Prozess von einem externen Organ – dem Verband – geführt, während bei den Gruppenklagen die Geschädigten selbst die Prozessführung übernehmen.[220]

Diese gebündelte Form der Anspruchsdurchsetzung ist mit Blick auf die dogmatische Gestaltung des deutschen Zivilprozesses problematisch. Das deutsche Zivilprozessrecht geht im Grundsatz von einem streitigen Verfahren zwischen zwei Personen aus, sodass insoweit von einer dogmatischen Grundannahme abgewichen würde.[221] Diese dogmatischen Bedenken treffen hierbei weniger die Verbandsklagen – diese existieren bereits im UWG und im GWB – sondern die Einführung einer Gruppenklage. Die Vorschläge der Kommission zielen in mehrfacher Hinsicht auf eine Erweiterung der Verbandsklagebefugnis. Zum einen sollen die Verbände zur Geltendmachung von Schadensersatz befugt sein. Zum an-

217 Etwa zum Problem der Mehrfachinanspruchnahme, der Organisation, Verwaltung und Finanzierung von Kollektivklagen.

218 Vgl. Stellungnahme der GRUR zum Weißbuch Schadensersatzklagen vom 15.07.2009, S. 2.

219 Aktuell zur rechtspolitischen Diskussion und die möglichen Folgeprobleme *Hess*, WuW 2010, 493, 502.

220 *Reuschle*, WM 2004, 966.

221 Reuschle, WM 2004, 966; Schellhammer, Rn. 24; *Rosenberg/Schwab/Gottwald*, § 1 Rn. 5. Zur Beteiligung DRitter nach der ZPO, siehe unten S. 115-118.

deren sollen die Verbände auch für *identifizierbare* Personen den Prozess führen dürfen.[222] Während die Erweiterung der Verbandsklagebefugnis schadensrechtliche Fragen aufwirft, führt der zweite Aspekt mittelbar faktisch zu einem *Opt-out* Modell.[223] Diese Gestaltung bewirkt, dass der Verband für Geschädigte einen Schadensersatzprozess führen kann, obwohl diese weder Kenntnis von ihrer Forderung noch von deren Geltendmachung haben. Dies verletzt aus deutscher Sicht den Grundsatz des rechtlichen Gehörs und der Privatautonomie.[224] Schließlich ist es jedermann garantiert, vor Gericht gehört zu werden, um auf den Prozessverlauf Einfluss nehmen zu können. Genauso ist auch garantiert, dass jedermann über die Klageerhebung selbstständig entscheiden kann. Ein *Opt-in* Modell wahrt zwar den Grundsatz rechtlichen Gehörs, da jeder Geschädigte im Vorfeld der Prozessführung zustimmen muss. Allerdings müssten die Verbände umfangreiche Ermittlungen anstellen, um die Geschädigten informieren zu können. Dies ist aber bei Streuschäden nur schwer möglich und behindert die effektive Durchsetzung der nominell nur geringen Schäden. Gruppen- bzw. Sammelklagen sind als solche nicht ausdrücklich im deutschen Recht vorgesehen[225] und passen strukturell nicht zum individuell-dualistisch aufgebauten deutschen Zivilprozess. Gleichwohl hat die Rechtsprechung im *Zementkartell*-Fall das Geschäftsmodell der belgischen Aktiengesellschaft *Cartel Damage Claims*[226] gebilligt.[227] CDC hat sich von den Geschädigten die Schadensersatzforderungen gegen Zahlung eines Entgeltes abtreten lassen. Die abgetretenen Forderungen hat CDC dann im eigenen Namen geltend gemacht. Hierin liegt auch der Unterschied zur „echten" Sammelklage, bei der ein Gruppenkläger als Repräsentant der Geschädigten fremde Ansprüche einklagt. Gleichwohl kann auch durch eine unechte Gruppenklage eine prozessökonomisch vorteilhafte Bündelung erreicht werden. Das zuständige Gericht kann mehrere Forderungen in einer Klage behandeln, was auch dem Beklagten dient, der sich nur gegen diese eine Klage zu verteidigen braucht.

Dennoch ist die prozessrechtliche Ausgestaltung kollektiver Rechtsschutzinstrumente mit erheblichen Problemen behaftet. Dies betrifft einerseits Fragen der Urteilswirkung und Rechtskrafterstreckung, andererseits die Finanzierung aufwändiger „Massenverfahren". Nicht geklärt ist, inwieweit und für wen Urteile, die im Wege des kollektiven Rechtsschutzes erreicht werden, bindend wirken. Ge-

---

222 Weißbuch, S. 4.

223 *Weidenbach/Saller*, BB 2008, 1020, 1022; Ritter, WuW 2008, 762, 767.

224 Jarass/Pieroth/*Jarass*, Art. 2 Rn. 4; Art. 103 Rn. 5.

225 Zu Gruppen- und Sammelklagen durch Forderungsabtretung an eine GbR siehe unten S. 142.

226 Im Folgenden CDC.

227 BGH WRP 2009, 745. Zum Verfahrensgang Weidenbach, BB 2007, 847. Zur Sammelklage durch Forderungskauf siehe unten S. 138.

rade beim *Opt-in* Gruppenklagenmodell ist fraglich, inwieweit das Urteil auch für Nichtbeteiligte bindend wirkt. Auch ohne eine ausdrückliche Regelung der Bindungswirkung würde ein derartiges Urteil faktische Präjudizwirkung für die Nichtbeteiligten entfalten. Schwierigkeiten ergeben sich auch aus der internationalen Dimension der Kartellverstöße, die eine internationalverfahrensrechtliche Regelung der Kollektivklagen verlangen. Zudem stellt sich bei der praktischen Umsetzung von Kollektivklagen die Frage nach der Organisation und Finanzierung der klagenden Einrichtungen. Das gilt insbesondere für Verbandsklagen. Die Durchsetzung von kartellrechtlichen Schadensersatzforderungen wird sich für die Verbände ungleich aufwändiger und damit kostenintensiver gestalten als etwa Unterlassungsklagen gegen die Verwender von rechtswidrigen AGB. Schließlich müssen nicht nur umfangreiche juristische Arbeiten erledigt werden – es gilt hohe Beweisanforderungen zu erfüllen –, sondern auch ein außerordentlich komplexes Verfahren bewältigt werden. Vor allem die Verwaltung und Verteilung der eingeklagten Summen fordert von der klagenden Einrichtung einen großen Aufwand. Damit werden schadensrechtliche Fragen aufgeworfen. Nach dem deutschen schadensrechtlichen Kompensationsgedanken[228] müssten die eingeklagten Schadenssummen an die tatsächlichen Geschädigten abgeführt werden. Wie die Verteilung im Einzelnen erfolgen soll, ist aber durch die unionsrechtlichen Initiativen nicht geklärt. Diese Bedenken wurden in der Literatur mit den negativen Erfahrungen aus den USA mit der Class-action belegt. Auslöser ist das Fehlen „logistischer" Vorschriften, um die Abwicklung der Kollektivverfahren zu regeln.[229] Gerade bei Streuschäden, wo der individuelle Schaden nominell sehr gering ist, ist eine effektive Verteilung schwierig. Es sind Konstellationen denkbar, in denen die eingeklagte Schadenssumme hinter den Kosten für die Verwaltung der Einrichtung und die Verteilung der Summen zurückbleibt.

Ausgehend von der Rechtsprechung des EuGH in Sachen *Courage* und *Manfredi* schien es zunächst so, als würde die Kommission ihrer Initiative zum kollektiven Rechtsschutz die vollständige Entschädigung der Geschädigten als Leitprinzip zugrunde legen.[230] Allerdings funktionierte das Private Enforcement im Ansatz nicht, wenn die kartellrechtlichen Schadensersatzansprüche nicht auch eine Abschreckungs- und Steuerungsfunktion auf die Unternehmen entfalten würden. Daher geht mit der Verbesserung der Anspruchsdurchsetzung auch eine verschärfte Sanktionierung der Kartelltäter einher. Dies hat der deutsche Gesetzgeber mit der 7. GWB-Novelle 2005 bezweckt, wobei die Aussicht, keine „Kartellrendite" behalten zu dürfen, abschreckend wirken soll.[231] Der Kommission

228 Palandt/*Heinrichs*, Vorb. v. § 249 Rn. 2.

229 *Alexander*, WRP 2009, 683, 688.

230 *Zimmer/Höft*, ZGR 2009, 662, 663.

231 BT-Drucks. 15/3640, S. 35.

wird zudem vorgeworfen, dass sie im Weißbuch von 2008 nur Hardcore-Kartellkonstellationen zu Grunde gelegt habe, was der Rechtswirklichkeit nicht gerecht werde.[232] Tatsächlich spiele sich die überwiegende Anzahl der Fälle in wettbewerbsrechtlichen Grauzonen ab.

Aus schadensrechtlicher Sicht ist diese Verhaltenssteuerung nur ein „erwünschtes Nebenprodukt" der eigentlichen Ausgleichsfunktion des Schadensersatzes.[233] In Deutschland wurde daher bezweifelt, dass die Verhaltenssteuerung durch Schadensersatzklagen mit dem Zweck des deutschen Schadensrechts vereinbar ist. Schließlich ist die Bestrafung und Abschreckung im deutschen Rechtssystem Sache des Ordnungswidrigkeiten- und Strafrechts.

Soweit die unionsrechtlichen Vorschläge auf die Harmonisierung und Begründung von Schadenersatzansprüchen abzielen, wird zudem die Frage nach der Regelungskompetenz aufgeworfen.[234]

Aus praktischer Sicht ist das Verhältnis von privaten Kollektivklagen und behördlicher Kartellverfolgung problematisch. Das erhebliche Risiko, mit zivilrechtlichen Folgeklagen nach Inanspruchnahme der Kronzeugenregelung überzogen zu werden, wird aber viele Kartelltäter von einer Offenbarung abhalten.[235] Somit wäre dem Kartellamt eine wirksame Waffe im Rahmen der Ermittlungstätigkeit aus der Hand geschlagen, da die Kronzeugenprogramme leerzulaufen drohen.[236] Dies gilt umso mehr vor dem Hintergrund der Regelung des § 33 Abs. 4 GWB, der eine Bindungswirkung statuiert. Da aber die Entscheidung für den Kronzeugen sofort bestandskräftig wird und nicht angefochten werden kann, würden die Geschädigten primär den Kronzeugen in Anspruch nehmen. Schließlich werden die übrigen Kartelltäter alles unternehmen, um den Eintritt der Bestandskraft zu verhindern. Soweit dies den übrigen Kartelltätern gelingt, werden sich die Geschädigten an den Kronzeugen wenden. Spätestens ab der Veröffentlichung der Behördenentscheidung müssen Unternehmen also mit zivilrechtlichen Haftungsfolgen rechnen.[237] Der Kronzeuge haftet dann zunächst komplett und kann ggf. bei den übrigen Kartelltätern Regress nehmen. Ob dieser Regressanspruch dann tatsächlich durchsetzbar ist, ist häufig ungewiss. Die finanzielle Privilegierung des Kartelltäters durch die Kronzeugenregelung würde damit weitgehend unterlaufen.

---

232 *Zimmer/Höft*, ZGR 2009, 662, 663.

233 *Oetker* in MünchKomm-BGB, § 249 Rn. 9; Larenz, Bd. I., S. 423 f.

234 Weyer in FK, Zivilrechtsfolgen Art. 81 EG Rn. 22; *Stadler* in Langen/Bunte, Art. 83 Rn. 22.

235 BKartA Diskussionspapier, S. 31; *Wiedemann/Bumiller*, Hdb. Kartellrecht, § 60 Rn. 98.

236 *Schnelle* in FS-Mailänder, S. 208; *Jüntgen*, WuW 2007, 128.

237 *Bechtold/Bosch/Brinker/Hirsbrunner*, Art. 23 VO 1/2003, Rn. 84.

III. Die Umsetzung im deutschen Kartellrecht durch die 7. GWB-Novelle

Die Umsetzung der unionsrechtlichen Anforderungen an die private Rechtsdurchsetzung erfolgte in Deutschland mit der 7. GWB-Novelle[238]. Insbesondere § 33 GWB wurde als Anspruchsgrundlage für kartelldeliktische Ansprüche verändert. Dessen Umgestaltung sollte eine effektive Anspruchsgrundlage für die Kartellgeschädigten schaffen.[239] Zudem wurden verfahrensrechtliche Änderungen vorgenommen, welche die Klageapathie der privaten Geschädigten mildern sollten.[240] Insgesamt sollte die Klagebereitschaft der individuell Geschädigten erhöht werden.[241] So hat der Gesetzgeber in § 33 Abs. 4 GWB eine Bindungswirkung zur Erleichterung von *follow-on* Klagen eingeführt, die aber nur auf Tatbestandsebene wirkt.[242]

Die Schwierigkeiten des Schadensnachweises sollen mit dem Instrument der sekundären Beweislast und der freien richterlichen Schätzung nach § 287 ZPO behoben werden. Auch nach der 7. GWB-Novelle bleibt es im deutschen Recht beim Prinzip der Unterliegenshaftung (§ 91 ZPO). Lediglich mit § 89a GWB wurde eine Streitwertanpassung eingeführt.

Diese Neuerungen senken zwar das Prozessrisiko, vermögen aber nicht die Klageapathie aufgrund des wirtschaftlichen Desinteresses aufzuwiegen. Auch nach der Novelle bleibt es dabei, dass der materiell-rechtliche Anspruch aus § 33 Abs. 3 GWB zu geringe Anreize bietet, um zu klagen.[243] Nur wenn dieser Anspruch attraktiv genug ist, um das prozessuale Verlustrisiko aufzuwiegen, wird die Klageapathie behoben werden können.[244] Insoweit besteht auch nach der 7. GWB-Novelle ein erhebliches Durchsetzungsdefizit bei der gerichtlichen Geltendmachung von Streuschäden. Das Problem könnte durch prozessuale Bündelung der einzelnen Schadenspositionen *in einer Hand* gelöst werden.

F. Ergebnis

Festzuhalten ist, dass der kollektive Rechtsschutz im Kartellrecht sowohl auf EU-Ebene als auch in Deutschland Gegenstand einer heftigen rechtspolitischen Dis-

238 Zur Entstehungsgeschichte vgl. *Lübbig* in MünchKomm-GWB, § 33 Rn. 11 ff.
239 BT-Drucks. 15/3640, S. 35 ff.
240 Vgl. §§ 87, 89a GWB.
241 BT-Drucks. 15/3640, S. 35 ff.
242 *Bechtold*, § 33 Rn. 38 ff.; Jüntgen, S. 137 ff.
243 *Jüntgen*, S. 3.
244 *Jüntgen*, S. 3.

kussion geworden ist. Hintergrund ist die stärkere Ausrichtung des Kartellrechts auf die private Rechtsdurchsetzung – das Private Enforcement.

Die Europäische Kommission sieht im Private Enforcement eine Durchsetzungsform, die die behördliche Kartellverfolgung komplementär unterstützen kann. Allerdings stehen behördliche und private Rechtsdurchsetzung nicht ohne Friktionen nebeneinander. Gerade der Schutz der Kronzeugen ist ein neuralgischer Punkt im Verhältnis von *Private* und *Public* Enforcement. Abgesehen von diesen kritischen Schnittstellen wurde aber immer wieder die Frage nach der Effektivität der privaten Rechtsdurchsetzung aufgeworfen. Die materiell-rechtlichen Ansprüche müssen auch prozessual durchsetzbar sein. Insbesondere bei der Streuschadensproblematik ist die tatsächliche Rechtsdurchsetzung noch defizitär. Vor diesem Hintergrund hat die Kommission einen Schwerpunkt ihrer Wettbewerbspolitik auf den kollektiven Rechtsschutz im Kartellrecht gesetzt. Als Grundlage ihrer Kartellrechtspolitik nimmt die Kommission die EuGH-Entscheidungen in Sachen *Courage* bzw. *Manfredi.* Dabei geht die Kommission unreflektiert davon aus, dass die Wendung „Jedermann" wörtlich zu verstehen ist, also tatsächlich *jedem* Geschädigten ein Anspruch zustehen soll, auch wenn er nur mittelbarer Abnehmer der Kartellanten ist. Insoweit geht die Interpretation der Kommission aber fehl, da verkannt wird, dass der EuGH das so genannte „Jedermann"-Postulat einzelfallbezogen verstanden wissen wollte. Solange aber keine klarstellende Entscheidung des Gerichtshofs ergeht, wird die Kommission ihrer Rechtspolitik weiter die weite Auslegung des Wortes „Jedermann" zugrunde legen. Daher wird auch ein zukünftiger Richtlinienentwurf immer auch die mittelbar geschädigten Endverbraucher als Aktivlegitimierte einschließen, obgleich dies vom Unionsrecht nicht gefordert ist. Das Unionsrecht fordert von den Mitgliedstaaten die Schaffung effektiver Rechtsbehelfe, um den kartellrechtlichen Schadensersatzanspruch durchsetzen zu können. Inhaltlich bedeutet dies nicht zwingend, dass auch Formen des kollektiven Rechtsschutzes eingeführt werden müssen, obgleich diese prinzipiell geeignet erscheinen, um die Durchsetzungsrate von kartellrechtlichen Schadensersatzansprüchen zu erhöhen. Im Hinblick auf mittelbare Abnehmer zwingt das Unionsrecht die Mitgliedstaaten nicht, Rechtsschutzformen zu schaffen, damit beispielsweise geschädigte Endverbraucher einen Anspruch auf Schadensersatz durchsetzen können. Allerdings ist die Interpretation der EuGH-Rechtsprechung durch die Kommission für die europäische Rechtspolitik maßgeblich, da die Initiativen hier von der Kommission ausgehen.

Die Einführung bzw. der Ausbau von Instrumenten des kollektiven Rechtsschutzes wirft im deutschen Recht nicht nur rechtsdogmatische und rechtstheoretische Fragen auf. Dogmatisch ist die grundsätzliche Möglichkeit der Einführbarkeit von Kollektivklagen in Deutschland problematisch, schließlich sind Gruppen- und Sammelklagen im deutschen Recht unbekannt. Ähnliches gilt für die Verbandsklage, die nur in den gesetzlich bestimmten Fällen statthaft ist. Fremd sind dem deutschen Rechtssystem insbesondere die Anspruchsdurchsetzung im öffentlichen Interesse und die gesteigerte Sanktionierungsfunktion des Schadensersatzanspruchs. Auch führen die Instrumente des kollektiven Rechtsschutzes zur Abweichung vom Zweipersonen-Verhältnis im deutschen Zivilprozess. Mit dem deutschen Rechtsverständnis ist es prinzipiell schwer zu vereinbaren, durch gesetzliche Regelungen die „Klagefreudigkeit" zu steigern, obwohl ein individuelles Interesse an der Anspruchsdurchsetzung nicht bzw. nur rudimentär vorhanden ist. Gerade dies wurde aber mit dem gescheiterten Richtlinienvorschlag der Europäischen Wettbewerbskommissarin *Kroes* bezweckt. Trotzdem legen die Initiativen der Kommission zum kollektiven Rechtsschutz eine vertiefte Auseinandersetzung mit derartigen Rechtsschutzformen im deutschen Recht nahe. Um einen konkreten Maßnahmenvorschlag an den deutschen Gesetzgeber erarbeiten zu können, sollen im Folgenden die Rechtsordnungen der USA und Schwedens betrachtet werden.

2. Kapitel: Länderberichte

Der herausgearbeitete rechtspolitische Standpunkt der ehemaligen Kommissarin *Kroes* zur privaten Rechtsdurchsetzung und zum kollektiven Rechtsschutz weist eine deutliche Nähe zum Recht der Vereinigten Staaten von Amerika auf. In diesem Teil der Arbeit wird daher die Rechtsordnung der USA untersucht. Daneben wird auf das schwedische Recht eingegangen, das eine Vorreiterrolle mit Blick auf kollektive Rechtsschutzformen in Europa eingenommen hat. Der Schwerpunkt der Darstellung liegt auf dem Recht der Vereinigten Staaten von Amerika, da dort mit der Class-action eine sehr prominente Ausprägung des kollektiven Rechtsschutzes existiert. Auch gibt es in den USA hinreichende praktische Erfahrungen, die der Class-action bisweilen im kontinental-europäischen Raum einen zweifelhaften Ruf bescheren.[245] Dennoch gehören Class-actions zum Alltag vor US-amerikanischen Bundesgerichten, sodass eine Auseinandersetzung mit dieser Rechtsschutzform geboten ist.[246]

Im zweiten Teil dieses Kapitels wird auf das schwedische Recht eingegangen, das seit dem 01.01.2003 mit dem Group Proceedings Act eine gesetzlich kodifizierte Gruppenklage kennt.

A. USA

> *„As a moth is drawn to the light, so is a litigant drawn to the United States. If he can only get his case into their courts, he stands to win a fortune."*[247]
> – *Lord Denning* in Smith Kline & French Laboratories Ltd. v. Bloch [1983] 2 All ER 72, 74 (C.A.)

Das einleitende Zitat zeigt die Faszination, die das US-Recht vor allem auf Kontinentaleuropäer ausübt. Hierzulande werden mit US-Prozessen meist exorbitante Schadenssummen und Sensationsberichterstattung verbunden. Um die Gründe für diese meist nur oberflächlichen Eindrücke zu erklären, wird im Rahmen einer allgemeinen Einführung auf die Rechtsquellen und Eigenarten des US-amerikanischen Zivilprozesses eingegangen. Nachdem sein grundsätzlicher Ablauf geklärt

245 *Sandrock*, RIW 2009, 202; *Hirte,* NJW 2002, 345.

246 *Note*, 109 Harv. L. Rev. 828, 831 f. (1996).

247 Zitiert nach *Schack*, Einführung in das US-amerikanische Zivilprozessrecht, Rn. 1.

ist, werden die Regeln der Class-action dargestellt, auf der auch der Schwerpunkt des rechtsvergleichenden Teils dieser Arbeit liegt. Der Vollständigkeit halber wird auch auf das *Parens Patriae* Verfahren und andere Alternativen zur *Class-action* eingegangen.

I. Einführung in das Zivilprozessrecht der USA

Das US-Zivilprozessrecht wird durch die föderale Ordnung der Vereinigten Staaten von Amerika beeinflußt. In den USA sind die Einzelstaaten mit größerer Souveränität und umfangreicheren Kompetenzen ausgestattet, als dies bei den deutschen Bundesländern der Fall ist. Das liegt daran, dass die USA kein Staat im Sinne einer kleineuropäischen Vorstellung, sondern ein Kontinent sind.[248] Durch die Größe des Landes wurden die USA nur langsam vollständig besiedelt, sodass letztlich jeder Bundesstaat eine eigene Entwicklung genommen hat.[249] So wird verständlich, weshalb in den Vereinigten Staaten zwei Gerichtssysteme selbstständig nebeneinander stehen.[250] Es gibt in den USA die Bundesgerichte und die Staatengerichte, die von den 50 Bundesstaaten, Distrikten und Territorien weitgehend souverän geschaffen wurden.

1. Rechtsquellen des US-amerikanischen Zivilprozessrechts und Gerichtsaufbau

Das Nebeneinander von Bundes- und Staatengerichtsbarkeit bedingt, dass in den USA nicht nur zwei vollständig selbstständige Gerichtsapparate existieren, sondern auch, dass es verschiedene gesetzliche Regelungen für den Zivilprozess gibt.

Im Folgenden soll über beide Aspekte ein Überblick gegeben werden.

a. Gerichtsaufbau

Die Bundesgerichtsbarkeit ist in den USA dreistufig aufgebaut und existiert nicht, wie in Deutschland, nur auf oberster Ebene, sondern auch in den einzelnen Bundesstaaten.[251] Die Bundesgerichtsbarkeit setzt sich aus den *District Courts*, den *Courts of Appeals* und dem *Supreme Court* zusammen. Auf der unteren Ebene befinden sich die *District Courts*, von denen es in jedem Bundesstaat mindestens

248 *Junker*, ZZP 101 (1988), 241, 242.

249 Zur Entwicklung des anglo-amerikanischen Zivilprozessrechts, *Teply/Whitten*, Civil Procedure, S. 5 ff.

250 *Hohl*, S. 17; *Halberstam*, RabelsZ 66 (2002), 216, 226; zur Rechtsentwicklung vgl. *Junker*, ZZP 101 (1988), 241, 246 ff.

251 *Böhm,* Amerikanisches Zivilprozessrecht, Rn. 141.

eines gibt.[252] Zurzeit gibt es 94 *District Courts*, deren Größe beträchtlich variiert.[253] Neben diese allgemeinen Bundesbezirksgerichte treten besondere Gerichte, wie der *U.S. Court of Federal Claims*[254]*, der Court of International Trade*[255] und die *Tax Courts*[256]. 1984 hat der US-Gesetzgeber jedem *District Court* einen *Bankruptcy Court* beigeordnet.[257] Die einzelnen *District Courts* sind der allgemeinen Rechtsmittelinstanz der *Courts of Appeals* zugeordnet. Von diesen gibt es zurzeit dreizehn Gerichte.[258] Im Regelfall entscheidet der *Court of Appeals* in einer Besetzung von drei Richtern, wobei allerdings ausnahmsweise auf Antrag der Mehrheit der Richter auch *en banc*, d.h. in voller Besetzung entschieden werden kann.[259] Eine besondere Rechtsmittelinstanz ist der 1982 geschaffene *Federal Circuit*, der für die Entscheidungen des *Court of International Trade*, des *Claims Courts* und andere besondere Streitigkeiten[260] zuständig ist.[261] Dem *Court of Appeal* ist der *U.S. Supreme Court* übergeordnet. Der *Supreme Court* erfüllt eine Doppelfunktion als höchste Revisionsinstanz sowie als Hüter einer einheitlichen Rechtsprechung. Anders als in Deutschland ist der *Supreme Court* nicht kraft Gesetzes zur Entscheidung verpflichtet.[262] Er entscheidet selbstständig, ob er einen Fall zur Entscheidung annimmt und den *writ of certiorari*[263] gewährt.[264] Neben die dreistufig gegliederte Bundesgerichtsbarkeit treten die Staatengerichte. Wie eingangs erwähnt, wird die Staatengerichtsbarkeit durch die Vielfalt der 50 Bundesstaaten der Vereinigten Staaten geprägt, sodass allgemein gültige Aussagen nur schwer zu treffen sind.[265]

Häufig findet sich aber auf Ebene der Bundesstaaten ein zweistufiges oder dreistufiges Gerichtssystem. Meist gibt es auf der unteren Ebene einen *Superior*

252 *Schack,* Einführung in das US-amerikanische Zivilprozessrecht, Rn. 5.

253 *Beuchler*, S. 19. 91 *District Courts* verteilen sich auf die 50 Bundesstaaten und jeweils ein *District Court* auf Guam, den Virgin Islands, im D.C. und auf Puerto Rico.

254 28 USC § 171. Mit Sitz in Washington, D.C.

255 28 USC § 251. Mit Sitz in New-York.

256 26 USC § 7441.

257 26 USC § 151.

258 *Beuchler*, S. 119.

259 28 USC § 46 (c).

260 Vor allem Patentsachen.

261 28 USC § 1292 (c), (d), § 1295.

262 Vgl. mit Blick auf den BGH §§ 123 ff. GVG (i.d.F. v. 09.05.1975, BGBl. I S. 1077).

263 *Writ of certiorari* wird nur gewährt, wenn sich mindestens 4 der 9 Richter am Supreme Court für die Annahme der Revision aussprechen, vgl. *Schack,* Einführung in das US-amerikanische Zivilprozessrecht, Rn. 7.

264 Vgl. *Wieland,* Der Staat 29 (1990), 333, 344 ff.

265 *Junker*, ZZP 101 (1988), 241, 265; *Schack,* Einführung in das US-amerikanische Zivilprozessrecht, Rn. 8.

Court[266], dem ein *Court of Appeal* oder aber auch ein *Supreme Court* übergeordnet ist. Daneben finden sich häufig besondere Gerichtsbarkeiten für kleinere Streitwerte, wie beispielsweise die *Municipal Courts* oder *County Courts*.[267] Allerdings kann diese Terminologie keineswegs verallgemeinert werden, da sich in einzelnen Staaten ganz erhebliche, zum Teil auch verwirrende Unterschiede zeigen.

b. Gesetzliche Grundlagen des Zivilprozesses

Jeder Bundesstaat der Vereinigten Staaten verfügt über eine eigene Zivilprozessordnung, wobei diese nicht zwingend kodifiziert sein muss. Anders als in Deutschland, wird in den USA das Prozessrecht von den Gerichten festgelegt, da entsprechend der englischen Rechtstradition den Gerichten eine *rule-making power* zukommt.[268] Begründet wurde diese Rechtssetzungskompetenz der Gerichte mit der Überlegung, dass die Gerichte die praktischen Anforderungen an einen effektiven, prozessökonomischen und fairen Zivilprozess am besten einschätzen können. Nach US-amerikanischem Verständnis ist damit das Prinzip der Gewaltenteilung nicht tangiert, da auch das Parlament als Arm der Legislative sich eine Geschäftsordnung selbst gebe. Nichts anderes gelte insoweit für die Judikative als dritte Gewalt.[269] Mit dieser Tradition wurde in den USA aber 1848 gebrochen, als der *New York-Field Code* vom Parlament beraten und beschlossen wurde.[270] Später hat sich auch der oberste Gerichtshof der USA diesem Prinzip angeschlossen und festgestellt, dass der Gesetzgeber – soweit er Gerichte einsetzt – auch die Verfahrensregeln festlegen müsse.[271] Das gilt jedoch nicht für alle Gerichte.[272]

In der Praxis interessiert sich der US-amerikanische Anwalt nur für das Recht des Staates, in dem er zugelassen ist. Soweit der Rechtsstreit grenzübergreifend ist und zu einer Anwendung eines anderen Staatenrechts führt, wird im Regelfall ein dort ansässiger Anwalt als *Counsel* hinzugezogen.[273] US-amerikanische Prozessrechtslehrbücher behandeln meist nur die Federal Rules oder aber das Prozessrecht des Staates *New York* als eine Art Prototypen. Staatenbezogene Besonderheiten werden in Lehrbüchern nur am Rande behandelt.[274] Dies darf aber keineswegs dahingehend missverstanden werden, dass dem Prozessrecht der Einzelstaaten

266 Häufig auch *District Court.*

267 *Schack,* Einführung in das US-amerikanische Zivilprozessrecht, Rn. 8.

268 *Junker*, ZZP 101 (1988), 241, 250.

269 *Parness/Manthey*, 1 Pace L. Rev. 121 f. (1980).

270 *Junker*, ZZP 101 (1988), 241, 250. Benannt ist das Gesetz nach seinem Urheber *David Dudley Field.*

271 *Livingston v. Story*, 9 Pet. (34 U.S.) 632 (1835); *Junker*, ZZP 101 (1988), 241, 250.

272 Vgl. F.R.Civ.P. 81.

273 *Junker*, ZZP 101 (1988), 241, 245.

274 *Junker*, ZZP 101 (1988), 241, 245.

keine oder nur geringe praktische Bedeutung zukommt. Obwohl zwar ein Bundesprozessrecht existiert, sind Bundesgerichte keineswegs darauf beschränkt, ausschließlich Bundesrecht anzuwenden. In vielen Konstellationen sind Bundesgerichte zur Anwendung des einzelstaatlichen Prozessrechts verpflichtet.[275] Das Nebeneinander zweier Gerichtssysteme wirft Fragen nach der Zuständigkeitsverteilung auf. Als Grundsatz lässt sich zunächst eine Zuständigkeit der Einzelstaaten festhalten.[276]

Die Ursache für die Zuständigkeit der einzelstaatlichen Gerichte liegt in den *longarm statutes* der Bundesstaaten. Mit diesen *statutes* bestimmen die Einzelstaaten ihre Gerichtszuständigkeit selbstständig. In der Regel sind diese Regelungen weit gefasst, im Einzelfall sogar als Blankettformel.[277] Seine äußerste Grenze findet die einzelstaatliche Gerichtszuständigkeit im Verfassungsgrundsatz des *due process.*[278] Dem Beklagten wird garantiert, dass er nicht in ein für ihn weit entferntes Forum gezwungen wird, wo eine effektive Rechtsverteidigung erschwert oder unmöglich gemacht wird.[279] Damit eine einzelstaatliche Zuständigkeit begründet werden kann, müssen *minimum contacts* des Beklagten zum Bundesstaat vorliegen. Diese „*minimum contacts* Voraussetzung“ ist Ausdruck eines gerechten Zivilprozesses, der mit dem Fairplaygedanken vereinbar ist.[280] Dieser allgemeine Grundsatz erfährt zahlreiche Einschränkungen aufgrund der Befugnis des Bundes zur Schaffung originärer Bundeszuständigkeiten (Art. III § 2 der Bundesverfassung). Für bestimmte Rechtsstreitigkeiten besteht eine ausschließliche Zuständigkeit (*exclusive jurisdiction*). Zu nennen sind das Seerecht[281], das Insolvenzrecht[282] sowie das Patent- und Urheberrecht[283]. Daneben gibt es eine konkurrierende Bundeszuständigkeit. Diese betrifft einerseits spezifische Rechtsstreitigkeiten, wie etwa Kartellrechtssachen[284]. Zudem besteht eine konkurrierende Zuständigkeit für *federal questions* und in Fällen der *diversity jurisdiction.*[285] Daneben kommt auch eine Bundeszuständigkeit bei *supplemental jurisdiction* in Betracht.[286]

---

275 Hierzu im Einzelnen *Schack,* Einführung in das US-amerikanische Zivilprozessrecht, Rn. 35 ff.

276 *Schack,* Einführung in das US-amerikanische Zivilprozessrecht, Rn. 38.

277 *Beuchler,* S. 120.

278 V. Amendment der US-Bundesverfassung.

279 *Böhm,* Amerikanisches Zivilprozessrecht, Rn. 275.

280 *International Shoe Co. v. Washington,* 326 U.S. 286, 291 (1945).

281 28 USC § 1333 (Seerecht).

282 28 USC § 1334 (Insolvenzrecht).

283 28 USC § 1338 (Patent- und Urheberrecht).

284 28 USC § 1337 (Kartellrecht).

285 *Schack,* Einführung in das US-amerikanische Zivilprozessrecht, Rn. 42.

286 28 USC § 1367.

Die so genannte *federal question jurisdiction* wird u.a. von 28 USC § 1331 eröffnet, der eine Bundeszuständigkeit bestimmt, sofern die Rechtsfrage Bundesgesetze betrifft (*arising under federal law*).[287] Zur klaren Abgrenzung ist diese Formulierung wenig geeignet, da nicht jede Klage, die mit Bundesrecht zu tun hat, auch in Bundesrecht ihren Ursprung haben muss.[288] Sinn und Zweck der *arising under* Klausel ist die Wahrung einer einheitlichen Auslegung des Bundesrechts. Die für die Praxis erforderliche Griffigkeit erlangt die Vorschrift erst durch eine funktionale Anwendung vor dem Hintergrund ihres Zwecks der.

Eine Bundeszuständigkeit ist auch in Fällen der *diversity of citizenship* eröffnet (28 USC § 1332).[289] Diese Form der konkurrierenden Bundeszuständigkeit soll verhindern, dass die Gerichte der Einzelstaaten ihre eigenen Staatsangehörigen bevorzugen. Durch die Bundeszuständigkeit wird der Rechtsstreit vor ein (angeblich) neutrales Forum gebracht, das eine objektive und faire Entscheidung ermöglicht.[290] Im Einzelnen ist diese Form der konkurrierenden Bundeszuständigkeit umstritten.[291] In einer Vielzahl der Fälle besteht keine einheitliche Bundeszuständigkeit. Teile des Rechtsstreites können auch dem Recht der Einzelstaaten unterfallen, etwa mangels *federal question.* Dem praktischen Bedürfnis, Zusammengehöriges nicht zu trennen, wird die *supplemental jurisdiction* gerecht. Soweit ein genügender tatsächlicher Zusammenhang[292] anzunehmen ist, sind die Bundesgerichte befugt, die dem einzelstaatlichen Recht unterliegenden Klagegründe an sich zu ziehen.[293] Die allgemeine Zuständigkeitsverteilung erfährt erhebliche Modifikationen bei den Class-actions.[294]

2. Ablauf des US-amerikanischen Zivilprozesses

Der US-amerikanische Zivilprozess läuft in drei Phasen ab. Zu differenzieren ist zwischen der Klageerhebung (*filing*), der *pre-trial* Phase und der Hauptverhandlung (*trial*).

Im Folgenden sollen die Eigenheiten der einzelnen Verfahrensabschnitte überblicksweise dargestellt werden. Die Darstellung orientiert sich an den Federal Rules of Civil Procedure.

---

287 *Friedenthal/Kane/Miller*, § 2.3.

288 *Schack,* Einführung in das US-amerikanische Zivilprozessrecht, Rn. 41.

289 *Friedenthal/Kane/Miller*, § 2.5; *Teply/Whitten*, Civil Procedure, S. 85 ff.

290 *Schack,* Einführung in das US-amerikanische Zivilprozessrecht, Rn. 42.

291 Hierzu ausführlich *Friedenthal/Kane/Miller*, § 2.5.

292 *Common nucleus of operative facts.*

293 Vgl. im Einzelnen m.w.N. *Schack,* Einführung in das US-amerikanische Zivilprozessrecht, Rn. 46.

294 *Beuchler*, S. 119.

a. Klageerhebung

Das US-amerikanische Zivilverfahren beginnt mit dem Einreichen der Klageschrift bei dem zuständigen Gericht (F.R.Civ.P. 3). Die Klageschrift wird von dem dortigen Gerichtsbeamten (*clerk*) in Empfang genommen, der dann eine Ladung (*summons*) erstellt und dem Kläger aushändigt.

Anders als in Deutschland sind die Klageschriften in den USA in der Regel sehr kurz. Sie enthalten nur die wesentlichen Gründe für die Klage und eine Andeutung des zugrunde liegenden Sachverhaltes.[295] In den USA bezweckt die Klageschrift nur, dass der Gegner ein grobes Bild des Streitstoffs erhält, keineswegs geht es um eine Ermittlung des Tatsachenstoffes oder um Beweisfragen.[296] Tatsachen und Beweisfragen werden in der *discovery*[297] geklärt.[298] Aus kartellrechtlicher Sicht ist die Entscheidung des *Supreme Court* in Sachen *Bell Atlantic Corp. v. Twombly*[299] interessant, da dort ein erhöhter Maßstab an die Klageschrift angelegt wurde. Hiernach muss die Klageschrift diejenigen Tatsachen vortragen, die den Antrag aus der Sicht des Gerichts plausibel machen.[300] Die Klageschrift und die Ladung müssen – um den Gebot des due process zu genügen – dem Beklagten innerhalb von 120 Tagen zugestellt werden.[301] Die Zustellung erfolgt in den USA in Eigenregie der Parteien, wobei jede volljährige Privatperson, die nicht Partei des Rechtsstreites ist, zur Zustellung berechtigt ist.[302] Nach erfolgter Zustellung muss der Beklagte auf die Klage mit seiner Klageerwiderung (*answer*) antworten. Die Einlassungsfrist beträgt grundsätzlich 20 Tage, allerdings gibt es einige Ausnahmen.[303] Der Beklagte kann den in der Klageschrift geltend gemachten Anspruch leugnen (*denial*) oder sich mit Einreden[304] gegen die Klage verteidigen. Der Beklagte muss in diesem Zuge auch Rügen vorbringen, anderenfalls würde er auf die

---

295 *Short and plain statement of the claim*, F.R.Civ.P 8 (a).

296 *Schack,* Einführung in das US-amerikanische Zivilprozessrecht, Rn. 99.

297 Hierzu sogleich.

298 *Hickman v. Taylor*, 329 US 495, 501 (1947). Zu dem daraus folgenden Missbrauchspotential, vgl. *Schack,* Einführung in das US-amerikanische Zivilprozessrecht, Rn. 99.

299 *Bell Atlantic Corp. v. Twombly*, 127 S.Ct. 1955 (2007).

300 *Hay*, Rn. 156.

301 F.R.Civ.P 4 (m), vgl. *Hay*, Rn. 156.

302 In den USA sind gewerbliche *process servers* etabliert, die entgeltlich die Zustellung besorgen. Nicht selten ermittelt der *process server* mit viel Aufwand und Geschick den Beklagten im Forumstaat, um die zuzustellenden Schriftstücke auszuhändigen.

303 So wird eine verlängerte Einlassungsfrist gewährt, wenn der Beklagte auf förmliche Zustellung mit einem *waiver of service* verzichtet hat vgl. *Schack,* Einführung in das US-amerikanische Zivilprozessrecht, Rn. 98.

304 Zu den *affirmative defenses* zählen bspw. die Erfüllung, das Mitverschulden, Verjährung usw.

Rüge verzichten.[305] Das US-amerikanische Prozessrecht strebt nach einer einheitlichen Entscheidung des Rechtsstreites. Daher enthalten die F.R.Civ.P. zahlreiche Möglichkeiten der Parteierweiterungen.[306]

b. Pre-trial Verfahren

In der *pre-trial* Phase des Rechtsstreits müssen die Parteien miteinander kooperieren, um den Rechtsstreit zunächst allgemein zu besprechen und schließlich einen *discovery*-Plan zu erarbeiten.[307] Dafür muss jede Partei die relevanten Informationen dem Gegner unaufgefordert offenlegen (*initial disclosure*). Anders als noch bis 2000 müssen heute ungünstige und belastende Informationen nur auf Nachfrage offenbart werden.[308] Die *initial disclosure* soll in Verbindung mit der strikten Wahrheitspflicht der Parteien das spätere sehr aufwändige *discovery*-Verfahren überflüssig machen. Nach Abschluss der *initial disclosure* beginnt die *discovery*. Die *discovery* dient der Informationsbeschaffung. In den USA liegt die Ermittlung des Tatsachenstoffs sowie der zur Beweisführung erforderlichen Informationen nicht in der Hand des Gerichts, sondern in der der Parteien.[309] Die Parteien treffen dabei weitreichende Kooperationspflichten, die mit gerichtlich angeordneten Zwangsmaßnahmen oder verfahrensbezogenen Sanktionen durchgesetzt werden können.[310]

Der Begriff *discovery* fasst die Möglichkeiten einer Prozesspartei, Beweismaterial zu akquirieren, zusammen.[311] Mit der *discovery* grenzen die Parteien den Streitstoff ein, der durch die Klageschrift nur in groben Eckpunkten festgelegt wurde.[312] Die *discovery* muss im Vorfeld der Hauptverhandlung stattfinden, da die Parteien dem Richter (bzw. der *Jury*) den Tatsachenstoff einheitlich vortragen müssen. In der Hauptverhandlung können daher keine Informationen mehr nachträglich eingeführt werden.[313] Dies ist auch der Grund dafür, dass die Parteien die *discovery* extrem ausweiten, da sonst in der Hauptverhandlung der Beweis misslingen könnte. Daher betreiben die Parteien im Zweifel lieber vorsorglich eine extrem weitreichende *discovery*, um eine vollumfängliche Sachverhaltsaufklärung

---

305 *Waiver*, hierzu *Schack*, Einführung in das US-amerikanische Zivilprozessrecht, Rn. 100 ff.

306 Im Einzelnen *Hay*, Rn. 158-178.

307 *Böhm*, Amerikanisches Zivilprozessrecht, Rn. 388.

308 Vor 2000 mussten die Parteien auch die so genannte *smoking gun* offenbaren.

309 Zu den Konsequenzen, die sich für das Dokumentenmanagement eines ausländischen Unternehmens ergeben, *Klinger*, RIW 2007, 108.

310 F.R.Civ.P. 37 (b) (1) (2) (D) und 37 (b) (2) (A), (B), (C).

311 *Hay*, Rn. 184.

312 *Schack*, Einführung in das US-amerikanische Zivilprozessrecht, Rn. 110.

313 *Hay*, Rn. 185; *Schack*, Einführung in das US-amerikanische Zivilprozessrecht, Rn. 112.

zu gewährleisten.[314] Die Parteien können einander zur Dokumenten- und Urkundenvorlage, zur Beantwortung schriftlich vorgelegter Fragen (*interrogatories*), zur außergerichtlichen Zeugenvernehmung (*depositions*) und zur Augenscheinnahme verpflichten.[315] Prozesstaktisch bezweckt jede Partei, den Gegner auf bestimmte Aussagen festzulegen, um ihm dann in der Hauptverhandlung die Verwicklung in Widersprüche nachzuweisen. Insgesamt soll so die Glaubwürdigkeit der Beweisperson erschüttert werden.[316] Die Risiken einer sehr umfangreichen *discovery* liegen auf der Hand. Die *discovery* kann sehr zeitaufwändig und teuer sein.[317] Daneben droht eine Ausforschung des Gegners aus prozessfremden Motiven. Geschäfts- und Unternehmensgeheimnisse können durch die *discovery* leicht in die Hände eines Wettbewerbers geraten, was aber nicht Sinn und Zweck einer vollumfänglichen Sachverhaltsermittlung sein kann.

1993 fand eine Reform der *discovery* statt, die eine allzu extensive *discovery* zu verhindern suchte, indem eine Offenbarungspflicht für die Parteien nur besteht, soweit die Beweismittel *relevant to the disputed facts* sind. Ob hierdurch aber tatsächlich eine Einschränkung der *discovery* erfolgt, ist fraglich. Schließlich sind die *pleadings* weitgehend allgemein gehalten, sodass der Tatsachenstoff nur ganz grob umrissen ist und kaum Klarheit bezüglich der *disputed facts* herrscht. Zusätzlich ist der Begriff der Relevanz dehnbar und auslegungsfähig. Außerdem genügt nach F.R.Civ.P 26 (b) (1), dass das angeforderte Beweismaterial zur Entdeckung von Beweismitteln geeignet ist.[318]

In der Hand des Klägers ist die *discovery* jedenfalls eine prozessual scharfe Waffe, um dem Beklagten einen Vergleich abzunötigen. Dieser so genannte *nuisance value* der *discovery* ist durch die *American rule of cost* bedingt, wonach auch im Falle des Obsiegens keine Kostenerstattung[319] erfolgt. Daher kann es häufig für den Beklagten wirtschaftlich sinnvoller sein, einen unbegründeten Anspruch vergleichsweise zu befriedigen, als es zu einer Hauptverhandlung kommen zu lassen.[320] Die Durchführung der *discovery* ist gesetzlich in F.R.Civ.P. 26 bis 37 geregelt, wobei auch Parteivereinbarungen über die *discovery* zulässig sind. Die oben bereits erwähnte *deposition* ist das bedeutsamste *discovery*-Instrument. Es

314 Ein weiteres Motiv ist die Angst der US-amerikanischen Rechtsanwälte vor teuren Haftpflichtprozessen wegen unzureichender Sachverhaltsaufklärung. Nicht ohne Grund hat sich die Bezeichnung der *fishing expedition* in der US-amerikanischen Terminologie herausgebildet.

315 *Hay*, Rn. 184.

316 *Schack,* Einführung in das US-amerikanische Zivilprozessrecht, Rn. 116.

317 Vgl. *Schack,* Einführung in das US-amerikanische Zivilprozessrecht, Rn. 113 mit Beispielen aus der Praxis.

318 *Hay*, Rn. 189.

319 Zum Kostenrecht in den USA siehe unten S. 94.

320 *Olson*, S. 229 ff.

erlaubt die außergerichtliche Vernehmung einer Partei oder von Zeugen. Die Erklärungen der Aussageperson werden schriftlich fixiert und beeidet. Dem Termin wohnen die Parteien, deren Anwälte und der *court reporter* bei. Der *court reporter* hat die Aussagen wortgenau zu protokollieren[321] und die Eide abzunehmen.[322] Die Fragen zielen in aller Regel darauf ab, die Beweis- und Glaubwürdigkeit der Aussageperson zu erschüttern. Insoweit verwundert nicht, dass die gestellten Fragen weit in die Privatsphäre der Aussageperson reichen.[323]

Die *written interrogatories* sind ein schriftlicher Fragenkatalog, der einer Partei vorgelegt wird. Für den Vorlegenden ist dieses *discovery*-Instrument günstig, da er nur die Fragen formulieren muss. Die befragte Partei muss hingegen für die andere Seite arbeiten und die Fragen beantworten, wobei auch umfangreiche Recherchen abverlangt werden. Seit der *discovery*-Reform 1993 ist die Anzahl der Fragen auf insgesamt 25 begrenzt worden, wobei aber Ausnahmen möglich sind.[324]

Die Vorlage von Urkunden und anderer beweglicher Sachen sowie die Augenscheinnahme kann nach F.R.Civ.P 34 verlangt werden. Dieses *discovery*-Instrument kann nur gegen eine Partei des Rechtsstreits gerichtet werden, nicht gegen unbeteiligte Dritte. Für die Kosten des Rechtsstreits ist von Bedeutung, dass lesbare Computerausdrucke auf Kosten der Beweisperson angefertigt werden müssen.[325]

Die weitreichenden Offenbarungspflichten und vor allem die strikte Wahrheitspflicht der Parteien in der *pre-trial* Phase erfordern auch Schutzmaßnahmen. Solche *protective orders* kann das Gericht im eigenen freien Ermessen anordnen. Die Anordnungen können von Verfahrensauflagen bis zu einem vollständigen Ausschluss der *discovery* reichen. Der Geheimnisschutz kann durch so genannte *confidentiality orders* sichergestellt werden.[326] *Protective orders* werden nur auf Antrag der Beweisperson erlassen, wenn sich der Betroffene auf einen der wenigen anerkannten Weigerungsgründe (*privileges*) berufen kann. Anerkannte Weigerungsrechte sind das verfassungsrechtliche Verbot der Selbstbelastung[327], das *attorney-client*-Privileg[328] sowie das Psychotherapeutenprivileg[329]. In der Praxis spielen die Weigerungsrechte nur eine geringe Rolle, da die Gerichte sie nur zu-

321 Eine technische Aufzeichnung durch einen Videomitschnitt ist ebenfalls zulässig.
322 F.R.Civ.P. 30 (b) (4), (c), 28.
323 *Schack,* Einführung in das US-amerikanische Zivilprozessrecht, Rn. 116.
324 F.R.Civ.P. 30 (f) und 5 (d).
325 *Schack,* Einführung in das US-amerikanische Zivilprozessrecht, Rn. 120.
326 F.R.Civ.P. 26 (c) (7).
327 V. Amendment der US-Bundesverfassung.
328 *Upjohn Co. v. U.S.*, 449 US 383, 389 ff. (1981).
329 *Jaffee v. Redmond*, 518 US 1 (1996).

rückhaltend anwenden. Schließlich ist die Tatsachenermittlung Sache der Parteien und nicht des Gerichts.

Circa 90 % der Zivilprozesse werden in der *pre-trial* Phase beendet. 22,5 % erledigen sich durch ein *dismissal* bzw. *summary judgement*[330], während die restlichen Verfahren verglichen werden *(settlement)*.[331] Solche Vergleiche sind von den Parteien bzw. deren Anwälten frei ausgehandelt und unterliegen keiner richterlichen Kontrolle. Dies ist bei der Class-action anders, da diese Vergleiche unter einem richterlichem Genehmigungsvorbehalt stehen.[332]

c. *Trial*

Zu einer Hauptverhandlung kommt es in den USA nur in wenigen Zivilverfahren. Die ohnehin hohe Vergleichsrate ist bei Class-actions noch einmal deutlich erhöht.[333] Die meisten Rechtsstreitigkeiten werden im Vorfeld der Hauptverhandlung beendet, oder aber die lange Verfahrensdauer in der *trial*-Phase wirkt abschreckend. Insbesondere beim *Jury trial* kann die Wartezeit bis zum Verfahrensbeginn vier bis fünf Jahre betragen.[334]

Der Ablauf des amerikanischen Zivilprozesses ist stark durch die Stellung des Richters und die Beteiligung einer *Jury* geprägt. Das *adversary system* der USA bedeutet einen Zweikampf zwischen den Parteien des Rechtsstreites.[335] Der Richter fungiert zwischen den Parteien als Schiedsrichter, der lediglich die Einhaltung der prozessualen „Spielregeln" überwacht.[336] Allerdings weist das US-Recht dem Richter nicht zwingend eine passive Stellung zu; er kann auch die Prozessleitung aktiv übernehmen und gestalten (*court manager*). Trotzdem bleibt es Sache der Parteien, den Fortgang des Prozesses zu forcieren und zu steuern. Das ist auch in deren Interesse, schließlich müssen die Parteien „ihre Sache" der *Jury* vortragen, die über die Tatfragen und damit in aller Regel auch über die Schadenshöhe entscheidet.[337] Das VII. Amendment zur Bundesverfassung garantiert eine *Jury*-Entscheidung in allen Fällen mit einem Streitwert von über 20 US-Dollar. Die *Jury*-Garantie ist ein Bestandteil des US-amerikanischen Demokratieverständnisses und Relikt aus der britischen Kolonialzeit.[338] Die mit Laienrichtern besetzte

330 Vgl. hierzu *Schack,* Einführung in das US-amerikanische Zivilprozessrecht, Rn. 144 ff.

331 *Galanter/Cahill*, 46 Stan. L. Rev. 1339 (1994).

332 Hierzu siehe unten S. 92.

333 *Baetge/Eichholtz* in Basedow/Hopt, S. 335.

334 *Friedenthal/Kane/Miller*, § 10.1.

335 *Schack,* Einführung in das US-amerikanische Zivilprozessrecht, Rn. 149.

336 *Beuchler*, S. 97.

337 *Friedenthal/Kane/Miller*, § 11.2.

338 *Beuchler*, S. 182; *Schack,* Einführung in das US-amerikanische Zivilprozessrecht, Rn. 152.

Jury-Bank sollte gewähren, dass der gesunde Menschenverstand des Volkes an der Rechtsprechung unmittelbar mitwirkt. Zudem bildete die mit Amerikanern besetzte *Jury* ein Gegengewicht zum britischen Kolonialrichter.[339] Die *Jury*-Garantie bindet zwar nicht die Einzelstaaten, dennoch ist die *Jury*-Entscheidung in den USA noch von ganz erheblicher praktischer Bedeutung.[340] Die Geschworenen wirken an nahezu sämtlichen Zivilrechtsstreitigkeiten mit, ohne Rücksicht auf die rechtliche oder tatbestandliche Komplexität der Sache. Das gilt vor allem im Hinblick auf wirtschaftsrechtliche Sachverhalte, wie dem Kartell- oder Produkthaftungsrecht. Die sachliche und fachliche Überforderung der Laienrichter wird vielfach hingenommen. Um die Geschworenen vor unsachlicher Beeinflussung zu schützen wurden 1975 die Federal Rules of Evidence geschaffen. Diese enthalten eine Vielzahl sehr detaillierter Beweisvorschriften, die hauptsächlich leicht beeinflussbare Geschworene zu schützen suchen.[341] Der Prozess läuft in den USA dann wie folgt ab:

Zunächst wird die *Jury* zusammengestellt. Grundsätzlich müssen zwölf geeignete Geschworene gefunden werden, wobei es heute üblich ist, die Zahl der Geschworenen auf das zulässige Minimum von sechs Geschworenen zu reduzieren.[342] Nachdem die *Jury* zusammengestellt wurde, beginnt der Prozess mit den *opening-statements* der Rechtsanwälte.

Im Prozess wird zunächst ausschließlich die Sicht des Klägers dargestellt, d.h. der Kläger stellt seine Version des Sachverhaltes dar und führt seine Beweise und Zeugen ein. Etwaige Einreden des Beklagten bleiben außer Acht.[343] Ziel der Anwälte ist es, die *Jury* mit *ihren* Zeugen und Beweisen zu beeindrucken. Dazu werden die Zeugen vorab befragt, um Überraschungen in der Hauptverhandlung zu vermeiden. Das gleiche gilt für die Befragung von Sachverständigen (*expert witnesses*), die von den Parteien ausgewählt und auch bezahlt werden.[344] Nachdem der Anwalt der Klägerpartei seine Zeugenbefragung beendet hat, kann die Beklagtenpartei die Zeugen ins Kreuzverhör (*cross examination*) nehmen. Vorher kann der Beklagte auch mit einer *motion for directed verdict* versuchen, der *Jury* das Verfahren zu entziehen. Das ist zulässig, wenn der Rich-

339 *Schack,* Einführung in das US-amerikanische Zivilprozessrecht, Rn. 152.

340 Anders in Großbritannien, wo das *Jury*-System nach dem Ende des Ersten Weltkriegs stark eingeschränkt wurde. Insbesondere in Zivilsachen spielt der *Jury*-Prozess praktisch kaum noch eine Rolle, vgl. *Heidenberger*, RIW 1982, 872, 873.

341 Daher werden die Federal Rules of Evidence in Verfahren ohne *Jury* auch weniger streng gehandhabt, vgl. *Schack,* Einführung in das US-amerikanische Zivilprozessrecht, Rn. 161.

342 *Colgrove v. Battin*, 413 US 149 (1973). Zum Auswahlverfahren vgl. *Friedenthal/Kane/Miller*, § 11.9.

343 *Langbein*, 52 U.Chi.L.Rev. 823, 830 f. (1985).

344 Anders als in Deutschland steht der Sachverständige in den USA auf Seiten einer Partei und fungiert nicht als unparteiischer Helfer des Richters.

ter zu der Überzeugung gelangt, dass die präsentierten Beweismittel nicht genügen, um der *Jury* ein vernünftiges Bild von den streiterheblichen Tatsachen zu vermitteln. Nach dem Kreuzverhör erfolgen die Schlussplädoyers der Parteien (*closing arguments*). An die *closing arguments* schließt sich die *jury instruction* an. Hierbei belehrt der Richter die Geschworenen über die Beweis- und Rechtslage.[345] Im Einzelfall kann die *jury instruction* sehr umfangreich und langwierig sein, da Laien zum Teil umfangreiche Rechtsfragen verständlich gemacht werden müssen.

Nach der Belehrung fällt die *Jury* ihr *verdict* in geheimer Beratung. Grundsätzlich muss die Entscheidung einstimmig gefällt werden, wobei aber in den Einzelstaaten von diesem Grundsatz häufig abgewichen wird.[346] Kommt die *Jury* zu einem einstimmigen *verdict* zurück in die Hauptverhandlung, kann eine *motion for judgment notwithstanding the verdict* gestellt werden, die die gleichen Voraussetzungen hat wie ein Antrag auf *directed verdict*. Der Richter kann sich auf diese Weise über die *Jury*-Entscheidung hinwegsetzen.[347] Im Regelfall muss der Richter den Rechtsstreit aber unter Zugrundelegung des *verdict* entscheiden, d.h. er ist an die von der *Jury* festgestellten Tatsachen gebunden.

II. Class-action

> *„Class-actions are unique creatures with enormous potential for good and evil"*[348]
>
> – Judge *Fay*, concurring in *Johnson v. General Motors Corp.*, 598 F.2d 432, 439 (Cir. 1979)

Dieser Abschnitt der Arbeit setzt sich mit dem international weit bekannten Typ der Sammelklage auseinander[349]: der US-amerikanischen Class-action. Das Zitat von Judge *Fay* belegt, dass die Class-action eine Verfahrensart der krassen Gegensätze ist.

Diese Klageform findet daher in der Rechtswissenschaft und in der rechtspolitischen Diskussion eine sehr ambivalente Aufnahme, die von breiter Zustimmung bis zu fast panischer Ablehnung reicht. Kritiker nennen die Class-action ein *von*

345 *Schack,* Einführung in das US-amerikanische Zivilprozessrecht, Rn. 163.

346 Das Einstimmigkeitsprinzip ist auch für die z.T. extrem langwierigen Beratungen ursächlich.

347 Im Einzelnen siehe *Friedenthal/Kane/Miller,* § 12.3. bis § 12.6. Zu den anderen in Betracht kommenden *motions* gegen das *verdict* vgl. *Schack,* Einführung in das US-amerikanische Zivilprozessrecht, Rn. 165.

348 *Johnson v. General Motors Corp.*, 598 F.2d 432, 439 (Cir. 1979).

349 *Böhm,* Amerikanisches Zivilprozessrecht, Rn. 689.

Menschen geschaffenes Monster[350] oder bezeichnen sie als *legalisierte Form der Erpressung*[351]. Andere sehen dagegen in der Class-action einen der *sozial nützlichsten Rechtsbehelfe der Geschichte.*[352]

Schon dieses gespaltene Meinungsbild zu diesem Prototyp der Sammelklage legt eine nähere Betrachtung nahe.[353] Die Class-action ist aber auch aus kartellrechtlicher Sicht von ganz erheblichem Interesse, da zum einen im US-amerikanischen Antitrust Law eine ausgeprägte Class-action Praxis existiert[354] und zum anderen der unionsrechtliche Standpunkt zum kollektiven Rechtsschutz durch das US-amerikanische Rechtssystem geprägt ist. Daher wird auf die unterschiedlichen Typen und Ausprägungen der Class-action eingegangen, um die praktischen Probleme herauszustellen. Eine wesentliche Rolle spielen dabei das US-amerikanische Kostenrecht und die Prozessökonomie der Class-action.

1. Definition

Die Class-action ermöglicht dem Kläger, im eigenen Namen die Ansprüche einer Gruppe (*class*) geltend zu machen, sofern diese Ansprüche gleichartig sind.[355] Die Class-action führt zu einer abschließenden und grundsätzlich auch bindenden Entscheidung bezüglich der gleichartigen Ansprüche der Gruppe.[356] Die Class-action ist in Rule 23 F.R.Civ.P. geregelt. Class-actions führen in der Regel zu einer Kollektivierung der Ansprüche auf der Klägerseite (aktive Class-action). Gleichwohl ist auch eine Class-action auf Beklagtenseite (passive Class-action oder *defendant Class-action*) möglich, in der Praxis aber selten.[357] Ferner lässt sich zwischen *small claims* und *large claims Class-actions* differenzieren. *Small claims Class-actions* werden zur Durchsetzung von Bagatell- bzw. Streuschäden gebraucht. Dieser Variante der Class-action liegt die Ausgangssituation zugrunde, dass sich eine individuelle Anspruchsverfolgung aufgrund des geringen nominellen Schadens nicht lohnt. Die geringe Vermögenseinbuße bedingt, dass die potentiellen Kläger kein Interesse an der Anspruchsdurchsetzung haben. Wirtschaftlich lohnt sich die Durchsetzung eines nominell geringen Anspruchs in den USA aus

350 Den Begriff *Frankenstein Monster* gebrauchte ein Bundesrichter in der Entscheidung *Eisen v. Carisle & Jaquelin*, 417 US 156 (1974).

351 *Burbank*, ZZP Int. 4 (1999) 321, 327. Interessant ist, dass sich die kritischen Stimmen in aller Regel nur auf Class-actions beziehen, mit denen im Wege des kollektiven Rechtsschutzes Schadensersatz geltend gemacht wird, vgl. *Beuchler*, S. 159.

352 *Gottwald*, ZZP 91 (1978), 1; *v. Hippel*, RabelsZ 37 (1973), 268, 270.

353 Vgl. *Beuchler*, S. 29.

354 *Böhm*, Amerikanisches Zivilprozessrecht, Rn. 685; *Beuchler*, S. 37 m.w.N.

355 *Baetge/Eichholtz* in Basedow/Hopt, S. 288.

356 *Böhm,* Amerikanisches Zivilprozessrecht, Rn. 689.

357 *Baetge/Eichholtz* in Basedow/Hopt, S. 288.

kostenrechtlichen Gründen nicht. Die *American rule of cost* bewirkt, dass jede Partei die eigenen Kosten des Rechtsstreits selbst trägt; eine Kostenerstattung (*fee shifting*) ist nur als Ausnahme vorgesehen.[358] Insoweit würden die Kosten für die gerichtliche Anspruchsverfolgung die Anspruchshöhe bei weitem übersteigen.

Die *small claims Class-action* bündelt diese geringwertigen Forderungen zu einer großen Summe, welche die Rechtsverfolgung wirtschaftlich attraktiv macht.[359] Rechtspolitisch wird diese Kollektivierung der Ansprüche mit der Erwägung gerechtfertigt, dass der Schädiger trotz der geringen Individualschäden einen erheblichen Profit auf Kosten der Gesellschaft gemacht hat.[360] Die *small claims Class-action* soll diesen unrechtmäßigen Profit abschöpfen und den Rechtsverletzer sanktionieren.[361] Damit geht es also um die Bewährung des materiellen Rechts im öffentlichen Interesse.

Eine vollkommen andere Ausgangssituation liegt der *large claims Class-action* zugrunde. Anders als bei der ersten Variante sind die individuell erlittenen Schäden hoch genug, damit ein Interesse der Geschädigten an einer Rechtsverfolgung besteht. Ein Rechtsschutzdefizit besteht insoweit also nicht. Der Anwendungsbereich der *large claims Class-action* liegt vor allem auf dem Gebiet der Massenunglücke (*mass torts*) und der Umwelthaftung.

Die rechtspolitische Rechtfertigung liegt in der Erwägung, dass die Gerichte ohne die Class-action in einer Flut von Einzelverfahren zu ersticken drohen. Es geht also um den Schutz eines funktionierenden Justizsystems. Es verwundert nicht, dass dieses verfahrensökonomische Argument von Gerichten in die Diskussion mit eingebracht wurde.[362] Die Class-action wird bei den *large claims* Verfahren zur Zusammenfassung einer Vielzahl von Einzelverfahren genutzt, um den Zeit- und Kostenaufwand der Gerichte zu minimieren.[363] Auch aus Sicht der Beteiligten soll die Class-action positive Effekte hervorrufen. So kann durch die Class-action für Kläger und Beklagten schnell Rechtssicherheit erlangt werden. Zudem soll die Class-action die gerechte Verteilung der begrenzten finanziellen Ressourcen des verurteilen Beklagten gewährleisten, da ansonsten durch viele Einzelverfahren Zahlungsunfähigkeit eintreten kann (*limited funds* Problematik).

---

358 Eine solche Ausnahme von der *American Rule* gilt im Falle der missbräuchlichen Klageerhebung (*frivolous action*), vgl. *Stürner*, JZ 2006, 60, 63 ff.

359 *Schack,* Einführung in das US-amerikanische Zivilprozessrecht, Rn. 203.

360 *Beuchler*, S. 57.

361 Potentielle Schädiger sollen davon abgehalten werden, unrechtmäßiges Verhalten in ihr unternehmerisches Kalkül mit einzubeziehen, da mit einer Anspruchsverfolgung durch die Geschädigten nicht zu rechnen ist.

362 *Beuchler*, S. 58.

363 *Beuchler*, S. 58.

In F.R.Civ.P. 23 (b) sind drei Varianten der Class-action vorgesehen. Maßgeblicher Unterschied zwischen den Alternativen des F.R.Civ.P. 23 (b) ist, dass die ersten beiden Arten auf *equitable relief* gerichtet sind, während mit dem dritten Typ der Class-action (F.R.Civ.P. 23 (b) (3)) auch Schadensersatz geltend gemacht werden kann. Die drei Formen der Class-action schließen einander nicht aus, allerdings muss bei Verfahrensbeginn festgelegt werden, welche der Alternativen dem weiteren Prozess zugrunde gelegt wird.[364] *Equitable relief* umfasst Ansprüche auf Feststellung, Unterlassung und Beseitigung.[365] Für die hier zu behandelnde Streuschadensproblematik kommt also nur der dritte Class-action Typ nach F.R.Civ.P 23 (b) (3) in Betracht, sodass auf die ersten beiden Alternativen nicht einzugehen ist.[366] Die dritte Variante der Class-action ist eine Generalklausel[367] und hat in der Praxis die größte Bedeutung.[368] Im praktischen Verfahren unterscheidet sich die Typ-3 Class-action von den anderen Varianten vor allem durch das umfassend zu gewährende Recht zum *Opt-out*.[369] Rechtspolitisch ist die Typ-3 Class-action besonders umstritten. Nach F.R.Civ.P. 23 (b) (3) kommt diese Form der Class-action immer in Betracht, wenn die allgemeinen Fragen des Rechtsstreits die individuellen überwiegen (*predominance analysis*) und die Gruppenklage anderen Rechtsschutzformen überlegen ist (*superiority test*).[370] Ihren Hauptanwendungsbereich findet diese Form der Gruppenklage im Wirtschaftsrecht, vor allem im Anleger-, Kartell- und Produkthaftungsrecht.[371] Die Sammelklage soll ein einheitliches Ergebnis und ein prozessökonomisches Zivilverfahren ermöglichen, ohne dass die rechtsstaatlichen Prinzipien über Gebühr beschränkt werden.[372] Mittlerweile spielt die auf Schadensersatz gerichtete Class-action vermehrt auch bei Massendelikten (*mass torts litigation*) eine Rolle.[373] Insoweit verfolgt diese Form der Class-action zwei Zwecke: Erstens soll die Class-action bei so genannten *small claims Class-actions* Rechtsschutz überhaupt erst finanziell ermöglichen. Zweitens soll die Class-action ein effektives und prozessökonomisches Verfahren erlauben, wenn mit einer für die Gerichte nicht mehr zu bewältigenden Flut von Einzelklagen zu rechnen ist.

---

364 *Baetge/Eichholtz* in Basedow/Hopt, S. 309.

365 *Hohl, S.* 25.

366 Hierzu ausführlich *Kane/Friedenthal/Miller*, § 16.2.

367 *Schack,* Einführung in das US-amerikanische Zivilprozessrecht, Rn. 206; *Hohl, S.* 27.

368 *Hempel*, S. 215; *Teply/Whitten*, Civil Procedure, S. 523 ff.

369 Bei den anderen beiden Class-action Typen ist ein Recht zum *Opt-out* nicht erforderlich, da die Verfahren im Regelfall nicht die finanziellen Interessen der Betroffenen berühren. Schließlich sind diese Class-actions immer auf *equitable relief* gerichtet.

370 *Baetge/Eichholtz* in Basedow/Hopt, S. 315.

371 *Hohl, S.* 27; *Beuchler*, S. 37; *Baetge/Eichholtz* in Basedow/Hopt, S. 315.

372 *Kaplan*, 81 Harv. L. Rev. 356, 390 (1967).

373 Die bedeutendsten Auseinandersetzungen sind die um Asbest, *Agent Orange*, *Dalkon Shield*, Silikonimplantate, Zigaretten und Bendectin.

2. Hintergrund

Bevor auf die einzelnen Verfahrensvoraussetzungen der Class-action und ihre Besonderheiten eingegangen wird, sollen zunächst die Entwicklung und der gesellschaftliche Hintergrund der Class-action dargestellt werden. Die Class-action ist stark durch die gesellschaftlichen Verhältnisse in den Vereinigten Staaten geprägt. Anders als in vielen europäischen Ländern und insbesondere Deutschland, gibt es in den USA nur ein rudimentär ausgeprägtes soziales Sicherungssystem. Hierfür ursächlich ist die grundsätzliche Abneigung der Amerikaner gegen (fast) jede Form der staatlichen Regulierung. Daher sind sie zum Ausgleich ihrer Schäden auf den zivilrechtlichen Klageweg angewiesen, sodass es in den USA eine besonders ausgeprägte Rechtsprechung zu den *torts* gibt. Dies wird vom Kostenrecht der USA unterstützt: Gerichtsgebühren sind gering und Rechtsanwälte werden oft für den Kläger für ein Erfolgshonorar tätig.[374] Der Zugang zu Gericht soll nicht durch ein hohes Kostenrisiko versperrt werden. So wird gewährleistet, dass auch einkommensschwache Personengruppen ungeachtet des fehlenden Prozesskostenhilfesystems in den USA die Möglichkeit einer gerichtlichen Anspruchsverfolgung haben.

a. Entwicklung der Class-action

Im Folgenden soll ein kurzer rechtshistorischer Abriss über die Entwicklungslinien der Class-action gegeben werden.[375] Rechtshistorisch hat die Class-action ihren Ursprung vor circa 300 Jahren in den *Chancery Courts* Englands.[376] In England erlaubte die *Bill of Peace* die Stellvertreterklage.[377] Der Einfluss des englischen Rechts führte schnell zu einer Adaption dieser Klageform in den USA, wobei die frühe Entwicklung stark durch den Richter *Joseph Story*[378] geprägt wurde.[379] Erste gesetzliche Regelungen erfuhr die Class-action in der Federal Equity Rule 48 von 1848, im New York Field Code und in der Federal Equity Rule von 1912. Diesen Regelungen lag noch die alte (englische) Trennung von *common law* und *equity* zugrunde. Diese Unterscheidung wurde 1938 mit der Einführung der Federal Rules of Civil Procedure aufgehoben. Damit einher ging eine umfassende Reform der Class-action, dass nun auch die Geltendmachung von Schadensersatz möglich war.[380] Ein weiterer gesetzgeberischer Schritt zur Reform der Class-action fand

374 Siehe hierzu ausführlich unten S. 96.

375 Siehe hierzu mit weiteren Nachweisen *Beuchler*, S. 60-76.

376 *Yeazell*, 27 U.C.L.A. 514 (1980).

377 Im Einzelnen vgl. *Baetge/Eichholtz* in Basedow/Hopt, S. 291.

378 Zum Leben und Wirken von Judge *Story* siehe *John P. Frank*, The Judges of the U.S. Supreme Court: Their Lives and Major Opinions (1995).

379 *West v. Randall*, 29 F.Cas. 718 (No. 17424) (C.C.D.R.I 1820); *Beuchler*, S. 61.

380 Nach dem früheren Recht richtete sich die Schadensersatzklage nach dem *common law*.

1966 statt. 1966 wurde geregelt, dass die Statthaftigkeit der Class-action nunmehr nach dem funktionalen Ansatz der durch das Verfahren erreichbaren Prozessökonomie abhängen soll. Des Weiteren wurden die Rechtskrafterstreckung erweitert und dem Richter neue Verfahrensleitungsbefugnisse an die Hand gegeben.[381] Mit dieser Reform begann 1966 die *moderne Ära* der Class-action.[382] Diese Regelung bestand nahezu unverändert für die nächsten dreißig Jahre. Im Jahre 2003 wurde Rule 23 F.R.Civ.P. umfassend geändert, wobei die Änderungen weniger das materielle Recht als den Verfahrensablauf der Class-action betrafen.[383] Ziel der Reform 2003 war es, die Verantwortungsbereiche von Gericht und Rechtsanwälten zu konturieren und die allgemeine Zielsetzung der Class-action (Prozessökonomie und Einzelfallgerechtigkeit) zu stärken.[384] Die letzte Änderung der Class-action wurde 2005 mit dem Class-action Fairness Act (CAFA) Gesetz. Der CAFA 2005 war Teil der Wiederwahlkampagne von Präsident *Bush*, der mit der Eindämmung von Missbräuchen des Rechtssystems geworben hatte.[385]

b. Einzelfallgerechtigkeit und Prozessökonomie

Die Class-action steht im Spannungsfeld zwischen Einzelfallgerechtigkeit und Verfahrensökonomie. Je nachdem welche Art der Class-action durchgeführt wird, werden diese Rechtsprinzipien unterschiedlich stark eingeschränkt. Während bei Class-actions, die auf *equitable relief* gerichtet sind, die Einzelfallgerechtigkeit nur in Ausnahmefällen tangiert ist, spielen individuelle Fragen bei der Typ-3 Class-action auf Schadensersatz eine ganz erhebliche Rolle.[386] Schließlich ist der individuell erlittene Schaden immer eine Frage, die im Einzelfall zu klären ist.

Bei der Class-action auf Schadensersatz ist zwischen den *small* und *large claims actions* zu differenzieren. Bei Ersteren erzeugt die Kollektivierung der Ansprüche einen lohnenden Streitwert. Erst hierdurch erhalten die einzelnen Geschädigten also Zugang zur Zivilgerichtsbarkeit, da sie selbst keine Individualklage erheben würden.[387] Bei den *large claims Class-actions* hingegen würden die individuell erlittenen Schäden eine Einzelprozessführung durchaus rechtfertigen. Die Kollektivierung hat hier den verfahrensökonomischen Sinn, eine Überflutung der Zivilgerichte mit Einzelklagen zu vermeiden. Für die kartellrechtliche Streu-

381 *Baetge/Eichholtz* in Basedow/Hopt, S. 292.

382 *Spindler*, S. 80. Infolge der Novellierung nahm die Bedeutung der Class-action stetig zu, insbesondere kam die Class-action bei ganz verschiedenen Fallgestaltungen zum Einsatz, vgl. *Beuchler*, S. 66.

383 *Beuchler*, S. 67.

384 Zu den Änderungen im Einzelnen vgl. *Hohl*, S. 146 ff.

385 Im Einzelnen *Hohl*, S. 153 ff.

386 *Baetge/Eichholtz* in Basedow/Hopt, S. 297.

387 Die Ursache dieses Mechanismus liegt im amerikanischen Kostenwesen, siehe S. 73, 94f.

schadensproblematik sind die *small claims actions* maßgeblich. Hier zeigt sich, dass diese den Geschädigten den Zugang zum Gericht erst ermöglichen.[388] Mit Blick auf die Einzelfallgerechtigkeit lässt sich daher argumentieren, dass ohne die Class-action überhaupt keine Prozessführung möglich wäre, d.h. es gäbe überhaupt keine Gerechtigkeit für die Geschädigten. Insoweit können die geäußerten Bedenken wegen der möglichen Einschränkung einer Individualprozessführung also zurückstehen.[389] Diese Argumentation lässt sich mit dem Prinzip des *private attorney general*, also dem privaten Kläger als Staatsanwalt, untermauern. Die Prozessführung findet weniger im Interesse einer individuellen Schadenskompensation als im öffentlichen Interesse statt.[390] Insbesondere bei Kartellverstößen besteht aufgrund des hohen Gesamtschadens der Volkswirtschaft ein erhebliches öffentliches Interesse an der Anspruchsdurchsetzung.

Die Interessenbündelung wird in den USA durch die verfassungsrechtliche Garantie des *due process* begrenzt.[391] *Due process* umfasst in etwa das deutsche Justizgrundrecht auf rechtliches Gehör, geht aber darüber hinaus.[392] Damit die Rechtskraft des Urteils auch die passiven Gruppenmitglieder erfassen kann, müssen diese der Gerichtsgewalt unterworfen sein. Das sind die Gruppenmitglieder nach US-Recht, wenn zumindest *minimum contacts* zum Forumstaat bestehen und sie ihr Recht auf einen *day in court* wahrnehmen konnten. Kurz gefasst soll jeder Betroffene die Gelegenheit zur Mitwirkung am Prozess erhalten.

In der Praxis der *small claims actions* werden die passiven Gruppenmitglieder kaum von dieser Garantie Gebrauch machen, schließlich besteht bezüglich des Verfahrens ein erhebliches rationales Desinteresse. Zudem wäre auch der verfahrensökonomische Zweck der Kollektivierung konterkariert, wenn sämtliche Gruppenmitglieder beim Zivilgericht auftreten würden. Allerdings sollen die Interessen der passiven Gruppenmitglieder durch eine strenge *certification* des Repräsentanten gesichert werden. Dies beruht auf der Annahme, dass ein guter Repräsentant seine eigenen Interessen mit Nachdruck verteidigt und durchsetzt. Da diese Interessen sich regelmäßig mit denen der passiven Gruppenmitglieder decken, erfolgt eine optimale Prozessführung (*interest theory*). Diese Idealvorstellung der *interest theory* ist allerdings selten Realität. Die Class-action bietet mannigfaltige Missbrauchsmöglichkeiten, etwa durch kollusives Zusammenwirken von Anwälten und Beklagten. Daher wird die Prozessführung vom Richter als *case manager* betreut und überwacht.

388 *Baetge/Eichholtz* in Basedow/Hopt, S. 298.

389 Sprichwörtlich gilt der Grundsatz *wenig ist besser als gar nichts*, zitiert nach *Baetge/ Eichholtz* in Basedow/Hopt, S. 298.

390 *Hempel*, S. 215.

391 V. und XIV. Amendment der US-Bundesverfassung.

392 Vgl. *Rothe*, RIW 2003, 859, 861.

Die *due process* Garantie wird daneben durch die Zustimmungstheorie (*consent theory*) abgesichert. Danach beruht das Recht des Repräsentanten zur Prozessführung auch auf der (konkludenten) Zustimmung der passiven Gruppenmitglieder zur Class-action. Allerdings sind die passiven Gruppenmitglieder zur (konkludenten) Zustimmung nur in der Lage, wenn sie Kenntnis vom Verfahren haben. Insoweit sind auch die strengen Benachrichtigungspflichten bei der Schadensersatz Class-action verständlich, die genauso wie Angemessenheit der Vertretung (*adequacy of representation*) ein wichtiges Element der *due process* Garantie sind.[393] Ausgehend von der Überlegung, dass die Führung des Schadensersatzprozesses im Interesse der repräsentierten Geschädigten liegt, wird das Schweigen aber als Zustimmung gewertet. Freilich steht den Geschädigten das Recht zu, Widerspruch zu erheben und aus der Gruppe auszuscheiden (*Opt-out*).[394]

3. Verfahrensbeteiligte

Das Class-action Verfahren ist maßgeblich von den Interessen der beteiligten Personengruppen geprägt. Von Bedeutung ist vor allem das Verhältnis des Gruppenanwalts zu den übrigen Beteiligten, da in diesem Verhältnis ein nicht von der Hand zu weisendes Missbrauchspotential liegt.

a. Richter

Die Stellung des Richters ist in den USA durch das *adversary system* geprägt. Diesem System soll nach allgemeiner Auffassung eine *sporting theory of justice* zugrunde liegen. Analog zur Terminologie des Sports wird der Richter als ein neutraler Schiedsrichter gesehen, der dafür sorgt, dass die Wettkämpfer die Regeln wahren. Die Hauptakteure bzw. Wettkämpfer sind dabei die Anwälte der streitenden Parteien.

Grundsätzlich hat der Richter damit eine eher passive Stellung im Zivilverfahren. Bei der Class-action kann er sich aber nicht auf dieses passive Verständnis seines Amtes zurückziehen, da er dem Schutz der repräsentierten Gruppenmitglieder verpflichtet ist.[395] Das Konzept der Class-action weicht vom Zweiparteienkonzept des *adversary system* ab, schließlich sind durch die kollektive Anspruchsdurchsetzung weit mehr Parteien an dem Verfahren beteiligt. Die Class-action ist insofern wesentlich komplexer und erfordert häufiger den Einsatz des Richters als *case manager*. Ohne eine straffe richterliche Verfahrensführung drohen die Verschleppung des Verfahrens[396], die Missachtung prozessualer Vorschriften, sowie

---

393 *Böhm*, Amerikanisches Zivilprozessrecht, Rn. 694.

394 Hierzu grundlegend *Philips Petroleum v. Shutts*, 472 U.S. 797, 810 ff. (1985).

395 *Beuchler*, S. 180.

396 Eine Verfahrensverschleppung entsteht schnell, wenn im Verfahren aufgrund der großen Anzahl der Beteiligten zu viele Einzelaspekte erörtert werden müssen.

der Benachteiligung der passiven Gruppenmitglieder. Gerade bei den *small claims Class-actions* sind wegen der Bagatellschäden viele Geschädigte beteiligt[397], die aber selbst nur ein geringes Interesse am Verfahren haben. Daher erfolgt durch die passiven Beteiligten auch keine Überwachung und Kontrolle des Anwalts, sodass die prozessualen Rechte der repräsentierten Geschädigten tendenziell gefährdet sind.[398] Diese Rechte hat der Richter als *case manager* zu schützen. Von den Zivilrichtern wird also eine aktive Prozessleitung erwartet, die weit über das übliche Beteiligungsmaß in Zweiparteien-Prozessen hinausgeht. Diese Sonderstellung des Richters bei Class-actions erklärt auch die kontroverse Haltung US-amerikanischer Richter gegenüber der Class-action.[399]

Das zuständige Gericht muss daneben aber auch nach Beendigung der Class-action die komplexe Verfahrensabwicklung leisten. Regelmäßig zahlt der Beklagte die ausgeurteilte Summe in einen Fonds oder auf ein Treuhandkonto ein. Nach diesem Verfahrensschritt hat der Beklagte in aller Regel kein Interesse mehr an der Abwicklung, da er mit der Einzahlung der Urteils- oder Vergleichssumme seine Pflicht erfüllt hat, zumal mit der Verfahrensbeendigung eine weitreichende Erstreckung der Rechtskraft auf alle Gruppenmitglieder eingetreten ist.[400] Die Weiterentwicklung der Class-action führt im Übrigen zu einem stetigen Ausbau der richterlichen Befugnisse und Aufgaben. Durch die Neuerungen zum 01.12.2003 und den CAFA von 2005[401] sind die Richter zu einer verstärkten Überwachung der Tätigkeit der Anwälte verpflichtet.[402]

b. Der Kläger

Der Kläger hat nach dem theoretischen Grundkonzept der Class-action eine herausragende Bedeutung. Der Kläger repräsentiert die passiven Gruppenmitglieder und initiiert die Prozessführung gegen den Beklagten. Idealbild des Class-action Klägers ist der „kleine Mann", der als *private attorney general* das schädigende

397 Aufgrund des geringen Interesses der Geschädigten am Verfahren ist mit einem *Opt-out* kaum zu rechnen. Vor allem aber lohnt eine individuelle Verfolgung des Schadensersatzanspruchs nicht, da US-amerikanische Anwälte entweder relativ hohe Einzelstundensätze oder aber ein Erfolgshonorar abrechnen. Beides ist bei nominell geringem Schaden wirtschaftlich nicht sinnvoll; kaum ein Rechtsanwalt würde für derartige Individualansprüche ein Mandat annehmen.

398 Zum *Principal-Agent* Problem siehe unten S. 169.

399 *Koch*, S. 33.

400 Der Beklagte kann sich somit mit der Zahlung der Schadenssumme von einer weiteren Haftung befreien, vgl. *Hess*, AG 1999, 145, 147; *Beuchler*, S. 180.

401 *Baetge/Eichholtz* in Basedow/Hopt, S. 292; zum CAFA und seinen Auswirkungen *Hohl*, S. 153 ff; *Schack,* Einführung in das US-amerikanische Zivilprozessrecht, Rn. 206.

402 Vgl. *Beuchler*, S. 182.

Großunternehmen „bekämpft“.[403] Er soll die Interessen der übrigen Gruppenmitglieder engagiert vertreten und den Gruppenanwalt überwachen, um Missbrauch aktiv zu verhindern. Praktisch ist der Anteil des Klägers am Verfahren allerdings gering. Vor allem in der Konstellation der *small claims Class-action*, mit der Streu- bzw. Bagatellschäden durchgesetzt werden, fehlt es am individuellen Interesse am Verfahren. Der Einzelne hat aufgrund des nominell geringen Schadens nur ein geringes materielles Interesse am Verfahren. Infolgedessen wird er dem Verfahren keine oder nur eine geringe Aufmerksamkeit schenken. Das betrifft die passiven genauso wie den namentlich benannten Kläger. Dies ist auch eine Ursache für die fehlende Überwachung des Gruppenanwalts. Mit Blick auf die Kontrolle des Gruppenanwalts fällt zudem noch ins Gewicht, dass die Gruppenmitglieder in aller Regel nicht über die erforderliche Erfahrung und Kenntnisse über Verfahren dieser Art verfügen.[404] Einfluss übt auch die Gruppendynamik der Class-action aus. Das einzelne Gruppenmitglied verlässt sich blind auf andere Gruppenmitglieder in dem Glauben, dass andere es schon machen werden.[405]

Abgesehen davon, dass sich jedes Gruppenmitglied auf andere verlässt, ist zu beachten, dass die Gruppe nur ein geringes Kostenrisiko trifft. Der Gruppenanwalt wird für ein Erfolgshonorar (*contingency fee*) tätig. Regelmäßig finanziert die Kanzlei des Prozessanwalts das Verfahren vor und ermöglicht so erst eine Prozessführung.[406] Da insbesondere die umfangreiche *pre-trial discovery* mit hohen Kosten verbunden ist, gehen die Anwälte ein großes finanzielles Risiko ein. Im Verlustfall erhält der Anwalt kein Honorar, sondern bleibt auf den Verfahrenskosten sitzen. Das Erfolgshonorar muss daher so bemessen sein, dass die Prozessführung für den Anwalt wirtschaftlich lohnt.[407] Der benannte Kläger und die passiven Gruppenmitglieder spielen daher nur eine untergeordnete Rolle im Class-action Verfahren, während die Anwälte die treibende Kräfte sind.[408] Das hohe finanzielle

---

403 *Hohl*, S. 14.

404 *Beuchler*, S. 175.

405 Hierbei handelt es sich um das so genannte *Freerider*-Problem.

406 *Beuchler*, S. 175.

407 Die Höhe des Erfolgshonorars muss auch das Verlustrisiko des Anwalts berücksichtigen, da er durch siegreiche Verfahren die Unterliegensfälle finanzieren muss. Zur Kostentragung im US-Recht siehe unten S. 94.

408 Häufig sind es daher Rechtsanwälte, die Class-actions initiieren. Sie suchen systematisch nach möglichen Gruppenklägern und werben intensiv um eine entsprechende Mandatierung. Die scharfe Konkurrenz der Anwälte führt mitunter zu makabren Auswüchsen, die mit dem Begriff *ambulance chasing* beschrieben werden. Ein Beispiel hierfür sind die Reisen von US-Anwälten nach *Bhopal* (Indien) um am Unglücksort Mandanten zu werben, vgl. *New York Times* vom 25.05.1990, abrufbar unter http://www.nytimes.com/1990/05/25/us/law-bar-trouble-trial-bar-lawyers-group-chases-after-ambulance-chasers.html?pagewanted=1 (zuletzt besucht am 25.01.2010); mit weiteren Beispielen *Prütting*, Ein neues Kapitel im Justizkonflikt USA-Deutschland, in FS-Jayme, S. 714.

Verlustrisiko und das erhebliche finanzielle Eigeninteresse (Erfolgshonorar) des Anwalts begründen Anreizwirkungen für eine nicht interessengerechte Prozessführung. Dies gilt insbesondere bei einer Verfahrensbeendigung durch Vergleich (*settlement*). Anwälte können geneigt sein, frei nach dem Motto „lieber den Spatz in der Hand als die Taube auf dem Dach" einen vorschnellen Vergleich mit dem Beklagten zu schließen, um sich weitere Aufwendungen zu ersparen. Diese so genannten *sweetheart deals* sind für die Gruppenmitglieder in aller Regel ungünstig und laufen darauf hinaus, dass der Anwalt die Class-action an den Beklagten verkauft.[409] Gerade bei *small claims Class-actions* wird häufig keine Vergleichssumme in Geld, sondern ein materieller Ausgleich etwa in Form von Coupons vereinbart.[410] Den Interessen der Geschädigten ist mit derartigen Vergleichen oft nicht gedient, wie eine Produkthaftungssache gegen *General Motors* zeigt. Die Geschädigten erhielten vom Hersteller einen Gutschein über einen Rabatt in Höhe von 1000 US-Dollar beim Kauf eines Neuwagens des beklagten Herstellers. Viele Geschädigte beabsichtigten aber keinen Neuwagenkauf. Zudem liegt der Betrag von 1000 US-Dollar noch in der üblicherweise verhandelbaren Rabattmarge bei einem Neuwagenkauf. In der Berufungsinstanz wurde dieser Vergleich aufgehoben.[411]

c. Beklagte

Der Beklagte hat im US-amerikanischen Zivilprozess einen schweren Stand. Insbesondere ausländische Unternehmen überstehen einen Zivilprozess in den USA selten ungeschoren.[412] Die Gründe hierfür sind vielschichtig. Zum einen sind US-Amerikaner wesentlich häufiger auf eine gerichtliche Verfolgung ihrer Ansprüche angewiesen als Deutsche, da in den USA ein weniger flächendeckendes soziales Sicherungssystem existiert. Somit müssen sie ihre Schäden durch eine zivilrechtliche Klage ausgleichen. Damit niemandem der Zugang zum Gericht versperrt wird, gibt es in den USA nur marginale Gerichtsgebühren.[413] Anders als in Deutschland werden Anwälte für Erfolgshonorare tätig[414], sodass den Kläger nur

---

409 *Beuchler*, S. 36.

410 Ein *Couponvergleich* ist für den Beklagten wesentlich günstiger, da er keine finanziellen Mittel aus dem Unternehmen abziehen muss, sondern lediglich vergünstigt seine Produkte abgeben muss.

411 *In re General Motors Corp. Pickup Truck Fuel Tank Prod. Liab. Litig.*, 846 F. Supp. 330, 337 (1993).

412 *Schack*, Einführung in das US-amerikanische Zivilprozessrecht, Rn. 1.

413 Der *filing fee* beträgt vor Bundesgerichten 350 US-Dollar, 28 U.S. Code § 1914 (a).

414 Seit dem Gesetz zur Neuregelung des Verbots der Vereinbarung von Erfolgshonoraren vom 12.06.2008 (BGBl. I, 1000) ist die Vereinbarung eines Erfolgshonorars in den ganz engen Grenzen des § 4a RVG zulässig. Hierzu im Einzelnen noch unten, S. 94, 198 ff.

ein zu vernachlässigendes Kostenrisiko trifft. Diese Faktoren führen kumulativ dazu, dass eine geringere Hemmschwelle vor einer Klageerhebung besteht.

Aus Sicht des Beklagten ist der US-amerikanische Zivilprozess mit besonderen Unannehmlichkeiten verbunden. Hervorzuheben sind die *pre-trial discovery* und die *Jury*-Entscheidung. Erstere ist sehr teuer, aufwändig und mit umfangreichen Offenbarungspflichten verbunden[415], was gerade bei Unternehmen zu einer unliebsamen Preisgabe von Geheimnissen führen kann.[416] Auch die *Jury*-Entscheidung führt erfahrungsgemäß zu einer Benachteiligung des beklagten Unternehmens. Gerade bei Schadensersatzprozessen fühlen die Geschworenen mit den Geschädigten und sprechen oft hohe Summen zu, zumal den Geschworenen bekannt ist, dass von der Schadenssumme zunächst das Erfolgshonorar des Anwalts bezahlt werden muss.[417]

Anders als der Klägeranwalt, der auf Erfolgshonorarbasis arbeitet, wird der Beklagte von einem Anwalt vertreten, der nach Stundensätzen[418] abrechnet.[419] Je länger die Rechtsverteidigung gegen die Class-action dauert, desto mehr Kosten laufen beim Beklagten an. Die *American rule of cost* bewirkt zudem, dass der Beklagte selbst im Falle des Obsiegens keine Kostenerstattung erhält. Aus Gründen der Wirtschaftlichkeit sind die Beklagten daher häufig bereit, auch unbegründete Ansprüche vergleichsweise zu befriedigen.[420] Für ein beklagtes Unternehmen sprechen nicht nur Gründe der Wirtschaftlichkeit für eine vorzeitige Beendigung eines Class-action Verfahrens. Class-actions sind häufig sehr medienwirksam, sodass mit negativer Publicity zu rechnen ist.[421] Gerade Aktiengesellschaften sind hiervon betroffen, da sich der Stand des Unternehmens in der öffentlichen Meinung häufig im Aktienkurs widerspiegelt.[422] Der Reputationsverlust hat für das beklagte Unternehmen damit unmittelbar finanzielle Konsequenzen. Die betroffenen Unternehmen haben folglich ein starkes Interesse an der zügigen Beendigung der Class-action, da sie unabhängig vom Ausgang des Verfahrens wirtschaftliche Einbußen erleiden.[423]

---

415 Siehe hierzu oben, S. 66, 90.

416 *Beuchler*, S. 178 f.

417 *Beuchler*, S. 178.

418 Die Stundensätze liegen circa zwischen 300-800 US-Dollar, vgl. *Schack*, Einführung in das US-amerikanische Zivilprozessrecht, Rn. 20. Die Spitzenhonorare liegen z.T. deutlich höher.

419 *Beuchler*, S. 179.

420 *Schack*, Einführung in das US-amerikanische Zivilprozessrecht, Rn. 114. Hierin liegt auch der *nuisance value* der Class-action, der von der Anwaltschaft für *strike suits* genutzt wird, vgl. *Beuchler*, S. 36.

421 *Bellinghausen/Paheenthararajah*, ZIP 2008, 492, 493.

422 *Hirte* in FS-Leser, S. 335, 350.

423 Allerdings haben einige Unternehmen wie beispielsweise *Ford* eine Gegenstrategie entwickelt, die auf die Herbeiführung eines Endurteils gerichtet ist. *Ford* geht davon aus,

4. Verfahrensvoraussetzungen

F.R.Civ.P. 23 (b) regelt die Voraussetzungen den Class-action. Dabei ist zwischen den zwingenden und den verfahrensabhängigen Voraussetzungen zu unterscheiden. Die ersten beiden Varianten der Class-action haben im Einzelnen andere Voraussetzungen als die Typ-3 Class-action.

a. Bildung einer Gruppe (Class)

Grundlage und ungeschriebene Voraussetzung jeder Gruppenklage ist die Existenz einer definierbaren Gruppe.[424] Das US-Recht verlangt dabei nicht, dass die Gruppenmitglieder namentlich bekannt sind. Es muss aber in jedem Verfahrensabschnitt klar abgrenzbar sein, wer Mitglied der Gruppe ist und wer nicht.[425] Es kommt darauf an, dass die Gruppenmitglieder jederzeit bestimmbar sind. Heranzuziehen sind objektive Kriterien; subjektive Maßstäbe wie innere Verbundenheit sind unzulässig.[426] Die Definition der Gruppe liegt im Ermessen des Gerichts. Die Abgrenzung der Gruppe ist für alle Beteiligten von erheblicher Bedeutung. Schließlich bestimmt die Definition den Umfang der Rechtskrafterstreckung, also wer von dem Urteil bzw. Vergleich gebunden wird und wer nicht. Dahinter steht letztlich die Frage, wer am Erlös der eingeklagten Summe beteiligt wird. Für das Gericht und den Beklagten ist die Gruppengröße der maßgebliche Parameter, um den Verfahrensaufwand abschätzen zu können.

Bei der Typ-3 Class-action auf Schadensersatz sind die Anforderungen, die an die Definition der Gruppe gestellt werden, insgesamt höher als bei den anderen beiden Arten der Class-action. Der Grund hierfür ist, dass Schadensersatz eine individuelle Rechtsfrage ist, die jeden einzelnen Geschädigten betrifft. Bei Klagen auf *equitable relief* ist das dagegen nicht der Fall, die Anforderungen können hier also niedriger ausfallen. Schließlich ist die Vollstreckung bei diesen Klagen auch ohne die passiven Gruppenmitglieder möglich.[427]

Eine weitere wichtige und ungeschriebene Voraussetzung ist, dass der Gruppenrepräsentant *standing* hat, d.h. klagebefugt ist. Hierbei reicht es aus, wenn er das *standing* bei der *certification* hat. Ob er es dagegen später wieder verliert, ist unerheblich.

---

dass man den Kläger auf diese Weise *verhungern* lassen könne, da durch das lange Verfahren die finanziellen Ressourcen schnell aufgebraucht sind.

424 *Baetge/Eichholtz* in Basedow/Hopt, S. 303.

425 *Moore*, § 23.21 [1].

426 *Baetge/Eichholtz* in Basedow/Hopt, S. 303.

427 *Moore*, § 23.21, [6].

b. Weitere Voraussetzungen

Gemäß F.R.Civ.P. 23 (a) (1) ist die Class-action nur zulässig, wenn die Gruppe so groß ist, dass eine Klageverbindung (*joinder*) nicht zweckmäßig erscheint.[428] Die absolute Zahl der Gruppenmitglieder hat dabei zwar Indizwirkung, ist aber nicht das einzige maßgebende Kriterium.[429] In der Regel gilt aber, dass eine Class-action bei weniger als 21 Gruppenmitgliedern nicht in Betracht kommt, während die Zulässigkeit bei mehr als 40 Teilnehmern in den meisten Fällen bejaht werden kann.[430] Hintergrund des *numerosity*-Kriteriums ist immer die durch die Gruppenklage erreichbare Prozessökonomie. Insoweit ist die Möglichkeit der Mitglieder zur Erhebung einer Individualklage von Belang. Auch müssen die geografische Verteilung der Mitglieder und deren Identifizierbarkeit beachtet werden.[431] Je weiter die Gruppenmitglieder in den USA verstreut leben[432] und dadurch schwieriger zu identifizieren sind, desto weniger kommt ein *joinder* in Betracht.[433] Der gleiche Mechanismus greift, wenn viele zukünftige Gruppenmitglieder betroffen sind.[434] Ist die Class-action auf Schadensersatz gerichtet, spielt auch die individuelle Schadenshöhe eine Rolle. Je geringer die erlittene Einbuße des Einzelnen ist, desto weniger ist mit einer Individualklage zu rechnen. Da aber die Durchsetzung dieser Streuschäden gesellschaftlich wünschenswert ist, wird der Richter das *numerosity* Kriterium schneller annehmen.[435] Ähnlich wird verfahren, wenn die (potentiellen) Gruppenmitglieder aufgrund ihrer körperlichen oder geistigen Fähigkeiten oder ihres finanziellen Hintergrunds nicht zur individuellen Verfolgung ihrer Ansprüche in der Lage sind. Der Kläger muss das *numerosity*-Kriterium darlegen. Hier reichen pauschale Behauptungen nicht aus, allerdings wird auch kein vollständiger Beweis erwartet.[436]

Neben der *numerosity* muss auch *commonality* vorliegen, F.R.Civ.P. 23 (a) (2). Das ist der Fall, wenn die geltend gemachten Ansprüche rechtliche oder tatsächliche Gemeinsamkeiten aufweisen. Dabei reicht es aus, wenn eine einzige gemein-

---

428 *Baetge/Eichholtz* in Basedow/Hopt, S. 304.

429 *General Telephone Company of the Northwest v. EEOC*, 446 U.S. 318, 330 (1980).

430 *Cox v. American Cast Iron Pipe Co.*, 784 F.2d 1546, 1553 (11 th Cir. 1986).

431 *Baetge/Eichholtz* in Basedow/Hopt, S. 305.

432 Wichtig ist, dass es dabei nicht auf den Wohnsitz, sondern auf das *domicile* ankommt. *Domicile* meint den Lebensmittelpunkt einer Person, vgl. *Schack*, Einführung in das US-amerikanische Zivilprozessrecht, Rn. 43 (Fußnote Nr. 164).

433 Wie bereits oben erläutert, erfordert *due process*, dass die Mitglieder am Verfahren teilnehmen, bzw. ihr Recht auf ihren *day in court* wahrnehmen können.

434 Zukünftige Gruppenmitglieder sind vor allem bei den *mass toxic torts* betroffen. Häufig geht es dabei um Schäden aus industrieller Umweltverschmutzung.

435 *Baetge/Eichholtz* in Basedow/Hopt, S. 305.

436 *Moore,* § 23.22 [3] [b].

same Frage gegeben ist[437], beispielsweise wenn die Frage des Verschuldens des Beklagten einheitlich entschieden werden kann. In der Praxis werden an die *commonality* keine allzu hohen Anforderungen gestellt, da der Richter zur Bildung von *subclasses* (Untergruppen) befugt ist und so durch die erneute Definition der Gruppe *commonality* herstellen kann.[438]

Des Weiteren wird verlangt, dass von den geltend gemachten Ansprüchen eine gewisse Typizität ausgeht (*typicality*).[439] Damit ist nicht gemeint, dass die Ansprüche der Gruppenmitglieder identisch sein müssen. Das ist beim Schadensersatz fast nie der Fall, da jedenfalls die Schadenshöhe immer eine individuelle Frage ist. Vielmehr wird verlangt, dass die Ansprüche auf demselben Sachverhalt begründet sind und sich auf die gleiche Anspruchsgrundlage stützen.[440] Das *typicality*-Kriterium soll sicherstellen, dass die Interessen des Gruppenrepräsentanten sich möglichst mit denen der passiven Gruppenmitglieder decken. Dadurch wird (nach der *interest theory*) eine faire und angemessene Vertretung gewährleistet, da der Repräsentant seine eigenen Interessen mit besonderem Nachdruck durchsetzen wird. Soweit seine Interessen sich mit denen der passiven Gruppenmitglieder decken, profitieren diese von der Prozessführung des Repräsentanten.[441]

Die faire und angemessene Vertretung durch den Repräsentanten ist in F.R.Civ.P. 23(a) (4) ausdrücklich geregelt und ist eine der wichtigsten prozessualen Voraussetzungen der Class-action. Sie ist Ausdruck der *due process* Garantie, da die angemessene Vertretung das Surrogat für das rechtliche Gehör des Einzelnen im Verfahren ist.[442] Dieses Kriterium richtet sich an den Klägerrepräsentanten genauso wie an dessen Anwalt, der die Class-action betreibt.[443] Es geht darum, die Interessen des Repräsentanten und der passiven Gruppenmitglieder möglichst in Deckung zu bringen, damit Interessenkonflikte und kollusives Handeln von vornherein vermieden werden.[444] Der Repräsentant muss darüber hinaus die Gewähr bieten, dass er das Verfahren zügig und mit Nachdruck führen wird. Verlangt

437 *Baetge/Eichholtz* in Basedow/Hopt, S. 305.

438 23 F.R.Civ.P. (c) (4).

439 *Sullivan*, S. 777.

440 *Mayer v. Wing*, 922 F. Supp. 902, 908 (1996).

441 *Baetge/Eichholtz* in Basedow/Hopt, S. 306.

442 *Baetge/Eichholtz* in Basedow/Hopt, S. 306 f. Die Leitentscheidung hierzu ist *Hansberry v. Lee*, 311 U.S. 32, 42 (1940).

443 Wie oben bereits erwähnt, sind Anwälte häufig die treibende Kraft der Class-actions. Meist initiieren sie auch die Verfahren, indem sie sich einen bereitwilligen Repräsentanten suchen.

444 Zu den Interessenkonflikten und Missbrauchspotentialen der Class-action siehe unten S. 169 ff.

wird, dass er das Verfahren und die Probleme des Falles zumindest in Grundzügen versteht.[445]

In diesem Zusammenhang wird geprüft, ob der Klägerrepräsentant über ausreichende finanzielle Ressourcen verfügt, um das Verfahren zu bestreiten. Der mit dem Verfahren betraute Anwalt muss hinreichende Erfahrung haben, um den geplanten Prozess qualifiziert führen zu können.[446] Zudem muss auch die Kanzlei über ausreichende sachliche und personelle Ressourcen verfügen, um die Class-action zu betreuen. Zu beachten ist, dass die angemessene Vertretung im Einzelfall geprüft wird und dem Gericht ein weiter Ermessensspielraum eingeräumt wird.[447] Für die Typ-3 Class-action nach F.R.Civ.P 23(b)(3) müssen zudem die allgemeinen Rechtsfragen die individuellen Aspekte überwiegen (*predominance analysis*).[448] Die *predominance*-Analyse ist kein quantitativer Vergleich der allgemeinen Aspekte mit den individuellen Fragen. Es wird im Rahmen einer Einzelfallprüfung ermittelt, ob die gemeinsamen Rechts- oder Tatsachenfragen die individuellen Besonderheiten überwiegen.[449] Letztlich müssen also die kollektiven Fragen eine gemeinsame Geltendmachung der Einzelansprüche rechtfertigen.[450]

In der zweiten Stufe der Abwägung prüft das Gericht, ob die Class-action anderen möglichen Verfahrensarten überlegen ist (*superiority test*). Der *superiority test* soll sicherstellen, dass der Hauptzweck der Class-action, d.h. die effektive Nutzung der gerichtlichen Ressourcen, erreicht wird. Die Class-action würde keinen prozessökonomischen Gewinn bedeuten, wenn ein Gericht unnötigerweise mit einer komplexen Materie belastet würde, obwohl ein einfacherer Weg zur Erlangung des Rechtsschutzes existiert.[451] Alternative Rechtsschutzformen sind der Gruppenklage aber nur dann überlegen, wenn sie auch tatsächlich in Anspruch genommen werden können. Bei der hier relevanten Konstellation der Streu- bzw. Bagatellschäden kommt das wegen des rationalen Desinteresses der Geschädigten nicht in Betracht.[452]

---

445 *Baetge/Eichholtz* in Basedow/Hopt, S. 307. Eine sachgerechte Interessenvertretung ist zweifelhaft, wenn der Repräsentant bedingt durch Alter oder Gesundheit nur zu einem eingeschränkten Engagement in der Lage ist.

446 *Baetge/Eichholtz* in Basedow/Hopt, S. 308.

447 *Moore*, § 23.25[e].

448 *Sullivan*, S. 778.

449 Siehe im Einzelnen hierzu *Beuchler*, S. 106.

450 *Hohl*, S. 27.

451 Insoweit erwägt das Gericht prozessrechtliche Alternativen, wie *joinder*, *interpleader* oder *intervention*, im Einzelnen hierzu *Beuchler*, S. 107.

452 *Beuchler*, S. 108.

5. Verfahrensablauf

Im Folgenden sollen die wesentlichen Verfahrensphasen der Class-action dargestellt werden. Einzugehen ist vor allem auf die Zulassung der Klage als Class-action sowie auf die Verfahrensbeendigung durch Vergleich. Da aus deutscher Sicht die Geltendmachung fremder Interessen im Zivilprozess Bedenken schürt, wird auf die normativen Ausprägungen des Grundsatzes des rechtlichen Gehörs (*due process*) besonders eingegangen.

a. Zulassung der Class-action (certification)

Die Class-action beginnt mit der Zulassungsentscheidung (*certification order*) des zuständigen Zivilrichters. Er entscheidet, ob die eingereichte Klage als Class-action geführt wird oder ob die Geschädigten in Einzelverfahren ihre Ansprüche durchsetzen müssen.[453] Der Richter prüft, ob die oben genannten Voraussetzungen vorliegen. Dabei hat er einen weiten Ermessensspielraum.[454] Daher ist die Ablehnung der *certification order* keine zwingende Folge, wenn eine der Voraussetzungen nicht vorliegt. Der Richter kann zum Beispiel bei fehlender *commonality* der Gruppe durch Umstrukturierung *subclasses* bilden[455] und so die *commonality* herstellen. Ähnlich verhält es sich, wenn der benannte Kläger keine Gewähr für eine angemessene Vertretung der passiven Gruppenmitglieder bietet. Hier kann der Richter den Repräsentanten austauschen oder zusätzliche Repräsentanten benennen.[456] Eine besonders herausragende richterliche Befugnis gewährt F.R.Civ.P. 23(c)(4). Hiernach kann der Richter die Class-action auch auf bestimmte Streitfragen wie etwa die Frage der Kausalität beschränken. Insbesondere bei der Typ-3 Class-action auf Schadensersatz ist daher eine Beschränkung der Class-action auf den haftungsbegründenden Tatbestand möglich. Die genaue Schadensberechnung kann dann in individuell geführten Folgeprozessen geklärt werden. Die Praxis zeigt, dass insbesondere von der Beschränkung der Class-action auf den haftungsbegründenden Tatbestand ausgiebig Gebrauch gemacht wurde.[457] Das richterliche Ermessen kann während der gesamten Verfahrensdauer ausgeübt werden, d.h. der Richter kann auch die Zulassung aufheben (*decertification*) oder bis zum Abschluss des Verfahrens die Gruppe neu definieren.[458] Das richterliche Zulassungsermessen

---

453 *Friedenthal/Kane/Miller*, § 16.5.

454 *Friedenthal/Kane/Miller*, § 16.5.

455 Wichtig ist, dass auch bezüglich der *subclasses* sämtliche oben erörterte Voraussetzungen erfüllt sein müssen, insbesondere auch für eine faire und angemessene Vertretung gesorgt ist.

456 *Baetge/Eichholtz* in Basedow/Hopt, S. 325.

457 Beispielsweise *American Trading & Production Corp. v. Fishbach & Moore Inc.*, 47 F.R.D. 155, 157 (1969).

458 *Moore*, § 23.04.

besteht allerdings nicht unbegrenzt. Soweit auch durch die richterlichen Gestaltungsmöglichkeiten die oben erörterten Voraussetzungen der Rule 23 nicht erfüllt werden können, muss die Zulassung verweigert werden. Das gleiche gilt, wenn die Interessen der passiven Gruppenmitglieder gefährdet sind. Nach der *Eisen Doctrine* des *Supreme Court* ist es dem Zivilrichter nicht erlaubt, die Zulassungsentscheidung von den Erfolgsaussichten in der Hauptsache abhängig zu machen.[459] Eine vorzeitige Sachprüfung darf demzufolge nicht erfolgen.[460] Es soll eine faktische Vorverurteilung vermieden werden, da im Falle einer positiven Beurteilung der Erfolgsaussichten ein starker Vergleichsdruck auf den Beklagten entstünde.

Der Zeitpunkt der *certification* Entscheidung variiert im Einzelfall, wobei aber aus Gründen der Prozessökonomie möglichst früh entschieden werden soll (F.R.Civ.P. 23 (c)(1)). Prozesstaktisch stellt die Zulassungsentscheidung einen der wichtigsten Verfahrensabschnitte dar, da mit der *certification* die Grundlage für Vergleichsverhandlungen gelegt wird. Schließlich wird der Beklagte nach erfolgter *certification* ein nicht von der Hand zu weisendes Interesse an einer schnellen Beendigung der Class-action haben.[461] Für die Parteien ist diese Phase der Class-action von herausragender Bedeutung, schließlich werden die meisten Gruppenklagen durch Vergleich (*settlement*) beendet. Daher spielt sich der eigentliche Rechtsstreit zwischen den Parteien in dieser Phase des Verfahrens ab. Die Entscheidung des Richters ergeht durch Beschluss, den er nicht näher begründen muss. Seit 1998 gibt es gegen die Zulassungsentscheidung das Rechtsmittel der sofortigen Beschwerde (*interlocutory appeal*).[462]

b. Benachrichtigung der Beteiligten

Die Wahrung der *due process* Garantie ist Voraussetzung für die Rechtskrafterstreckung auf die passiven Gruppenmitglieder. In Rule 23 sind Informationspflichten an drei Stellen geregelt: Erstens müssen die Betroffenen von der Class-action informiert werden, damit sie ihr Recht zum *Opt-out* wahrnehmen können. Zweitens müssen die Gruppenmitglieder bei einer Verfahrensbeendigung durch Vergleich (*settlement*) vor Vergleichsabschluss benachrichtigt werden. Drittens ermöglicht Rule 23 dem Gericht, die jederzeitige Information der Beteiligten anzuordnen. Das gilt vor allem für die Typ-3 Class-action auf Schadensersatz.[463] F.R.Civ.P. 23 (b) (3) verlangt die „bestmögliche" Benachrichtigung der Betroffenen. Dabei muss nach F.R.Civ.P. 23 (c) (2) ein „angemessener Aufwand" zur Identifizierung und individuellen Benachrichtigung betrieben werden. Die Benachrichtigungs-

459 *Eisen v. Carlisle & Jacquelin*, 417 U.S. 154, 178 (1974).
460 *Beuchler*, S. 115.
461 Zu diesem Mechanismus bereits oben S. 83.
462 F.R.Civ.P. 23 (f).
463 *Baetge/Eichholtz* in Basedow/Hopt, S. 329.

pflichten sind letztlich eine Ausprägung der *due process* Garantie. Jeder, der von der Rechtskraftbindung erfasst wird, muss Gelegenheit zur Mitwirkung am Verfahren bekommen. Insbesondere das Recht, Individualklage zu erheben, muss gewahrt bleiben, sonst wäre die Geltendmachung fremder Ansprüche durch die Gruppenklage ein Eingriff in die Privatautonomie des Einzelnen.

Die eingangs aufgeführten Kriterien sind als unbestimmte Rechtsbegriffe auslegungsbedürftig. Die Rechtsprechung des *Supreme Court* hat sich mit Blick auf die an den Class-action Kläger gestellten Anforderungen stark gewandelt. Während noch nach *Central Hanover Bank & Trust Company*[464] der erforderliche Aufwand in einer Einzelfallabwägung zwischen dem Interesse der Betroffenen und der erforderlichen Kosten ermittelt wurde, änderte sich diese Linie mit der Eisen Doctrine. In dieser Leitentscheidung von 1974 hat der *Supreme Court* seine alte Rechtsprechung aufgegeben und geurteilt, dass an die Identifizierung und Benachrichtigung der Betroffenen aus Kostengründen keine geringeren Anforderungen zu stellen sind.[465] Nach der *Eisen Doctrine* hat eine strenge Orientierung am Wortlaut von F.R.Civ.P. 23 (c) (2) zu erfolgen, wonach alle identifizierbaren Betroffenen individuell benachrichtigt werden müssen. Soweit die individuelle Benachrichtigung per Post nicht möglich ist, kann auch eine Veröffentlichung der Benachrichtigung in geeigneten Medien angeordnet werden.[466] Die Kosten für die Benachrichtigung trägt der Kläger.[467]

Durch die *Eisen Doctrine* wurde der Kostendruck auf die Kläger massiv erhöht, was bei *small claims Class-actions* die Prozessführung schnell unrentabel macht. Dieser Kostendruck ist auch die Ursache, warum viele einzelstaatliche Gerichte die bundesgerichtliche Rechtsprechung nicht übernommen haben.[468] Nach F.R.Civ.P. 23 (c) (2) muss die Benachrichtigung in verständlicher Form abgefasst sein. Die Betroffenen müssen über den geltend gemachten Anspruch, das Klageziel und die Identität des Klägerrepräsentanten transparent informiert werden. Zudem muss über das *Opt-out* Recht belehrt werden.[469] Letzteres gilt aber nur bei der Typ-3 Class-action auf Schadensersatz.

---

464 *Central Hanover Bank & Trust Company*, 339 U.S. 306 (1950).

465 „There is nothing in Rule 23 to suggest that the notice requirements can be tailored to fit the pocket-books of particular plaintiffs“, vgl. *Eisen v. Carlisle & Jacquelin*, 417 U.S. 154, 176 (1974).

466 *Best notice practicable*, vgl. *Sullivan*, S. 779.

467 Seit der Entscheidung *Oppenheimer Fund v. Sanders*, 437 U.S. 340, 350 ff. (1977), sind die Kosten der Benachrichtigung keine *discovery*-Kosten mehr. Sie können demzufolge nicht mehr durch ein *fee-shifting* dem Beklagten auferlegt werden, vgl. hierzu *Baetge/ Eichholtz* in Basedow/Hopt, S. 330.

468 *Baetge/Eichholtz* in Basedow/Hopt, S. 330.

469 Häufig wird die Benachrichtigung ein Formblatt zur Wahrnehmung des *Opt-out*-Rechts enthalten.

c. *Pre-trial discovery*

Grundsätzlich läuft das *discovery*-Verfahren bei Sammelklagen ähnlich wie bei gewöhnlichen Zivilprozessen ab.[470] Allerdings kann man bei Class-actions noch zwischen dem Beweisermittlungsverfahren vor und nach der *certification* unterscheiden.[471] Die *pre-certification discovery* dient lediglich der Prüfung, ob die Voraussetzungen von Rule 23 (a) und (b) vorliegen. Eine Prüfung der Haftungsvoraussetzungen findet nicht statt. Ob der Anspruch tatsächlich besteht, wird im Rahmen der *post-certification* discovery ermittelt. Das gesamte *discovery*-Verfahren ist bei der Class-action viel stärker durch die Verfahrensleitung des Richters geprägt als bei normalen dualistischen Zivilprozessen. Im Zweiparteienrechtsstreit ist die *discovery* ein Beweiserhebungsverfahren im Parteienverkehr, d.h. ohne Beteiligung des Richters.[472] Bei der Class-action ist der Richter in der Rolle des *case managers*, der durch straffe Verfahrensführung den Fortgang des Verfahrens aktiv fördert.[473] Hierzu kann der Richter *pre-trial conferences* einberufen, bei denen beispielsweise der Klagantrag präzisiert oder Beweisfragen festgelegt werden können. Auch kann der Richter bei besonders komplizierten Verfahren einen Sachverständigen benennen, der das *discovery*-Verfahren überwacht und koordiniert.[474] Im Einzelnen finden sich die Gestaltungsmöglichkeiten in den Federal Rules.[475] Hervorzuheben ist, dass der Richter den Verfahrensablauf gestalten kann, indem er die *discovery* auf bestimmte Aspekte beschränkt. Als *case manager* ist der Richter in der Lage, Verfahrensverzögerungen zu verhindern und unnötige Wiederholungen zu vermeiden.

d. *Verfahrensbeendigung*

Grundsätzlich kann die Class-action, wie jedes andere Zivilverfahren auch, durch Urteil beendet werden. Das US-amerikanische Prozessrecht und vor allem das Kostenrecht führen aber dazu dass die meisten Verfahren verglichen werden. Die ohnehin hohe Vergleichsquote ist bei Class-actions noch einmal deutlich erhöht.[476]

Eine schnelle Beendigung der Class-action ist aus Sicht des Beklagten häufig ratsam und wirtschaftlich sinnvoller, als das Verfahren bis zu einem Urteil zu führen. Insbesondere die Entscheidung durch die mit Laien besetzte *Jury* macht

470 Hierzu bereits oben, S. 66.

471 *Hohl*, S. 21.

472 *Baetge/Eichholtz* in Basedow/Hopt, S. 332.

473 *Beuchler*, S. 181.

474 Sog. *magistrate judge* oder *special master* siehe F.R.Civ.P. 53; *Baetge/Eichholtz* in Basedow/Hopt, S. 332.

475 F.R.Civ.P. 16, 26, 37, 42, 83.

476 *Baetge/Eichholtz* in Basedow/Hopt, S. 335.

Class-actions zum Wagnis für Unternehmen.[477] Da die Geschworenen sich häufig mit dem Kläger identifizieren können, besteht eine Tendenz der Laienrichter, sich gegen das beklagte Unternehmen zu positionieren. Diese Tendenz steigert das Unterliegensrisiko für den Beklagten nicht unerheblich. Auch die weitreichenden Entscheidungskompetenzen der *Jury* machen eine Class-action für Unternehmen zu einer zweifelhaften Angelegenheit. Die Geschworenen entscheiden über alle tatsächlichen Streitpunkte (*facts*) und damit auch über die Schadenshöhe.[478]

Die von US-Gerichten zugesprochenen Schadenssummen sind aus deutscher Sicht oft exorbitant, da aufgrund der *punitive* bzw. der *treble damages* die ausgeurteilte Summe die eigentlich erlittene Einbuße um ein Vielfaches übersteigen kann.[479] Aus diesem Grund sind Unternehmen geneigt, die *Jury*-Entscheidung durch ein zügiges *settlement* zu verhindern. Ein Vergleich hat zudem den Vorteil, dass die Art des Schadensersatzes und die Verteilung der Schadenssumme viel flexibler gehandhabt werden kann als bei einer Verfahrensbeendigung durch Urteil.[480]

Inhaltlich läuft die Verfahrensbeendigung der Class-action durch Vergleich wie folgt ab:

Anders als bei der *settlement-only* Class-action[481] überwacht der Zivilrichter die Fairness und Angemessenheit des Vergleichs, um die passiven Gruppenmitglieder vor Missbrauch zu schützen.[482] Da der Vergleich auch die abwesenden Gruppenmitglieder bindet und abschließend über deren Schadensersatzansprüche entscheidet, müssen die passiven Gruppenmitglieder benachrichtigt werden.[483]

Um eine Einigung zu Lasten der Gruppe zu verhindern, steht der Vergleichsabschluss unter dem Zustimmungsvorbehalt des Richters.[484] Zunächst findet eine vorläufige richterliche Prüfung des Vergleichsvorschlages statt. Die Gruppenmitglieder werden über den Vergleichsvorschlag informiert, sobald der Richter überzeugt ist, dem Vergleich zustimmen zu können. Im Rahmen eines anberaumten *fairness hearings* können die Gruppenmitglieder Einwände gegen den Vergleichsvorschlag vorbringen. Daraufhin entscheidet das Gericht über den Vergleich abschließend, wobei der Vergleich nur insgesamt abgelehnt oder gebilligt werden

---

477 *Ebbing*, ZVglRWiss 103 (2004), 31, 41.

478 *Teply/Whitten*, Civil Procedure, S. 606, 625; *Baetge/Eichholtz* in Basedow/Hopt, S. 332.

479 *Beuchler*, S. 184. Zu den *punitive damages* im Einzelnen noch unten, S. 219.

480 *Moore*, § 23.85 [1].

481 Diese Form der Gruppenklage zielt von vornherein nur auf den Abschluss eines Vergleichs, vgl. im Einzelnen *Beuchler*, S. 40.

482 *Beuchler*, S. 155 nach dem der Richter die Gruppenmitglieder vor einem „Ausverkauf ihrer Interessen" zu schützen hat.

483 F.R.Civ.P. 23 (e); *Baetge/Eichholtz* in Basedow/Hopt, S. 335.

484 Das ist einzigartig im US-Recht, da Vergleiche grundsätzlich zur alleinigen Disposition der Parteien stehen, vgl. *Friedenthal/Kane/Miller*, § 16.7.

kann.[485] Änderungen kann das Gericht nicht anordnen. Nach Rule 23 (e) stimmt das Gericht dem Vergleich zu, wenn er *fair, adequate and reasonable* ist. Wann das der Fall ist, hängt vom Einzelfall ab. Allerdings fehlt es immer an der Fairness, wenn der Vergleich durch Kollusion oder Betrug zu Stande gekommen ist.[486]

In der Praxis haben sich aber einige übliche Bewertungsfaktoren herausgebildet. Von Bedeutung ist zunächst, ob viele Gruppenmitglieder Einwände gegen den Vergleichsvorschlag geäußert haben, da dies als Indiz für eine nicht interessengerechte Einigung gilt.[487]

Weiterhin wird der Richter seinen Blick auf die Erfolgsaussichten eines möglichen Hauptverfahrens richten.[488] Je größer die Aussicht ist, dass die Gruppenmitglieder ein günstiges Endurteil herbeiführen können, desto eher wird der Richter dem Vergleich nicht zustimmen. In diesem Zuge muss geschätzt werden, wie hoch die in einem möglichen *trial* ausgeurteilte Schadenssumme sein wird. Weicht die Vergleichssumme stark von der ermittelten Summe ab, wird der Richter zu dem Ergebnis kommen, dass der Vergleichsvorschlag nicht den Interessen der Geschädigten dient. Die Schätzung kann aber nicht einzig auf die möglichen Schadenssummen abstellen, sondern muss auch den Aufwand für das Verfahren berücksichtigen.[489]

Der Richter wird auch prüfen, ob und inwieweit Interessenkonflikte bestehen. Insbesondere bei der Typ-3 Class-action besteht ein vielfältiges Konfliktpotential. Vor allem aber sind die mit der Prozessführung betrauten Anwälte anfällig für missbräuchliche Verhaltensweisen. Die Ursache hierfür ist in der erfolgshonorarabhängigen Tätigkeit des Anwalts zu suchen. Schließlich finanziert der Anwalt die Klage vor und trägt das gesamte Verlustrisiko des Prozesses. Dieser Zusammenhang von Honorar und wirtschaftlichem Risiko wird vom Beklagten ausgenutzt, der durch schlechte Vergleichsangebote dem Anwalt die Klage *abkauft*. Verdächtig sind auch so genannte *in-kind settlements*. Hierbei leistet der Beklagte nicht in Geld, sondern in Gutscheinen oder Rabattcoupons. Für den Beklagten ist das regelmäßig günstiger, da die Kläger auf diesem Wege veranlasst werden, Produkte des Beklagten zu erwerben.[490]

---

485 *Friedenthal/Kane/Miller*, § 16.7.

486 *Friedenthal/Kane/Miller*, § 16.8.

487 *Spitzer*, Die einvernehmliche Prozessbeendigung, S. 87.

488 *Hohl*, S. 35; *Spitzer*, Die einvernehmliche Prozessbeendigung, S. 82.

489 Daher werden die Vergleichsverhandlungen üblicherweise nach Abschluss der *discovery* geführt, da erst dann der Streitstoff hinreichend bestimmt ist und die Erfolgsaussichten abschätzbar sind, vgl. *Spitzer*, Die einvernehmliche Prozessbeendigung, S. 86.

490 Ein solches Vergleichsangebot wurde in der Produkthaftungssache *General Motors Corp. Pick-Up Truck Fuel Tank Prods. Liab. Litig.*, 55 F.3d 768, 810 (1995) unterbreitet, das dann aber in der nächsten Instanz aufgehoben wurde. Ford hatte den Geschädigten einen Rabatt beim Kauf eines neuen *Pick-Up* Trucks angeboten, obgleich bei weitem nicht alle Geschädigten einen Neuwagenkauf beabsichtigten.

Als unfair gelten zudem Vergleichsvorschläge, die unterschiedlich hohe Entschädigungen für den benannten Kläger und die passiven Gruppenmitglieder vorsehen.[491] Schließlich nimmt der benannte Kläger immer auch die Interessen der passiven Gruppenmitglieder wahr (*interest theory*). Das bedeutet aber nicht, dass alle Beteiligten die gleiche Entschädigungssumme erhalten, weil die individuell erlittenen Einbußen bei der Verteilung der Summe berücksichtigt werden. Dennoch dürfen keine nachteiligen und ungerechtfertigen Differenzierungen getroffen werden. Besonders schwierig gestalten sich Class-actions bei *mass toxic torts*. Hier gibt es regelmäßig *future claimants*, also Personen, die zwar mit dem schädigenden Ereignis[492] in Berührung gekommen sind, aber noch keinen Schaden erlitten haben.[493] Für die *future claimants* gestaltet sich eine individuelle Anspruchsverfolgung schwierig, da sie – mangels eines aktuellen Schadens – einen materiell-rechtlichen Schadensersatzanspruch nur schwer begründen können. Zudem droht durch die Gruppenklage eine Erschöpfung des Vermögens des Beklagten, sodass die *future claimants* in künftigen Prozessen leer ausgehen könnten.[494]

Diese Interessenlage der Beteiligten hat der Richter bei seiner Prüfung zu berücksichtigen und durch eigene Einwände gegen den Vergleich möglichst auszugleichen. Ist ein solcher Ausgleich nicht möglich, muss der Richter den Vergleichsvorschlag als nicht *adequate and reasonable* ablehnen. Kommt der Richter dagegen zu der Überzeugung, dass der Vergleich *at arm's length* geschlossen wurde, wird er dem Vergleich zustimmen.[495] *At arm's length* ist der Vergleich, wenn die Verhandlungspositionen der Parteien in etwa gleichwertig sind und die Vergleichssumme den Marktbedingungen entspricht. Wird das Verfahren durch einen Vergleich beendet, müssen die Gruppenmitglieder nach F.R.Civ.P. 23(c) (2) benachrichtigt werden. Dabei sind der Inhalt des Vergleiches in verständlicher Form mitzuteilen und die Verteilung der Entschädigungssumme zu regeln.

---

491 *Baetge/Eichholtz* in Basedow/Hopt, S. 336.

492 Zu denken ist vor allem an Chemikalien oder gesundheitsschädliche Stoffe wie beispielsweise Asbest.

493 In den Asbestfällen gab es eine Vielzahl von Personen, die noch keine typischen Folgeerscheinungen eines Asbestkontaktes aufwiesen, sodass deren Entschädigung fraglich war. Vor allem stellte sich angesichts der hohen Schadenssumme die *limited funds* Problematik. Die Asbesthersteller hatten keine finanziellen Mittel mehr für weitere Entschädigungszahlungen.

494 *Baetge/Eichholtz* in Basedow/Hopt, S. 337.

495 *Hohl*, S. 35.

6. Kostentragung

a. Gerichtskosten und Anwaltsgebühren

Das US-Recht kennt, wie das deutsche Kostenrecht auch, Gerichts- und Anwaltsgebühren. Anders als in Deutschland spielen die Gerichtskosten in der Praxis kaum eine Rolle, da sie verglichen mit den Anwaltshonoraren kaum ins Gewicht fallen.[496] Der *filing fee* beträgt nach 28 U.S. Code § 1914 (a) vor Bundesgerichten nur 350 US-Dollar, eine Summe, die angesichts eines durchschnittlichen Stundenhonorars eines Anwaltes von 300-800 US-Dollar[497] kaum spürbar ist. Die Gerichtskosten können daher für die weitere Untersuchung außer Betracht bleiben. Eine herausragende Rolle nehmen dagegen die Kosten für die anwaltliche Tätigkeit ein. Traditionell rechnen die US-Anwälte nach Stunden- oder Erfolgshonoraren ab. Letztere Form von Honoraren ist in Deutschland nur in den engen Grenzen des § 4a RVG[498] zulässig, ansonsten gelten Erfolgshonorare als standeswidrig. Die Erfolgshonorare sind fester Bestandteil des US-amerikanischen Rechtssystems und öffnen einkommensschwachen Klägern den Weg zum Justizsystem. Anders als in Deutschland gibt es in den USA keine Prozesskostenhilfe, sodass finanziell schlecht gestellte Kläger darauf angewiesen sind, dass ihr Anwalt auf Erfolgshonorar oder *pro bono* arbeitet. Die Höhe des Erfolgshonorars beläuft sich – abhängig vom Umfang des Falls, der Verfahrensdauer und dem Unterliegensrisiko – auf 20 bis 50 % des Klageerlöses.[499] Aufgrund der Bindung an den Klageerlös kommt ein Erfolgshonorar nur bei Zahlungsklagen in Betracht.[500] Eine Bezahlung des Klägeranwaltes nach einem Stundenhonorar ist in diesen Fallgestaltungen praktisch nicht realisierbar[501], da bei der problematischen Streuschadenskonstellation zu viele Geschädigte mit geringem individuellem Interesse am Verfahren mitwirken. Insoweit wären die Gruppenmitglieder nicht zur Zahlung eines Stundenhonorars bereit, zumal der Ausgang des Prozesses ungewiss ist. Bei Class-actions ist die erfolgsabhängige Tätigkeit des Anwalts der einzig praktikable Weg, einen Vergütungsanspruch zu erzielen. Eine vertragliche Grundlage kann dieser Anspruch allerdings nicht haben, da bei *small claims Class-actions* keine Honorarvereinbarung mit jedem einzelnen Betroffenen geschlossen werden kann. Die Lö-

---

496 *Beuchler*, S. 147.

497 *Schack*, Einführung in das US-amerikanische Zivilprozessrecht, Rn. 20.

498 BGBl. I, 1000.

499 *Beuchler*, S. 148. Zu den beiden möglichen Berechnungsmethoden siehe sogleich unten.

500 *Koch*, Prozessführung im öffentlichen Interesse, S. 34. Bei Class-actions, die nicht auf Schadensersatz gerichtet sind, greifen dann *fee shifting* Regeln, vgl. *Baetge/Eichholtz* in Basedow/Hopt, S. 349.

501 *Beuchler*, S. 148.

sung ist im Bereicherungsrecht bzw. der *common fund doctrine* zu suchen.[502] Der Anwalt erhält nach erfolgreicher Beendigung des Verfahrens einen Anspruch auf Zahlung aus der eingeklagten bzw. vergleichsweise erzielten Summe.[503]

Der erzielte Betrag muss also zwischen der Gruppe und ihrem Anwalt aufgeteilt werden. Anders als in normalen Individualverfahren steht der prozentuale Anteil des Anwalts am Verfahrenserlös nicht zu Beginn des Verfahrens fest. Die Höhe der Vergütung unterliegt der richterlichen Billigung.[504] Da der auf Basis eines Erfolgshonorars tätige Anwalt aus der Schadensersatz- bzw. Vergleichssumme bezahlt wird, ist dieser Betrag in der Regel sehr hoch angesetzt. Anderenfalls wäre die anwaltliche Tätigkeit im Rahmen einer Class-action wirtschaftlich nicht lohnend, da sonst die hohen Auslagen des Anwalts nicht zu amortisieren wären. Anders als in normalen Zweiparteienprozessen unterliegt die Honorarvereinbarung dem Zustimmungsvorbehalt des Gerichts.[505] Die Höhe der Vergütung des Anwaltes wird vom Richter nach der *lodestar*- oder der *percentage of recovery*-Methode bestimmt. Bei der *lodestar*-Rechnung weist der Anwalt dem Gericht seine für das Verfahren aufgewandten Arbeitsstunden nach.[506] Die Summe der geleisteten Stunden multipliziert das Gericht mit einem von ihm für angemessen befundenen Stundensatz.[507] Die *percentage of recovery*-Methode verfolgt dagegen den klassischen Weg des Erfolgshonorars.[508] Der Richter schätzt den anwaltlichen Arbeitsaufwand und entscheidet danach, welchen Bruchteil vom Klageerlös der Rechtsanwalt für sich beanspruchen kann. In der Praxis wenden die meisten Gerichte die *lodestar*-Rechnung an.[509] Allerdings zeigen die Erfahrungen mit der Class-action, dass das errechnete Honorar in aller Regel zwischen 25-35 % der erstrittenen Summe liegt, sodass zu vermuten ist, dass die Gerichte bei der Anwendung der *lodestar*-Methode bestimmte Prozentsätze zugrunde legen.[510]

b. Kostentragungsregeln

Die US-amerikanischen Regeln der Kostentragung unterscheiden sich vom deutschen Recht fundamental.[511] Die Unterliegenshaftung (§ 91 ZPO) gilt in den USA

---

502 *Hohl*, S. 51.

503 Denkbar ist auch, dass der Anwalt sich mit dem Beklagten vergleichsweise über sein Honorar einigt und von diesem direkt bezahlt wird.

504 *Advisory Committee Note*, S. 29.

505 *Beuchler*, S. 148.

506 *Neufang*, Kostenverteilung im US-amerikanischen Zivilprozess, S. 107 ff.

507 *Baetge/Eichholtz* in Basedow/Hopt, S. 346.

508 *Neufang*, Kostenverteilung im US-amerikanischen Zivilprozess, S. 106.

509 *Baetge/Eichholtz* in Basedow/Hopt, S. 346.

510 *Alexander*, 43 Stan.L.Rev. 497, 541 (1991).

511 *Baetge/Eichholtz* in Basedow/Hopt, S. 346.

nicht, auch nimmt der Streitwert keinen maßgeblichen Einfluss auf die Verfahrenskosten. Nach der *American Rule*[512] trägt prinzipiell jede Partei ihre Kosten des Rechtsstreits selbst.[513] Üblicherweise werden die Verfahrenskosten vom Anwalt vorfinanziert – das gilt für Sammelklagen genauso wie für normale Zivilprozesse.[514] Allerdings ist der Verfahrensaufwand bei Class-actions deutlich erhöht, was sich in den Kosten niederschlägt. Am Beispiel der Asbestverfahren lässt sich das zeigen: Die Geschädigten erhielten von jedem US-Dollar Schadensersatz lediglich 39 Cent. Der Rest wurde vom Anwaltshonorar (24 Cent) und den Verhandlungskosten (37 Cent) verbraucht.[515]

7. Anwendungspraxis und Probleme

Im Folgenden soll auf die Anwendungspraxis der Class-action in den USA eingegangen werden. Hintergrund dieser praxisorientierten Darstellung ist die *small claims Class-action*, da diese die für diese Arbeit maßgebliche Streuschadensproblematik betrifft. Die aufgeworfenen Problemfragen lassen sich zunächst nach ihren Ursachen kategorisieren. Probleme verursachen das US-Kostenrecht, das Schadensrecht sowie das allgemeine Zivilverfahrensrecht der USA.

Erstens wirft das US-amerikanische Kostenrecht sammelklagespezifische Probleme auf.

Die *American Rule* befleißigt Kläger und vor allem Klägeranwälte[516] überhöhte und unberechtigte Forderungen einzuklagen. Schließlich gibt es in den USA keine Kopplung der Kosten an den Streitwert.[517] Dieses Vorgehen ist so bekannt, dass es ungeniert als *strike suits* benannt wird.[518] Allerdings kommt ein vorzeitiger Vergleich nicht nur dem Beklagten zu gute. Häufig liegt ein *settlement* im Interesse des Klägeranwalts, da dieser sich durch einen frühzeitigen Vergleich sein Honorar sichert. Schließlich ist der Klägeranwalt faktisch der Träger des Prozessrisikos, sodass eine Verfahrensbeendigung letztlich sein finanzielles Risiko senkt. Solche schnellen Vergleiche sind, gerade zu Beginn einer Class-action, nicht im-

512 Der Gegenbegriff ist die *English Rule*, nach der die obsiegende Partei einen Anspruch auf Erstattung seiner Kosten hat, vgl. *Hohl*, S. 51.

513 *Schack*, Einführung in das US-amerikanische Zivilprozessrecht, Rn. 22.

514 *Hohl*, S. 51.

515 *Cimino v. Raymark Industries,* 751 F.Supp. 649, 651 (E.D. Texas 1990); *Siliciano*, 80 Cornell L. Rev. 990, 1000 (1995) geht davon aus, dass die Geschädigten von jedem Dollar immerhin 50 Cent erhalten.

516 Zur soziologischen Verortung der *Trial Lawyers* vgl. *Sullivan*, S. 781 ff.

517 In den USA würden nach Gebührenrecht ermittelte Rechtsanwaltshonorare ein verbotenes Kartell darstellen!

518 Die Klägerseite nutzt insoweit den so genannten *nuissance value* der Klage für sich aus, *Hoppe*, Die Einbeziehung ausländischer Beteiligter in US-amerikanische Class-actions, S. 112.

mer im Interesse der Gruppe, da die Anwälte häufig nach dem Motto *weniger ist besser als gar nichts* handeln. Dies gilt insbesondere, weil zu diesem Zeitpunkt noch keine *discovery* stattgefunden hat, der Streitstoff also noch gar nicht klar ist.

Zudem wohnt den Gruppenklagen eine gewisse Eigendynamik inne. Mit Hilfe der Class-action werden häufig Ansprüche durchgesetzt, die bei individueller Rechtsverfolgung ohne Erfolgsaussicht wären.[519] Massenklagen führen insoweit zu einem *Elastizitätsphänomen*, da schwächere Ansprüche an stärkere Ansprüche „angehängt werden" und so mit Erfolg geltend gemacht werden.[520]

Die erhöhte Anzahl der Gruppenmitglieder bewirkt auch eine Steigerung der Verfahrenskosten beim Gericht, sodass fraglich ist, ob mit der Sammelklage tatsächlich noch ein Effizienzvorteil gegenüber einer individuellen Rechtsverfolgung erzielt werden kann.[521] Schließlich kann man argumentieren, dass erst die Sammelklage die gerichtliche Geltendmachung von Bagatellschäden ermögliche, also erst durch den kollektiven Rechtsschutz echte *Massenverfahren* entstehen.[522] Kritisch werden, insbesondere aus deutscher Sicht, die exorbitanten Summen gesehen, die mittels Class-actions eingeklagt werden. Im Unterliegensfalle droht vielen Beklagten die Insolvenz.[523]

Ob, diese Bedenken gegen die Class-action in den USA tatsächlich durchgreifen, ist allerdings fraglich. Gegen das *Elastizitätsphänomen* spricht, jedenfalls mit Blick auf die *small claims Class-action*, der Zweck dieser Rechtsschutzform. Mit Hilfe der Gruppenklagen sollen gerade Ansprüche im öffentlichen Interesse durchgesetzt werden, die sonst wegen der rationalen Apathie der Geschädigten unberücksichtigt geblieben wären. Es ist eine typische Eigenschaft der Streuschäden, dass die Anspruchsinhaber ihren Schadensersatzanspruch nicht durchsetzen, allerdings mit Blick auf den volkswirtschaftlichen Gesamtschaden ein spürbares öffentliches Interesse an der Geltendmachung besteht.[524] Somit überzeugt die oben genannte Kritik vor diesem Hintergrund nicht. Mit dem Sinn und Zweck lässt sich auch das verfahrensrechtliche Effizienzargument entkräften. Die Class-action bezweckt die Einbindung vieler Geschädigter, die ohne die Gruppenklage auf eine Anspruchsdurchsetzung verzichtet hätten. Somit kann man nicht argumentieren, dass der Aufwand des Gerichts über Gebühr gesteigert wäre. Gerade bei der *small*

519 *Hohl*, S. 86.

520 Report of the Advisory Committee on Civil Rules and the Working Group on Mass Tort to the Chief Justice of the United States and to the Judicial Conference of the United States, 187 F.R.D. 293, 308 (1999).

521 *Hohl*, S. 86.

522 *Hohl*, S. 86.

523 Häufig brechen die Beklagten schon unter der Kostenlast für die Rechtsverteidigung zusammen.

524 Zur Ursache der rationalen Apathie siehe oben S. 27.

claims Class-action erfolgt die Anspruchsdurchsetzung im öffentlichen Interesse. Die Kollektivierung der Forderungen ist aus Gründen der Wirtschaftlichkeit erforderlich, damit überhaupt eine prozessuale Geltendmachung erfolgen kann. Schließlich bleibt noch zu bemerken, dass das Insolvenzrisiko des Beklagten in den meisten Fällen selbstverschuldet ist, sofern der geltend gemachte Anspruch tatsächlich besteht. Es war schließlich nicht der benannte Kläger, sondern der beklagte Unternehmer, der den Rechtsverstoß begangen hat. Dies überzeugt auch vor dem Hintergrund des Zwecks der Class-action. Schließlich soll die Class-action eher präventive und verhaltenssteuernde Funktion entfalten. Eine abschreckende Funktion kann die Schadensersatzklage nur entfalten, wenn sie *unbequem* für den Beklagten ist.[525]

Allerdings sind die missbräuchlichen *strike suits* keine bloße Randerscheinung, sondern problematische Fälle, die das Vertrauen in das gesamte Rechtssystem schwächen. Die Missbräuche könnten zwar theoretisch durch strenge richterliche Kontrolle im Rahmen der *certification* verhindert werden. Im Übrigen verfügt der Richter über zahlreiche Gestaltungsmöglichkeiten, wie etwa die *decertification* oder die Bildung von Untergruppen. Durch straffe Verfahrensleitung könnte Missbrauch so zu einem gewissen Teil vermieden werden. Das gilt auch mit Blick auf die vorzeitigen Vergleichsabschlüsse durch Anwälte. Hier ist eine präzise richterliche Prüfung des ausgehandelten *settlements* gefragt. Gleichwohl muss festgestellt werden, dass die richterliche Missbrauchskontrolle viel zu häufig nicht funktioniert, da die Ausnutzung des *nuissance value* kein seltenes Phänomen in den USA ist. Somit muss festgehalten werden, dass das Missbrauchspotential der Class-action derzeit nicht sachgerecht kontrolliert wird.

In diesem Zusammenhang wird auch die Frage des Strafschadensersatzes (*punitive damages*) erörtert. Das US-Schadensrecht orientiert sich, anders als das deutsche Schadensrecht, nicht ausschließlich an der Kompensation der tatsächlich erlittenen Einbuße. In den USA ist die Verurteilung zu einem um ein Vielfaches erhöhten Betrag möglich, da die *punitive damages* eine abschreckende und damit präventive Wirkung entfalten sollen.

Problematisch hieran ist, dass die ausgeurteilte Summe das verfügbare Kapital des Beklagten zu erschöpfen droht. Es entsteht die *limited funds* Problematik. Kritiker befürchten, dass einige Geschädigte keine Zahlung mehr für sich beanspruchen können, und sehen einen *run to the courthouse* voraus, da die Geschädigten versuchen werden, möglichst schnell ihren Anteil zu beanspruchen. Diese Bedenken greifen aber mit Blick auf die *small claims Class-action* nicht durch.

525 *Hohl*, S. 95; *Siliciano*, 80 Cornell L. Rev. 990, 1003 (1995) „Die Forderung des Deliktsrechts an die Handelnden, sich vernünftig zu verhalten, erfolgt nicht in Form einer höflichen Bitte, sondern in der unangenehmeren Form gerichtlicher Urteile, die das Handeln des Beklagten als unangemessen bewerten".

Ein *run to the courthouse* ist wegen des mangelnden individuellen Interesses am Verfahren nicht zu befürchten.

Die negativen Folgen der *limited funds* Problematik betreffen vornehmlich Fälle der *mass torts.* In derartigen Konstellationen existieren *future claimants*, also potentiell Geschädigte, die zum Zeitpunkt des Urteils noch keinen eigenen Schaden haben.[526] Selbst wenn eine Erschöpfung des Beklagtenvermögens droht, sichert die Class-action doch eine Mindestentschädigung, da die Gruppenmitglieder jedenfalls mit einer Quote befriedigt werden können.

Zweitens stellen sich schadensrechtliche Fragen. Ist das Verfahren der Typ-3 Class-action durch Vergleich bzw. Urteil beendet worden, muss die Schadenssumme sachgerecht verteilt werden. Bei *small claims Class-actions* haben die einzelnen Geschädigten nur eine geringe Einbuße erlitten, entsprechend niedrig fällt ihr Anspruch auf Zahlung aus der Gesamtschadenssumme aus. Da bei der Typ-3 Class-action die *best notice practicable* Doktrin gilt, werden bei weitem nicht alle Anspruchsinhaber identifiziert. Der Gruppenkläger kann folglich die eingeklagte Summe nicht an die einzelnen Anspruchsinhaber überweisen. Die Geschädigten müssen vielmehr ihren Anteil einfordern. Da aber wegen der rationalen Apathie das Verfahren mit keinem bzw. nur geringem Interesse verfolgt wird, werden viele Geschädigte ihren Anteil nicht abrufen.[527] Somit stellt sich die Frage, was mit der Restsumme geschehen soll. Gesetzlich normierte Regeln oder andere Leitlinien zur Lösung dieses Problems existieren nicht.

Die US-Rechtsprechung hat zur Lösung dieses Problems die Lehre vom *cy-pres remedy* entwickelt. *Cy-pres* bedeutet übersetzt „so nah wie möglich“. Das Gericht versucht die Restsumme so zu verteilen, dass die tatsächlich Geschädigten zumindest mittelbar eine Entschädigung erhalten. Das kann etwa durch eine Überweisung der Summe an gemeinnützige Organisationen oder auch durch kreative Einzelfalllösungen geschehen. Möglich ist auch eine so genannte *fluid recovery* durch gerichtlich angeordnete Preissenkungen.[528] Der Beklagte wird vom Gericht verpflichtet, sein Produkt so lange unter Wert am Markt anzubieten, bis seine Rendite aus dem Rechtsverstoß aufgebraucht ist.[529] In der Sache *Daar v. Yellow Cab Co.*[530] wurde der Taxigesellschaft, die überhöhte Transportentgelte verlangt hatte, für eine gewisse Zeit aufgegeben, niedrigere Fahrpreise zu berechnen, bis die rechtswidrig erlangte Rendite aufgebraucht war.[531] Allerdings ist

526 *Future claimants* existieren häufig in Produkthaftungsfällen oder *mass toxic torts*, bspw. in den Asbestfällen.

527 *Baetge/Eichholtz* in Basedow/Hopt, S. 341.

528 Hierzu *Karas*, 90 Cal.L.Rev. 959 (2002).

529 *Baetge/Eichholtz* in Basedow/Hopt, S. 343.

530 67 Cal.2d 695, 433 P.2d 732 (1967).

531 Vgl. zur *fluid recovery Schack*, Einführung in das US-amerikanische Zivilprozessrecht, Rn. 209.

die *fluid recovery*[532] kein Königsweg, um die Verwendungsproblematik zu lösen. Durch die richterliche Anordnung, für gewisse Zeit niedrigere Preise zu verlangen, wird der Preiswettbewerb gestört. Schließlich kann nicht gesichert werden, dass nur die tatsächlich geschädigten Kunden des verurteilten Unternehmens die niedrigeren Preise in Anspruch nehmen werden. Viele Neukunden werden vielmehr die künstlich niedrigen Preise nutzen, um Geld zu sparen. Hierdurch können neue Abnehmer an ein Unternehmen gebunden werden, so dass diesem mittelfristig sogar ein Gewinn aus der Verurteilung entstehen kann. Insbesondere bei Class-actions wegen Kartellrechtsverstößen ist die Entstehung von *windfall profits* kaum zu rechtfertigen. Schließlich bezweckt das Kartellrecht den Schutz eines funktionierenden Wettbewerbs. Es erscheint daher widersinnig, eine Class-action aus Gründen der Verhaltensprävention zuzulassen, die dann aber selbst zu einer Störung des Preiswettbewerbs führt. Allerdings ist zu berücksichtigen, dass die *fluid recovery* zumindest im Kern ein geeigneter Lösungsansatz für die Verteilungsproblematik ist. Bei aller Kritik an der *fluid recovery* wurde bislang noch kein besseres Modell entwickelt, sodass die Verteilungsproblematik ohne die *fluid recovery* gar nicht gelöst werden würde.

Drittens werfen einige Regelungen des allgemeinen Prozessrechts Fragen auf. Der US-amerikanische Zivilprozess ist stark durch die eher zurückhaltende Funktion des Richters und die einflussreiche *Jury* geprägt, die tendenziell dem Kläger zugeneigt ist.[533] Die Verfahrensleitung ist stark von der Persönlichkeit des einzelnen Richters abhängig. Auswirkungen auf die richterliche Tätigkeit hat auch die in den Einzelstaaten der USA übliche Richterwahl. Bundesrichter werden vom Präsidenten auf Lebenszeit ernannt.[534] Anders liegt der Sachverhalt bei den Richtern in den Einzelstaaten. Diese werden zum Teil von der Bevölkerung gewählt.[535] Vorteil der Richterwahl durch das Volk ist zunächst zwar die Stärkung der Gewaltenteilung, da weder Exekutive noch Legislative an der Richterernennung beteiligt sind. Zudem wird durch die Volkswahl die Judikative unmittelbar demokratisch legitimiert.[536] Problematisch an der Volkswahl ist aber, dass die Wahlberechtigten sich stärker an politischen Kriterien als an der fachlichen Eignung der Richterkandidaten orientieren. Für die erfolgreiche Wahl muss der Richterkandidat also mehr durch die politischen Wirkungen seiner (zukünftigen) Urteile überzeugen,

532 Die Terminologie ist in den USA uneinheitlich. Zum Teil wird *fluid recovery* synonym für *cy pres* verwandt.

533 Zur *Jury*-Entscheidung, siehe oben S. 69.

534 *Schack*, Einführung in das US-amerikanische Zivilprozessrecht, Rn. 10 m.w.N.

535 Vgl. *Zätzsch*, Richterliche Unabhängigkeit und Richterauswahl in den USA und Deutschland, S. 129 ff.

536 *Zätzsch*, Richterliche Unabhängigkeit und Richterauswahl in den USA und Deutschland, S. 130.

als durch fachliche Qualität. Seine Chance auf eine erfolgreiche Wiederwahl steigert der Richter, wenn er zum Beispiel als *tough on crime* bekannt ist. In ihrem beruflichen Alltag berücksichtigen die Richter daher allzu oft ihre späteren (politischen) Wiederwahlchancen. Nicht zuletzt muss der Richter auch bedenken, dass er einen Wahlkampf führen und finanzieren muss.[537]

Hierdurch ist aber die richterliche Unabhängigkeit gefährdet, da der Richter häufig daran interessiert sein wird, mit seinem Urteilsspruch den Wahlberechtigten „zu gefallen". Gerade bei der Typ-3 Schadensersatz *small claims class action* sind die Geschädigten aber Endverbraucher und damit potentielle Wahlberechtigte bei der Richterwahl. Folglich droht hierdurch schnell eine Parteinahme durch den Richter zugunsten der Klägerseite, schließlich hängt seine Wiederwahl vom Wohlwollen der Endverbraucher unmittelbar ab. Dieser Aspekt ist allerdings, wie die Problematik einer möglicherweise parteiischen *Jury*, ein spezifisch US-amerikanisches Problem, das für den kontinentaleuropäischen Rechtskreis unerheblich ist. Insoweit kann eine Auseinandersetzung dahinstehen.

III. Parens Patriae Verfahren und andere Verfahrensarten im US-Recht

Eine verfahrensrechtliche Alternative zur Class-action könnte das *Parens Patriae*[538] Verfahren darstellen.[539] Dieses Rechtsinstitut erlaubt es dem Hoheitsträger, als Kläger im Namen der Einwohner des Bundesstaates aufzutreten.[540] Es handelt sich nicht um eine eigenständige Klageart, sondern um eine besondere Form der Klagebefugnis des Hoheitsträgers.[541] Hiernach kann in den USA ein Bundesstaat, vertreten durch den Justizminister, für seine Einwohner die erlittenen Einbußen einklagen.[542] Die *Parens Patriae* Doktrin ist zum Teil gesetzlich normiert[543], zum Teil wird sie aus der Hoheitsgewalt selbst hergeleitet.[544] Dogmatisch wird die Kla-

---

537 Die Richterwahlkämpfe werden in den USA professionell über Fernseh- und Radiospots, sowie Plakate geführt, *Zätzsch*, Richterliche Unabhängigkeit und Richterauswahl in den USA und Deutschland, S. 132.

538 Wörtliche Übersetzung „Landesvater". Die *Parens Patriae* Klage entstand im englischen *common law*, vgl. *Zirngibl*, S. 96.

539 *Sullivan*, S. 783. Als weitere Alternativen kommen noch die zivilprozessualen Möglichkeiten der Verfahrensverbindung (*party joinder*, *intervention*, *permissive joinder*, *compulsory joinder*) in Betracht, hierzu *Lüke*, S. 40-77.

540 *Sullivan*, S. 783.

541 *Zirngibl*, S. 96; *Gottwald*, ZZP 91 (1978), 1, 32.

542 *Großmann*, AG 1977, 177, 178; *Jüntgen*, S. 189.

543 Vgl. etwa 15 U.S.C. § 15c (2001).

544 *Eichholtz*, S. 65.

gebefugnis des Hoheitsträgers mit der Fürsorgepflicht des Staates für das Wohlergehen seiner Einwohner begründet.[545] Der Staat hat danach die Befugnis, als Kläger aufzutreten, wenn die Geschädigten aus bestimmten Gründen nicht in der Lage sind, den Anspruch gerichtlich durchzusetzen.[546] Die Klagebefugnis des Staates hat keinerlei Auswirkung auf die Verfahrensart. Diese richtet sich nach dem allgemeinen Zivilverfahrensrecht.

Der Justizminister ist befugt, im Namen aller Geschädigten, die in dem Einzelstaat ihr *domicile* haben, Schadensersatzansprüche geltend zu machen.[547] Diejenigen Betroffenen, die eine individuelle Prozessführung beabsichtigen, müssen vom Verfahren ausdrücklich Abstand nehmen (*Opt-out*).[548] Wie bei der Class-action ist eine Verfahrensbeendigung durch Vergleich (*settlement*) nur mit Zustimmung des Gerichts nach Benachrichtigung der Betroffenen zulässig, um die Geschädigten vor einer nicht interessengerechten Vertretung zu schützen.[549] Gerade im Bagatellschadensbereich erscheint die *Parens Patriae* Variante interessant, da eine Anspruchsverfolgung im öffentlichen Interesse erfolgen kann. Zudem müssen die Einzelschäden nicht nachgewiesen werden, was den Beweis erheblich erleichtert.[550] Insbesondere im Kartellrecht bietet sich eine hoheitliche Betätigung als Kläger an, da der Hoheitsträger auf die Erkenntnisse aus kartellbehördlichen Ermittlungen zurückgreifen kann, ohne dass Unternehmensgeheimnisse an Mitbewerber gelangen.[551]

Allerdings wird die *Parens Patriae* in der US-amerikanischen Rechtswissenschaft nicht als echte Alternative, sondern nur als Ergänzung zu Class-action gesehen.[552] Die Ursachen hierfür sind vielschichtig. Hervorzuheben sind zum einen die grundsätzliche Unterbesetzung der US-amerikanischen Behörden und der fehlende Sachverstand für aufwändige und komplexe Schadensersatzklagen. Auch fehlen Behörden typischerweise die erforderlichen Ressourcen, um eine umfassende Überwachung des Wirtschaftslebens zu gewährleisten. Auch gesellschaftli-

---

545 *Zirngibl*, S. 96.

546 Auch historisch lässt sich das begründen, da in Großbritannien der Staat als Vormund für Geschäftsunfähige tätig wurde.

547 Der Justizminister darf dabei, genauso wie der Class-action Kläger, *treble damages* einklagen, Section 4 Clayton Act.

548 *Jüntgen*, S. 190 m.w.N.

549 *Großmann*, AG 1977, 177, 178.

550 *Großmann*, AG 1977, 177, 178.

551 Interessant ist in diesem Zusammenhang, dass vor allem sozialistische Rechtsordnungen staatlichen Einrichtungen eine Klagebefugnis zubilligten, um die Rechtsdurchsetzung zu erhöhen. Dieser Ansatz, der dem deutschen Recht fremd ist, wurde aber auch in nicht sozialistischen Rechtsordnungen, wie England und Wales verwirklicht, vgl. *Einhaus*, Kollektiver Rechtsschutz im englischen und deutschen Zivilprozessrecht, S. 49.

552 *Eichholtz*, S. 65.

che Gründe spielen eine maßgebende Rolle. In den USA wird jedes Eingreifen des Staates in die Angelegenheiten der Bürger mit Misstrauen beäugt. Insbesondere staatliche Fürsorgepflichten werden oft als Bevormundung empfunden und als Freiheitsbeschränkung getadelt.[553] So erklärt sich auch, dass US-Amerikaner die Privatinitiative dem staatlichen Handeln grundsätzlich vorziehen.[554]

Somit kommt eine Klagebefugnis nach dem *Parens Patriae* Modell jedenfalls als Alternative zur privaten Klageerhebung in den USA nicht in Betracht. Wohl aber kann dieser Ansatz eine sinnvolle Ergänzung zur behördlichen Kartellverfolgung sein. Gerade in Kartelldeliktssachen erscheint dieser Ansatz praktikabel, da auf die mit umfangreichen Hoheitsrechten ausgestatteten Kartellbehörden zurückgegriffen werden kann. Die Beweisprobleme, die den privaten Kläger treffen, sind daher bei einer Klage durch den Staat zwar erheblich abgemildert. Allerdings stellen sich trotzdem gerade in den kartellrechtlichen Bagatellfällen große Beweisschwierigkeiten mit Blick auf die Betroffenheit der einzelnen Geschädigten, da nur die wenigsten Verbraucher ihre Kaufbelege aufbewahren.[555] Im Übrigen ist fraglich, ob die Geltendmachung von Schadenersatzansprüchen nach dem *Opt-out* Verfahren in Deutschland zulässig ist. Soweit man dies verneint, wäre der verfahrensökonomische Vorteil der US-*Parens Patriae* Klagebefugnis dahin. Schließlich sind die tatsächlich Geschädigten in den wenigsten Fällen ermittelbar. Jedenfalls aber wäre eine deutsche Behörde, sei es das BKartA oder eine oberste Landesbehörde, mit der Ermittlung der Geschädigten überfordert, weil die finanziellen und personellen Kapazitäten nicht vorhanden sind.[556]

IV. Zusammenfassung

Bis hierher hat die Untersuchung des US-amerikanischen Zivilprozessrechts gezeigt, dass in der Class-action keine Ideallösung des Streuschadensproblems zu sehen ist.

Zwar ist die Typ-3 Class-action strukturell ein taugliches Instrument zur Durchsetzung von Bagatellschäden. Schließlich werden mit dem *Opt-out* Ansatz und der *best notice practicable* Doktrin erfüllbare Anforderungen an den Kläger gestellt. Auch die allgemeinen Merkmale des US-Prozessrechts begünstigen die Erfolgschancen der Sammelklage. Hervorzuheben sind die Eigenheiten des Kostenrechts, der Anwaltsvergütung durch Erfolgshonorar sowie die *Jury*-Entschei-

553 *Zirngibl*, S. 97.

554 *Eichholtz*, S. 66.

555 *Jüntgen*, S. 190.

556 Im Ergebnis *K. Schmidt,* Leistungsgrenzen, S. 37; *Hempel*, S. 319.

dung, die aus Beklagtensicht nicht ohne Grund als *toxic cocktail* des US-Rechts bezeichnet werden.

Allerdings muss die Class-action immer vor dem spezifischen gesellschaftlichen Hintergrund der USA gesehen werden. Die zivilprozessuale Durchsetzung von Schadensersatzansprüchen kompensiert das in den USA nur rudimentäre soziale Sicherungssystem. Diesem Zweck dienen insoweit auch das US-Kostenrecht (*American rule*) und das Erfolgshonorar (*contingency fee*). Zudem bietet die Class-action diverse Missbrauchsmöglichkeiten und Raum für Interessenkonflikte. Hervorzuheben ist das erhebliche Drohpotential, das zu ungerechtfertigten Vergleichen (*sweet heart deals*) ausgenutzt wird. Auch kommt es nicht selten zu kollusivem Verhalten zwischen dem Klägeranwalt und dem Beklagten. Allerdings liegen die Ursachen für den Missbrauch der Class-action weniger in der kollektiven Klageerhebung selbst als im US-amerikanischen Kosten- und Prozessrecht.[557] Dies gilt aber für die individuelle Prozessführung genauso wie für die kollektive bei der Class-action. Die Class-action kann also im Ansatz zwar überzeugen, da sie prinzipiell zur Überwindung des rationalen Desinteresses geeignet ist. In der praktischen Ausführung entstehen bei dieser Verfahrensart aber viele Probleme. Abgesehen von der missbräuchlichen Ausnutzung der Schwachstellen der Class-action stellen sich auch Fragen nach der verfahrensrechtlichen Umsetzung in Deutschland. Anders als in den USA kennt das deutsche Recht keine *pre-trial discovery*. In Deutschland erfolgen die Beweiserhebung und die Klärung des Streitstandes unter der Prozessleitung des gesetzlichen Richters. Angesichts der Vielzahl der Beteiligten einer Class-action und der komplexen Materie ist mit einer erheblichen Verlängerung der Verfahren zu rechnen.

Somit kann eine Übernahme der Class-action schon aus praktischen Erwägungen nur eingeschränkt empfohlen werden. Problematisch ist auch der Kostenaufwand, den die Class-action mit sich bringt. In den USA wird ein Großteil der eingeklagten Summe für die Vergütung der beteiligten Anwälte und die Verfahrenskosten aufgewandt. Hierdurch reduziert sich die Summe, die den Geschädigten zu gute kommt, oft ganz erheblich. Aus der großen Anzahl der Geschädigten und den geringen individuellen Schäden ergeben sich dann Verteilungsfragen, die das US-Recht nicht befriedigend löst. Weder *cy pres* Vergleiche noch die *fluid recovery* vermögen einen gerechten Interessenausgleich zu bewirken, insbesondere drohen im Einzelfall Wettbewerbsbeschränkungen durch gerichtlich angeordnete Preissenkungen (*windfall profits*). Gleichwohl ist anzuerkennen, dass diese richterrechtlichen Institute zumindest einen Lösungsansatz bieten, während die Kritiker noch keinen brauchbaren Verbesserungsvorschlag geliefert haben.

557 *Ebbing*, ZVglRWiss 103 (2004), 40.

Geringeres Missbrauchspotential, dafür aber weniger gesellschaftliche Anerkennung, weist das *Parens Patriae* Verfahren auf. Wegen der US-amerikanischen Skepsis gegenüber jedem staatlichen Engagement in privaten Angelegenheiten hat die Klagebefugnis des Hoheitsträgers keinen großen praktischen Anwendungsraum. Denkbar ist aber, dass der Staat als Kläger in einem Schadensersatzprozess die Sammelklagenverfahren ergänzt. Eine Alternative zur Class-action kann dies in den USA aber nicht darstellen. Vor allem die Übertragbarkeit ins deutsche Recht ist zweifelhaft, weil das *Parens Patriae* Verfahren einen *Opt-out* Ansatz zugrunde legt, aber auch aus praktischen Erwägungen. Die personellen und verwaltungstechnischen Anforderungen an eine flächendeckende Überwachung sind zu hoch, als dass eine deutsche Behörde sie sinnvoll erfüllen könnte.

Festzuhalten ist demnach, dass das US-Zivilprozessrecht keine Musterlösung für das Streuschadensproblem bereithält. Zwar sind die praktizierten *small claims Class-actions* prinzipiell zur Überwindung der rationalen Apathie geeignet. Dennoch zeigt die Praxis, dass der Raum für missbräuchliche Verhaltensweisen groß ist. Auch die Kostenrechnung spricht nicht immer für die Class-action. Nicht selten übersteigen die anfallenden Kosten für die Anwälte und für das Verfahren, insbesondere die umfangreiche *discovery*, die individuell ausgeurteilte Summe. Das kann nicht allein mit dem öffentlichen Interesse an der Geltendmachung des Gesamtschadens gerechtfertigt werden. Schließlich ist die effiziente Funktion der Justiz ein hohes Schutzgut. Insgesamt ist das Instrument der *Parens Patriae* Klagebefugnis daher kein geeignetes Instrument, um die Durchsetzung des Kartellrechts in Deutschland zu steigern.[558]

B. Schweden

Im Folgenden wird das schwedische Recht untersucht. Auf eine nähere Darstellung des schwedischen Zivilverfahrensrechts kann hier verzichtet, da es in seinen Grundzügen den kontinentaleuropäischen Rechtsordnungen entspricht. Die Darstellung beschränkt sich im Wesentlichen auf den Group Proceedings Act von 2003. Am Rande wird auf die Institution des *Konsumentenombudsmanns* eingegangen, der in Schweden eine kollektivrechtliche Funktion wahrnimmt, da er die Interessen der gesamten schwedischen Verbraucher schützen und durchsetzen soll.

Das schwedische Recht geht von einem Zweiparteienzivilprozess aus. Daneben gilt in Schweden, wie in Deutschland, die *English Rule,* also das Prinzip der Unterliegenshaftung (§ 91 ZPO). Auch kennt Schweden grundsätzlich keine erfolgsabhängige Honorierung des Anwalts. Im Übrigen finden sich größere

558 Zu diesem Ergebnis kommt auch *Großmann,* AG 1977, 177, 180.

sozio-kulturelle Schnittmengen zwischen Schweden und Deutschland auch im Prozessrecht. Anders als in den USA existiert in Schweden ein ausgeprägtes Sozialversicherungssystem, sodass die Schweden insgesamt weniger auf die gerichtliche Verfolgung ihrer Rechte angewiesen sind. Zudem sind sie weniger skeptisch gegenüber staatlicher Tätigkeit im Bereich der Bürgerwohlfahrt. In Schweden wird etwa der Verbraucher- und Umweltschutz als eine Aufgabe des Staates gesehen, der sie durch staatliche Einrichtungen erfüllt, während privaten Organisationen (Verbänden und *non-profit* Organisationen) eher geringe Bedeutung beigemessen wird.[559] In Schweden hat die Institution des *Konsumentenombudsmanns*[560] eine mehr als 150-jährige Tradition.[561] *Wörtlich übersetzt bedeutet Ombudsmann* „Repräsentant" oder „Beauftragter" und ist daher nicht mit dem in Europa sonst verbreiteten Verständnis als Schlichtungsstelle zu verwechseln.[562] Der *Ombudsmann* fungiert vielmehr als Anklage- und Überwachungsorgan und sorgt für die Einhaltung der Verbraucherschutzgesetze. Der Ombudsmann wird dabei immer im Namen und im Interesse der Verbraucher tätig. Schon aufgrund des vergleichbaren gesellschaftlichen und rechtspolitischen Hintergrundes ist also eine nähere Auseinandersetzung mit der schwedischen Gesetzgebung zum kollektiven Rechtsschutz angezeigt.

I. Einführung

Noch vor Erscheinen des Grünbuchs (2005) und des Weißbuchs (2008) der Europäischen Kommission wurde in Schweden am 01. Januar 2003 der Group Proceedings Act[563] erlassen. Das Gesetz regelt die Gruppenklagebefugnis von Privatpersonen, Verbänden und öffentlichen Einrichtungen gleichermaßen, wobei der Group Proceedings Act Sonderprozessrecht zur allgemeinen Zivilprozessordnung (Code on Judical Procedure on civil cases) darstellt.[564]

559 *Doepffel/Scherpe* in Basedow/Hopt, S. 431.

560 http://www.konsumentverket.se/ (zuletzt besucht am 17.02.2010).

561 *Carsten*, WuW 1973, 667, 669.

562 *Doepffel/Scherpe* in Basedow/Hopt, S. 431.

563 Abrufbar unter http://www.regeringen.se/content/1/c6/02/77/67/bcbe1f4f.pdf (zuletzt besucht am 19.02.2010).

564 Diese Gestaltung entspricht regelungstechnisch dem deutschen KapMuG.

II. Group Proceedings Act vom 01.01.2003

1. Hintergrund des Gesetzgebung

Hintergrund der Gesetzgebung war eine längere Diskussion über die Einführung von Instrumenten des kollektiven Rechtsschutzes in Schweden. Bereits im Sommer 1991 erhielt Prof. *Per Henrik Lindblom* (Universität Uppsala) vom schwedischen Justizministerium den Auftrag, die Vor- und Nachteile des kollektiven Rechtsschutzes zu untersuchen. Es sollte geprüft werden, ob Gruppenklagen geeignet sind, die Durchsetzung der Ansprüche größerer Personengruppen zu erhöhen, sofern die Ansprüche im Wesentlichen gleichartig sind.[565] *Lindblom* erstattete im Dezember 1994 ausführlich Bericht, der einen Entwurf eines Gruppenklagegesetzes enthielt. Im Folgejahr gab es in Schweden eine heftige rechtspolitische Diskussion über diesen Entwurf.[566] Die kritischen Stimmen bezweifelten das Vorliegen eines praktischen Bedürfnisses nach Gruppenklagen in Schweden. Nach wie vor seien die Mechanismen des kollektiven Rechtsschutzes den schwedischen und auch den europäischen Rechtsprinzipien und Rechtstraditionen fremd.[567]

Politisch wurde zudem die schwedische Vorreiterstellung auf dem Gebiet des kollektiven Rechtsschutzes angefeindet, da kein Grund für eine schwedische Pionierstellung ersichtlich sei.[568] Im Übrigen sah man die schwedische Wirtschaft gefährdet, da ausländische Investoren von einem erhöhten Prozessrisiko durch Gruppenklagen von Investitionen abgeschreckt werden könnten. Insgesamt wurde im Rahmen der Diskussion vor „amerikanischen Verhältnissen" gewarnt, also einer missbräuchlichen Nutzung der Gruppenklage.[569]

Die rechtspolitischen Fürsprecher der Gruppenklageinitiative argumentierten dagegen, dass die existierenden Verfahrensarten in Schweden gerade im Bagatellschadensbereich vollkommen unterentwickelt seien. Im Wesentlichen wurde die Ursache in den Mechanismen gesehen, welche die rationale Apathie verursachen,

---

565 Rechtlich sollte diese Untersuchung schwerpunktmäßig das Verbraucher- und Umweltrecht betreffen. Gleichwohl war die Untersuchungskommission hieran nicht gebunden, vgl. *Doepffel/Scherpe* in Basedow/Hopt, S. 440. Im Ergebnis bezog sich der später erstattete Gesetzesentwurf nur auf die beiden o.g. Rechtsgebiete.

566 *Stengel/Hakemann*, RIW 2004, 221; *Nordh*, 11 Duke Journal of Comparative and International Law 381 (2001).

567 Vgl. *Stengel/Hakemann*, RIW 2004, 221, 222 m.w.N.

568 Mittlerweile haben Finnland (01.10.2007), Norwegen und Dänemark (Anfang 2008) Regeln über Class-action Verfahren eingeführt, vgl. S. 2 der englischen Zusammenfassung der Regierungsevaluation vom 28.10.2008, abrufbar unter http://www.sweden.gov.se/sb/d/574/a/114357 (zuletzt besucht am 19.02.2010).

569 Siehe hierzu oben, S. 96.

d.h. hohe Rechtsverfolgungskosten, hoher Verfahrensaufwand, Unterliegensrisiko und geringe individuelle Vermögenseinbuße.

Zudem wurde ein prozessuales Ungleichgewicht zwischen den Klägern und dem Beklagten konstatiert, das insbesondere in Verbraucher- und Umweltsachen bestehe. Das herkömmliche schwedische Prozessrecht geht von einem Kräftegleichgewicht aus, das in der Streuschadenssituation fehlt. Somit entstehe eine Art Rechtsschutzvakuum, das durch Gruppenklagen zu füllen sei.[570]

Rechtspolitisch wurde als Ziel vorgegeben, dass die Gruppenklagen zu einer seriöseren und ehrlicheren Markttätigkeit in Schweden führen, da die Unternehmen nunmehr damit rechnen müssen, dass die Geschädigten ihre Forderungen geltend machen. Die Gruppenklagen bezwecken schließlich die Abschöpfung der durch unrechtmäßiges Marktverhalten gewonnenen Rendite. Mit Blick auf diesen Zweck wurde auch argumentiert, dass seriöse Unternehmen durch den Group Proceedings Act keinen Schaden nehmen, sondern im Gegenteil von der Inanspruchnahme der rechtswidrig handelnden Unternehmen profitieren würden.[571]

Ihren Abschluss fand diese Diskussion 2002, als die schwedische Regierung einen Gesetzesentwurf einbrachte, der zum 01. Januar 2003 als Group Proceedings Act[572] in Kraft trat.

Den Kritikern, die US-amerikanische Verhältnisse befürchteten, wurde entgegnet, dass aufgrund des schwedischen Prozess- und Kostenrechts mit missbräuchlichen Klagen nicht zu rechnen sei. Auch sei im schwedischen Recht aufgrund des schadensrechtlichen Kompensationsprinzips[573] nicht mit so hohen Schadenssummen zu rechnen wie in den USA. Im Übrigen folge das schwedische Modell der Gruppenklage einem *Opt-in* Prinzip, sodass mit einer interessengerechten Prozessführung zu rechnen sei.

2. Verfahren nach dem Group Proceedings Act

Der Group Proceedings Act unterscheidet nach der Person des Klägers drei Arten der Gruppenklage. Zu differenzieren ist zwischen privaten Gruppenklagen (§ 4), Verbandsklagen (§ 5) und öffentlichen Gruppenklagen (§ 6). Charakteristisch für die schwedische Gruppenklage ist, dass der Kläger als Vertreter für mehrere Personen einen Prozess führt, die selbst nicht Parteien des Verfahrens werden, die aber dennoch von den Rechtsfolgen des Prozesses erfasst werden.[574] Der Group

570 Vgl. *Stengel/Hakemann*, RIW 2004, 221, 222.

571 *Stengel/Hakemann*, RIW 2004, 221, 222.

572 Abrufbar unter http://www.regeringen.se/content/1/c6/02/77/67/bcbe1f4f.pdf (zuletzt besucht 17.02.2010).

573 Das schwedische Schadensrecht kennt keine *punitive damages*, vgl. *Stengel/Hakemann*, RIW 2004, 221, 223.

574 *Stengel/Hakemann*, RIW 2004, 221, 223.

Proceedings Act ergänzt die Regeln des schwedischen Zivilverfahrensrechts. Daher müssen neben den besonderen Voraussetzungen des Group Proceedings Acts die allgemeinen Prozessvoraussetzungen erfüllt sein. Die schwedische Regelung verfolgt damit einen ähnlichen Ansatz wie das deutsche KapMuG.[575] Die Zulassung einer Klage als Gruppenklage kommt nur unter den Voraussetzungen von § 8 Nr. 1-5 des Group Proceedings Act in Betracht. Danach *darf* das Gericht die Gruppenklage zulassen, wenn es nach einem prognostischen Vergleich mit anderen, herkömmlichen Instrumenten des Zivilverfahrensrechts zur Überzeugung gelangt, dass das Gruppenklageverfahren die überlegenere Verfahrensart ist. Die Zulassung steht also im Ermessen des Gerichts.[576] Die Klage wird als Gruppenklage nur zugelassen, wenn sie sich auf Umstände stützt, die mit Blick auf die Ansprüche der Gruppenmitglieder identisch sind. Mit Umständen sind dabei nur die entscheidungserheblichen Tatsachen gemeint.[577] Des Weiteren dürfen sich die Ansprüche der Gruppenmitglieder nicht wesentlich unterscheiden (§ 8 Nr. 2). Diese Voraussetzung ist nicht so zu verstehen, dass die Ansprüche identisch sein müssen. Auch wenn sie im Einzelnen differieren, kann die Klage immer noch als Gruppenklage geführt werden, wenn der Richter Untergruppen bildet oder Teilurteile bezüglich der gemeinsamen Fragen fällt.[578]

In einem nächsten Schritt prüft das Gericht, ob das Gruppenklageverfahren den individuell geprägten Verfahrensformen überlegen ist.[579] Schon wenn herkömmliche Verfahrensarten gleichwertig erscheinen, sollen diese den Vorrang gegenüber dem kollektiven Rechtsschutz haben.[580] Diese Regel ist Ausdruck des schwedischen Grundverständnisses von einem dualistischen Zivilprozess. Die Gruppenklage soll als Instrument des kollektiven Rechtsschutzes eine Ausnahme bleiben.

Soweit das Gericht die Gruppenklage für die überlegene Verfahrensform hält, muss eine definier- und abgrenzbare Gruppe existieren (§ 8 Nr. 4). Eine quantitative Mindestgröße schreibt das Gesetz nicht vor. Der Kläger muss die potentiellen Gruppenmitglieder grundsätzlich namentlich benennen, wobei im Einzelfall eine Umschreibung des Personenkreises ausreicht, sofern die Gruppe hinreichend abgrenzbar ist.[581] Der benannte Kläger muss nach § 8 Nr. 5 seine Finanzen in Ord-

575 Siehe hierzu unten, S. 147.

576 Diese Ermessensklausel wurde erst gegen Ende des Gesetzgebungsverfahren eingeführt und bezweckt, dass in Grenzfällen Streitigkeiten über die Zulassung der Gruppenklage vermieden werden, *Stengel/Hakemann*, RIW 2004, 221, 224 m.w.N.

577 *Stengel/Hakemann*, RIW 2004, 221, 224. Auf eine rechtliche Ähnlichkeit oder eine vergleichbare Beweislage kommt es daher nicht an.

578 *Stengel/Hakemann*, RIW 2004, 221, 224.

579 Diese Prüfung ist vergleichbar mit dem *superiority test* in den USA.

580 *Stengel/Hakemann*, RIW 2004, 221, 224.

581 *Stengel/Hakemann*, RIW 2004, 221, 224.

nung haben und geeignet sein, das Verfahren als Kläger zu führen. Für ihn besteht Anwaltszwang.

Das Gericht hat zu prüfen, ob Interessenkonflikte zwischen dem Kläger und den Gruppenmitgliedern zu befürchten sind, da dann eine interessengerechte Prozessführung nicht gesichert ist. Kommt das Gericht zum Ergebnis, dass das Verfahren als Gruppenklage geführt werden kann, hört es potentielle Gruppenmitglieder an.

Anders als in den USA ist nicht der Kläger, sondern das Gericht für die Information der Gruppenmitglieder zuständig (§ 13). Zweck dieser Regelung sind die kostenmäßige Entlastung des Klägers und die Sicherung einer möglichst vollständigen und sachlichen Information der Betroffenen.[582] Inhaltlich umfasst die Benachrichtigung aber nicht die konkreten Umstände und Hintergründe der Gruppenklage, sondern nur allgemeine Informationen über den Verfahrensablauf und den benannten Kläger sowie dessen Anwalt.[583]

Die endgültige Gruppe definiert sich dann gemäß § 14 nach dem *Opt-in* Prinzip, da alle benachrichtigten potentiellen Gruppenmitglieder aus dem Verfahren ausscheiden, wenn sie nicht binnen einer gerichtlich gesetzten Frist die Teilnahme am Verfahren beantragen. Wird die Klage als Gruppenklage zugelassen, so werden alle vom Gruppenkläger geltend gemachten Ansprüche rechtshängig mit der Folge, dass eine individuelle Prozessführung bis zum Ausscheiden des Gläubigers aus der Gruppe ausgeschlossen ist.[584]

Die Gruppenmitglieder haben nach dem Group Proceedings Act eine eher passive Stellung. Sie können sich nur unter den speziellen Voraussetzungen des Group Proceedings Acts auf ihre Rechte als Prozesspartei berufen.[585] Da der Gruppenkläger aber durch § 17 zur Wahrung der Interessen verpflichtet ist, besteht ein Anhörungs- und Informationsrecht der Gruppenmitglieder in Bezug auf besonders wichtige Aspekte des Verfahrens (*On important issues, the plaintiff shall afford the members of the group an opportunity to express their views* [...]). Allerdings nur, soweit es im Einzelfall ohne größere Verzögerungen gewährt werden kann ([...] *if this can be done without great inconvenience*).

Kostenrechtlich folgt das schwedische Recht dem Grundsatz der Unterliegenshaftung. Von diesem Grundsatz weicht der Group Proceedings Act nicht ab.[586] Allerdings treffen die Kostentragungspflichten nur im Ausnahmefall die einzelnen Gruppenmitglieder. § 33 sieht vor, dass die Gruppenmitglieder gegenüber dem Gruppenkläger nur dann kostenpflichtig werden, wenn dieser beim erstattungs-

582 *Stengel/Hakemann*, RIW 2004, 221, 225.

583 Vgl. Section 13 Ziff. 1-4 Group Proceedings Act.

584 *Stengel/Hakemann*, RIW 2004, 221, 224.

585 § 15.

586 § 31 i.V.m. Kap. 18, § 16 of the Code of Judicial Procedure in Civil Cases.

pflichtigen Beklagten mit seiner Forderung wegen Zahlungsunfähigkeit des Beklagten ausfällt. Allerdings beschränkt sich die Haftung der Gruppenmitglieder auf den Betrag, den sie aus dem Gruppenklageverfahren hätten erlangen können. Das Unterliegensrisiko trifft daher grundsätzlich allein den Gruppenkläger. Angesichts des zu erwartenden Umfangs der Gruppenverfahren ist dies ein ganz erhebliches Prozessrisiko, von dem eine abschreckende Wirkung ausgeht.

Dies wurde vom schwedischen Gesetzgeber gesehen und durch zwei Regelungen im Group Proceedings Act abgemildert. Zum einen hat der Gruppenkläger nach § 30 einen Anspruch auf Entschädigung seiner Kosten aus einem öffentlichen Fonds. Die Höhe der Entschädigung steht im Ermessen des Gerichts, das eine *angemessene* Entschädigung zu gewähren hat.[587] In die Ermessenserwägung fließen der Verfahrensaufwand des Klägers und die Rechtsberatungskosten ein, sofern die Kosten für die Wahrung der Rechte der Gruppenmitglieder als *angemessen* anzusehen sind (§ 30). Als weiteres Instrument zur Senkung des Kostenrisikos erlaubt der Group Action Proceedings Act den Abschluss eines so genannten *Risikovertrages* mit dem Anwalt (§ 38). Im Rahmen dessen ist die Vereinbarung eines Erfolgshonorars zulässig.[588] Diese Regelung soll Prozesshindernisse abbauen, da anderenfalls kaum ein Kläger zur Führung des Gruppenprozesses bereit wäre. Zudem soll die Einschätzung des durch die Gruppenklage erhöhten Prozessrisikos demjenigen obliegen, der es am besten einschätzen kann. Im Regelfall wird dies der Anwalt bzw. der Prozessfinanzierer sein.[589]

Inhaltlich muss der Risikovertrag die Richtlinien des schwedischen Anwaltsverbands über ein angemessenes Honorar erfüllen, d.h. Streitwert, Komplexität des Verfahrens und die geleisteten Arbeitsstunden müssen berücksichtigt werden. Anders als in den USA erfolgt die Berechnung des Erfolgshonorars weder nach der *lodestar*- noch nach der *percentage of recovery*-Methode, sondern nach dem Erfolg des Prozesses. Der Anwalt erhält im Unterliegensfalle kein Honorar, während im Erfolgsfall sein „Normalhonorar“ vervielfacht wird.[590]

Um Missbräuche zu vermeiden, unterliegt der Risikovertrag dem Genehmigungsvorbehalt des Gerichts. Es hat die Angemessenheit des Erfolgshonorars zu prüfen, wobei der Anwalt die Abweichung vom „Normalhonorar“ zu begründen

---

587 Vgl. § 30, [...] *of compensation with a reasonable amount if this ist reasonable considering the amount of the costs of work that the assignment has involved* [...].

588 In Schweden existiert keine gesetzliche Gebührenordnung. Das Honorar wird individuell ausgehandelt, wobei die Vereinbarung von Stundensätzen üblich ist. Nach den Standesrichtlinien müssen die Honorare *angemessen* sein. Erfolgshonorare sind in Schweden zwar nicht ausgeschlossen, aber nur in eingeschränktem Maße zulässig, vgl. *Stengel/Hakemann*, RIW 2004, 221, 226.

589 *Stengel/Hakemann*, RIW 2004, 221, 226.

590 *Stengel/Hakemann*, RIW 2004, 221, 227.

hat. Nach § 38 wird die Erfolgsprämie des Anwalts aus dem erstrittenen Betrag gezahlt. Der Beklagte muss demzufolge im Unterliegensfall nur für das „Normalhonorar" aufkommen.[591]

Wie jedes normale Zivilverfahren, kann die schwedische Gruppenklage durch Urteil oder Vergleich beendet werden. Nach § 25 kann der Gruppenkläger mit Wirkung für die Mitglieder der Gruppe einen Vergleich aushandeln. Der Vergleichsvorschlag untersteht aber dem Genehmigungsvorbehalt des Gerichts, das die Angemessenheit des Vergleichs prüft.

III. Praktische Erfahrungen mit der Gruppenklage

Seit dem 01.01.2003 ist das schwedische Gruppenklagegesetz in Kraft. Die praktischen Erfahrungen sind nach rund sieben Jahren immer noch gering.[592]

2008 hat die schwedische Regierung eine umfangreiche Evaluation des Group Action Proceedings Act vorgenommen.[593] Bisher sind nur insgesamt 10 Fälle bekannt, in denen eine Gruppenklage in Schweden erhoben wurde.[594] Hieran lässt sich nicht eindeutig bestätigen oder widerlegen, ob überhaupt ein Bedarf für Gruppenklagen besteht.[595] Ebenso wenig lassen sich verlässliche Aussagen über die verhaltenspräventiven Wirkungen der Gruppenklage treffen, die vom schwedischen Gesetzgeber erwartet wurden. Sicher ist aber, dass trotz der Verfahrenserleichterungen des Group Action Proceedings Act keine Klagewelle oder eine „Klageindustrie" nach US-Vorbild in Schweden festzustellen ist.[596] Die Ursache liegt nicht in der verfahrensrechtlichen Gestaltung der Gruppenklage, sondern eher in der gesellschaftlichen Zurückhaltung gegenüber der Prozessführung.[597] Denn die schwedische Regelung der Gruppenklage zeigt einige verfahrensrechtliche Parallelen zu den USA, beispielsweise was die richterliche Verfahrensleitung angeht. Gleichwohl kennt das schwedische Schadensrecht keine *punitive damages* oder andere Instrumente mit Klageanreiz. Aufgrund des geringen individuell erlittenen Schadens sind daher nur wenige Menschen bereit einen Zivilprozess anzustreben, wo doch einzig die Kompensation in Aussicht gestellt wird. Die

591 *Stengel/Hakemann*, RIW 2004, 221, 227.

592 *Viitanen*, Nordic Experiences on Group Action for Compensation, S. 219, 225.

593 Der 300 Seiten starke Bericht in schwedischer Sprache ist abrufbar unter http://www.regeringen.se/content/1/c6/11/35/22/0aa99502.pdf (zuletzt besucht am 19.02.2010).

594 Vgl. die englische Zusammenfassung der Regierungsevaluation des Group Action Proceedings vom 28.10.2008, abrufbar unter http://www.sweden.gov.se/sb/d/574/a/114357 (zuletzt besucht am 19.02.2010).

595 *Stengel/Hakemann*, RIW 2004, 221, 228.

596 So auch *Stengel/Hakemann*, RIW 2004, 221, 228.

597 *Stengel/Hakemann*, RIW 2004, 221, 228.

Regierungsevaluation kommt zu einem ähnlich ambivalenten Ergebnis. So wird festgestellt, dass sich weder die in die Gruppenklage gesetzten Hoffnungen noch die befürchteten Probleme (Klagewelle, erheblicher Missbrauch usw.) realisiert hätten.[598] Insbesondere sei es nicht zu den befürchteten negativen Auswirkungen auf die schwedische Wirtschaft gekommen, da die Investitionsbereitschaft ausländischer Unternehmen nicht gesunken sei. Insgesamt sei festzustellen, dass die Gruppenklage das schwedische Rechtssystem bereichere und den Zugang zum Rechtssystem erweitere, aber nicht die erhoffte Effektivitätssteigerung bewirke.[599]

Der Evaluationsbericht schlägt zur Stärkung der Effektivität einige gesetzgeberische Maßnahmen vor,[600] u.a. eine großzügigere Handhabung der Vereinbarung des Erfolgshonorars, da so die Kostenlast des Gruppenklägers gemildert werden kann. In diesem Zuge sollen auch die Entschädigungsregeln aus dem öffentlichen Fonds überarbeitet und erweitert werden. Hierdurch soll die praktische Bedeutung der Gruppenklage gesteigert werden, da die Gruppe und den Gruppenkläger ein geringeres Kostenrisiko treffe. Im Grundsatz unverändert sollen die Informationspflichten bleiben, wobei auch diesbezüglich klarere Regeln geschaffen werden sollen, um eine bessere und verständlichere Information der Gruppenmitglieder zu gewährleisten.

IV. Ergebnis

Festzuhalten ist, dass Schweden als Vorreiter in Europa eine Form des kollektiven Rechtsschutzes eingeführt hat, die der US-amerikanischen Class-action relativ nahe kommt. Im Ergebnis fehlt es der schwedischen Gruppenklage aber an praktischer Bedeutung, da die Geschädigten trotz umfangreicher Risikoerleichterungen immer noch vor dem Prozessieren zurückschrecken. Die Ursache wird in der gesellschaftlich verankerten Hemmschwelle vor dem Gerichtsverfahren gesehen. Auch fehlen in Schweden Instrumente wie die *pre-trial discovery* oder die *punitive damages*, die ein Gruppeklageverfahren für potentielle Geschädigte attraktiv machen.

Mit Blick auf die Streuschadensproblematik ist auch das *Opt-in* Verfahren eine Ursache für die mangelnde praktische Bedeutung der Gruppenklage. Die betroffenen Geschädigten sind häufig schwer zu ermitteln und grundsätzlich wenig am Schadensersatzprozess interessiert. Im Übrigen hat aber auch der benannte Kläger eine exponierte Stellung, er muss die Prozessführung zu einem Großteil

598 Vgl. S. 3 des summary.

599 S. 3 des summary.

600 S. 3-4 des summary. Vgl. im Einzelnen den schwedischsprachigen Bericht der Evaluationsgruppe.

gestalten und trägt ein nicht unwesentliches Kostenrisiko. Angesichts des geringen eigenen Schadens sind daher nur wenige Kläger zur Wahrnehmung einer derartigen Position bereit. Das gilt umso mehr, als die Entschädigung aus dem öffentlichen Fonds erst nach Abschluss des Verfahrens erfolgt. Allerdings zeigt die schwedische Praxis auch, dass nicht zwingend mit den auch in Deutschland befürchteten Auswüchsen nach US-amerikanischem Vorbild zu rechnen ist. Bisher konnte kein missbräuchlicher Gebrauch der Gruppenklage festgestellt werden. Die Ursachen hierfür sind weniger in den Regelungen des Group Proceedings Acts zu suchen als im materiellen Recht und im Verfahrensrecht Schwedens. Dieses entspricht in den wesentlichen Zügen dem deutschen Recht, da auch in Schweden das schadensrechtliche Kompensationsprinzip und der prozessuale Grundsatz der Unterliegenshaftung gelten. Diese beiden Grundsätze, die im US-Recht fehlen, sind die maßgeblichen Gründe für die zurückhaltende und gemäßigte Anwendung der schwedischen Gruppenklage. Folglich führt nicht jede Form des kollektiven Rechtschutzes zwingend zu den US-amerikanischen Problemen mit der Class-action.

3. Kapitel: Bestandsaufnahme des deutschen Rechts

Im Folgenden Kapitel wird die derzeitige Rechtslage in Deutschland auf dem Gebiet des kollektiven Rechtsschutzes untersucht. Es werden die existierenden Formen der Anspruchsbündelung und des kollektiven Rechtsschutzes zusammengetragen und schließlich vor dem Hintergrund der europäischen Initiativen bewertet. Aus dieser Bewertung heraus sollen die bestehenden Defizite der deutschen Rechtslage herausgearbeitet werden.

A. Anspruchsbündelung und Formen des kollektiven Rechtsschutzes

Die Bündelungsmöglichkeiten unterscheiden sich von den Mechanismen des kollektiven Rechtsschutzes dadurch, dass bei der Bündelung alle Betroffenen Beteiligte des Verfahrens werden.[601]

I. Bündelungsmöglichkeiten

Das Grundverständnis des deutschen Zivilprozesses geht von einem streitigen Rechtsverhältnis zwischen zwei Personen aus.[602] Die ZPO kennt allerdings Bündelungsformen, die anders als die Instrumente des kollektiven Rechtsschutzes, dazu führen, dass alle Betroffenen Parteien des Rechtsstreites werden.[603] Bei Verbands- und Gruppenklagen hingegen wird lediglich der Verband bzw. der Gruppenkläger Partei des Verfahrens.[604]

1. Streitgenossenschaft, §§ 59, 60 ZPO

Nach §§ 59, 60 ZPO sind Personen, die gemeinsam klagen oder verklagt werden, Streitgenossen. Die Streitgenossenschaft führt also zu einer Verbindung mehrerer Klagen zu einer Beweisaufnahme und Entscheidung.[605] Die Streitgenossenschaft

601 *Schellhammer*, Rn. 24; *Rosenberg/Schwab/Gottwald*, § 1 Rn. 5.

602 *Rosenberg/Schwab/Gottwald*, § 1 Rn. 3.

603 *Reuschle*, WM 2004, 966, 967.

604 *Reuschle*, WM 2004, 966, 967.

605 Baumbach/*Hartmann*, § 61 Rn.1; *Schellhammer*, Rn. 1586.

nach §§ 59, 60 ZPO erlaubt, dass auf Kläger- wie auf Beklagtenseite mehrere Parteien auftreten, wenn identische Ansprüche oder gleichartige Gründe gegeben sind. Das ist bei Streuschäden grundsätzlich der Fall, da im Regelfall dieselbe Anspruchsgrundlage einschlägig ist (§ 33 Abs. 3 GWB). Zudem liegt den Ansprüchen ein gleichartiger Sachverhalt zugrunde (ein schuldhafter Kartellverstoß), lediglich die Schadenszumessung bleibt eine individuelle Frage. Die Streitgenossenschaft bewirkt eine einheitliche Beweiswürdigung durch das Gericht. Auch können die Streitgenossen durch einen gemeinsamen Prozessvertreter handeln. Insgesamt wird so die Verfahrenseffizienz gesteigert.[606] Die Wirkungen der §§ 59, 60 ZPO treten bei Klageerhebung mehrerer oder gegen mehrere Personen ein.[607] Die Streitgenossenschaft setzt folglich voraus, dass die einzelnen Anspruchsinhaber sich überhaupt erst einmal zusammenfinden, um beispielsweise einen gemeinsamen Prozessbevollmächtigten zu wählen. Bei größeren Schäden, etwa im Bereich des Kapitalmarktrechts, funktioniert die Selbstorganisation der Geschädigten wegen des erheblichen eigenen finanziellen Interesses.[608] Bei Streuschäden ist hiermit aber nicht zu rechnen, da die Geschädigten keine Kenntnisse über den Kartellverstoß und dessen Auswirkungen haben.[609] Soweit ein Geschädigter überhaupt um seine Gläubigerstellung weiß (§ 33 Abs. 3 GWB), kennt er in der Regel keine anderen Geschädigten.[610] Um §§ 59, 60 ZPO für die Streuschadensproblematik nutzbar zu machen, müsste man auf das Erfordernis der Klageerhebung verzichten und insoweit vom Grundgedanken der §§ 59, 60 ZPO abweichen, da die einzelnen Anspruchsinhaber wegen des rationalen Desinteresses nicht bereit sind, Klage zu erheben. Auf das Erfordernis der Klageerhebung lässt sich aber angesichts der verfassungsrechtlich verbürgten Dispositionsmaxime nicht verzichten. Im Übrigen ist der praktische Nutzen der §§ 59, 60 ZPO bei Streuschäden auch gering, da – bei unterstellter massenhafter Klageerhebung – kein verfahrensökonomischer Effizienzgewinn für das Gericht erzielt würde. Das Gericht könnte die Vielzahl der Klagen nicht bewältigen.[611] Aus diesem Grund ist die Streitgenossenschaft nicht geeignet, um die Klageapathie zu überwinden und das Streuschadensproblem zu lösen. Somit hilft eine Bündelung nach §§ 59, 60 ZPO nicht weiter.

---

606 *Reuschle*, WM 2004, 966, 967.

607 Zöller/*Vollkommer*, § 60 Rn. 3.

608 Siehe nur die zahllosen Anlegerklagen im Telekom-Prozess, unten S. 149f.

609 *Reuschle*, WM 2004, 966, 967; *Haß*, Die Gruppenklage, S. 141. Die gleiche Problematik tritt auch bei sog. *Mogelpackungen* auf, in denen Hersteller mit der Füllmenge der Verpackung geringfügig nach unten abweichen.

610 *Haß*, Die Gruppenklage, S. 141.

611 Das zeigt das Kapitalanlegermusterverfahren im Telekom-Prozess.

2. Nebenintervention, § 66 ZPO

Die Nebenintervention nach § 66 ZPO ermöglicht einem Dritten, sich an einem Rechtsstreit zur Unterstützung einer Partei zu beteiligen. Voraussetzung für die Nebenintervention ist, dass der Dritte ein berechtigtes Interesse am Obsiegen der einen Partei im anhängigen Rechtsstreit hat.[612] Die Nebenintervention bezweckt, den Nebenintervenienten vom Prozessfeststellungsrisiko in einem Folgeprozess zu befreien, wenn er Regressansprüche geltend macht.[613]

Auch die Nebenintervention erfordert im Ausgangspunkt klagebereite Geschädigte, da andernfalls kein Rechtsstreit entstehen kann, an dessen Ausgang ein Dritter ein Interesse haben kann. Dies ließe sich nur überwinden, wenn man die Interventionswirkung kraft Gesetzes oder durch richterlichen Beschluss eintreten ließe. Das widerspricht aber dem Grundgedanken des § 66 ZPO, da jeder einzelne darüber entscheiden muss, ob er ein Interesse am Ausgang eines anderen Rechtsstreits hat. Folglich kann mit der Nebenintervention die Klageapathie auch nicht überwunden werden.

3. Verfahrensverbindung, § 147 ZPO

Nach § 147 ZPO steht die Verbindung mehrerer bei demselben Gericht anhängiger Verfahren im Ermessen des Gerichts. Die Verfahrensverbindung bewirkt eine streitgenossenschaftliche Parteienmehrheit und dient dem Interesse an einer höheren Verfahrenseffizienz.[614] Voraussetzung ist, dass die Klagen in rechtlichem Zusammenhang stehen und in einer Klage hätten geltend gemacht werden können.[615] Die Verfahrensverbindung ist für die Durchsetzung von Streuschäden ungeeignet, weil zunächst einmal ein klagebereiter Geschädigter existieren müsste. Hieran fehlt es aber aufgrund der rationalen Apathie. Insoweit kann auf die Ausführungen zur Streitgenossenschaft verwiesen werden; eine Abkehr von dem Erfordernis der Klageerhebung würde die Dispositionsmaxime beschränken und ist damit rechtspolitisch nicht zu rechtfertigen.[616]

4. Verfahrensaussetzung, § 148 ZPO

Die Verfahrensaussetzung dient der Vermeidung widersprüchlicher Entscheidungen, wenn die zu entscheidende Rechtsfrage Gegenstand eines anderen laufenden Verfahrens ist.[617] Damit also die Verfahrensaussetzung in Erwägung gezogen

---

612 Zöller/*Vollkommer*, § 66 Rn. 8; Thomas/Putzo/*Hüßtege*, § 66 Rn. 5.

613 *Martens*, ZZP 85 (1972), 77, 80.

614 *Reuschle*, WM 2004, 966, 968.

615 Zu den Wirkungen der Verfahrensverbindung, Thomas/Putzo/*Reichold*, § 147 Rn. 9.

616 Siehe insoweit zur Begründung unten, S. 190.

617 Baumbach/*Hartmann*, § 148 Rn. 2; *Reuschle*, WM 2004, 966, 968.

werden kann, muss zunächst ein Verfahren anhängig sein. Hieran fehlt es aber aufgrund der Klägerapathie bei der Durchsetzung von Streuschäden. Die Verfahrensaussetzung ist daher auch kein brauchbares Instrument zur Bündelung kartellrechtlicher Schadensersatzsprüche.

5. Zwischenergebnis

Damit lässt sich insgesamt festhalten, dass die Bündelungsinstrumente der ZPO nicht geeignet sind, um eine zufrieden stellende Lösung des Streuschadensproblems zu erreichen. Bei höheren Einzelschäden kann sich dieses Ergebnis zwar anders darstellen, was aber nicht im Rahmen dieser Arbeit zu erörtern ist. Auch eine Erweiterung *de lege ferenda* existierender Bündelungsinstrumente kommt nicht in Betracht.

II. Instrumente des kollektiven Rechtsschutzes im Überblick

Nachdem die bisherigen Ausführungen gezeigt haben, dass die herkömmlichen Bündelungsmöglichkeiten der ZPO strukturell zur effektiveren Durchsetzung von Streuschäden ungeeignet sind, sollen im Folgenden die Mechanismen des kollektiven Rechtsschutzes aufgezeigt und definiert werden.

1. Verbandsklage

Verbandsklagen sind im deutschen Recht in verschiedenen Gesetzen mit unterschiedlichen Voraussetzungen geregelt.[618] Aus der Vielzahl der im deutschen Recht geregelten Verbandsklagerechte[619] sind die UWG-Klage nach § 8 Abs. 3 Nr. 3 UWG und die Klagen nach dem UKlaG hervorzuheben.[620]

Für das Kartellrecht wurde mit der 7. GWB-Novelle die Klagebefugnis für Interessenverbände in § 33 Abs. 2 GWB erweitert. § 33 Abs. 2 GWB sollte die private Rechtsdurchsetzung stärken und dem Umstand Rechnung tragen, dass funktionierender Wettbewerb den Interessen der Verbraucher dient.[621] Die Neuregelung ist an die traditionsreiche UWG-Verbandsklage angelehnt.[622] Das Charakteristikum der kollektiven Verbandsklage in Deutschland ist die Wahrnehmung

618 *Säcker*, Verbandsklage, Rn. 15.

619 Vgl. § 81 PatG; § 55 MarkenG; § 44 TKG; § 17 Abs. 1 S. 5 KHEntgG.

620 Eine Gesamtdarstellung der einzelnen Verbandsklagen findet sich bei *Halfmeier*, S. 51-197.

621 BT-Drucks. 15/3640, S. 35.

622 BT-Drucks. 15/3640, S. 35.

gesetzlich bestimmter Interessen durch den Verband.[623] Den im deutschen Recht geregelten Verbandsklagerechten ist gemeinsam, dass Verbände nicht befugt sind Schadensersatzansprüche geltend zu machen.[624] Schadensersatzansprüche dienen typischerweise einem individuellen Interesse, nämlich dem Ausgleich einer individuell erlittenen Vermögenseinbuße.[625] Unterlassungs- und Beseitigungsansprüche sind hingegen weniger individuell geprägt, sodass eine Geltendmachung durch einen abstrakt betroffenen Dritten relativ unproblematisch ist.[626] Bei der Verbandsklage handelt es sich aber nicht um eine Popularklage, sondern um eine Klage im öffentlichen Interesse.[627]

2. *Gruppenklage*

Bei der Gruppenklage betreiben, anders als bei der Verbandsklage, nicht externe Dritte sondern die Geschädigten selbst das Verfahren.[628] Die Geschädigten bilden eine Gruppe, die von einer bestimmten Person bzw. einem bestimmten Personenkreis vertreten wird.[629] Zur Gruppenbildung sind zwei Modelle möglich. Zum einen können sich die Geschädigten im Vorfeld des Verfahrens durch *Opt-in* zu einer Gruppe zusammenschließen. Hierbei müssen sich die Geschädigten ausdrücklich über ihren Beitritt zur Gruppe erklären. Zum anderen kann die klageführende Person auch eine Gruppe aus möglichen Geschädigten bilden, denen dann ein Recht zum Ausstieg aus der Gruppe zugebilligt wird. Beim *Opt-out* werden die Geschädigten ohne weiteres Mitglied der Gruppe, sie können allerdings nach Kenntnisnahme aus der Gruppe aussteigen. Dieses Recht zum *Opt-out* sichert letztlich den Anspruch auf rechtliches Gehör und die Privatautonomie. Ein Verfahren nach der *Opt-out* Variante wird aus deutscher Sicht als Durchbrechung zivilverfahrensrechtlicher Grundsätze kritisiert.[630] Eine Gruppenklage ist im derzeitigen deutschen Zivilprozessrecht nicht vorgesehen.

3. *Musterprozess*

Die Durchsetzung zahlreicher, aber nominell nur geringwertiger Schadensersatzansprüchen wäre auch im Wege eines Musterprozesses denkbar. Das Musterverfahren bezweckt die Herbeiführung eines Endurteils mit Präzedenzwirkung, das

623 *Stadler*, JZ 2009, 121, 126.

624 *Halfmeier*, S. 202 ff.

625 Palandt/*Heinrichs*, Vorb. v. § 249, Rn. 2-4.

626 *Alexander*, WRP 2009, 683, 688; *Säcker/Jaecks* in MünchKomm-GWB, § 33 Rn. 68.

627 Für die UWG-Verbandsklage schon RGZ 120, 47, 49; BGHZ 52, 393, 396.

628 *Alexander*, WRP 2009, 683, 688.

629 *Mattil/Desoutter*, WM 2008, 521, 522; im US-Recht *named plaintiff*. Siehe S. 79.

630 *Hess*, WuW 2010, 493; *Tamm*, EuZW 2009, 439, 441 ff.; *Alexander*, WRP 2009, 683, 688 f.

auf andere gleichgelagerte Sachverhalte übertragen werden kann.[631] In der VwGO ist ein Musterverfahren in § 93a geregelt. Die ZPO hingegen kennt ein derartiges Verfahren nicht.[632] Im Kapitalanlegerrecht wurde zur Erleichterung von Anlegerklagen ein Musterverfahren eingeführt.[633] Nach den Vorschriften des KapMuG kann eine Anlegerklage unter bestimmten Voraussetzungen als Musterprozess geführt werden. Das in diesem Fall ergangene Urteil hat dann in möglichen Folgeprozessen Bindungswirkung. Die Geschädigten können durch das Präzedenzurteil ihre Erfolgsaussichten wesentlich leichter einschätzen und sind somit einem geringeren Prozesskostenrisiko ausgesetzt.

B. Instrumente des kollektiven Rechtsschutzes im Einzelnen

Zunächst wird auf die existierenden Formen der Verbandsklage eingegangen, wobei der Fokus auf den Klagen nach § 8 Abs. 3 Nr. 2 UWG und §§ 33, 34a GWB liegt. Die so genannte UWG-Klage existiert schon seit langem, und entsprechend kann auf hinreichende praktische Erfahrungen zurückgegriffen werden.[634] Vor dem Hintergrund der praktischen Erfahrungen mit der Verbandsklage werden die offenen Rechtsfragen, die diese Rechtsschutzform aufwirft, herausgearbeitet. Anders als die lauterkeitsrechtliche Verbandsklage spielt die kartellrechtliche Verbandsklage nach §§ 33, 34a GWB nur eine geringe praktische Rolle.[635] Die Gründe für diese praktische Unterrepräsentation der kartellrechtlichen Verbandsklage sollen daher in diesem Kapitel dargestellt werden. Im Anschluss an die Verbandsklagebefugnis soll die Gruppen- bzw. Sammelklagebefugnis betrachtet werden. Eine Gruppenklagebefugnis ist, wie bereits dargestellt, im deutschen Zivilprozessrecht nicht geregelt. Gleichwohl besteht im deutschen Recht die Möglichkeit, eine Anspruchsbündelung durch Forderungskauf zu erreichen. Die hierbei möglichen und schon praktizierten Gestaltungen sollen daher analysiert werden. Dabei sind vor allem die relativ aktuellen Entwicklungen im *Zementkartellfall* zu beachten.[636] Hiernach wird auf den Musterprozess eingegangen.

---

631 *Reuschle*, WM 2004, 966, 969.

632 § 148 ZPO dient nicht der Herbeiführung eines Urteils mit Präzedenzwirkung, sondern der Vermeidung widersprüchlicher Entscheidungen. § 148 ZPO ist daher insgesamt nicht mit dem KapMuG vergleichbar.

633 Vgl. KapMuG i.d.F.v. 16.08.2005 (BGBl. I S. 2437). Hierzu *Stadler*, JZ 2009, 121, 122.

634 Bereits in der Fassung von 1896 gab es eine Verbandsklage, vgl. § 1 Abs. 1 S. 2 UWG v. 1896 (RGBl. S. 145), Fezer/*Büscher*, § 8 Rn. 191.

635 *Halfmeier*, S. 136; *Rehbinder* in L/M/R, § 33 GWB Rn. 5.

636 Aktuell in dieser Sache BGH-Beschl. v. 07.04.2009 KZR 42/08.

I. Verbandsklage

1. Definitionen und Voraussetzungen

a. Verbandsklage nach §§ 33, 34a GWB

Das Verbandsklagerecht wegen Kartellrechtsverstößen wurde erstmals 1957 im GWB kodifiziert und bis heute mehrmals novelliert[637], zuletzt durch die 7. GWB-Novelle 2005.[638] Gemäß § 33 Abs. 2 GWB sind Verbände zur Förderung gewerblicher oder selbstständiger beruflicher Interessen zur Geltendmachung der Abwehransprüche aus § 33 Abs. 1 GWB befugt. Zudem besteht eine Klagebefugnis zur Vorteilsabschöpfung nach § 34a GWB.[639] Damit erschöpft sich der Kreis der Anspruchsberechtigten nicht auf individuell Betroffene, sondern schließt auch abstrakt Betroffene mit ein.[640] Anders als im Gesetzgebungsverfahren von der Monopolkommission empfohlen, blieb es bei einer auf Abwehransprüche beschränkten Anspruchsberechtigung.[641] Die Monopolkommission sieht in einer auf Schadensersatz gerichteten Verbandsklage einen Weg zur effektiveren Durchsetzung des Kartellrechts. Zudem existierten derartige Verbandsklagen bereits in Europa, so dass eine entsprechende Regelung durch den deutschen Gesetzgeber keine Vorreiterschaft begründe.[642] Nach dem heute geltenden § 33 Abs. 2 GWB sind Verbände aber nicht zur Geltendmachung von Schadensersatz befugt.[643]

Der Gesetzgeber von 1957 hat mit der Regelung des § 35 Abs. 2 GWB a.F. eine Anlehnung an das „bewährte" Rechtsschutzsystem des UWG bezweckt.[644] § 35 Abs. 2 GWB a.F. wurde in enger Anlehnung an § 13 Abs. 2 Nr. 2 UWG a.F. geschaffen, dem heutigen § 8 Abs. 3 Nr. 2 UWG.

Hintergrund der Regelung des § 35 Abs. 2 GWB a.F. war die Überlegung, dass ein legitimes Interesse an der Anspruchsdurchsetzung durch Verbände bestehe, wenn die individuell Betroffenen an der Anspruchsdurchsetzung gehindert sind. Der Gesetzgeber ging davon aus, dass häufig zwischen den Betroffenen und

---

637 *Emmerich* in Immenga/Mestmäcker, § 33 Rn. 104.

638 Vgl. BT-Drucks. 15/3640, S. 35; *Bornkamm* in Langen/Bunte, § 33 Rn. 74.

639 Im Gesetzgebungsverfahren hat die Monopolkommission kritisiert, dass § 34a GWB den Verbänden keinen Anreiz zu einer mit Kosten verbundenen Klage biete, die Regelung also ineffektiv sei, vgl. Monopolkommission Sondergutachten Nr. 41/42, S. 40 ff.

640 *Lübbig* in MünchKomm-GWB, § 33 Rn. 68.

641 Monopolkommission Sondergutachten Nr. 41/42, S. 49, Rn. 89.

642 Monopolkommission Sondergutachten Nr. 41/42, S. 49, Rn. 89, 90.

643 *Halfmeier*, S. 137.

644 Begr. BT-Drucks. 15/3614, S. 35; *Emmerich* in Immenga/Mestmäcker, § 33 Rn. 104; *Hempel*, WuW 2004, 362.

den Kartelltätern ein wirtschaftliches Abhängigkeitsverhältnis bestehe, das jene von einer Anspruchsdurchsetzung abhalte.[645]

Anders als nach § 8 UWG sind im Kartellrecht Verbraucherverbände jedoch nicht klagebefugt.[646] Ein Verbraucherverbandsklagerecht war zwar im Regierungsentwurf zur 7. GWB-Novelle enthalten[647], wurde jedoch aus dem Entwurf gestrichen, nachdem in diesem Punkt im Vermittlungsverfahren keine Einigung erzielt werden konnte.[648] Eine Klagebefugnis für Verbraucherverbände lässt sich auch nicht unmittelbar aus dem UKlaG[649] ableiten, da nach § 2 UKlaG eine verbraucherschützende Vorschrift verletzt sein muss. Hieran fehlt es bei Kartellrechtsverstößen aber, da Art. 101, 102 AEUV in diesem Sinne keine verbraucherschützende Normen sind.[650]

§ 33 Abs. 2 GWB erfüllt eine Doppelfunktion als Anspruchsgrundlage und Prozessvoraussetzung.[651] Daraus folgt auch, dass die Klagen unterschiedlicher Verbände auch dann verschiedene Streitgegenstände bilden, wenn sie sich gegen denselben Kartellverstoß richten.[652] Eine doppelte prozessuale Inanspruchnahme des Beklagten durch mehrere Verbände ist demnach möglich. Allerdings ist die parallel geführte Klage nach einer rechtskräftigen Verurteilung des Beklagten unbegründet.[653]

Zur Klage berechtigt sind gemäß § 33 Abs. 2 GWB nur rechtsfähige Verbände, deren satzungsmäßiger Zweck die Förderung gewerblicher oder selbstständiger beruflicher Interessen ist. Die Bekämpfung von Kartellrechtsverstößen muss von der Satzung zumindest umfasst sein.[654] § 33 Abs. 2 GWB verlangt für den

645 BT-Drucks. 2/3644, S. 31; *Hempel*, WuW 2004, 362, 364.

646 *Halfmeier, S.* 136.

647 BT Drucks. 15/5735, S. 3. Der Regierungsentwurf sah vor, dass qualifizierte Einrichtungen i.S.d. UKlaG zur Geltendmachung von Ansprüchen befugt sind.

648 BT-Drucks. 15/5735, S. 3. Es war eine Anspruchsberechtigung von qualifizierten Einrichtungen nach dem UKlaG geplant, wobei man davon ausging, dass im Wesentlichen nur Verbraucherverbände die Ansprüche geltend machen würden, vgl. *Lübbig* in MünchKomm-GWB, § 33 Rn. 68.

649 In der Bekanntmachung vom 27.8.2002, BGBl. I, 3422, berichtigt S. 4346.

650 *Bechtold*, § 33 Rn. 16.

651 *Emmerich* in Immenga/Mestmäcker, § 33 Rn. 106; zum UWG vgl. Fezer/*Büscher*, § 8 Rn. 195.

652 BGH NJW 1996, 3276; zum UWG vgl. *Emmerich*, Unlauterer Wettbewerb, § 22, S. 473.

653 Die Klage ist also nicht bereits unzulässig. Vgl. *Emmerich*, Unlauterer Wettbewerb, § 22, S. 473.

654 *Emmerich* in Immenga/Mestmäcker, § 33 Rn. 107.

Verband keine bestimmte Rechtsform.[655] Gleichwohl organisieren sich die meisten Verbände als Verein im Sinne des § 21 BGB.[656]

Mit der 7. GWB-Novelle wurde durch die Formulierung „selbstständiger beruflicher" Interessen klargestellt, dass auch die freien Berufe umfasst sind. Gleiches gilt für Berufs- und Fachverbände.[657] Dem klagenden Verband muss eine erhebliche Zahl von Unternehmen angehören, die auf demselben sachlichen und räumlichen Markt tätig sind. Hierdurch soll sichergestellt werden, dass nur solche Verbände klagen, die auch mit einiger Wahrscheinlichkeit tatsächlich Betroffene repräsentieren.[658] Dies kann nicht an einer konkreten Zahl festgemacht werden.[659] Es kommt vielmehr auf die individuellen Marktverhältnisse an, die im Einzelfall mit einer Marktabgrenzung möglichst exakt zu bestimmen sind.[660] Der klagende Verband muss auf genau *diesem* Markt über eine erhebliche Anzahl von Mitgliedern verfügen.[661] Anders als der Wortlaut des § 33 Abs. 2 GWB nahe legt, kommt es nicht auf die absolute Mitgliederzahl an. Maßgeblich ist vielmehr, ob die Mitglieder für den abgegrenzten Markt von so hinreichender Bedeutung sind, dass sie ein gemeinsames Brancheninteresse repräsentieren.[662] Die Erheblichkeit der Mitgliederanzahl ist also abhängig von der Größe und Struktur des abgegrenzten Marktes.[663] Hierdurch soll ein eigenmächtiges Agieren des Verbandes gegen das Brancheninteresse vermieden werden. Die Beweislast für die Mitgliederzahl trägt der Verband. Im Rechtsstreit muss der Verband also im Zweifel eine aktuelle und überprüfbare Mitgliederliste vorlegen. Insoweit genügt allerdings der Nachweis, dass dem Verband mittelbar eine erhebliche Anzahl von Mitgliedern angehört.[664]

Eine ähnliche Zielrichtung verfolgt das Erfordernis einer sachlichen und finanziellen Ausstattung des Verbandes. Damit soll sichergestellt werden, dass sich der Verband auch tatsächlich für gewerbliche und selbstständige berufliche Zwe-

---

655 *Lübbig* in MünchKomm-GWB, § 33 Rn. 72. Somit kommen auch Körperschaften des öffentlichen Rechts als klagebefugte Einrichtungen in Betracht.

656 Vgl. zum UWG, Fezer/*Büscher*, § 8 Rn. 197.

657 Wie beispielsweise Ärztekammern, Rechtsanwaltskammern, Handwerksinnungen, Apothekerverbände usw.

658 *Derleder/Zänker*, GRUR 2002, 490; *Teplitzky*, Kap. 13, Rn. 30 a.

659 *Lübbig* in MünchKomm-GWB, § 33 Rn. 72.

660 Vgl. zu § 13 UWG, BGH GRUR 2001, 529.

661 *Emmerich*, Unlauterer Wettbewerb, § 21, S. 474; BGH NJW 2004, 854, 855 – *Hamburger Auktionatoren*.

662 BT-Drucks. 15/1487, S. 22 f. zum RegE. UWG von 2004.

663 *Rehbinder* in L/M/R, § 33 Rn. 50.

664 Damit ist gemeint, dass die Mitgliedschaft über einen *anderen* Verband vermittelt wird, der wiederum dem klagenden Verband angehört, vgl. *Emmerich* in Immenga/Mestmäker, § 33 Rn. 111.

cke einsetzt und nicht nur als *Gebührenbeschaffer* für Rechtsanwälte fungiert.[665] Der Verband muss daher selbst über eine Ausstattung verfügen, welche die erforderliche Marktbeobachtung und die Verfolgung von Rechtsverstößen erlaubt.[666] In den meisten Fällen wird der Verband daher ein eigenes Büro vorhalten und juristisch geschultes Personal beschäftigen müssen.[667] Der Kartellrechtsverstoß muss zudem die Interessen der Verbandsmitglieder berühren, § 33 Abs. 2 letzter Halbs. GWB. Dazu muss eine erkennbare Beziehung zwischen der Zuwiderhandlung und den Belangen der Mitglieder existieren.[668]

Anders als nach der alten Rechtslage, wird nunmehr ein konkretes Wettbewerbsverhältnis zwischen den Verbandsmitgliedern und dem Beklagten gefordert. Das ist dann gegeben, wenn die Mitglieder[669] selbst nach § 33 Abs. 1 S. 3 GWB klagebefugt wären.[670]

b. Verbandsklage nach § 8 Abs. 3 UWG

Die Verbandsklage nach § 8 Abs. 3 Nr. 2 UWG kann auf eine lange Rechtstradition zurückblicken – sie existierte bereits im § 1 Abs. 1 Satz 2 UWG von 1896[671]. Seit 1896 hat die Verbandsklage viele Novellierungen durch den Gesetzgeber erfahren und wurde den tatsächlichen Gegebenheiten immer mehr angepasst. § 8 Abs. 3 Nr. 2, 3 UWG erlaubt Interessen- und Verbraucherverbänden die Durchsetzung der Ansprüche nach § 8 Abs. 1 UWG.[672] § 8 UWG schafft damit keine Popularklage, sondern regelt lediglich wer Gläubiger der Ansprüche aus § 8 Abs. 1 UWG sein kann.[673] § 8 Abs. 1 UWG gewährt den Betroffenen Abwehransprüche auf Unterlassung und Beseitigung gegen den Rechtsverletzer. Wie im Kartellrecht gibt es auch im Lauterkeitsrecht keine Verbandsklagebefugnis zur Durchsetzung von Schadensersatzansprüchen, wobei allerdings eine Erweiterung der Klagebefugnis auf Schadensersatz in der rechtspolitischen Diskussion durchaus angeregt wurde.[674]

---

665 *Halfmeier, S.* 136; *Emmerich* in Immenga/Mestmäcker, § 33 Rn. 111; *Lübbig* in MünchKomm-GWB, § 33 Rn. 72.

666 Zum UWG vgl. *Emmerich*, Unlauterer Wettbewerb, § 21, S. 476.

667 Zum UWG vgl. BGH GRUR 1991, 684 – *Verbandsausstattung I*; BGHZ 126, 145, 147 – *Verbandsausstattung II.*

668 *Lübbig* in MünchKomm-GWB, § 33 Rn. 72. Zum UWG, vgl. Fezer/*Büscher*, § 8 Rn. 195.

669 Die betroffenen, unmittelbaren oder mittelbaren Mitglieder, vgl. *Emmerich* in Immenga/Mestmäcker, § 33 Rn. 112.

670 *Bechtold*, § 33 Rn. 19.

671 RGBl. S. 145.

672 Entsprechende Regelungen existieren auch in Österreich (§ 14 öUWG) und in der Schweiz (§ 10 schweiz. UWG, vgl. *Emmerich*, Unlauterer Wettbewerb, § 22, S. 340.

673 Reg. Begr. BT-Drucks. 15/1487, S. 22

674 *Hopt/Baetge* in Basedow/Hopt, S. 11, 44 ff.

Da nicht immer mit einer Durchsetzung der Ansprüche durch die individuell Betroffenen zu rechnen war, wurde schon früh ein öffentliches Interesse an der Anspruchsdurchsetzung durch (externe) Dritte gesehen. Hintergrund ist – insofern gilt hier dasselbe wie im Kartellrecht – dass aufgrund von wirtschaftlichen Abhängigkeiten der Betroffenen und der Täter nicht immer mit einer Anspruchsdurchsetzung zu rechnen ist.[675]

§ 8 Abs. 3 Nr. 2 UWG gewährt daher rechtsfähigen Verbänden zur Förderung gewerblicher oder selbstständiger beruflicher Interessen das Recht, die Ansprüche aus § 8 Abs. 1 UWG geltend zu machen. Einhelligkeit besteht heute dahingehend, dass § 8 Abs. 1 UWG gleichzeitig eine materiell-rechtliche Anspruchsgrundlage und Prozessvoraussetzung ist. Die Anforderungen, die an den Verband gestellt werden, gleichen im Wesentlichen denen des Kartellrechts.

Anders als im Kartellrecht, sind im Lauterkeitsrecht aber auch Verbraucherverbände zur Klage befugt. Gemäß § 8 Abs. 3 Nr. 3 UWG müssen sie als qualifizierte Einrichtungen nach dem UKlaG beim Bundesverwaltungsamt oder der Europäischen Kommission geführt werden, § 4 Abs. 1 Satz 2 UKlaG.[676] Verbraucherverbände sind im Lauterkeitsrecht klagebefugt, da das UWG ausdrücklich auch das Interesse der Verbraucher an der Lauterkeit des Wettbewerbs zu schützen sucht.

Insoweit ist also der Kreis der Aktivlegitimierten weiter als im Kartellrecht. Eine Einschränkung hat die Klagebefugnis der Verbände aber mit der UWG-Novelle von 1986 erfahren, als § 13 Abs. 5 UWG a.F.[677] eingeführt wurde. Hiernach ist die Durchsetzung der Ansprüche aus § 8 Abs. 1 UWG unzulässig, wenn sie nach Würdigung der Gesamtumstände als missbräuchlich erscheint. Mit dieser Regelung sollte dem damals grassierenden Abmahnwesen ein Riegel vorgeschoben werden. Das Abmahnwesen war vor allem auf dem Immobilienmarkt verbreitet. Dort war zu beobachten, dass Unternehmen[678] in enger Kooperation mit Rechtsanwälten wegen kleinster Verstöße gegen das Wettbewerbsrecht Abmahnungen aussprachen, um Gebühren und Aufwendungsersatz geltend machen zu können.[679] Aufgrund von § 8 Abs. 4 UWG ist nunmehr die Geltendmachung insgesamt unzulässig, wenn sich aus den Gesamtumständen ergibt, dass aus sachfremden Gründen prozessiert wird.[680] Dasselbe gilt für die Abmahnung im Vorfeld der Klage.[681] Indizien für die Sachfremdheit der Rechtsverfolgung sind etwa die

675 Vgl. BGH Urt. v. 04.04.1995, WuW/E BGH 2977, 2979 – *Hitlisten-Platten.*

676 Fezer/*Büscher*, § 8 Rn. 219.

677 § 13 Abs. 5 UWG a.F. entspricht dem heutigem § 8 Abs. 4 UWG.

678 Deren Unternehmerstatus häufig zweifelhaft war.

679 *Emmerich*, Unlauterer Wettbewerb, § 22, S. 480.

680 Fezer/*Büscher*, § 8 Rn. 231.

681 *Gloy*, Hdb. d. WettbewerbsR, § 21, Rn. 79.

Mitgliederstruktur, die Art der Rechtsverfolgung und der Umfang der Abmahn- und Prozesstätigkeit des Verbandes.[682] Typisch ist die Fallgruppe der gewollten Kostenvervielfältigung durch Mehrfachabmahnung und nicht koordiniertes Prozessieren gegen ein und denselben Beklagten.[683]

Genauso wie im Kartellrecht haben auch im Lauterkeitsrecht die Verbände die Möglichkeit zur Vorteilsabschöpfung tätig zu werden, § 10 Abs. 1 UWG. Mit dem Gewinnabschöpfungsanspruch soll sichergestellt werden, dass wettbewerbsrechtswidrige Praktiken sich für Unternehmen nicht lohnen.[684] Vor allem die Problematik der Streuschäden soll mit der Gewinnabschöpfung gelöst werden, da auf diese Weise den Unternehmen der finanzielle Vorteil aus der Zuwiderhandlung entzogen werden kann.[685] Die Gewinnabschöpfung kommt allerdings nicht bei sämtlichen Verstößen gegen das UWG in Betracht, sondern ist in zweierlei Hinsicht beschränkt. Nur vorsätzliche Zuwiderhandlungen, durch die zulasten einer Vielzahl von Abnehmern ein Gewinn erzielt wurde, lösen den Anspruch aus § 10 Abs. 1 UWG aus.

Das Klagziel des Gewinnabschöpfungsanspruches nach § 10 Abs. 1 UWG ist gerichtet auf die Herausgabe des Gewinns, den das wettbewerbsrechtswidrig handelnde Unternehmen zulasten der Abnehmer erzielt hat. Die eingeklagte Summe fällt gemäß § 10 Abs. 1 UWG jedoch nicht der prozessführenden Einrichtung, sondern dem Bundeshaushalt zu. Mit dieser Gestaltung soll sichergestellt werden, dass die Verbände nicht aus dem sachfremden Motiv der Einnahmenerzielung die wettbewerbsrechtlichen Ansprüche durchsetzen.[686] Die Prozessführung durch Verbände soll im öffentlichen Interesse erfolgen.

Umgekehrt kann aber gegen die Abführung der Summen an den Bundeshaushalt auch argumentiert werden, dass den Verbänden kein Anreiz zur Prozessführung bleibt. Dem Verband entstehen durch die Marktbeobachtung, die Prozessführung und auch durch sachverständiges Personal ganz erhebliche Kosten. Soweit dem Verband also kein finanzieller Vorteil aus der Prozessführung zuwächst, wird kaum ein Verband zu einer risikoreichen Klage bereit sein.[687] Die praktische Brauchbarkeit des § 10 UWG ist damit zweifelhaft.[688]

---

682 Fezer/*Büscher*, § 8 Rn. 231.

683 BGHZ 149, 371, 379 – *Mehrfachabmahnungen.*

684 *Halfmeier*, S. 120.

685 Die Unterlassungsklage wird insoweit als „stumpfe Waffe" bezeichnet, vgl. *Köhler*, GRUR 2003, 265.

686 Reg. Begr. BT-Drucks. 15/1487, S. 24.

687 *Halfmeier*, S. 123. In der Literatur wird die Regelung des § 10 UWG als „schöner bunter Papiertiger" verspottet, vgl. *Micklitz/Stadler*, WRP 2003, 559, 562.

688 Hefermehl/*Köhler*/Bornkamm, § 10 Rn. 2.; *Halfmeier*, S. 123.

c. Sonstige Verbandsklagen

Daneben finden sich in zahlreichen anderen deutschen Gesetzen Verbandsklagerechte. Deutlich repräsentiert sind Verbandsklagerechte im Bereich des gewerblichen Rechtsschutzes. Daneben sind aber auch im Verbraucherrecht und im Gesundheitsrecht Verbandsklagebefugnisse normiert. Häufig finden sich im Spezialgesetz Verweise auf die Verbandsklage nach § 8 UWG oder in das UKlaG.[689] Verbandsklagebefugnisse sind, neben den oben behandelte Verbandsklagen aus dem Kartell- und Lauterkeitsrecht, in §§ 55 MarkenG, 44 Abs. 2 TKG, 17 Abs. 1 Satz 5 KHEntgG und §§ 1, 2, 2a UKlaG geregelt.

Die markenrechtliche Verbandsklagebefugnis aus § 55 Abs. 2 Nr. 3 MarkenG gewährt Verbänden das Recht zur Klage auf Löschung geografischer Herkunftsangaben mit älterem Zeitrang. Die markenrechtliche Verbandsklage dient daher – anders als im Kartell- und im Lauterkeitsrecht – nicht der Geltendmachung von Abwehransprüchen auf Unterlassung oder Beseitigung, sondern dem öffentlichen Interesse an einem transparenten und aktuellen Markenregister.[690] § 55 Abs. 2 Nr. 3 MarkenG verweist auf § 8 Abs. 3 UWG, sodass auch im Markenrecht Interessenverbände und qualifizierte Einrichtungen nach dem UKlaG klagebefugt sind.

Die Verbandsklage nach dem Telekommunikationsgesetz kommt in Betracht, wenn gegen Vorschriften des TKG oder auf seiner Grundlage erlassener Rechtsverordnungen verstoßen wird. Gemäß § 44 Abs. 2 TKG können Verbände wegen sämtlicher Verstöße gegen das TKG gegen den Zuwiderhandelnden vorgehen, soweit die entsprechende Vorschrift dem Verbraucherschutz dient. Zur Abgrenzung zum UKlaG darf der Verstoß aber nicht durch Verwendung oder Empfehlung von Allgemeinen Geschäftsbedingungen geschehen.[691] Neben den Verbänden ist nach § 44 Abs. 1 TKG auch jeder individuell Betroffene zur Klage befugt. Diese Regelung entspricht dem Sinn nach § 8 Abs. 1 UWG und § 33 Abs. 1 GWB. Aufgrund der potentiellen Breitenwirkung von Verstößen auf dem Telekommunikationssektor entsteht aber eine sehr weitgehende Klagebefugnis, sodass Kritiker der Verbandsklage nach § 44 Abs. 1 TKG eine gewisse Nähe zu einer Popularklagebefugnis attestieren.[692]

---

689 *Säcker*, Verbandsklage, Rn. 23. Beispielsweise, § 55 Abs. 2 Nr. 3 MarkenG, § 44 Abs. 2 UKlaG.

690 *Fezer*, MarkenR, § 55 Rn. 4.

691 *Halfmeier*, S. 185. Wobei die Abgrenzung nicht trennscharf ist, da die Verbandsklage gemäß § 44 Abs. 2 TKG im Interesse des Verbraucherschutzes erfolgen soll, sodass die Normen des TKG vom Anwendungsbereich des UKlaG umfasst sind.

692 *Koenig/Loetz/Neumann*, Telekommunikationsrecht, S. 168.

Die im Krankenhausentgeltgesetz (KHEntgG[693]) geregelte Verbandsklage ist ebenso privatrechtlicher Natur[694] und dient der Durchsetzung eines materiell-rechtlichen Anspruchs auf Entgeltherabsetzung.[695] Nach § 17 Abs. 1 Satz 5 KHEntgG kann eine Herabsetzung der Entgelte auf eine angemessene Höhe verlangt werden. Einzig antragsbefugt ist allerdings der Verband der privaten Krankenversicherten, da es bei der Klage nach § 17 Abs. 1 Satz 5 KHEntgG um die Angemessenheit der Entgelte für nichtärztliche Wahlleistungen geht. Die praktische Bedeutung dieser Verbandsklage ist gering und auf die sehr spezielle Konstellation der Entgeltherabsetzung beschränkt.

Von größerer praktischer Bedeutung sind dagegen die Verbandsklagebefugnisse nach dem UKlaG. Hervorzuheben ist § 1 UKlaG[696], der Verbänden im Interesse des Konsumentenschutzes eine Klagebefugnis einräumt, um gegen den Verwender unzulässiger AGB vorgehen zu können. Das Anspruchsziel des § 1 UKlaG lautet auf Unterlassung und Widerruf. § 1 UKlaG schützt vor gesetzwidrigen AGB, nicht vor formalen Mängeln oder einer unzulässigen Form der Einbeziehung.[697] § 2 UKlaG begründet eine Verbandsklagebefugnis für sämtliche Verstöße gegen verbraucherschützende Vorschriften, die nicht schon unter § 1 UKlaG fallen. § 2 UKlaG entspricht dem § 22 AGBG im Wortlaut und dient dem kollektiven Interesses am Verbraucherschutz und nicht einem Individualinteresse.[698] § 2a UKlaG[699] gewährt Verbänden einen Unterlassungsanspruch, wenn gegen § 95b Abs. 1 UrhG verstoßen wird. Mit § 2a UKlaG wurde eine Verbandsklagebefugnis gegen die unberechtigte Verwendung von Kopierschutzmitteln geschaffen.[700] § 95b Abs. 1 UrhG verpflichtet den Inhaber urheberrechtlicher Nutzungsrechte, der technische Maßnahmen i.S.v. § 95a UrhG verwendet, den nach § 95b Abs. 1 Nr. 1 bis 7 UrhG Berechtigten die notwendigen Mittel, die zum Gebrauch des Werkes erforderlich sind, bereitzustellen.[701] Diese Verbandsklage wegen Verwendung von Kopierschutzmitteln ist zur Durchsetzung von Streuschäden ungeeignet, sodass im Folgenden auf die Darstellung der ohnehin begrenzten praktischen Erfahrungen mit dieser Klage[702] verzichtet werden kann.

---

693 BGBl. I S. 1412, 1422, zuletzt geändert durch Artikel 18 des Gesetzes vom 17. Juli 2009 (BGBl. I S. 1990).

694 Vgl. § 17 Abs. 1 Satz 5 Halbsatz 2 KHEntgG.

695 BGHZ 145, 66, 68.

696 § 1 UKlaG ist zum alten § 13 AGBG wortgleich, sodass insoweit auf die ältere Literatur und Rechtsprechung Bezug genommen werden kann, vgl. Palandt/*Bassenge*, Vorb. UKlaG Rn. 2; § 1 UKlaG Rn. 1.

697 Palandt/*Bassenge*, § 1 UKlaG Rn. 2.

698 Palandt/*Bassenge,* § 2 UKlaG Rn. 1.

699 Mit Wirkung zum 01.09.2004 neu eingeführt.

700 *Halfmeier*, S. 182.

701 Hierzu *Schack,* Urheberrecht, Rn. 837; Palandt/*Bassenge,* § 2a UKlaG Rn. 1.

702 *Halfmeier*, S. 182.

2. Rechtspraxis

Nach dem Überblick über die existierenden Formen der Verbandsklage im deutschen Recht, soll im Folgenden auf die praktischen Erfahrungen mit Verbandsklagen eingegangen werden. Dabei beschränkt sich die Darstellung der Rechtspraxis auf die lauterkeitsrechtliche Verbandsklage nach § 8 Abs. 3 UWG und die kartellrechtliche Verbandsklage nach § 33 Abs. 2 GWB.

a. Kartellrecht

Die kartellrechtliche Verbandsklage nach § 33 Abs. 2 GWB hat seit ihrer Einführung im Jahre 1957[703] keine praktische Bedeutung erlangt.[704]

Mit der 7. GWB-Novelle wurde die Klagebefugnis, anders als es der Regierungsentwurf vorgesehen hatte[705], auf Klagen von Interessenverbänden beschränkt. Verbraucherverbände sind nicht zur Klage befugt. Dem Novellierungsvorschlag der Bundesregierung lag die Vorstellung zugrunde, dass ein funktionierender Wettbewerb immer auch dem Verbraucher diene und somit auch Verbraucherverbände zur Klage befugt sein müssen. Von der geplanten Ausweitung der Klagebefugnis ist im Ergebnis nur eine auf Interessenverbände beschränkte Klagebefugnis übrig geblieben, sodass mit einer weiteren Abnahme der praktischen Bedeutung der Verbandsklage nach § 33 Abs. 2 GWB zu rechnen ist.[706] Die Verengung der Klagebefugnis lässt sich nicht mit der angeblichen Missbrauchsgefahr begründen, die von Verbandsklage ausgehen soll. Im Kartellrecht besteht, anders als im UWG, keine Gefahr der massenhaften Abmahnung bei nur marginalen Kartellrechtsverstößen. Schließlich wurde auch in der Vergangenheit von der kartellrechtlichen Verbandsklage, abgesehen von Einzelfällen[707], kein Gebrauch gemacht. Zudem ist die Ermittlung und Verfolgung von Kartellrechtsverstößen ungleich aufwändiger, da die Unternehmen naturgemäß im Geheimen Absprachen über ihr Wettbewerbsverhalten treffen. Da die Verfolgung mit hohen Kosten verbunden ist, entsteht kein Abmahnwesen[708], bei dem der Verstoß aus reinem Gebühreninteresse verfolgt wird. Verbänden wird es wegen des erheblichen Informationsdefizits schon schwer fallen, überhaupt den Verdacht eines Rechtsverstoßes zu begründen.[709]

---

703 Siehe hierzu oben S. 121.

704 *Roth* in FK, § 33 Rn. 183 (Stand: November 2001); *Rehbinder* in L/M/R, § 33 Rn. 5.

705 BT-Drucks. 15/3640, S. 35, 53.

706 *Topel* in Wiedemann, Hdb. Kartellrecht, § 50 Rn. 116.

707 BGH WuW/E 2256-2259 – *Herstellerpreiswerbung.*

708 Vgl. hierzu *Erdmann* in GK, § 13 Rn. 109 ff.

709 Zum Unvermögen der privaten Verbände, ein *stand-alone* Verfahren zu führen, siehe S. 236.

Die umfassende begriffliche Anpassung an § 8 Abs. 3 UWG wirft zahlreiche dogmatische und terminologische Fragen auf, da die Regelungen des Lauterkeitsrechts nicht ohne Probleme in das GWB einzupassen sind.[710] Das UWG geht von einer anderen Terminologie als das GWB aus. Zudem haben sich in der lauterkeitsrechtlichen Praxis Anforderungen an den Verband herausgebildet, die strukturell und nach ihrem Sinn und Zweck zum Kartellrecht passen. Ein Beispiel hierfür ist der Nachweis der *erheblichen Zahl* von betroffenen Unternehmen, die im klagenden Verband Mitglied sind. In ständiger Rechtsprechung ist zum Lauterkeitsrecht entschieden, dass es zum Nachweis der Klagebefugnis nicht genügt, anonymisierte Mitgliederlisten vorzulegen.[711] Das gleiche gilt für eine anonymisierte Mitgliederliste in Verbindung mit einer Zeugenaussage zur Liste.[712] Im Lauterkeitsrecht geht der BGH also davon aus, dass das Geheimhaltungsinteresse der Wettbewerber aus Angst vor möglichen Gegenmaßnahmen nicht überwiegt.[713] Zur kartellrechtlichen Verbandsklage, bzw. zur Intention des Gesetzgebers mag diese Rechtsprechung aber nicht recht passen. Wie oben bereits gesehen[714], wurde die Klage nach § 33 Abs. 2 GWB geschaffen, um Verbände zur Abwehr von Kartellrechtsverstößen in Stand zu setzen, die von den unmittelbar Betroffenen möglicherweise wegen ihrer wirtschaftlichen Abhängigkeit zum Täter nicht geltend gemacht werden.[715] Dieser Zweck des § 33 Abs. 2 GWB würde aber vereitelt, wenn die Verbände eine Darlegungs- und Offenlegungslast bezüglich der unmittelbaren Betroffenheit seiner einzelnen Mitglieder träfe.[716]

Ähnlich kritisch können noch weitere Merkmale des § 33 Abs. 2 GWB vor dem Hintergrund der Erfahrungen aus dem UWG gesehen werden. So verlangt § 33 Abs. 2 GWB, dass die Mitglieder des Verbands *auf demselben Markt* Waren oder Dienstleistungen vertreiben. Hierbei wird aber nicht das Marktverständnis des GWB, sondern das des UWG zugrunde gelegt.[717] Die Rechtsprechung zu § 13 Abs. 2 Nr. 2 UWG a.F. ließ hierzu ein abstraktes Wettbewerbsverhältnis genügen[718], d.h. es wurde eine weite Auslegung des oben genannten Merkmales vorge-

710 *Topel* in Wiedemann, Hdb. Kartellrecht, § 50 Rn. 116.

711 BGH WRP 1996, 197, 199 – *Anonymisierte Mitgliederliste.*

712 BGH GRUR 1997, 934, 936 – *50 % Sonder-AfA.*

713 *Topel* in Wiedemann, Hdb. Kartellrecht, § 50 Rn. 117.

714 Siehe oben S. 123.

715 *Hempel*, WuW 2004, 362; *Topel* in Wiedemann, Hdb. Kartellrecht, § 50 Rn. 117.

716 Vgl. BGH Urt. v. 04.04.1995, WuW/E BGH 2977, 2979 – *Hitlistenplatten.*

717 *Topel* in Wiedemann, Hdb. Kartellrecht, § 50 Rn. 119.

718 BGH GRUR 1997, 313, 314 f. – *Architektenwettbewerb;* BGH GRUR 1997, 914, 915 – *Die Besten II*; BGH GRUR 2001, 529, 530 – *Herz-Kreislaufstudie.*

nommen.[719] Das ist mit dem heutigen § 8 Abs. 3 Nr. 3 UWG nicht mehr vereinbar, der verlangt, dass die Zuwiderhandlung die Interessen der Mitglieder *berührt*.[720]

Dennoch ist die lauterkeitsrechtliche Marktabgrenzung in räumlicher wie in sachlicher Hinsicht weiter gefasst als im Kartellrecht. Im Lauterkeitsrecht wird die Marktabgrenzung nicht mit dem Bedarfsmarktkonzept vorgenommen.[721] Im UWG ist maßgebend, ob die betreffenden Waren oder Dienstleistungen ihrer Art nach sich derart gleichen oder nahe stehen, dass der Absatz des einen Unternehmens durch die Zuwiderhandlung des anderen beeinträchtigt werden kann.[722] Im Kartellrecht wird hingegen zur Abgrenzung des Angebotsmarktes das Bedarfsmarktkonzept angewandt. Es wird anhand einer objektiven Betrachtungsweise die funktionale Austauschbarkeit der angebotenen Produkte aus Abnehmersicht ermittelt.[723] Hieraus folgt eine wesentlich engere Marktabgrenzung.[724] Abgesehen von diesem praktischen Unterschied in der Marktabgrenzung ist das UWG weniger ökonomisiert als das Kartellrecht. Gemäß § 19 Abs. 2 GWB ist von einem ökonomischen Marktbegriff auszugehen, der nicht nur für die Missbrauchskontrolle, sondern für das gesamte Kartellrecht gelten soll.[725] Insbesondere durch den *more economic approach* wird das deutsche Kartellrecht immer stärker ökonomisiert.

Für § 33 Abs. 2 GWB bedeutet das, dass die Mitglieder des Verbandes auf demselben Markt tätig sein müssen wie der Kartelltäter. Hierfür genügt eine Tätigkeit in Deutschland aber häufig nicht, da gerade kartellrechtliche Sachverhalte in der Regel europaweite oder weltweite Märkte betreffen.[726] Somit ergibt sich hieraus eine weitere Beschränkung der Verbandsklagebefugnis, die aber vom Gesetzgeber der 7. GWB-Novelle nicht bezweckt wurde.[727]

---

719 *Topel* in Wiedemann, Hdb. Kartellrecht, § 50 Rn. 119.

720 Vgl. *Piper*/Ohly, § 8 Rn. 117; Hefermehl/*Köhler*/Bornkamm, § 8 Rn. 3.35. *Berührt* setzt mindestens eine konkrete Gefährdung der Interessen voraus. Jedenfalls ist dieses Merkmal aber bei Bestehen *eigener* Abwehransprüche erfüllt.

721 Hefermehl/*Köhler*/Bornkamm, § 8 Rn. 3.35.

722 BGH GRUR 1997, 145, 146 – *Preisrätselgewinnauslobung IV*; Hefermehl/*Köhler*/Bornkamm, § 8 Rn. 3.35.

723 *Bechtold*, § 19 Rn. 7; KG WuW/E 1995 f. – *Handpreisauszeichner*; zum EG-Wettbewerbsrecht, vgl. *Mestmäcker/Schweitzer*, § 16 Rn. 10 ff.; Bekanntmachung der Kommission zum relevanten Markt, Rn. 7.

724 Hefermehl/*Köhler*/Bornkamm, § 8 Rn. 3.38.

725 *Topel* in Wiedemann, Hdb. Kartellrecht, § 50 Rn. 120; Reg Begr. BT-Drucks. 15/3640, S. 45.

726 *Topel* in Wiedemann, Hdb. Kartellrecht, § 50 Rn. 120.

727 *Köhler*, WRP 2007, 602, 603.

b. Lauterkeitsrecht

Im Lauterkeitsrecht hat die Verbandsklage hingegen schon seit jeher eine erhebliche praktische Bedeutung. Das gilt sowohl für den neuen § 8 Abs. 3 Nr. 2, 3 UWG als auch für die Vorgängerregelung des § 13 Abs. 2 Nr. 2 UWG. Mehr als die Hälfte der wettbewerbsrechtlichen Klagen stammen heute von Verbänden i.S.v. § 8 Abs. 3 Nr. 2 UWG.[728]

Die Durchsetzung des Lauterkeitsrechts ist, anders als im Kartellrecht, grundsätzlich der Initiative von Privaten überlassen.[729] Im Gegensatz zu anderen EU-Mitgliedstaaten[730] gibt es in Deutschland keine behördliche Durchsetzung des UWG, von den Straftatbeständen in §§ 16 ff. UWG einmal abgesehen. Um eine schnelle und effektive Rechtsdurchsetzung im Lauterkeitsrecht zu gewährleisten, wurde ein Kollektivschutz von Verbrauchern geschaffen, indem Wirtschaftsverbänden und qualifizierten Einrichtungen eine Anspruchsberechtigung zuerkannt wurde, § 8 Abs. 3 Nr. 2, 3 UWG.[731] Der Grund für die Zuerkennung der Anspruchsberechtigung liegt darin, dass die Bekämpfung des unlauteren Wettbewerbs auch im öffentlichen Interesse erfolgt.[732] Zudem sollen Verfolgungslücken geschlossen werden.

Lauterkeitsrechtliche Verbandsklagen finden sich in nahezu sämtlichen Wirtschaftszweigen und unternehmerischen Tätigkeiten. Bei der Verbandstätigkeit ist zwischen der prozessualen Durchsetzung der Abwehransprüche und der (vorprozessualen) Abmahnung der Rechtsverletzer zu differenzieren.

Die Abmahntätigkeit von Verbänden war in der Vergangenheit in Deutschland so berüchtigt, dass manche Autoren vor einer „Hypertrophie" des Wettbewerbsrechts warnten[733] und der Gesetzgeber wegen der missbräuchlichen Geltendmachung der Ansprüche § 8 Abs. 4 UWG einführte[734].

Abgemahnt wird im gesamten gewerblichen Sektor, wobei die Abmahnung wegen wettbewerbswidriger Werbung und Werbeanzeigen einen großen Raum einnimmt. Insoweit existiert eine Fülle von höchstrichterlicher Rechtsprechung zu § 8 Abs. 3 Nr. 2, 3 UWG, deren Darstellung im Einzelnen den Umfang der Arbeit überschreiten würde. Im ersten Kapitel wurde aber herausgearbeitet, dass in der rechtspolitischen Diskussion vielfach auf das Missbrauchspotential hinge-

728 *Emmerich*, Unlauterer Wettbewerb, § 22, S. 340.

729 *Bergmann* in Harte-Bavendamm/Henning-Bodewig, § 8 Rn. 257; Hefermehl/*Köhler*/Bornkamm, § 8 Rn. 3.1.

730 Beispielsweise Italien.

731 Hefermehl/*Köhler*/Bornkamm, § 8 Rn. 3.4.

732 BGH GRUR 1990, 282, 284 – *Wettbewerbsverein IV*; BGH GRUR 1994, 304, 305 – *Zigarettenwerbung in Jugendzeitschriften*.

733 *Emmerich*, Unlauterer Wettbewerb, § 22, S. 340.

734 BT-Drucks. 10/5771, S. 22.

wiesen wurde, welches dem kollektiven Rechtsschutz innewohne.[735] Daher soll im Folgenden auf die Rechtsprechung zur missbräuchlichen Rechtsverfolgung nach § 8 Abs. 4 UWG eingegangen werden, da sich im Hinblick darauf Fallgruppen herausgebildet haben, die auch in kartellrechtlichen Kollektivverfahren eintreten könnten.[736]

Abstrakt erfasst § 8 Abs. 4 UWG die Geltendmachung wettbewerbsrechtlicher Ansprüche aus sachfremden Motiven. Letztlich ist § 8 Abs. 4 UWG eine spezielle Ausformung des § 242 BGB, wobei allerdings materiell-rechtliche Einwendungen[737], die gegen einen entsprechenden wettbewerbsrechtlichen Anspruch bestehen könnten, nicht von § 8 Abs. 4 UWG erfasst sind. Sein Anwendungsbereich beschränkt sich auf das Verhalten des Anspruchsstellers, das nach den Gesamtumständen der Geltendmachung als missbräuchlich einzuordnen ist.[738] Soweit die Voraussetzungen des § 8 Abs. 4 UWG vorliegen, entfällt die Prozessführungsbefugnis des Verbandes.[739] Fehlt die Prozessführungsbefugnis, wird die Klage insgesamt als unzulässig abgewiesen.[740] Die Darlegungs- und Beweislast für die Prozessführungsbefugnis trägt im Ergebnis der Beklagte.[741] Grundsätzlich wird die Prozessführungsbefugnis des klagenden Verbandes vermutet, sodass der Beklagte die Umstände darlegen muss, aus denen sich die Missbräuchlichkeit nach § 8 Abs. 4 UWG ergibt.[742] Eine typische Fallgruppe der missbräuchlichen Rechtsverfolgung i.S.d. § 8 Abs. 4 UWG ist die Abmahnung oder Rechtsdurchsetzung aus einem überwiegenden Gebührenerzielungsinteresse. Dabei wird die Prozessführungsbefugnis zur Einnahmenerzielung missbraucht. Sofern also die Abmahn- oder Klagetätigkeit allein aus einem Gebührenerzielungsinteresse erfolgt, liegt ein Missbrauch vor.[743] Ähnliches gilt, wenn der klagende Verband auf einem Gebiet tätig wird, das nur am Rande zu seinem eigentlichen Geschäftsfeld gehört, oder die Klage in keinem vernünftigen wirtschaftlichen Verhältnis zur gewerblichen Tätigkeit des Verbandes steht. Auch die Beschränkung auf einfache, eindeutige und damit risikolose Fälle kann die Missbräuchlichkeit begründen.[744]

---

735 Siehe oben, S. 35.

736 Vgl. *Piper*/Ohly, § 8 Rn. 185-190.

737 Arglist, Verwirkung, widersprüchliches Verhalten usw.

738 *Piper*/Ohly, § 8 Rn. 176; Hefermehl/*Köhler*/Bornkamm, § 8 Rn. 4.10.

739 BGH GRUR 99, 509, 510 – *Vorratslücken.*

740 *Piper*/Ohly, § 8 Rn. 189; **a.A.** Hefermehl/*Köhler*/Bornkamm, § 8 Rn. 4.25, der die Prozessführungsbefugnis als Frage der Begründetheit behandelt.

741 OLG Köln GRUR 1993, 571 – *Missbrauch der Antragsbefugnis.*

742 BGH GRUR 1974, 78, 79 – *Verbraucherverband*; BGH GRUR 2001, 178, 179 – *Impfstoffversand*; BGH GRUR 2006, 243 – *MEGA SALE.*

743 BGH GRUR 2001, 260, 261 – *Vielfachabmahner.*

744 BGH GRUR 1988, 918 – *Wettbewerbsverein III*; BGH GRUR 1990, 282, 285 – *Wettbewerbsverein IV.*

Verdächtig im Sinne des § 8 Abs. 4 UWG macht sich auch ein Verband, der einer umfangreichen Abmahntätigkeit nachgeht, die Verstöße aber gerichtlich nicht durchsetzt.[745] Das Gleiche wird für die systematische Erhebung von überhöhten Abmahnpauschalen oder Konditionalstrafen anzunehmen sein.[746]

Als weitere Fallgruppe ist die Anspruchsverfolgung durch Verbände in Schädigungsabsicht anerkannt. Darunter fällt die Anspruchsverfolgung durch Verbände, wenn vorwiegend Kosten zu Lasten des Anspruchsgegners generiert werden sollen. Insbesondere die künstliche Verteuerung zum Nachteil des Schuldners durch absichtliche Mehrfachverfolgung in getrennten Verfahren ist als typischer Missbrauchsfall anerkannt.[747] Häufig stehen in dieser Konstellation auf Gläubigerseite konzernmäßig verbundene Unternehmen, die sich vom selben Rechtsanwalt vertreten lassen, aber trotzdem wegen desselben Wettbewerbsverstoßes gegen den Schuldner in mehreren Verfahren vorgehen. Eine mögliche und nicht mit Nachteilen verbundene Streitgenossenschaft nach §§ 59, 60 ZPO wird dabei von den Gläubigern nicht ins Auge gefasst.[748] Dieses Vorgehen führt letztlich zu Mehrfachabmahnungen, obwohl schon eine einzige Abmahnung mit einem strafbewehrten Unterlassungsversprechen zur Abstellung des Wettbewerbsverstoßes ausgereicht hätte.[749] Ein Missbrauchsvorwurf nach § 8 Abs. 4 UWG ist gegen die Gläubiger bei einem derartigen Verfahren aber nur zu erheben, soweit keine sachlichen Gründe für die Vorgehensweise sprechen. Ein solches Vorgehen kann zum Beispiel gerechtfertigt sein, wenn das Verhalten des Schädigers einer einheitlichen Beurteilung nicht zugänglich ist.[750] Eine Indizwirkung für die Missbräuchlichkeit geht von einem Gläubigerverhalten aus, das nicht den für den Schuldner schonenden, sondern belastenden Weg der Rechtsdurchsetzung bedeutet.[751] Diese Indizwirkung folgt letztlich aus dem auch im Rahmen der Verbandsklagebefugnis geltenden Verhältnismäßigkeitsprinzip bzw. aus der materiell-rechtlichen Pflicht zur Rücksichtnahme.[752]

Als sonstige Missbrauchsfallgruppen i.S.v. § 8 Abs. 4 UWG sind in der Rechtsprechung die selektive Auswahl von einzelnen Schädigern, das Vorgehen nur gegen außenstehende Schädiger und die fremdbestimmte Rechtsverfolgung anerkannt. Eine selektive Schädigerauswahl liegt vor, wenn der Verband gleichgelagerte Verstöße bei seinen Mitgliedern duldet, gegen Nichtmitglieder aber vor-

745 BGH GRUR 1999, 1116, 1118 – *Wir dürfen nicht feiern.*
746 Fezer/*Büscher*, § 8 Rn. 234; *Teplitzky*, Kap. 13 Rn. 57.
747 BGHZ 144, 165, 171 – *Missbräuchliche Mehrfachabmahnung.*
748 BGH GRUR 2002, 715, 716 – *Scanner Werbung.*
749 BGH GRUR 2002, 367, 358 – *Missbräuchliche Mehrfachabmahnung.*
750 BGH GRUR 2002, 713, 714 – *Zeitlich versetzte Mehrfachverfolgung.*
751 BGHZ 144, 165, 177 – *Missbräuchliche Mehrfachabmahnung.*
752 Hefermehl/*Köhler*/Bornkamm, § 8 Rn. 4.10; *Rath/Hausen*, WRP 2007, 133, 134.

geht.[753] Ein Missbrauch liegt aber nur vor, wenn Verbandsmitglieder planmäßig gedeckt werden, obwohl eine Zuwiderhandlung gegen das UWG mit an Sicherheit grenzender Wahrscheinlichkeit[754] vorliegt.[755] Von einer Planmäßigkeit ist insbesondere auszugehen, wenn der Verband mit einem solchen Verhalten die Werbung neuer Mitglieder bezweckt oder sonstige sachfremde Erwägung der Vorgehensweise zugrunde liegen.[756] Daneben kann die Anspruchsverfolgung auch rechtsmissbräuchlich sein, wenn der Verband nicht im eigenen Interesse abmahnt oder klagt, sondern von den Interessen eines Dritten zum Tätigwerden motiviert wurde, der selbst keine rechtliche Handhabe gegen den Zuwiderhandelnden hat. Die Übernahme des Kostenrisikos bzw. die Abgabe einer Deckungszusage ist für sich genommen aber noch nicht missbräuchlich im Sinne des § 8 Abs. 4 UWG. Missbräuchlich ist ein Tätigwerden nur, wenn der Dritte die Rechtsverfolgung des Verbandes steuert und fremdbestimmt.[757]

c. Zusammenfassung

Die kartell- und die lauterkeitsrechtliche Verbandsklage sind zwar in den Voraussetzungen nahezu identisch, in der praktischen Bedeutung allerdings vollkommen unterschiedlich. Während die lauterkeitsrechtliche Verbandsklage tatsächlich zur Durchsetzung des UWG beiträgt[758], ist die Klage nach § 33 Abs. 2 GWB nur in ganz wenigen Einzelfällen in Erscheinung getreten.

Die Gründe hierfür liegen in der Natur der Rechtsverstöße. Kartellrechtsverstöße finden im Geheimen statt und sind ungleich aufwändiger zu ermitteln als Verstöße gegen das Lauterkeitsrecht. Die hinter den Unternehmensabsprachen stehenden Sachverhalte sind zudem wesentlich komplexer als die typischen lauterkeitsrechtlichen Fälle. Während im Lauterkeitsrecht häufig schon Marktbeobachtungen die Feststellung von Verstößen ermöglichen, ist man im Kartellrecht auf umfassende Ermittlungen angewiesen. Nicht ohne Grund ist das BKartA mit hoheitlichen Ermittlungsbefugnissen ausgestattet, ohne die die gerichtsfeste Ermittlung von Verstößen nicht möglich ist. Private – egal ob Einzelpersonen oder

753 *Piper*/Ohly, § 8 Rn. 187; BGH GRUR 1996, 804, 806 – *Preisrätselgewinnauslobung III.*

754 Das ist der Fall, wenn das fragliche Verhalten nach der höchstrichterlichen Rechtsprechung als wettbewerbswidrig einzuordnen ist, vgl. *Piper*/Ohly, § 8 Rn. 187.

755 BGH GRUR 1985, 58, 59 – *Mischverband II*; BGH GRUR 1997, 537, 538 – *Johanniskrautpräparat.*

756 BGH GRUR 1997, 681, 683 – *Produktwerbung.*

757 BGH GRUR 2001, 178 – *Impfstoffversand*; Hefermehl/*Köhler*/Bornkamm, § 8 Rn. 4.22; *Piper*/Ohly, § 8 Rn. 188.

758 Wie oben gesehen machen Verbandsklagen mehr als die Hälfte der wettbewerbsrechtlichen Klagen aus.

Verbände – verfügen weder über die hoheitlichen Eingriffsbefugnisse[759] noch über die personellen und sachlichen Mittel, die zur Ermittlung und zum Nachweis von Kartellrechtsverstößen erforderlich sind. Soweit Private sich eigenständig bemühen einen Verstoß gegen das Kartellrecht nachzuweisen, sind sie zudem mit hohen Kosten konfrontiert. Aufgrund der Komplexität der Sachverhalte und der Rechtsmaterie – häufig bedarf es nicht nur juristischen, sondern auch ökonomischen Sachverstands – entstehen in Kartellsachen hohe Kosten, die auch für einen Verband eine erhebliche Belastung darstellen.

Außerdem sind Verstöße gegen das Lauterkeitsrecht bildlich gesprochen greifbarer. Beispielsweise ist eine irreführende Werbeanzeige in abgedruckter Form körperlich und archivierbar, was den Nachweis des Verstoßes vereinfacht. Diese Greifbarkeit ist bei Kartellrechtsverstößen nicht vorhanden. Auf die Gründe für die defizitäre Lage der kartellrechtlichen Verbandsklage ist im Folgenden noch einzugehen.

3. Defizite der Verbandsklage

a. Beschränkung auf Unterlassung und Beseitigung

Die gegenwärtige Verbandsklageregelung im Kartellrecht beschränkt die Klagebefugnis der Verbände auf die Abwehransprüche auf Beseitigung und Unterlassung. Schadensersatzansprüche dürfen von Verbänden nach der derzeitigen Regelung nicht eingeklagt werden. Gerade dies setzt der unionsrechtliche Standpunkt zum kollektiven Rechtsschutz aber voraus. Schließlich soll durch die tatsächliche Geltendmachung der erlittenen Einbußen durch die Geschädigten die Durchsetzung des Kartellrechts insgesamt gestärkt werden. Auch vor dem Hintergrund der rechtspolitischen Orientierung der Kommission an den Rechtsschutzformen des US-amerikanischen Rechts ist eine Verbandsklage auf Schadensersatz aus europäischer Sicht wünschenswert. Dass dem deutschen Recht die Kollektivierung von individuellen Fragen – vor allem die Schadenshöhe ist immer eine individuelle Frage – prinzipiell fremd ist, wird auf europäischer Ebene nicht berücksichtigt. Zweck ist vielmehr die Verstärkung des Private Enforcements durch erfolgreiche Schadenersatzklagen.

---

759 Vgl. *Bechtold*, § 59 Rn. 16 ff.; gemäß § 59 Abs. 1 Nr. 3 GWB ist das BKartA zur Einsicht und Prüfung sämtlicher Geschäftsunterlagen während der Geschäftszeiten befugt, sofern eine kartellbehördliche Verfügung vorliegt. Wird die Einsicht verweigert, kommt eine Durchsuchung ohne vorherige richterliche Anordnung wegen Gefahr in Verzug in Betracht, vgl. KG WuW/E 2433, 2440 – Metro-Kaufhof. Daneben kann nach § 59 Abs. 4 GWB eine Durchsuchung richterlich angeordnet werden.

b. Klagebefugte Einrichtungen

Nach der deutschen Regelung sind Verbände zur Förderung selbstständiger beruflicher Interessen zur Anspruchsdurchsetzung befugt, § 33 Abs. 2 GWB, Verbraucherverbände dagegen nicht.[760]

Der Richtlinienentwurf sieht demgegenüber in Art. 6 Abs. 1 vor, dass qualifizierte Einrichtungen zur Durchsetzung von Schadensersatzansprüchen befugt sind. Anders als vom wettbewerbsrechtlichen Standpunkt der Kommission gefordert, müssen die Mitglieder der Verbände in Deutschland unbedingt auf demselben Markt wie der Schädiger tätig sein. Das verkürzt die Anspruchsberechtigung ganz erheblich. Bei Streuschäden mit Geschädigten auf der Ebene der Endverbraucher lässt dieses Erfordernis den § 33 Abs. 2 GWB praktisch leer laufen. Somit genügt die in § 33 Abs. 2 GWB vorgesehene Verbandsklagebefugnis nicht den europarechtlichen Anforderungen.

II. Sammel- und Gruppenklage

Sammel- und Gruppenklagen sind in der deutschen Zivilprozessordnung nicht vorgesehen. Das liegt am kontradiktorischen Konzept des Zivilprozesses, bei dem zwei Personen eine rechtliche Streitigkeit austragen. Eine kollektive Anspruchsverfolgung durch einen Repräsentanten, der eine Gruppe von Klägern repräsentiert, ist dem deutschen Recht unbekannt. Eine Durchsetzung fremder Rechte in eigenem Namen ist in der ZPO, abgesehen in Fällen der Prozessstandschaft, nicht vorgesehen.

Allerdings ist seit dem *Zementkartellfall*[761] quasi eine Sammelklagebefugnis geschaffen worden, indem das Vorgehen nach dem Geschäftsmodell der *Cartel Damage Claims S.E.* (CDC) höchstrichterlich gebilligt wurde.[762] Zudem wird in der Literatur die Durchsetzung von gebündelten Schadensersatzforderungen durch eine GbR diskutiert.[763] Diesem Modell liegt die Überlegung zugrunde, dass zahlreiche gleichgelagerte Forderungen in einer BGB-Gesellschaft gesammelt und gebündelt eingeklagt werden können.[764] Im Folgenden soll daher im Einzelnen auf die Durchsetzung von Schadensersatzansprüchen durch die CDC und eine GbR eingegangen werden.

---

760 Siehe hierzu oben, S. 121 ff.

761 Pressemitteilung des Bundeskartellamtes vom 14.03.03 abrufbar unter http://www.bundeskartellamt.de/wDeutsch/archiv/PressemeldArchiv/2003/2003_04_14.php (zuletzt besucht am 17.05.2010); LG Düsseldorf BB 2007, 847.

762 OLG Düsseldorf WuW/E DE-R 2311; BGH Beschl. v. 07.04.2009, KZR 42/08.

763 Vgl. *Koch*, NJW 2006, 1469; allg. zur Sammelklagebefugnis der GbR *K. Schmidt*, Gesellschaftsrecht, 4. Aufl. 2002, § 8 III, § 58 V 2.

764 *Koch*, NJW 2006, 1469.

1. Geschäftsmodell von Cartel Damage Claims Holding S.E.

Die CDC ist eine Aktiengesellschaft belgischen Rechts, die sich auf die Geltendmachung kartellrechtlicher Ersatzansprüche spezialisiert hat. CDC nimmt die beklagten Zementhersteller als Gesamtschuldner auf Schadensersatz in Anspruch. Dabei macht CDC die Ansprüche von diversen Zementabnehmern[765] im eigenen Namen aus abgetretenem Recht geltend.

CDC hat mit dem so genannten *tradebaCCC*[766] ein Verfahren zur Ermittlung der genauen Schadenshöhe entwickelt.[767] Wesensmerkmal dieses Verfahrens ist die zentrale Datenerfassung durch die Unternehmen in Kooperation mit CDC, um hinreichende Informationen zur Substantiierung der Schadensforderung zu sammeln. Hierzu stellt CDC den Unternehmen ein Datenblatt, Barcodes und Handlesescanner zur Verfügung, damit die Unternehmen Rechnungen, Lieferbelege und Verträge digitalisieren können. Damit sollen Bezugsdaten, Liefermengen und die Gewinnentwicklung darstellbar werden, um belastbare Aussagen über die Auswirkungen des Kartellverstoßes treffen können.[768] Die Vertragsgestaltung soll anhand des *Zementkartellfalles* dargestellt werden. Der Forderungskauf ist in diesem Fall wie folgt ausgestaltet: CDC schließt mit den betroffenen Unternehmen einen Kaufvertrag über die kartellrechtlichen Schadensersatzforderungen. Für die einzelnen Forderungen zahlt CDC den Unternehmen einen festen Kaufpreis von jeweils 100 € zuzüglich eines variablen Kaufpreisanteiles. Dieser Kaufpreisanteil liegt zwischen 75 % und 85 % der von CDC gegen die Kartelltäter realisierten Schadensersatzforderung.[769] Als Schaden macht CDC den Differenzbetrag zwischen dem kartellbedingt erhöhten Zementpreis und einem hypothetischen Wettbewerbspreis geltend. Grundlage der Berechnung ist ein zeitliches Vergleichsmarktkonzept, dem der durchschnittliche von den Zedenten gezahlte Zementkaufpreis zugrunde gelegt wird. Diesem Durchschnittspreis wird ein Preis gegenüber gestellt, der sich nach Auffassung von CDC unter kartellfreien Bedingungen ergeben hätte. Der hieraus ermittelte Differenzbetrag wird mit den Jahresbezugmengen der Zedenten multipliziert, um einen mittleren Schaden pro Jahr je Zedent zu errechnen. Die Gesamtschadenssumme stellt CDC gemäß § 287 ZPO in das Ermessen des Gerichts, wobei aber mindestens 75 % des errechneten Gesamtschadens geltend gemacht werden. Bei einer bezogenen Zementmenge von

765 Während des Beschwerdeverfahrens vor dem OLG Düsseldorf machte CDC die Ansprüche von insgesamt 36 Zementbeziehern geltend, vgl. OLG Düsseldorf WuW/E DE-R 2311.

766 **Tra**nsaction **d**ata **e**valuation **ba**sed **C**ompetition **C**ompliance **C**heck.

767 Vgl. http://www.carteldamageclaims.com/arbeitsweise.htm (zuletzt besucht am 07.12.2009).

768 Vgl. http://www.carteldamageclaims.com/files/Arbeitsweise.doc (zuletzt besucht am 07.12.2009).

769 CDC nennt diese Gestaltung einen „Vertrag über den Kauf von Forderungen und die Einräumung von Optionsrechten", vgl. OLG Düsseldorf WuW/E DE-R 2311.

circa 8.440 Tonnen bedeutet das eine Mindestschadenssumme von 113,987 Mio. €. Die eingeklagte Summe ist nach dem Vortrag von CDC nur eine Mindestschadenssumme, da ausschließlich Zementlieferungen berücksichtigt wurden, die sich mit Verträgen und Lieferscheinen belegen lassen.

Das vor dem LG Düsseldorf anhängig gemachte Verfahren warf Rechtsfragen auf, mit denen in der Beschwerde- und in der Rechtsmittelinstanz das OLG Düsseldorf und der BGH Stellung zu nehmen hatte. Zunächst wurde von den Beklagten erstinstanzlich die fehlende örtliche und sachliche Zuständigkeit des LG Düsseldorf gerügt. Nach Ansicht der Beklagten war der LG-Bezirk Düsseldorf kein Ort der Begehung. Dem entgegnete das LG Düsseldorf, dass sich eine örtliche Zuständigkeit schon dann ergebe, wenn vom Kläger Umstände schlüssig vorgetragen werden, aus denen sich das Vorliegen einer unerlaubten Handlung im Gerichtsbezirk ergibt.[770] Zudem sei der Erfolgsort i.S.d. § 32 ZPO auch der Ort, an dem sich die unerlaubte Handlung *auswirkt*. Bei einem bundesweit agierenden Kartell – die Zementhersteller hatten das Bundesgebiet in vier Regionen aufgeteilt[771] – sei dies auch der LG-Bezirk Düsseldorf. Die sachliche Zuständigkeit leitete das LG Düsseldorf aus § 87 GWB ab.[772]

Daneben hielten die Beklagten den Klagantrag für zu unbestimmt, weil der unbezifferte Klageantrag der CDC die genaue Höhe des Anspruches in das Ermessen des Gerichtes stellte. Hiergegen spricht aber, dass ein unbezifferter Klageantrag im Grundsatz zulässig ist, sofern die Bestimmung des Betrags von einer richterlichen Schätzung nach § 287 ZPO abhängt und der Kläger die notwendige Bestimmtheit herstellt, indem er die Schätzgrundlagen und eine Größenvorstellung angibt.[773]

Dies legte CDC – auch nach Auffassung des Revisionsgerichts – hinreichend substantiiert dar. CDC brachte Liefermengen, Zahlungsbelege und Preisentwicklungen bei und benannte eine Mindestschadenssumme im Prozess, sodass eine fundierte Berechnungsgrundlage bestand. Zudem kam es für die Zulässigkeit einer Klage nicht darauf an, dass der Klägervortrag das Bestehen des Anspruches schlüssig darlegt. Für die Zulässigkeit ging es nur um einen substantiierten Vortrag zur Individualisierung der Forderungen. Insoweit betrafen die Einwände der Beklagten Fragen der Sachlegitimation, die erst in der Begründetheit der Klage zu prüfen sind. Im Hinblick auf die Kollektivierung der Forderungen rügten die Beklagten die fehlende Prozessführungsbefugnis, da CDC fremde Forderungen im eigenen Namen aufgrund gewillkürter Prozessstandschaft geltend mache. Die Be-

770 LG Düsseldorf WuW/E DE-R 1948-1950; ganz h.M., vgl. BGHZ 124, 241; Zöller/*Greger*, § 32 Rn. 19.

771 In die Regionen Nord, Ost, Westfalen und Süd.

772 Hierzu im Einzelnen *K. Schmidt* in Immenga/Mestmäcker, § 87 Rn. 1 ff.

773 BGH NJW 1996, 2425, 2427; BGHZ 45, 91; Zöller/*Greger*, § 253 Rn. 14.

klagten argumentierten, dass es sich bei der Abtretung der Forderungen um eine Einziehungsermächtigung handele. Anders als bei der Zession bleibt bei der Einziehungsermächtigung der Altgläubiger Inhaber der Forderung. Die Einziehungsermächtigung ist damit ein abgespaltenes Gläubigerrecht, aufgrund dessen ein Dritter zur Verfügung über ein fremdes Recht ermächtigt wird. Während bei der Einziehungsermächtigung eine fremde Forderung von einem Dritten eingezogen wird, geht bei der Abtretung das Recht auf den Zessionar über. In der speziellen Variante der Inkassozession ist der Zessionar gegenüber dem Zedenten und Altgläubiger treuhänderisch gebunden.

In der Revisionsinstanz musste die (Inkasso)Zession von der Einziehungsermächtigung abgegrenzt werden. CDC wäre u.U nicht prozessführungsbefugt gewesen, wenn der vertraglichen Gestaltung nur eine Einziehungsermächtigung zugrunde gelegen hätte.

Der Inkassozession und Einziehungsermächtigung ist gemeinsam, dass ein Dritter mit der Einziehung der Forderung im eigenen Namen betraut werden soll.[774] Zudem besteht zwischen dem Altgläubiger und dem Zessionar ein Treuhandverhältnis, kraft dessen der Zessionar in der Verfügung über die Forderung beschränkt ist. Damit ein Treuhandverhältnis angenommen werden kann, muss eine überschießende Außentendenz des Treuhänders von den Parteien gewollt sein.[775] Bei der Einziehungsermächtigung findet dagegen kein Gläubigerwechsel statt.[776] Der Dritte ist lediglich zur Einziehung im eigenen Namen zugunsten des Gläubigers befugt. Aufgrund der vertraglichen Gestaltung des Forderungskaufs zwischen den Geschädigten und CDC ging das OLG Düsseldorf von einer Inkassozession aus.[777] Da dem Forderungskauf zwischen CDC und den Geschädigten eine Abtretung nach § 398 BGB zugrunde lag, war die Forderung auf CDC übergegangen. Des Weiteren sah der Vertrag eine Rückveräußerungsoption zugunsten der Geschädigten vor, die aber nur dann einen Sinn ergibt, wenn die Altgläubiger ihr Recht an den Zessionar CDC verlieren. Für die Inkassozession spricht zudem, dass CDC mit den Geschädigten einen variablen Kaufpreisanteil vereinbarte, der von der realisierten Summe abhängig war. CDC muss also, um eine hohe „Erfolgsbeteiligung" zu erlangen, eine möglichst hohe Summe einklagen. Dieses wirtschaftliche Eigeninteresse spricht für eine überschießende Außenstellung als Treuhänder. Wegen der Treuhänderstellung geht CDC im eigenen Namen aus eigenem (abgetretenem) Recht gegen die Zementhersteller vor, sodass die Prozessführungsbefugnis vorliegt.

774 *Roth* in MünchKomm-BGB, § 398 Rn. 40.
775 *Roth* in MünchKomm-BGB, § 398 Rn. 41.
776 *Roth* in MünchKomm-BGB, § 398 Rn. 40.
777 OLG Düsseldorf WuW/E DE-R 2311.

Ferner rügten die Beklagten die Unbestimmtheit der Klageschrift (§ 253 ZPO), insbesondere die mangelnde Bestimmbarkeit der einzelnen Forderungen. Die Beklagten argumentierten, dass wegen der Forderungsbündelung durch CDC eine differenzierte Rechtsverteidigung gegen die Forderungen unmöglich sei. Zudem werde durch die pauschalierte Geltendmachung eines Gesamtschadens ein Gesamtschuldnerregress nach § 426 Abs. 2 BGB unnötig erschwert.

Das LG und das OLG Düsseldorf sahen aber die Erfordernisse des § 253 Abs. 2 Nr. 2 ZPO als erfüllt an. Danach muss der Kläger zwar grundsätzlich einen bezifferten Betrag in der Klageschrift angeben. Allerdings reicht es aus, wenn nur die Schätzgrundlagen und eine Größenordnung angegeben werden, soweit die Schadenshöhe in das richterliche Ermessen gemäß § 287 ZPO gestellt wird.[778] Dies hatte CDC getan, da es sowohl die zur Schätzung erforderlichen Daten übermittelt als auch eine Mindestschadenssumme genannt hatte.

Die Beklagten zweifelten zudem den materiell-rechtlichen Bestand der Forderungen an, da CDC gegen Art. 1 § 1 RBerG[779] i.V.m. § 134 BGB verstoßen habe, indem Rechtsberatung und der Forderungseinzug durchgeführt wurden. Das LG wie auch das OLG Düsseldorf gingen auf den Einwand der Unwirksamkeit nicht ein, da dies keine Frage der Zulässigkeit, sondern der Begründetheit der Klage war. Für die Zulässigkeit reicht es, wenn sich aus dem schlüssigen Klägervortrag die Möglichkeit ergibt, dass das geltende Recht besteht. Dies hatte CDC erfüllt, sodass die Klage zulässig war. Auf die Beschwerde der Zementhersteller hin wurde letztinstanzlich vom BGH entschieden, dass die Klage zulässig ist.[780] Insoweit ist also von der deutschen Rechtsprechung der Weg für „Sammelklagen" freigemacht worden, die eine Geltendmachung von Streuschäden erleichtern könnten.

Auch das BKartA setzt Hoffnung in die Tätigkeit der CDC zur Sanktionierung von Streuschäden.[781] Das BKartA geht davon aus, dass die Forderungsbündelung die Zahl der Zivilklagen gegen die Beteiligten von Hardcore-Kartellen steigern wird.[782] Allerdings zeigt gerade das Beispiel des *Zementkartells*, dass sich das Modell des Forderungskaufs nur für die Bewältigung von Hardcore-Kartellen eignet, die einen eingrenzbaren Kreis von Betroffenen schädigen. CDC macht die Forderungen von nur 36 Zementbeziehern geltend. Das Abtretungsmodell würde bei echten Streuschäden aus technisch-organisatorischen Gründen scheitern, da wegen der größeren Breitenwirkung schon die Ermittlung der Forderungsgläubiger erhebliche Schwierigkeiten bereiten würde.

---

778 BGHZ 45, 91; Zöller/*Greger*, § 253 Rn. 14.

779 Das RBerG wurde abgeschafft. Seit dem 01.07.2008 gilt das Rechtsdienstleistungsgesetz (RDG vom 12.12.2007, BGBl. I, 2840), vgl. § 2 Abs. 2 RDG.

780 BGH Beschl. v. 07.04.2009, KZR 42/08.

781 BKartA, Diskussionspapier, S. 5.

782 Ebenda.

Soweit aber die Geschädigten mittelständische Unternehmen und in der Zahl bestimmbar sind, ist der Forderungskauf ein Weg zur zivilprozessualen Durchsetzung der Schadensersatzforderung. Die Konstellation des *Zementkartellfalles* zeigt, dass die geschädigten Mittelständler ermittelbar waren und auch in die Prozessführung eingebunden werden konnten.

Eine Bündelung durch Forderungskauf steigert die tatsächliche Durchsetzbarkeit von Schadensersatzansprüchen, dies aber nur unter den dargestellten besonderen äußeren Umständen. Für Kartellverstöße mit geringer bzw. mittlerer Breitenwirkung ist das Geschäftsmodell der CDC eine gelungene Teillösung. Bei echten Streuschäden kommt es jedoch an seine organisatorischen und finanziellen Grenzen.

2. Sammelklage durch eine GbR

Ein weiteres Modell zur gemeinsamen Verfolgung gleichartiger Ansprüche ist die Durchsetzung der Schadensersatzforderungen durch eine Gesellschaft bürgerlichen Rechts.[783]

In seinem Urteil vom 29.01.2001 hat der BGH der GbR die Außenrechtsfähigkeit und damit die Parteifähigkeit im Zivilprozess zugesprochen.[784] Mit dieser Entscheidung hat sich ein alter gesellschaftsrechtlicher Streit erledigt, obgleich auch heute noch Vertreter der Literatur die Außenrechtsfähigkeit der GbR ablehnen.[785] Die GbR hat eine eigene Rechtspersönlichkeit, sodass sie im Prozess als Klägerin auftreten kann, § 50 Abs. 1 ZPO.[786] Die fehlende Parteifähigkeit war bis zum Urteil des BGH ein prozessuales Hindernis, das nun aus dem Weg geräumt ist, sodass die GbR eine prinzipiell geeignete Gesellschaftsform ist, um Schadensersatzansprüche zu sammeln und durchzusetzen. Die GbR unterliegt keiner Registerpflicht oder sonstigen formalen Anforderungen. Ihre Errichtung erfüllt daher das praktische Bedürfnis der Geschädigten nach einem unkomplizierten Zusammenschluss.

Als Gesellschaftszweck kommt jeder erlaubte Zweck in Betracht, also auch die gemeinsame Prozessführung.[787] Als Zweck ist die gemeinsame Prozessführung zur Durchsetzung der in der GbR gebündelten Forderungen denkbar. Hierbei sind mehrere Modelle möglich:

Zum einen könnte die GbR die Rechte der Gesellschafter, d.h. der Geschädigten, stellvertretend geltend machen. Dann läge der Gesellschaftszweck in der auf-

---

783 *Koch*, NJW 2006, 1469.

784 BGHZ 146, 341, 342.

785 Stein/Jonas/*Bork*, § 50 Rn. 23; umfassend zur Rechtsfähigkeit der GbR, *Gummert* in Münchener Hdb. d. GesR, Bd. 1, § 19 Rn. 1 ff.

786 *Koch*, NJW 2006, 1469, 1470.

787 *Ulmer* in MünchKomm-BGB, § 705, Rn. 144.

tragsgemäßen Verfolgung der Gesellschafterrechte. Die Gesellschaft würde dann in fremdem Namen tätig.

Zum anderen können die Gesellschafter ihre Schadensersatzforderungen aber auch nach § 398 BGB an die GbR abtreten. Dann würde die GbR im eigenen Namen und eigenem Recht tätig werden.[788] Letztlich kommt auch eine Mischform in Betracht: die Gesellschaft könnte die Schadensersatzansprüche zur Einziehung[789] geltend machen, also im eigenen Namen ein fremdes Recht verfolgen.

Bei der Forderungsübertragung auf eine Gesellschaft zur gemeinsamen Rechtsverfolgung stellt sich die Frage, ob hierdurch gegen das RDG[790] verstoßen wird. Insoweit könnte die Übertragung der Forderung auf die GbR nach § 134 BGB unwirksam sein; die GbR würde damit ihre Prozessführungsbefugnis verlieren.[791] Das wäre der Fall, wenn die Vorgehensweise der GbR unter einem Erlaubnisvorbehalt nach dem RDG stehen würde. Schon zum RBerG[792], das bis zum 30. Juli 2008 galt, wurde vertreten, dass die Rechtsverfolgung durch eine GbR unter einem Erlaubnisvorbehalt stehe.[793] Zu klären ist also, ob sich auch nach dem heutigen RDG ein Erlaubnis- bzw. Registrierungsvorbehalt für die Tätigkeit der GbR ergibt. Gemäß § 2 Abs. 1 RDG ist Rechtsdienstleistung jede Tätigkeit in konkreten fremden Angelegenheiten, sobald sie eine rechtliche Prüfung des Einzelfalls erfordert. Unabhängig hiervon liegt gemäß § 2 Abs. 2 RDG eine Rechtsdienstleistung vor, wenn fremde Forderungen oder Forderungen auf fremde Rechnung eingezogen werden und die Einziehung geschäftsmäßig erfolgt (Inkassotätigkeit).

Das RDG untersagt dem Einzelnen nicht die Wahrnehmung eigener Rechtsangelegenheiten, es soll niemand „vor sich selbst geschützt werden“.[794] Soweit die GbR die Forderung nur im fremden Namen, d.h. stellvertretend für die Gesellschafter, geltend macht, handelt sie in fremden Angelegenheiten. Zu einem anderen Ergebnis käme man, wenn die Geschädigten die Schadensersatzansprüche durch Vollabtretung nach § 398 BGB auf die GbR übertragen. Dann handelt die

---

788 *Koch*, NJW 2006, 1469, 1470.

789 Die Gesellschafter würden die GbR nach § 185 BGB zur Einziehung ermächtigen. Es liegt damit keine Inkassozession vor. Hierzu siehe oben S. 140.

790 RDG v. 12. Dezember 2007, BGBl. I S. 2840.

791 *Koch*, NJW 2006, 1469, 1470.

792 Zum 1. Juli 2008 löst das RDG das RBerG ab. Es regelt, anders als das RBerG, nicht die Erbringung von Rechtsdienstleistungen im gerichtlichen Verfahren, sondern bezweckt den Schutz von Rechtssuchenden vor unqualifizierten Rechtsdienstleistungen, vgl. § 1 Abs. 1 S. 2 RDG. Die Einzelheiten, insbesondere die gerichtliche Rechtsdurchsetzung, sind in der Rechtsdienstleistungsverordnung geregelt.

793 LG Augsburg Urt. v. 22.12.2005, Az. 9 O 6067/044 (unveröffentlicht).

794 Noch zum RBerG vgl. *Koch*, NJW 2006, 1469, 1471.

Gesellschaft im eigenen Namen und aus eigenem Recht.[795] Nichts anderes gilt, wenn die Forderungen zur Einziehung auf die Gesellschaft „übertragen“ wurde, d.h. die GbR zur Einziehung im eigenen Namen nach § 185 BGB ermächtigt wurde. Auch hier handelt die GbR im eigenen Namen, aber auf fremde Rechnung. Dies ist aber für die Fremdheit im Sinne des § 2 Abs. 1 RDG nicht maßgeblich.

Auch ist diese Gestaltung keine registrierungspflichtige Inkassotätigkeit im Sinne des § 2 Abs. 2 RDG. Die Gesellschafter haben sich zu einer GbR zusammengeschlossen, indem sie ihre Forderungen in die GbR eingebracht und sich nach § 719 BGB gesamthänderisch gebunden haben. Der einzelne Gesellschafter kann folglich über seinen Anteil nicht mehr frei verfügen[796], sodass man den Forderungseinzug durch eine GbR nicht als fremd qualifizieren kann.[797] Eine registrierungspflichtige Inkassotätigkeit im Sinne des § 2 Abs. 2 RDG liegt daher nicht vor. Zudem müsste die Inkassotätigkeit der GbR gemäß § 2 Abs. 2 RDG als eigenständiges Geschäft betrieben werden. Dafür müsste die Tätigkeit geschäftsmäßig erfolgen. Von einer geschäftsmäßigen Besorgung durch die GbR wird man nur sprechen können, wenn die GbR beabsichtigt, in anderen Fällen gleicher Art tätig zu werden. Hieran fehlt es, wenn sich Geschädigte in einer GbR zusammenschließen, um wegen eines konkreten Kartellverstoßes ihre Ansprüche aus § 33 Abs. 2 GWB geltend zu machen. Insoweit liegt ein einheitlicher Lebenssachverhalt vor, für den die GbR die Prozessführung als einzigen den Zweck verfolgt. Die Tätigkeit der GbR ist also nicht als eigenständiges Geschäft im Sinne des § 2 Abs. 2 RDG zu bewerten.

Damit kommt ein Verstoß gegen das RDG nicht in Betracht. Abgesehen davon könnte sich die GbR aber auch nach § 10 Abs. 1 Nr. 1 RDG registrieren lassen, sofern sie eine besondere Sachkunde im Sinne des § 11 Abs. 1 RDG nachweisen kann. Die Beschäftigung eines Volljuristen durch die GbR erscheint dabei möglich und für die Prozessführung auch praktisch erforderlich, sodass insoweit keine Bedenken bestehen. Eine Sammelklage durch eine eigens gegründete GbR wäre demzufolge prozessrechtlich möglich.[798]

Die GbR tritt also im Schadensersatzprozess als Klägerin im eigenen Namen auf. Hat die Klage Erfolg, werden die beigetriebenen Schadensersatzleistungen an die Gesellschafter nach § 734 BGB als Gewinn ausgeschüttet.[799] Geht der Prozess

---

795 Insoweit wäre von einer Inkassozession auszugehen, da die Geschädigten auch nach der Abtretung ein eigenes wirtschaftliches Interesse an der erfolgreichen Durchsetzung der Forderung haben (Erfolgsinteresse).

796 Palandt/*Sprau*, § 719, Rn. 2; *Gummert* in Münchener Hdb. d. GesR, § 13 Rn. 2.

797 *Koch*, NJW 2006, 1469, 1471; *Hess*, AG 2003, 113, 123.

798 *Koch*, NJW 2006, 1469, 1472.

799 *Hess* in KK-KapMuG, Einl. Rn. 9.

verloren, so droht den Gesellschaftern gemäß § 735 BGB eine Nachschusspflicht, für die sie nach § 128 HGB analog gesamtschuldnerisch haften.[800]

Allerdings stellt sich die praktische Frage nach der Tauglichkeit des GbR-Modells für die Lösung des kartellrechtlichen Streuschadenproblems. Zwingend erforderlich ist nämlich der ausdrückliche Zusammenschluss der Geschädigten, die den Gesellschaftsvertrag schließen müssen. Dieses erste Tätigwerden wird durch das rationale Desinteresse der nur geringfügig Geschädigten verhindert. Damit ist die Sammelklage zwar, genauso wie das Geschäftsmodell der CDC, prinzipiell zur Durchsetzung kartellrechtlicher Ansprüche geeignet, aber nur, wenn der Kreis der geschädigten Anspruchsinhaber überschaubar und das Schadensereignis zeitlich und sachlich abgrenzbar ist und insbesondere die einzelnen Geschädigten eine spürbare Einbuße erlitten haben.

3. Defizite der Sammel- und Gruppenklagen

Der unionsrechtliche Standpunkt legt die Einführung einer *Opt-in* Gruppenklage nahe. Die Untersuchung hat bereits gezeigt, dass dem deutschen Recht Gruppen- und Sammelklagen fremd sind. Insofern findet sich auch keine ausdrücklich gesetzlich normierte Gruppenklagebefugnis.

Gleichwohl wurde durch Richterrecht im Ergebnis eine Sammelklagebefugnis im Kartellrecht geschaffen, indem das Geschäftsmodell der CDC gebilligt wurde. Der Kommissionsvorschlag sieht vor, dass Gruppenklagen die Verbände in ihrer Klagetätigkeit ergänzen und etwaige Verfolgungslücken füllen sollen. Das Konzept geht davon aus, dass die Anspruchsinhaber ihre Forderungen mit der Gruppenklage zu einer einzigen Klage zusammenfassen.[801] Die richterrechtliche Sammelklagebefugnis weicht insoweit von diesem Konzept ab, als hier die Schadensersatzforderungen auf eine Gesellschaft durch Abtretung nach § 398 BGB übertragen werden.

Die Gesellschaft geht damit nicht im Namen der Geschädigten vor, sondern macht eigene Ansprüche geltend. Folglich ermöglicht die deutsche Rechtsprechung lediglich die Zusammenführung der kartellrechtlichen Schadensersatzansprüche in eine Gesellschaft. Die Geschädigten verlieren durch die Abtretung ihren Schadensersatzanspruch. Zwar erfolgt bei einem erfolgreichen Ausgang des von der Gesellschaft geführten Schadensersatzprozesses keine echte Verteilung der eingeklagten Summen. Gleichwohl sieht das Modell der CDC eine Erfolgsbeteiligung der Geschädigten vor, sodass es im Interesse der Gesellschaft liegt, eine möglichst hohe Schadenssumme zu erstreiten.

---

800 *Loritz/Wagner*, WM 2007, 477, 488; *Hess* in KK-KapMuG, Einl. Rn. 9.

801 Weißbuch, S. 5.

Es kann daher festgehalten werden, dass im deutschen Recht keine gesetzliche Regelung besteht, die der europäischen Konzeption einer *Opt-in* Gruppenklage entspricht. Allerdings hat die Rechtsprechung ein ganz ähnliches Modell zugelassen, das letztlich in den wesentlichen Zügen dem europäischen Standpunkt entspricht. Die richterrechtliche Sammelklagebefugnis ermöglicht nämlich die gewillkürte Zusammenfassung der Schadensersatzansprüche durch Abtretung nach § 398 BGB in einer Hand. Die zur Übertragung der Forderung erforderliche Willenserklärung des Anspruchsinhabers kommt der Ausübung eines *Opt-in* Rechts gleich.[802]

Auch sieht die vertragliche Gestaltung der Forderungsübertragung eine Erfolgsbeteiligung vor, so dass es sich für die klagende Gesellschaft lohnt, einen erfolgreichen Prozess zu führen.

Daher entspricht die Rechtslage in Deutschland faktisch dem Standpunkt des Unionsrechts, wobei aber zu beachten ist, dass keine gesetzliche Grundlage für die Sammelklagebefugnis existiert und das Instrument der Sammelklage dem deutschen Recht prinzipiell fremd ist.

III. Musterverfahren

Musterverfahren dienen wie Sammel- oder Verbandsklagen der Verfahrensökonomie. In Abgrenzung zu Verbandsklagen findet aber keine kollektive Rechtsdurchsetzung statt. Es gibt also keinen externen Dritten (etwa einen Verband) oder einen Repräsentanten, der die Ansprüche der Geschädigten durchsetzt. Musterverfahren bezwecken vielmehr eine einheitliche und verbindliche Klärung einer Rechtsfrage, die einer Vielzahl von Fällen zugrunde liegt. Das ist verfahrensökonomisch, wenn ein im Wesentlichen einheitlicher Lebenssachverhalt zu einer großen Anzahl von Individualschäden geführt hat. Das deutsche Recht kennt zwei Musterverfahren, das verwaltungsgerichtliche Musterverfahren nach § 93a VwGO und das Kapitalanlegermusterverfahren, das im KapMuG[803] geregelt ist. Das Musterverfahren wird grundsätzlich von einem Kläger geführt, der ein Urteil mit Musterwirkung herbeiführt. Kraft gesetzlicher Anordnung bindet dieses Urteil die Gerichte, bei denen andere Beteiligte ein Verfahren anhängig gemacht haben oder anhängig machen werden.[804] Im Folgenden soll daher auf die Hintergründe und Funktionsweisen der deutschen Musterverfahren eingegangen werden.

---

802 Palandt/*Grüneberg*, § 398 Rn. 2.

803 BGBl. 2005 I, 2437.

804 *Erttmann/Keul*, WM 2007, 482. Anders beim Musterverfahren nach § 93a VwGO.

1. Kapitalanlegermusterverfahrensgesetz (KapMuG)

Das KapMuG ist seit dem 01.11.2005 in Kraft und modifiziert die ZPO. Ziel der Regelungen ist die Verbesserung des Kapitalanlegerschutzes durch ein kostengünstigeres und zügigeres Verfahren.[805] Das KapMuG will nicht mit den Prinzipien des deutschen Zivilprozesses brechen, sondern sie vielmehr maßvoll modifizieren, um eine effektivere Rechtsverfolgung zu ermöglichen. Kapitalmarktrechtliche Musterverfahren hat es im deutschen Recht bisher nicht gegeben; deshalb hat der Gesetzgeber in § 20 KapMuG eine Experimentierklausel[806] eingeführt, wonach das KapMuG nur bis zum 01.10.2010 gilt. Aufgrund einer zwischenzeitlichen Verlängerung gilt das KapMuG nunmehr bis zum 31.10.2012.[807] Nach Meinung des Gesetzgebers soll – soweit sich das kapitalmarktrechtliche Musterverfahren in der Praxis bewährt hat – erst zu diesem Zeitpunkt über eine Übernahme der Vorschriften in die ZPO nachgedacht werden.

Hintergrund der Gesetzgebung waren unzählige Anlegerklagen gegen die *Deutsche Telekom*, die beim LG Frankfurt anhängig gemacht wurden und die Justiz an ihre organisatorischen Grenzen gebracht haben.[808] Die in den Medien angepriesene „Volksaktie" der *Deutschen Telekom*[809] wurde insbesondere von Kleinanlegern mit geringer Börsenerfahrung zum Aufbau einer Altersvorsorge gezeichnet.[810] Nach den Kursstürzen in den Jahren nach der Emission waren beim LG Frankfurt/Main zeitweise 17.000 Anlegerklagen[811] auf Schadensersatz anhängig.[812] Das Verfahren nach dem KapMuG ermöglicht nun die Durchführung eines

805 RegE. Begr. BT-Drucks. 15/5091, S. 13, 36 ff.

806 Eine so genannte *sunset Klausel.*

807 Hintergrund ist die im Juni 2010 erschienene Evaluation des KapMuG von *Halfmeier*, Kollektiver Rechtsschutz im Kapitalanlegerrecht.

808 Vgl. Welt-online v. 06.04.2008, http://www.welt.de/finanzen/article1875197/Warum_sich_die_Telekom_Klage_nicht_lohnen_wird.html (zuletzt besucht am 16.12.2009); *Erttmann/Keul*, WM 2007, 482; *Jahn*, ZIP 2008, 1314.

809 Vgl. Spiegel-Online vom 04.04.2008, http://www.spiegel.de/wirtschaft/0,1518,545290,00.html (zuletzt besucht am 18.12.2009).

810 *Jahn*, ZIP 2008, 1314.

811 Ursächlich für die vielen Klagen war auch das Verjährungsrecht: durch die Übergangsregelungen drohten vielen Anlegern die Verjährung ihrer Ansprüche, vgl. *Erttmann/Keul*, WM 2007, 482.

812 *Jahn*, ZIP 2008, 1314. Der „Telekomprozess" wurde auch schnell Gegenstand medialer Sensationsberichterstattung. So wurden etwa die umfangreichen Klägerschriftsätze mit einem Lastwagen zum LG Frankfurt „gekarrt", vgl. Focus-Online http://www.focus.de/finanzen/boerse/aktien/telekom/telekom-prozess-der-freie-fall-der-t-aktie_aid_268445.html (zuletzt besucht am 18.12.2009).

Musterverfahrens, das rechtliche oder tatsächliche Fragen für andere, ähnlich gelagerte Fälle klärt.[813]

Das Verfahren beginnt mit einem Musterfeststellungsantrag nach § 1 Abs. 1 KapMuG. Das Prozessgericht entscheidet nach § 1 Abs. 2 KapMuG grundsätzlich ohne mündliche Verhandlung, wobei dem Antragsgegner aber eine Gelegenheit zu Stellungnahme zu geben ist. Das Gericht prüft, ob der Antrag mit einem zulässigen Feststellungsziel und in einem ordnungsgemäßen Verfahren gestellt wurde, § 1 Abs. 1 und 2 KapMuG.

Kommt das Gericht zu dem Ergebnis, dass der Antrag zulässig ist, wird gemäß § 2 Abs. 1 KapMuG der Musterfeststellungsantrag im Klageregister (Bundesanzeiger) veröffentlicht. Das Gericht entscheidet durch Beschluss, der unanfechtbar ist.[814] Gemäß § 4 Abs. 1 Nr. 2 KapMuG müssen nach Veröffentlichung des Antrags binnen vier Monaten mindestens neun weitere Musterfeststellungsanträge bei dem Gericht eingehen, damit eine Vorlage zum OLG erfolgen kann. Die Veröffentlichung im Bundesanzeiger bezweckt die Information anderer Betroffener, damit diese ebenso von ihrem Recht nach § 1 Abs. 1 KapMuG Gebrauch machen können. Nach § 4 Abs. 1 Nr. 1 KapMuG richtet sich die Zuständigkeit des OLG nach dem zeitlichen Rang der beim Prozessgericht gestellten Musterfeststellungsanträge. Zuständig ist daher das OLG, in dessen Bezirk das LG liegt, bei dem der erste Musterfeststellungsantrag gestellt wurde.[815]

Soweit innerhalb der Viermonatsfrist die erforderliche Anzahl von Musterfeststellungsanträgen eingeht, fasst das Prozessgericht einen Aussetzungsbeschluss, § 7 KapMuG. Der Aussetzungsbeschluss gilt gemäß § 8 Abs. 3 Satz 2 KapMuG als Beiladung für die übrigen Beteiligten.[816] Die Beiladung bewirkt, dass die übrigen Beteiligten zu Streithelfern und nicht zu Parteien des Verfahrens werden.[817] Dies zeigt, dass das KapMuG keine echte Form der kollektiven Rechtsverfolgung ermöglicht. Die Beiladung ist erforderlich, damit den übrigen Beteiligten rechtliches Gehör gewährt werden kann, sie also Angriffs- und Verteidigungsmittel vorbringen können und die Gestaltung der Prozessführung nicht allein dem Musterkläger vorbehalten bleibt.[818]

---

813 *Franklin/Heydn,* ZVglRWiss 105 (2006), 313, 316 f.; *Erttmann/Keul*, WM 2007, 482, 483.

814 § 2 Abs. 2 Satz 2 KapMuG; zu den im Beschluss enthaltenen Angaben, § 2 Abs. 2 Satz 3 Nr. 1-5 KapMuG.

815 Zum Problem der möglichen Verfahrensverschleppung, siehe sogleich unten.

816 Vgl. hierzu, *Franklin/Heydn,* ZVglRWiss 105 (2006), 313, 319.

817 RegE Begr., BT-Drucks. 15/5091, S. 25. Beigeladen werden im Übrigen nur diejenigen Parteien, deren Verfahren vom Aussetzungsbeschluss betroffen ist, vgl. *Vollkommer*, NJW 2007, 3094, 3098.

818 *Franklin/Heydn,* ZVglRWiss 105 (2006), 313, 318.

Das Musterurteil entfaltet nur für die Verfahrensbeteiligten einschließlich der Streithelfer Bindungswirkung. Den übrigen Geschädigten ist es grundsätzlich unbenommen eigenständig zu klagen. Faktisch ist eine solche Individualklage aber nur schwer möglich, da in der Regel die Ansprüche bereits verjährt sein werden.[819] Das Musterverfahren beim OLG dient der Klärung der Musterfragen. Zulässiges Feststellungsziel sind tatsächliche oder rechtliche Fragen, nicht aber die konkrete Höhe der Schadensersatzforderung.[820] Die individuellen Forderungen werden in gesonderten Verfahren unter Bezugnahme auf das Musterurteil durchgesetzt.[821] Die Schadenshöhe ist grundsätzlich eine individuelle Frage, die jeden einzelnen Geschädigten anders betrifft. Dies zeigt, dass das KapMuG keine Kollektivierung der Anspruchsverfolgung, sondern lediglich Beweiserleichterungen und die Senkung des Kostenrisikos in Folgeprozessen bewirkt.

Das bedeutet – übertragen auf die Streuschadenproblematik im Kartellrecht – dass es bei der schwierigen und komplexen Schadensberechnung bleibt. Das KapMuG könnte also auch im Kartellrecht kaum die Durchsetzung erhöhen, da der Individualkläger nach wie vor hohe Beweisanforderungen erfüllen muss. Zudem ist zu beachten, dass das KapMuG mindestens einen Kläger erfordert, der mit deutlich erhöhtem Aufwand das Musterverfahren führt. Schon hieran fehlt es im Kartellrecht aber aufgrund der rationalen Apathie der Geschädigten. Selbst wenn ein Musterkläger einen ersten Musterfeststellungsantrag stellen würde, müssten immer noch mindestens neun weitere Geschädigte einen solchen Antrag stellen. Hiermit ist aber nicht zu rechnen. Auch wird die rationale Apathie der Kartellgeschädigten durch langwierige Verfahren hervorgerufen, da nur wenige Endverbraucher für einen nominell geringen Schaden ein langes Zivilverfahren eingehen werden. Die bisherigen Verfahren nach dem KapMuG haben gezeigt, dass das Musterverfahren aufwändig ist. Die mangelnde Verfahrensökonomie hat diverse Ursachen. Die mit den Kapitalanlegermusterprozessen betrauten Gerichte sind in der Anwendung des KapMuG noch nicht sehr vertraut, es mangelt an praktischer Erfahrung. Wichtiger ist aber noch, dass das KapMuG *Einfallstore* zur Verfahrensverzögerung enthält.[822] Schon das Zulassungsverfahren vor dem Prozessgericht erfordert die umfangreiche Überprüfung des § 1 KapMuG, die kaum in angemessener Zeit zu leisten ist. Zudem besteht eine Anhörungspflicht, die häufig wegen Terminverschiebungen unendlich verzögert wird. Auch werden Prozessgerichte unter Umständen geneigt sein die Zulässigkeitsprüfung zu verzö-

819 *Hess*, WM 2004, 2329, 2331.

820 *Duve/Pfitzner*, BB 2005, 673, 375; *Hess* in KK-KapMuG, Einl. Rn. 55, 56.

821 *Franklin/Heydn,* ZVglRWiss 105 (2006), 313, 320.

822 Hierzu im Einzelnen *Erttmann/Keul,* WM 2007, 482, 483 ff.

gern, um nicht wegen des Prioritätsgrundsatzes als *erstes* Prozessgericht zu gelten und damit die Zuständigkeit ihres übergeordneten OLG zu begründen.[823]

Festzuhalten ist daher, dass das Verfahren nach dem KapMuG vielleicht für Klagen von Kapitalanlegern sinnvoll ist. Die bestehenden Verfahrenshürden sind im Anlegerrecht gleichwohl hinnehmbar bzw. behebbar. Dagegen ist das KapMuG schon strukturell nicht für die hier zu lösende Streuschadenproblematik im Kartellrecht geeignet, da ein Mechanismus zur Überwindung der rationalen Apathie der Geschädigten fehlt.

2. *Musterprozess nach § 93a VwGO*

§ 93a VwGO enthält eine weitere Form des Musterprozesses, der zur Bewältigung von Massenverfahren durch die Verwaltungsgerichte geschaffen wurde.[824] Nach § 93a VwGO kann das Verwaltungsgericht, sofern die Rechtmäßigkeit einer behördlichen Maßnahme Gegenstand von mehr als zwanzig Verfahren ist, eines oder mehrere Verfahren als Musterverfahren auswählen und die übrigen Verfahren aussetzen.

Die Musterverfahren werden vom Verwaltungsgericht nach den allgemeinen prozessualen Grundsätzen bearbeitet.[825] Die Musterwirkung bewirkt nur mit Blick auf die ausgesetzten Verfahren eine verfahrensrechtliche Erleichterung. Nach § 93a VwGO kann ohne mündliche Verhandlung in einem erleichterten Beweisverfahren entschieden werden.[826] Anders als im KapMuG entfaltet die Entscheidung im Musterverfahren aber keine Bindungswirkung für das Verwaltungsgericht in den ausgesetzten Verfahren. Es bleibt bei einer grundsätzlichen Befugnis zur abweichenden Entscheidung in anderen Verfahren.[827] Zudem muss es sich um dieselbe behördliche Maßnahme handeln, deren Rechtmäßigkeit im Verwaltungsprozess geklärt werden soll. Nur im Wesentlichen gleichartige Verwaltungsakte[828] genügen nicht,[829] d.h. ein Musterverfahren nach § 93a VwGO kommt nur bei echten und nicht bei unechten Massenverfahren in Betracht. Die Eignung eines solchen Musterverfahrens zur Bewältigung kartellrechtlicher Massenverfahren ist fraglich. Mit Blick auf die Problematik der Streuschäden zeigt sich die gleiche strukturelle Ungeeignetheit wie bei dem KapMuG. Auch § 93a VwGO setzt voraus, dass Geschädigte mit Klagebereitschaft Rechtsschutz vor dem Verwaltungsgericht suchen. An einer solchen Klagebereitschaft fehlt es jedoch bei Streuschäden.

---

823 *Erttmann/Keul,* WM 2007, 482, 483.

824 *Garloff* in Posser/Wolff, Überblick § 93a VwGO.

825 *Garloff* in Posser/Wolff, Überblick § 93a VwGO.

826 Eyermann/*Geiger*, § 93a Rn. 2.

827 Kopp/*Schenke*, § 93a Rn. 10; *Garloff* in Posser/Wolff, § 93a Rn. 6.

828 Beispielsweise *Numerus-clausus*-Entscheidungen oder *Asyl*-Verfügungen.

829 *Stelkens*, NVwZ 1991, 209, 213; *Garloff* in Posser/Wolff, § 93a Rn. 2.

Darüber hinaus bindet die Entscheidung im Musterverfahren nach § 93a VwGO das Gericht in den ausgesetzten Verfahren nicht[830], was dem Verwaltungsgericht und nicht den Adressaten der behördlichen Maßnahme dient. Das Verwaltungsgericht soll durch § 93a VwGO in die Lage versetzt werden, die ausgesetzten Verfahren schneller abzuarbeiten, da die wesentlichen Fragen schon vorab geklärt sind. Daher kann – was verfassungsrechtlich weitgehend unbedenklich ist[831] – auf eine gesonderte Beweisaufnahme und eine mündliche Verhandlung verzichtet werden.[832] Eine Bindungswirkung zugunsten der Adressaten ist damit nicht bezweckt.

Die Kartellgeschädigten benötigen demgegenüber aber eine gesteigerte Bindungswirkung der Musterentscheidung, um ihre Prozessrisiken und Verfahrenskosten einschätzen zu können. Hieran fehlt es beim Musterprozess nach § 93a VwGO. Ohnehin wäre ein Prozess ein finanzielles Wagnis, auf das sich kaum ein Geschädigter einlassen würde. Festzuhalten ist also, dass eine Adaption des verwaltungsgerichtlichen Musterverfahrens nach § 93a VwGO nicht zur Durchsetzung kartellrechtlicher Schadensersatzansprüche geeignet ist.

IV. Defizite des deutschen Zivilprozessrechts

Neben den spezifischen Instrumenten des kollektiven Rechtsschutzes spielen für die Durchsetzbarkeit kartellrechtlicher Schadensersatzforderungen die Eigenheiten des Zivilprozessrechts eine Rolle. Im Folgenden soll daher auf die für den kollektiven Rechtsschutz relevanten Defizite des deutschen Zivilprozessrechts eingegangen werden.

1. Kostenrecht

Das deutsche Kostenrecht (§§ 91-101 ZPO) geht in § 91 ZPO vom Grundsatz der Unterliegenshaftung aus. Danach hat die unterliegende Partei zumindest grundsätzlich die Kosten des Verfahrens zu tragen. Das gilt für den unterliegenden Kläger, weil durch dessen unbegründete Klage Kosten entstanden sind, genauso wie für den Beklagten, da er durch sein Verhalten Anlass für die Klage gegeben hat.[833] Diese Regelung bezweckt, von einer nicht aussichtsreichen oder mutwilligen Prozessführung abzuhalten. Die Unterliegenshaftung hat daher auch keinen Straf- oder Schadensersatzcharakter; ersetzt werden nur die *notwendigen* Aufwendungen (§ 91 ZPO).[834]

830 Kopp/*Schenke*, § 93a Rn. 1.
831 BVerfG NJW 1980, 1511.
832 Kopp/*Schenke*, § 93a Rn. 1.
833 *Rosenberg/Schwab/Gottwald*, § 84 Rn. 64.
834 *Rosenberg/Schwab/Gottwald*, § 84 Rn. 64.

Die Höhe der zu erstattenden Kosten bestimmt sich nach dem Gebührenstreitwert, der sich nach § 12 Abs. 1 GKG i.V.m. §§ 3-9 ZPO berechnet. Wichtige Sonderregeln finden sich in §§ 12-22 GKG. Die Höhe des Gebührenstreitwertes wird vom Gericht durch Beschluss nach § 63 GKG festgesetzt.[835] Je höher der Gebührenstreitwert, desto höher ist auch der Kostenerstattungsanspruch der obsiegenden Partei.

Mit Blick auf kartellrechtliche Schadensersatzklagen stellt eine solche Regelung ein nicht von der Hand zu weisendes Hindernis für die Geschädigten dar. Aufgrund der insgesamt im Wege des kollektiven Rechtsschutzes einzuklagenden Schadenssummen beläuft sich der Gebührenstreitwert in aller Regel auf hohe Summen. Da der Prozessausgang für die Geschädigten nur selten vorhersehbar ist, ein Unterliegen also fast immer zumindest möglich erscheint, stellt die Prozessführung für die Geschädigten ein großes finanzielles Risiko dar. Das hat auch der Gesetzgeber der 7. GWB-Novelle von 2005 erkannt und eine Streitwertanpassung in das GWB eingefügt. Nach § 89a Abs. 1 S.1 GWB kann das Gericht anordnen, dass sich die Verpflichtung einer Partei zur Zahlung von Gerichtskosten auf einen ihrer Wirtschaftslage angemessenen Teil des Streitwertes bemisst. Voraussetzung für die Streitwertherabsetzung ist, dass die begünstigte Partei glaubhaft macht, die Belastung mit den Prozesskosten werde ihre wirtschaftliche Lage erheblich gefährden.

Ziel der Regelung ist eine Reduzierung des Kostenrisikos aus Billigkeitserwägungen, um die Klagebereitschaft der Geschädigten zu erhöhen.[836] § 89a GWB ist an die alte Fassung des § 23b UWG (2003) angelehnt, dem heutigen § 12 Abs. 4 UWG. Die Streitwertanpassung kommt in Betracht, wenn ein Anspruch nach §§ 33, 34a GWB geltend gemacht wird, und zwar für den jeweiligen Antragsteller, der auch beklagte Kartelltäter sein kann.[837] Gleichwohl wird in der Regel der Geschädigte den Antrag nach § 89a GWB stellen, da der Beklagte als Unternehmer nur schwerlich eine Gefährdung seiner wirtschaftlichen Lage glaubhaft machen können wird. Der wichtigste Fall des § 89a GWB ist der, dass der Kläger nicht in der Lage ist, den Gerichtskostenvorschuss zu zahlen, er also den Prozess ohne die Herabsetzung des Streitwertes nicht führen könnte. Zur Glaubhaftmachung der Gefährdung der wirtschaftlichen Lage kann sich der Antragsteller der in § 294 ZPO genannten Beweismittel bedienen. Der Begriff der Gefährdung ist dabei weiter zu fassen als Untragbarkeit[838], aber enger als Unzumutbarkeit.[839] Das Gericht muss die Nachteile der Kostentragungslast mit der wirtschaftlichen Lage

835 *Schellhammer*, Rn. 2227.

836 *Bechtold*, § 89a Rn. 1, 2.

837 *Bechtold*, § 89a Rn. 4.

838 Im Sinne von Unmöglichkeit oder Unerschwinglichkeit.

839 *Dicks* in L/M/R, § 89a Rn. 4.

des Antragstellers abwägen. Ungünstige wirtschaftliche Verhältnisse rechtfertigen eine Streitwertanpassung allein noch nicht. Dem Antragsteller wird vielmehr eine Darlehensaufnahme zur Prozesskostenfinanzierung zuzumuten sein.[840] Die Streitwertherabsetzung bewirkt, dass die begünstigte Partei im Unterliegensfall die Gerichts- und Anwaltskosten nur nach dem herabgesetzten Streitwert zu ersetzen hat. Der Rechtsanwalt der gegnerischen Partei rechnet im Innenverhältnis hingegen nach dem nicht herabgesetzten Streitwert ab. Im Falle des Obsiegens trifft die begünstigte Partei bei Uneinbringlichkeit der Kosten beim Gegner die Zweitschuldnerhaftung (§ 31 Abs. 1 GKG) nur nach Maßgabe des herabgesetzten Streitwertes.[841] Der Rechtsanwalt der begünstigten Partei kann seine Vergütung beim Gegner nach dem vollen Gegenstandswert beitreiben.[842] Für den Rechtsanwalt der begünstigten Partei bedeutet dies eine Art Erfolgshonorar, da seine Gebühren sich nach dem „richtigen" Streitwert bemessen.[843] Die kartellrechtliche Streitwertanpassung führt also nur zu einer finanziellen Erleichterung für die begünstigte Partei. Eine Abweichung vom Prinzip der Unterliegenshaftung ist mit § 89a GWB nicht bezweckt. Insoweit bleibt die deutsche Regelung des Kostenrechts hinter den Maßgaben der Kommission zurück.[844]

2. Beweis- und Darlegungslast

Als Grundsatz gilt im deutschen Zivilprozessrecht, dass jede Partei die Beweislast für die tatsächlichen Voraussetzungen der ihr günstigen Norm trägt.[845] Konkret bedeutet dies, dass der Anspruchsteller die anspruchsbegründenden Tatsachen, der Anspruchsgegner die einredebegründenden Tatsachen darlegen und beweisen muss. Dies ergibt sich aus dem Gegenüber von Angriffs- und Verteidigungsmitteln.[846] Diese Grundregel kann durch gesetzliche Regelungen zur Beweislastverteilung oder durch gesetzliche Vermutungen modifiziert werden.[847] Als wichtigste Fallgruppe ist die Umkehr der Beweislast anerkannt.

Dieses Instrument wird bei schuldhafter Beweisvereitelung angewandt. Der Beweisgegner muss in seinem Verantwortungsbereich vorwerfbar beweisvereitelnd gehandelt haben. Einfache Fahrlässigkeit reicht nicht aus, um eine Ausnah-

840 *K. Schmidt* in Immenga/Mestmäcker, § 89a Rn. 9; *Dicks* in L/M/R, § 89a Rn. 4.

841 *Dicks* in L/M/R, § 89a Rn. 11; zur Zweitschuldnerhaftung siehe *Hartmann*, § 31 GKG Rn. 7 ff.

842 *Dicks* in L/M/R, § 89a Rn. 11.

843 RegE Begr. BT-Drucks. 15/3640, S. 69; *Bechtold*, § 89a Rn. 10.

844 Siehe hierzu oben, S. 43.

845 *Schilken*, § 11 Rn. 503; BGHZ 53, 245, 250; *Rosenberg/Schwab/Gottwald*, § 115 Rn. 9.

846 Zur umstrittenen Begründung der dogmatischen Herleitung vgl. nur *Rosenberg/Schwab/Gottwald*, § 114 II m.w.N.

847 §§ 363, 476, 543 Abs. 4 BGB sind beispielsweise Beweislastregeln.

me von der beweisrechtlichen Grundregel zu begründen.[848] Dies ist aber eine Frage des Einzelfalles, zu der keine einheitliche Rechtsprechung auszumachen ist.[849]

Auch das Institut der sekundären Beweislast kann dem Kläger in gewissem Rahmen über Beweisschwierigkeiten hinweg helfen. Die sekundäre Beweislast belastet den Gegner mit einer Aufklärungspflicht, wenn die streitigen Umstände in seinem Verantwortungsbereich liegen und der Kläger diese im Rahmen seiner Möglichkeiten dargelegt hat.[850] Sind dem Gegner Angaben zu den Umständen möglich und zumutbar, so muss er diese machen, um eine Präklusion nach § 138 III ZPO zu vermeiden.[851] Regelmäßig wird es aber an der Zumutbarkeit fehlen, wenn der Prozessgegner sensible Geschäftsdaten und Unternehmensgeheimnisse preisgeben muss.[852]

Mit Blick auf die kartellrechtsspezifischen Fragen des Schadensersatzrechts geht es aber meist um die Preisgabe von derartigen Geheimnissen und anderem vertraulichen Datenmaterial. Schließlich ist ein Nachweis des Kartellverstoßes ohne die Sichtung von Unternehmensdokumenten kaum möglich. Nicht ohne Grund verfügt das BKartA über umfangreiche Ermittlungsbefugnisse, die auch das Recht zur Hausdurchsuchung und zur Beschlagnahme umfassen. Insoweit kann also bezweifelt werden, dass das Institut der sekundären Beweislast den möglichen Schadensersatzklägern eine spürbare Erleichterung der Beweisführung verschaffen wird.

Zu Beweiserleichterungen kann auch der *prima-facie* Beweis führen.[853] Der *prima-facie* Beweis ist kein besonderes Beweismittel, sondern lediglich das Ergebnis des konsequenten Einsatzes allgemeiner Lebenserfahrung bei der Überzeugungsbildung.[854] Mithilfe der allgemeinen Lebenswahrscheinlichkeit können Informationsdefizite oder fehlende Indizien überbrückt werden, jedenfalls soweit der angewandte Erfahrungssatz einem typischen Geschehensablauf nach dem neuesten Stand der Erfahrung entspricht.[855] Seinen Hauptanwendungsbereich hat der *prima-facie* Beweis im Bereich der Kausalität und des Verschuldens. Übertragen auf die Streuschadensproblematik im Kartellrecht ist der praktische Nutzen dieses Instituts gleichwohl gering, da es meist an Erfahrungssätzen fehlen wird, die eine Beurteilung zulassen.[856]

848 *Schilken*, § 11 Rn. 507.

849 *Belling/Riesenhuber*, ZZP 108 (1995), 455; *Blomeyer*, AcP 158 (1959), 97; *Jauernig*, ZPO, S. 167.

850 Zöller/*Greger*, § 138 Rn. 8b.

851 Zöller/*Greger*, § 138 Rn. 8b.

852 BGH MDR 2004, 898; Zöller/*Greger*, § 284 Rn. 34b.

853 *Rosenberg/Schwab/Gottwald*, § 113 Rn. 16; BGH NJW 1998, 79.

854 *Rosenberg/Schwab/Gottwald*, § 113 Rn. 16.

855 BGHZ 100, 31; *Lahme*, S. 221.

856 So auch allgemein *Rosenberg/Schwab/Gottwald*, § 113 Rn. 19.

Insoweit genügen die oben angesprochenen Institute auch nicht dem Standpunkt des Unionsrechts. Dieser verlangt, dass die Beweisführung für die Geschädigten anwendungssicher gestaltet ist. Das deutsche Beweisrecht hingegen enthält als klare und eindeutige Regel nur, dass jede Partei die ihr günstigen Tatsachen beweisen muss. Die Abweichungen von dieser Regel sind, abgesehen von den gesetzlich normierten Fällen, richterrechtlich geschaffene Ausnahmen und einzelfallabhängig. Die von der Kommission angeregten Offenbarungspflichten[857] kennt die ZPO nicht. Eine allgemeine prozessuale Aufklärungspflicht oder eine Pflicht zur Offenlegung von Unterlagen und Dokumenten, die der Prozessgegner im Besitz hat, ist dem deutschen Recht fremd.[858] U.a. aus dem Schutz der Privatsphäre folgt, dass niemand seinem Gegner eine siegreiche Prozessführung durch Hilfe ermöglichen muss.[859] Dass der deutsche Gesetzgeber eine allgemeine Offenlegungspflicht ablehnt, zeigt auch § 142 Abs. 1 ZPO.[860] Dieser berechtigt das Gericht, die Vorlage von Urkunden und anderen Unterlagen anzuordnen, allerdings nur soweit sich eine Partei auf diese Urkunden und Dokumente bezogen hat. Daraus folgt, dass es bei dem oben genannten Grundsatz bleibt und Abweichungen vom Beibringungsgrundsatz nur in engen und hinreichend konkreten Einzelfällen zugelassen werden.[861] Die Anwendung der Regelung des § 142 ZPO steht im Ermessen des Gerichts und erweitert die materielle Prozessleitungsbefugnis.[862] § 142 ZPO ist daher keine Norm zur Erleichterung der Beweislast.

Festzuhalten ist insoweit, dass die deutsche ZPO keine allgemeine Ausklärungs- oder Offenbarungspflicht kennt. Lediglich in Ausnahmefällen kann vom Gericht eine Offenlegung von Urkunden und Dokumenten angeordnet werden. Gewisse Beweiserleichterungen verschaffen die Instrumente der sekundären Beweislast sowie des *prima-facie* Beweises. Diese letztgenannten Instrumente sind aber kaum geeignet, die rationale Apathie zu beseitigen. Wie bereits gesehen, fehlt es für die Offenlegung nach der sekundären Beweislast regelmäßig an der Zumutbarkeit, da meist Geschäftsgeheimnisse betroffen sein werden. Die Geschädigten können ihr Risiko zu unterliegen, weil ihnen ein Beweis nicht gelingt, kaum einschätzen bzw. senken. Flexible Regeln, wie sie der europäische Standpunkt nahe legt, existieren im deutschen Recht nicht. Es gibt im deutschen Recht keine Verfahrensnorm, die es dem Kläger erlaubt, nur die jeweiligen Umstände darzulegen, die in seiner Sphäre liegen. Ebenso gibt es keine Regelungen, welche die Offenba-

857 Siehe hierzu oben S. 37.

858 *Rosenberg/Schwab/Gottwald*, § 108 Rn. 8; **a.A.** *Stürner, S.* 85 ff.

859 BVerfG NJW 2002, 3619.

860 Vertiefend *Westhoff*, S. 66 ff.

861 Vgl. LG Ingolstadt NZI 2002, 390; *Rosenberg/Schwab/Gottwald*, § 109 Rn. 8.

862 Baumbach/*Hartmann*, § 142 Rn. 2, 4.

rung von bestimmten Dokumentengattungen anordnen.[863] Daher bleibt das deutsche Beweisrecht hinter den Anforderungen der Kommission zurück. Jedenfalls ist das deutsche Beweisrecht nicht in der Lage, das rationale Desinteresse an einer Anspruchsverfolgung zu mindern.

V. Zusammenfassung der Defizite

Zusammenfassend ergibt sich ein defizitäres Bild der deutschen Rechtslage auf dem Gebiet des kollektiven Rechtsschutzes im Kartellrecht. Wesentlich hierfür ist, dass der kollektive Rechtsschutz dem deutschen Prozessrechtsdenken fremd geblieben ist. Abgesehen von einigen Ausnahmen im gewerblichen Rechtsschutz hat die Kollektivierung von Ansprüchen keine Tradition im deutschen Recht. Das gilt insbesondere für Schadensersatzansprüche, da die Höhe des erlittenen Schadens stets eine individuelle Frage ist. Eine kollektive Behandlung dieser Frage zur einheitlichen Klärung würde dem Kompensationsgedanken des Schadensrechts widerstreben. Zwar hat der deutsche Gesetzgeber in §§ 33, 34a GWB eine kartellrechtliche Verbandsklage verankert. Diese erweist sich aber als praktisch ineffektiv.

Die Aktivlegitimation der Verbände ist entsprechend der deutschen Rechtstradition[864] auf Abwehransprüche (Beseitigung und Unterlassung) beschränkt. Einen Anspruch auf Schadensersatz dürfen Verbände hingegen nicht geltend machen, obgleich gerade dies vom europäischen Standpunkt zu fordern wäre. Schließlich ist auf dieser Ebene anerkannt, dass die tatsächliche Geltendmachung zivilrechtlicher Sanktionen die Unternehmen bewegen wird, die kartellrechtlichen Ge- und Verbote zu beachten. Diese Abschreckungsfunktion kann sich aber nur entfalten, wenn die Geschädigten ihre Ansprüche auch tatsächlich durchsetzen.

Ein weiteres Defizit stellt die Ausgestaltung des deutschen Prozessrechts dar. Dies betrifft sowohl das Kosten- als auch das Beweisrecht. Es mangelt an einer grundsätzlichen Abweichungsbefugnis vom kostenrechtlichen Grundsatz der Unterliegenshaftung (§ 91 ZPO). Zwar erlaubt § 89a GWB eine Streitwertermäßigung, diese vermag aber das große und daher abschreckend wirkende Prozessrisiko nicht signifikant zu mildern.[865]

Das Beweisrecht hilft dem rationalen Desinteresse der Geschädigten auch nicht ab. Es bleibt im Wesentlichen beim Grundsatz, dass jede Partei die ihr positiven Tatsachen beweisen muss.

---

863 *Rosenberg/Schwab/Gottwald*, § 109 Rn. 8.

864 Vgl. insoweit zur UWG-Klage, oben S. 124.

865 Vgl. *K. Schmidt* in Immenga/Mestmäcker, § 89a Rn. 2 ff.

Die Bindungswirkung rechtskräftiger Kartellbehördenentscheidungen aus § 33 Abs. 4 GWB erleichtert die Beweisführung nur insoweit, als die Geschädigten den Kartellverstoß nicht mehr nachweisen müssen. Es bleibt aber bei dem oft genauso schwierigen Nachweis eines Schadens[866], da die Bindungswirkung nur auf Tatbestandsebene besteht.[867]

Zusammenfassend zeigt sich mit Blick auf kartellrechtliche Schadensersatzklagen eine defizitäre Lage im deutschen Recht. Die Regelungen im Zuge der 7. GWB-Novelle 2005 genügen im Hinblick auf den kollektiven Rechtsschutz nicht dem rechtspolitischen Standpunkt der Kommission. Das deutsche Recht kann lediglich in praktischer Hinsicht dem Vorschlag der Kommission, *Opt-in* Gruppenklagen einzuführen, entsprechen. Allerdings fehlt eine ausdrückliche Regelung, da die Sammelklagebefugnis durch Richterrecht entwickelt wurde.[868]

C. Ergebnis

Dieses Kapitel hat gezeigt, dass dem deutschen Recht die Kollektivierung der Anspruchsdurchsetzung grundsätzlich fremd ist. Trotzdem sind Instrumente des kollektiven Rechtsschutzes in Deutschland nicht unbekannt, wie die lange Tradition der Verbandsklage nach § 8 Abs. 3 UWG zeigt. Eine Gruppenklage ist im deutschen Verfahrensrecht nicht geregelt, allerdings ist durch Richterrecht eine Sammelklagebefugnis geschaffen worden. Dies zeigen die Schadensersatzverfahren der CDC. Die kartellrechtliche Verbandsklage hat dagegen, anders als die UWG-Verbandsklage, keine relevante praktische Bedeutung. Vor dem Hintergrund des rechtspolitischen Standpunktes der Kommission mangelt es insgesamt an einer effektiven Verbandsklagebefugnis zur Durchsetzung von Schadensersatzansprüchen. Zudem wird die Anspruchsdurchsetzung durch die Regeln des Beweis- und Kostenrechts erschwert, da diese Normen nicht zur Senkung des Prozessrisikos beitragen.

866 Begr. RegE BT-Drucks. 15/3640, B zu § 33 Abs. 4 GWB.

867 *Bechtold*, § 33 Rn. 39; *Emmerich* in Immenga/Mestmäcker, § 33 Rn. 71.

868 Siehe hierzu oben, S. 140.

4. Kapitel: Maßnahmenvorschlag für das deutsche Recht

In diesem Kapitel soll ein konkreter Regelungsvorschlag für die prozessrechtliche Gestaltung einer kartellrechtlichen Sammelklage erarbeitet werden. Berücksichtigt werden die positiven und negativen Erfahrungen, die im Ausland mit Instrumenten des kollektiven Rechtsschutzes gemacht wurden.

Die neu zu regelnden Kollektivverfahren müssen den Konflikt zwischen individuellen Interessen (Privatautonomie und rechtliches Gehör) und der hinreichend effektiven Durchsetzung (öffentliches Verfolgungs- und Durchsetzungsinteresse) in einen möglichst schonenden Ausgleich bringen.[869] Der Regelungsentwurf soll zudem die deutschen Rechtsgrundsätze wenig beeinträchtigen und die kontinentaleuropäische Prozessrechtstradition wahren.

Dass eine reibungslose und absolut interessengerechte Lösung dieses Konfliktes unmöglich ist, darf schon an dieser Stelle vorweggenommen werden. Gleichwohl kann – angesichts des erheblichen Interesses an der Verfolgung von Kartellverstößen – die Lösung dieser offenen Frage nicht im Ignorieren der nicht durchgesetzten Schadensersatzansprüche (§ 33 Abs. 3 GWB) liegen. Das gilt insbesondere vor dem Hintergrund der wettbewerbsrechtspolitischen Strategie der Europäischen Kommission.[870] Erarbeitet werden soll eine zufriedenstellende und interessengerechte Lösung des Streuschadenproblems. Somit gilt es einen hinreichenden Klageanreiz zu schaffen, ohne allzu großes Missbrauchspotential zu eröffnen, damit die Geschädigten eine gerechte Interessenvertretung erhalten.

A. Erkenntnisse aus den Länderberichten

Die in den Länderberichten betrachteten Lösungsmodelle der USA und Schweden sollen nun auf ihre Stärken und Schwächen hin untersucht werden.

Insbesondere die Schwächen der US-Class-action sind dabei von Interesse, da die Class-action eine praktisch bedeutsame Verfahrensart ist und ihre Schwächen Gegenstand der rechtspolitischen Diskussion sind. Auffällig ist, dass die rechtspolitische Diskussion von krassen Gegensätzen geprägt ist. Die Lager teilen sich in eine kategorische Ablehnung, die zum Teil zur Verteufelung des gesam-

869 Diesen Gedanken verfolgt auch *Stadler*, Bündelung von Interessen im Zivilprozess, S. 7.
870 Siehe hierzu bereits oben, S. 43 ff.

ten US-Prozessrechts zu neigen scheint, während andere die Class-action als eine außerordentlich wichtige Rechtsschutzform begrüßen. Daher sollen die Ursachen der Schwachstellen untersucht werden, um so eine abschließende Bewertung der Class-action zu ermöglichen.

I. Stärken von Kollektivklagen

Es besteht eine prinzipielle Ähnlichkeit zwischen der schwedischen Gruppenklage und der US-amerikanischen Class-action, da beide Verfahrensformen ähnliche Zielsetzungen verfolgen, wie die weitere Darstellung zeigen wird. Gleichwohl sind beide Verfahrensarten vor dem jeweiligen gesellschaftlichen Hintergrund zu sehen. Hier zeigen sich erhebliche Differenzen zwischen Schweden und den USA. Große Unterschiede zeigen sich mit Blick auf das Prozess- und Kostenrecht der beiden Länder. Während das schwedische dem deutschen Recht ähnelt – so gilt in Schweden das Prinzip der Unterliegenshaftung – weist das US-amerikanische Recht Züge auf, die dem kontinentaleuropäischen Verständnis fremd sind. Zu nennen sind die *American rule*, *punitive damages*, *pre-trial discovery* und die *Jury*-Entscheidung.

Im Folgenden sollen die Vorzüge der Gruppenklage zusammengefasst werden, um dann einen Abgleich mit den vielfach kritisierten Nachteilen vorzunehmen. Abschließend werden die ausländischen Gruppenklagen in einer Abwägung bewertet.

1. Kollektivverfahren und objektive Rechtsdurchsetzung

Bei kartellrechtlichen Streuschäden überwinden Class-actions zumindest grundsätzlich das rationale Desinteresse der Geschädigten, indem Klageanreize geschaffen werden. Ohne die Class-action könnten die schadensrechtlichen Ausgleichs- und Verhaltenssteuerungsmechanismen nicht greifen, da die zivilrechtlichen Ansprüche nicht durchgesetzt werden würden. Dies hätte zur Konsequenz, dass die Kartelltäter die Kartellrendite ungemindert für sich behalten und so auf Kosten der Volkswirtschaft einen Gewinn erzielen könnten. Die Schädiger müssten nicht mit einer Inanspruchnahme rechnen, sodass sie rechtswidrige Verhaltensweisen in ihre unternehmerische Kalkulation einbeziehen könnten.[871] Letztlich erhalten die Geschädigten keine Kompensation für ihre Einbußen. Dies ist für die lauteren Marktteilnehmer nachteilig, da immer mehr Unternehmen zu rechtswidrigen Verhaltensweisen greifen werden, um auf diese Weise Gewinne zu machen. Diese Gewinne werden zu Lasten der Verbraucher erzielt.

Die Class-action vermag diesen Zusammenhang zu unterbrechen, indem sie den Geschädigten als Vehikel zur Anspruchsdurchsetzung dient. Potentielle Schä-

871 *Ebbing*, ZVglRWiss 103 (2004), 31, 45.

diger sehen sich dem Risiko ausgesetzt, mit Schadensersatzansprüchen der Marktgegenseite konfrontiert zu werden, sodass die Verhaltenssteuerungsfunktion des Schadensersatzrechts greift. Es ist allgemein anerkannt, dass die Unternehmen zweckrational handeln, d.h. sie werden die Entscheidung, sich kartellrechtswidrig zu verhalten, von der Relation von Gewinnchance und Risiko abhängig machen.[872] Wenn für die Unternehmen ein signifikantes Risiko besteht mit Schadensersatzklagen überzogen zu werden, wird die rationale unternehmerische Abwägung zu dem Ergebnis kommen, dass kartellrechtskonformes Verhalten ökonomisch sinnvoller ist als kartellrechtswidriges Verhalten. Durch die Class-action erstarken die Verbraucher zu einer ernstzunehmenden Gruppe, die den kartellrechtswidrig handelnden Unternehmen vor Gericht gegenübertreten kann.[873] Dadurch kann gegengewichtige Marktmacht entstehen. Somit führt die Durchsetzung der Schadensersatzansprüche der Marktgegenseite zur Einhaltung der kartellrechtlichen Normen. Die Class-action ist daher – bei isolierter Betrachtung der privaten Rechtsdurchsetzung in den USA – ein notwendiges Instrument innerhalb des Systems des *Private Law Enforcement*.[874]

2. Prozessökonomie

Daneben kann ein Vorteil in der Steigerung der Prozessökonomie durch die Gruppenklage gesehen werden. Class-actions bündeln geringwertige Individualansprüche, sodass eine gerichtliche Geltendmachung wirtschaftlich interessant ist. Personengruppen mit niedrigem Einkommen und Bildungsstand ermöglicht die Class-action die Durchsetzung ihrer Interessen, da letztlich andere, besser qualifizierte Personen das Verfahren betreiben. Somit gewährt die Class-action einen besseren Zugang zur Justiz. Die Gerichte werden allerdings bei der Bündelung von Streuschäden nur bedingt entlastet, da die Class-actions eine gerichtliche Durchsetzung der Streuschäden erst ermöglicht. Ohne die Gruppenklage würden die Ansprüche aufgrund des rationalen Desinteresses der Geschädigten nicht geltend gemacht, sodass den Gerichten auch kein Aufwand entstünde.[875] Die *small claims Class-action* führt also vorrangig zu einer Steigerung des Verfahrensaufkommens beim zuständigen Gericht. Die Prozessökonomie wird aber insoweit gestärkt, als durch das Kollektivverfahren ein schädigendes Verhalten abschließend beurteilt wird. Zwar wird in der Streuschadenskonstellation der

872 *Linder*, Privatklage, S. 46.

873 Die Class-action ermöglicht, dass keine permanente Organisation der Verbraucher erforderlich ist. Diese wäre angesichts der mannigfaltigen Unterschiede innerhalb der Verbraucherschaft auch kaum zu gewährleisten. Erst das konkrete Interesse (Schadensersatz) ermöglicht eine Organisation, vgl. *Linder*, Privatklage, S. 56 f.

874 Vgl. *Stürner*, JZ 2006, 60, 66 f.

875 *Ebbing*, ZVglRWiss 103 (2004), 31, 45.

Aufwand beim Gericht erst durch die Class-action erzeugt, allerdings werden zahlreiche individuell geführte Verfahren verhindert.[876] Auch aus Sicht des Beklagten bewirkt die Class-action Effizienzvorteile, da über sämtliche Ansprüche der Geschädigten wegen des schädigenden Verhaltens entschieden wird. Das Gruppenklageverfahren ermöglicht eine weitgehend abschließende rechtliche Behandlung eines schädigenden Ereignisses, sodass der Beklagte nach Verfahrensbeendigung davon ausgehen kann, nicht mehr mit weiteren Ansprüchen konfrontiert zu werden.[877] Die US-amerikanische Praxis belegt dies. Die Schuldner zahlen die ausgeurteilte oder vergleichsweise errungene Summe in einen Entschädigungsfonds ein, aus dem dann die Verteilung vorgenommen wird. Ab Einzahlung der Summe in den Fonds beteiligt sich der Beklagte nicht mehr am Verfahren. Auch vermeidet die Kollektivierung der Einzelansprüche widerstreitende gerichtliche Entscheidungen, da es kaum zu parallel geführten Verfahren kommt. Die mit der zivilprozessualen Durchsetzung der Schadensersatzansprüche einhergehende Durchsetzung der wettbewerbsrechtlichen Ge- und Verbote durch Privatpersonen senkt zudem tendenziell den behördlichen Ermittlungsaufwand.

Das gilt vor allem für das Kartellrecht, da in den USA die hoheitliche Ermittlungstätigkeit nur einen geringen Anteil an der Ermittlung von Kartellverstößen hat. In den USA hat sich zwischen der kartellbehördlichen Ermittlungstätigkeit und den Klagen von Privatpersonen eine regelrechte Arbeitsteilung herausgebildet.[878] In den USA liegt der Schwerpunkt dabei deutlich auf der Tätigkeit privater Kläger, die in den letzten Jahren 95 % der kartellrechtlichen Gerichtsverfahren abdeckten, während nur 5 % auf eine behördliche Ermittlungstätigkeit zurückzuführen waren.[879] Von der Tätigkeit der privaten Kläger profitiert in den USA auch die allgemeine Kartellrechtspflege. Die Privatkläger verfügen in den USA über unternehmensinterne, praktische Erfahrungen, die häufig eine industrie- und

876 Dies gilt für die Schadensersatzansprüche im Bagatellbereich nur bedingt, da die Geschädigten kaum ein Interesse an einer Anspruchsverfolgung haben. Wohl aber gilt es für die so genannten *mass torts*, wo der individuelle Schaden meist eine signifikante Höhe erreicht.

877 *Hess*, JZ 2000, 373, 374. Diejenigen Betroffenen, die von ihrem Recht zum *Opt-out* Gebrauch gemacht haben, können selbstverständlich in individuellen Verfahren ihre Rechte verfolgen. Die *res judicta* der Class-action erfasst sie nicht.

878 *Linder*, Privatklage, S. 40. Die *Antitrust Division* des Justizministeriums prüft nach bestimmten Kriterien, ob sie einen Fall aufgreift oder ob sie die Sanktionierung privaten Klägern überlässt. Im Regelfall werden den privaten Klägern die „Routinefälle" überlassen.

879 *Becker*, Schadensersatzklagen bei Verstoß gegen das Kartell- und Missbrauchsverbot, S. 25.

sektorgeeignete Einigung erst möglich machen.[880] Zudem greifen die US-Kartellbehörden nicht selten auch auf die Informationen der Privatkläger zurück, da ohne deren Spezialwissen eine angemessene, aber auch effektive Sanktion nicht immer möglich ist.[881]

3. Zusammenfassung

Auch wenn die Class-action in der (europäischen) rechtspolitischen Diskussion in keinem besonders guten Licht erscheint, weist sie doch auch vorteilhafte Eigenschaften auf.[882] Insbesondere die effektive, zum Teil sogar „übereffektive" Durchsetzung der Streuschäden ist hier zu nennen. Die US-amerikanische Class-action löst die Durchsetzungsfrage der Streuschäden in extremer Art und Weise, da durch *punitive damages*, *treble damages*, *discovery* und *American Rule* häufig eine Überkompensation und eine Bestrafung eintritt.[883] Allerdings ignoriert das US-Rechtssystem nicht die gesellschaftlich relevante Frage, wie der volkswirtschaftliche Schaden durch wettbewerbsrechtswidriges Verhalten effektiv ausgeglichen werden kann. Genau das wird aber in den meisten kontinentaleuropäischen Rechtsordnungen praktiziert, insbesondere in Deutschland.

Schweden hat 2003 dagegen eine Vorreiterrolle eingenommen, als der Group Proceedings Act in Kraft getreten ist. Dem Beispiel Schwedens sind mittlerweile auch die anderen Länder des nordischen Rechtsraums gefolgt.[884] Schwedens Initiative macht deutlich, dass die Einführung einer Kollektivklage nicht zu den befürchteten „Auswüchsen amerikanischen Vorbilds" führt. Die Praxis, soweit man angesichts der geringen Anzahl der Verfahren überhaupt von einer solchen sprechen kann, zeigt, dass nur in Ausnahmekonstellationen auf die Gruppenklage zurückgegriffen wird. Es bleibt also in Schweden bei dem dualistischen Prozessverständnis. Von eklatanten Missbräuchen, speziell der Anwaltschaft, ist nichts berichtet worden.

II. Schwächen von Kollektivklagen in den USA

Den vorteilhaften Aspekten der Class-action sollen nun die Nachteile gegenübergestellt werden. Dabei wird vor allem auf die rechtspolitische Diskussion über die US-Class-action abgestellt, da mangels einer ausgeprägten schwedischen Rechts-

880 *Roth*, ZHR 139 (1975), 534, 542. Dies gilt jedenfalls für die direkten Abnehmer eines Kartells.

881 *Linder*, Privatklage, S. 42.

882 *Ebbing*, ZVglRWiss 103 (2004), 31, 46.

883 *Hess*, JZ 2000, 373, 379.

884 Siehe hierzu oben, S. 105 ff.

praxis nur wenige Erfahrungsberichte existieren. Gegenstand der folgenden Darstellung ist nur die *small claims Class-action* auf Schadensersatz (Typ-3 Class-action). Häufig wird an der US-Sammelklage kritisiert, sie sei missbräuchlich und werde in Schädigungsabsicht eingesetzt. Hauptsächlich wird der Sammelklage vorgeworfen, dass sie ein effektives Drohmittel sei, das zur (legalisierten) „Erpressung“[885] des Beklagten eingesetzt werde. Daneben wird häufig argumentiert, dass die Anwaltshonorare enorme Höhen erreichten, während die eigentlichen Geschädigten nur einen geringen bzw. gar keinen Ausgleich erhielten.

Bevor näher auf die einzelnen Kritikpunkte der Class-action eingegangen wird, muss der Zweck der Class-action in Erinnerung gerufen werden. Es geht – zumindest bei der *small claims Class-action* – um die Durchsetzung von Streuschäden im öffentlichen Interesse. Ob eine Class-action missbräuchlich erfolgt, muss infolgedessen vor dem Hintergrund des öffentlichen Interesses an einer Anspruchsdurchsetzung und nicht am individuellen Interesse der Geschädigten entschieden werden.[886] Stets ist zu beachten, dass mit der Class-action Ansprüche durchgesetzt werden, obwohl die Kosten für die Rechtsverfolgung den Wert des einzelnen Anspruchs deutlich übersteigen.

1. Forum Shopping

> *„He [the plaintiff] can seek the aid of our courts if he desires to do so. You may call this ‚forum shopping' if you please, but if the forum is England, it is a good place to shop in, both for the quality of the goods and the speed of service.”*[887]
>
> – Lord *Denning*, The Atlantic Star, [1972] 3 All E.R. 705, 709.

Das zweigleisig aufgebaute US-Gerichtssystem bedingt eine konkurrierende Zuständigkeit von Bundes- und einzelstaatlichen Gerichten. Daher kann relativ flexibel zwischen verschiedenen Gerichtsständen gewählt werden.[888] Mit dem Begriff *Forum Shopping* bezeichnet man die Auswahl des Forums nach wirtschaftlichen Erwägungen, um am günstigsten Gerichtsstand für das anhängig gemachte Klagebegehren zu prozessieren.[889] Das oben angeführte Zitat stammt zwar nicht von einem US-amerikanischen Richter, deutet aber auf das Selbstverständnis und Selbstbewusstsein der angloamerikanischen Gerichte hin. Die freie Wahl des günstigsten Gerichtsstandes gehört zur alltäglichen Rechtspraxis im angloamerikanischen Raum und ist dort nicht negativ belegt. Mit Blick auf Class-actions ha-

885 Siehe oben m.w.N.

886 *Baetge/Eichholtz* in Basedow/Hopt, S. 348.

887 *The Atlantic Star* [1972] 3 All E.R. 705, 709. Zitiert nach *Köster*, Haftung wegen Forum Shoppings, S. 21.

888 *Hohl*, S. 72.

889 *Hohl*, S. 73.

ben sich in den vergangenen Jahren einige Gerichtsstände herausgebildet, die als besonders klägerfreundlich gelten. Insbesondere scheint bei diesen Gerichten die Tendenz zu bestehen, Vergleichen ohne allzu kritische richterliche Prüfung zuzustimmen. Diese Gerichtsstände bezeichnet man als magnetische Gerichtsstände (*magnet jurisdictions*). Gerichtsstände in diesem Sinne sind vor allem *Madison County* (*Illinois*)[890], *Cook County* (*Illinois*), *Palm Beach County* (*Florida*) und *Jefferson County* (*Texas*). Die American Tort Reform Association bezeichnet solche Gerichtsstände in ihrem Jahresbericht auch als *judicial hellholes*, da dort überaus häufig Klagen anhängig gemacht werden, die materiell-rechtlich wenig fundiert sind.[891] Zudem würden an diesen Gerichtsständen die prozessualen Rechte der Beklagten häufig missachtet.[892]

Eine exponierte Stellung unter diesen Gerichtsständen kommt *Madison County* zu. Obwohl im Bundesstaat *Illinois* nur 1 % der US-Bevölkerung lebt, wurden im Jahre 2003 in *Madison County* 106 Class-actions eingereicht.[893] In *Madison County* wurde einer Studie zufolge keine einzige Sammelklage gegen ein ortsansässiges Unternehmen oder die lokale Gemeindeverwaltung anhängig gemacht.[894] Zudem wurden von den in *Madison County* anhängig gemachten Class-actions nur sehr wenige abgewiesen oder durch streitiges Endurteil entschieden. Die meisten Klagen wurden frühzeitig verglichen.[895] Es liegt daher der Verdacht nahe, dass in den *magnet jurisdictions* die Richter eine klägerfreundliche Haltung einnehmen und Vergleichen leichtfertiger zustimmen[896], als dies andernorts der Fall ist.

Diese Problematik hat der US-amerikanische Gesetzgeber gesehen und mit dem CAFA 2005 zu bekämpfen versucht, indem die bundesgerichtliche Zuständigkeit zu Lasten der einzelstaatlichen Gerichtsbarkeit ausgebaut wurde.[897] Der Gesetzgeber geht davon aus, dass Bundesgerichte die Zulässigkeitsvoraussetzungen von Rule 23 F.R.Civ.P. strenger prüfen als die Gerichte der Einzelstaaten. Dadurch sei auch seltener mit Vergleichen zu rechnen, sodass es keine „magnetischen" Gerichtsstände mehr geben kann.[898] Im Einzelnen sieht § 4 CAFA daher vor, dass Bundesgerichte zuständig sind, sobald die Summe der geltend gemach-

890 Mittlerweile scheinen sich in *Madison County* Reformbemühungen durchzusetzen, vgl. http://www.atra.org/reports/hellholes/report.pdf, S. 5. (zuletzt besucht am 14.05.2010).

891 Abrufbar unter http://www.atra.org/reports/hellholes/report.pdf (zuletzt besucht am 03.03.2010).

892 vgl. http://www.atra.org/reports/hellholes/report.pdf, S. 5 (zuletzt besucht am 14.05.2010).

893 *Petersen*, RIW 2005, 812, 813; *Hohl*, S. 73. Mit der Folge, dass zahlreiche Unternehmen von Weltrang ihre Vertreter in das eher ländliche County schicken mussten.

894 *Beisner/Davidson Miller*, 1-9 Mealey's Tort Ref. Update 12 (2004).

895 Cf. *Goldman*, Shattering Reform Myths, Legal Times 07. 02.2005, S. 1.

896 *Hohl*, S. 171.

897 Senate Report No. 109-14 (2005), S. 22.

898 Senate Report No. 109-14 (2005), S. 22 f.; *Hohl*, S. 171.

ten Schäden 5 Mio. US-Dollar übersteigt, die Class mindestens 100 Personen umfasst und mindestens ein Mitglied der Gruppe der Geschädigten aus einem anderen Bundessstaat als (mindestens) einer der Beklagten stammt.[899]

Nach der früheren Rechtslage war die bundesgerichtliche Zuständigkeit erheblich enger gefasst. Danach waren Bundesgerichte sachlich zuständig, wenn Kläger und Beklagter ihr *domicile* in unterschiedlichen Einzelstaaten hatten (*diversity jurisdiction*) und der Schaden jedes einzelnen Klägers mindestens 75000 US-Dollar betrug. Gerade die letzte Voraussetzung war im Falle der Streuschäden so gut wie nie erfüllt. Somit wurden vor dem 18.02.2005 (§ 9 CAFA)[900] die meisten Sammelklagen im Bagatellschadensbereich vor einzelstaatlichen Gerichten anhängig gemacht.

Aufgrund der *minimum contacts doctrine* konnten die Klägeranwälte durch geschickte Strukturierung der Gruppe und der geltend gemachten Schadensersatzansprüche nahezu beliebig zwischen verschiedenen Gerichtsständen wählen. Ob mit dem CAFA das Problem des *Forum Shoppings* vollständig in den Griff zu bekommen ist, ist zweifelhaft.[901] Denn nach wie vor besteht die Möglichkeit, durch die Definition der Gruppe die bundesgerichtliche Zuständigkeit zu umgehen. Das gleiche gilt für die Grenze der 5 Mio. US-Dollar. Sofern ein bestimmtes einzelstaatliches Forum besonders interessant für den Klägeranwalt erscheint, kann er darauf achten, dass die eingeklagten Forderungen den Wert von 5 Mio. US-Dollar nicht erreichen. Die Kritik am *Forum Shopping* gründet sich in der Annahme, dass die Staatengerichte prinzipiell klägerfreundlicher sind als Bundesgerichte. Auf den ersten Blick trifft das zu, da die zugesprochenen Schadens- bzw. Vergleichssummen verglichen mit den bundesgerichtlichen Summen erheblich höher ausfielen. Allerdings muss bei dieser Betrachtung die Gruppengröße berücksichtigt werden, um einen objektiven Vergleich vornehmen zu können. Hier zeigt sich, dass die Gruppen vor den Staatengerichten erheblich größer waren und der Entschädigungsmittelwert (*median*) je Gruppenmitglied deutlich niedriger ausfiel als vor den Bundesgerichten.[902] Somit ist es aus Sicht des Klägers nicht immer interessengerecht den Weg zu den einzelstaatlichen Gerichten zu suchen, insbesondere wenn eine hohe individuelle Entschädigung erstritten werden soll. Gleichwohl eröffnet eine Umgehung des CAFA 2005 nach wie vor die Gelegenheit zum *Forum Shopping*, sodass die einzelstaatliche Rechtsprechung für ungerechtfertigte Class-actions auch weiterhin für die Klägerseite ausgenutzt werden kann.

899 *Hess*, AG 2006, 809, 814; *Petersen*, RIW 2005, 812, 813.

900 Vgl. *Petersen*, RIW 2005, 812, 815.

901 *Hess*, AG 2006, 809, 814.

902 Vgl. *Hohl*, S. 172; *Willging/Wheatman*, 81 Notre Dame Law Review 512, 649-652 (2006).

2. Droh- und Erpressungspotential der Class-action

Bereits im Rahmen des Länderberichts über die USA wurde festgestellt, dass die Class-actions nicht selten in missbräuchlicher Absicht gegen Unternehmen eingesetzt werden. Häufig wird versucht den Beklagten in einen Vergleich zu zwingen, obwohl der geltend gemachte Anspruch materiell-rechtlich nicht oder nur teilweise begründet ist.[903] Interessenkonflikte drohen aufgrund der aus deutscher Sicht sehr hohen (Erfolgs-)Honorare der US-amerikanischen Anwälte.[904] Es besteht die Tendenz, dass die finanziellen Interessen des Anwalts eine interessengerechte Vertretung der Klägergruppe behindern. Auch geht aufgrund der hohen Honorare die Klageinitiative nicht mehr von den Geschädigten, sondern von den Anwälten aus.[905] Eine Kontrolle des Prozessvertreters findet daher während der Mandatsarbeit nicht statt.[906] Die Geschädigten sind aufgrund ihres rationalen Desinteresses faktisch nicht am Verfahren beteiligt. Auch der benannte Kläger kann eine Überwachung des Klägeranwalts nicht sicher gewährleisten, da auch er prinzipiell nur ein geringes Interesse am Verfahren hat. Zudem ist auch die zugrunde liegende rechtliche Materie zu umfangreich und kompliziert, als dass ein Laie die Handlungen des Anwaltes durchschauen und bewerten könnte. Somit besteht die Gefahr, dass die Verfahrensleitung den Klägern entgleitet und der Anwalt, ohne einer Kontrollinstanz ausgesetzt zu sein, nach freiem Ermessen handeln kann. Der einzelne Geschädigte ist nicht mehr unmittelbar beteiligt und kann den Anwalt oder den Verband nicht mehr überwachen. Es entsteht die so genannte *Free-Rider* Problematik.[907] Dem Prozessführer eröffnen sich Wege zu kollusivem und nicht mandantengerechtem Verhalten. Auch steigen die Anreize zur willkürlichen Klageerhebung sowie zur Verfolgung materiell-rechtlich unbegründeter Ansprüche.[908] Dieser Konflikt wird in der Rechtsökonomie mit dem Begriff des *Principal-Agent* Problems beschrieben.[909] Vereinfacht geht es hierbei um die Frage, ob der Anwalt (*Agent*) ein guter Vertreter der Interessen seines Mandanten (*Principal*) ist.[910] Oben wurde angedeutet, dass der Anwalt umso eher ein perfekter *Agent* seines Principals ist, je enger das Verhältnis zwischen ihm und seinem Mandanten ist. Wird diese Verbindung durch die Kollektivierung gelockert, können erhebli-

903 *Hirte*, VersR 2000, 148, 149.

904 *Schneider*, Rechtspolitische Fragen in den USA, S. 66 ff.

905 *Ebbing*, ZVglRWiss 103 (2004), 32, 39; dies ist auch die Ursache für die Unsitte des *ambulance chasings* in den USA; *Schneider*, Rechtspolitische Fragen in den USA, S. 57.

906 *Ebbing*, ZVglRWiss 103 (2004), 32, 42.

907 Stigler, 5 Bell Journal of Economics and Management Science 359 (1974); Schäfer in Basedow/Hopt, S. 67 f.

908 Schäfer in Basedow/Hopt, S. 67, 68.

909 *Van den Bergh/Keske*, Rechtsökonomische Aspekte der Sammelklage, S. 17, 38.

910 *Schäfer* in Basedow/Hopt, S. 67, 78.

che Probleme entstehen. Dies zeigt die US-Class-action deutlich.[911] Dort werden die Verfahren auf Initiative und Risiko spezialisierter Anwaltssozietäten geführt, während die eigentlichen Geschädigten nur eine geringe Einbindung in den Prozess erfahren. Das liegt zwar auch an der Komplexität der Verfahren, ist aber im Wesentlichen durch das rationale Desinteresse der Geschädigten bedingt.[912] In den USA wird das Anwaltsverhalten im Prozess zudem stark durch die gebührenrechtliche Besonderheit der Erfolgshonorare beeinflusst.[913] Hieran ändert auch die Tatsache nichts, dass es in den USA zumindest einen *representative plaintiff* geben muss, der die Tätigkeit des Anwalts überwacht. Bei Streuschäden fungiert der *representative plaintiff* eher als eine Art Schlüssel des Anwalts, um Zugang zum Gericht zu erlangen. Auch er ist rational desinteressiert und wird somit keinen Versuch unternehmen, den Anwalt zu kontrollieren.[914] Unabhängig davon fehlen dem *lead plaintiff* aber auch die erforderlichen fachspezifischen Kenntnisse, um das Vorgehen seines Anwalts sachgerecht bewerten zu können.

Die grundsätzliche Tendenz der US-amerikanischen *Jury* hohe Schadensersatzsummen zuzusprechen, verstärkt diesen Mechanismus zusätzlich, da der Rechtsanwalt mit dem Beklagten häufig über einen schnellen Vergleich zum Nachteil der Gruppenmitglieder einig werden wird.[915] Speziell in kartellrechtlichen Fällen kann zudem der dreifache Schadensersatz (*treble damages*) zugesprochen werden, sodass die ohnehin hohen Schadenssummen noch einmal erhöht werden.[916] Die Honorarinteressen des Anwalts laufen damit den Interessen der Gruppe entgegen, schließlich trägt der Anwalt auf Basis des Erfolgshonorars das gesamte wirtschaftliche Risiko der Prozessführung.[917] Der gleiche Interessenkonflikt kann auch innerhalb der Gruppe entstehen, wenn der benannte Kläger einen größeren Anteil der ausgehandelten Schadenssumme erhält als die übrigen Gruppenmitglieder.[918]

Allerdings darf das nicht dahingehend missverstanden werden, dass der *Principial-Agent* Konflikt ein spezifisches Problem der US-Sammelklage oder gar des gesamten US-Rechts ist. Der Interessenkonflikt entsteht immer dann, wenn ein Dritter fremde Vermögensinteressen wahrnimmt, wie etwa der Makler oder der Vorstand einer Aktiengesellschaft.[919]

---

911 Zum *Principal-Agent* Problem in den USA siehe *Macey/Miller*, 87 North Western University Law Review 485 ff. (1993).

912 *Schäfer* in Basedow/Hopt, S. 67, 78.

913 Zum US-amerikanischen Gebühren- und Kostenrecht siehe oben, S. 94 ff.

914 *Macey/Miller*, 87 North Western University Law Review 485-470 (1993).

915 *Lenenbach*, WM 1999, 1393, 1398.

916 *Ebbing*, ZVglRWiss 103 (2004), 32, 40.

917 *Schneider*, Rechtspolitische Fragen in den USA, S. 59.

918 *Ebbing*, ZVglRWiss 103 (2004), 32, 43.

919 *Ebbing*, ZVglRWiss 103 (2004), 32, 43; *Eichholtz*, Die US-amerikanische Class-action und ihre deutschen Funktionsäquivalente, S. 19 f. Der Makler ist primär an einem schnel-

Festzuhalten ist also, dass der *Principal-Agent* Konflikt der Wahrnehmung fremder Vermögensinteressen entspringt und kein spezifisches Problem der Sammelklage ist. Dieser Interessenkonflikt ist daher kein Grund, die Sammelklage insgesamt zu verteufeln oder sie für ein unbrauchbares Rechtsschutzinstrument zu halten. Es gilt vielmehr geeignete Kontrollinstanzen zu finden, die den *Principal-Agent* Konflikt eindämmen und die Interessen der repräsentierten Gruppenmitglieder schützen. In den USA soll diese Aufgabe sowohl vom zuständigen Richter als auch vom benannten Kläger wahrgenommen werden.[920] Wie bereits erörtert ist gerade letzterer in aller Regel nicht in der Lage, den klageführenden Anwalt qualifiziert zu überwachen, schließlich fehlt ihm der juristische Sachverstand um das komplexe Verfahren zu verstehen. Auch ist der benannte Kläger regelmäßig den gleichen Interessenkonflikten ausgesetzt, da in der Praxis nicht der benannte Kläger den Anwalt aussucht, sondern der Anwalt den Kläger. Insoweit ist zu prüfen, ob der zuständige Richter eine brauchbare Kontrollinstanz ist. Sicher ist der US-amerikanische Zivilrichter zur Neutralität und zur umfassenden Wahrnehmung der Interessen der Beteiligten verpflichtet[921], schließlich hat der Richter keine eigenen finanziellen Interessen am Ausgang des Verfahrens.[922] Jedoch trifft den Richter die Arbeitsbelastung des Verfahrens. Er hat in aller Regel ein eigenes Interesse an einem wenig gefüllten Terminplan, sodass der Richter häufig einem Vergleichsvorschlag zustimmen wird, um das Verfahren aus seinem Gerichtskalender streichen zu können.[923] Auch die Praxis zeigt, dass viele Richter nach dem Motto handeln, dass ein schlechter Vergleich besser ist als eine gute Hauptverhandlung.[924]

Daneben hat die Darstellung des US-Zivilprozessrechts gezeigt, dass der Richter nach der *sporting theory of justice* eine eher passive Stellung im Prozess ein-

---

len Verkauf interessiert und weniger an einem besonders hohen Kaufpreis. Ähnliches gilt für den Vorstand. Dieser ist an einem hohen Gehalt, kurzfristigen Gewinnen und konsumtiven Ausgaben interessiert.

920 *Ebbing*, ZVglRWiss 103 (2004), 32, 44.

921 *Zätzsch*, Richterliche Unabhängigkeit und Richterauswahl in den USA und Deutschland, S. 53 ff. m.w.N.

922 *Ebbing*, ZVglRWiss 103 (2004), 32, 44.

923 *Schneider*, Rechtspolitische Fragen in den USA, S. 73. Eine ähnliche Wirkweise existiert in der deutschen Arbeitsgerichtsbarkeit (siehe die Jahresstatistik von 2008 der deutschen Arbeitsgerichtsbarkeit, abrufbar unter www.bmas.de/portal/38022/property=pdf/2009__09__15__statistik__der__arbeitsgerichtsbarkeit__2008.pdf (zuletzt besucht am 24.05.2010). Gleichwohl sind dort die Richter um einen Vergleich bemüht, um kein zeitaufwändiges Urteil abfassen zu müssen. Die US-Richter wollen eher das umfangreiche Class-action Verfahren vermeiden.

924 *In re Warner Communications Sec. Litig.*, 618 F. Supp. 735, 740 (1985); *Schneider*, Rechtspolitische Fragen in den USA, S. 73.

nimmt. Auch wenn die speziellen Regelungen der Class-action dem Richter eine aktive, verfahrensleitende Funktion als *case manager* zudenken, ist es letztlich immer noch die individuelle Persönlichkeit des Richters, die darüber entscheidet, ob der Richter von seinen Gestaltungsmöglichkeiten auch Gebrauch macht.[925] Zudem mangelt es dem Richter aufgrund der *pre-trial discovery*, die weitgehend ohne Beteiligung des Gerichts abläuft, an den erforderlichen Informationen, um die Fairness eines Vergleichsvorschlags oder die Angemessenheit eines Anwaltshonorars fundiert bewerten zu können.[926] Als Ergebnis ist demzufolge festzuhalten, dass derzeit das Erpressungspotential, das auch durch den *Principal-Agent* Konflikt bedingt ist, nicht zufrieden stellend durch die US-amerikanische Richterschaft kontrolliert wird.[927]

3. Kosten

Schadensersatzklagen, die als Class-actions geführt werden, sind typischerweise sehr teuer. Die hohen Kosten sind durch die schiere Größe der Verfahren bedingt. Im Bagatellschadensbereich sind zahllose Gruppenmitglieder beteiligt, die ihre Schadensersatzansprüche gerichtlich durchzusetzen versuchen. Zudem steht in Kartellsachen auf der Beklagtenseite in aller Regel ein großes Unternehmen. Hierdurch entsteht schon unabhängig von den Eigenheiten des US-amerikanischen Zivilprozessrechts ein erheblicher Verwaltungsaufwand bei dem zuständigen Gericht. Schließlich muss das Gericht eine enorme Datenmenge verwalten.[928] Dies betrifft vor allem Schriftstücke und Verhandlungsprotokolle. Weitere Kosten entstehen bei der Class-action durch die Eigenheiten des US-amerikanischen Rechts. Vor allem die *pre-trial discovery* gestaltet sich im Einzelfall sehr umfangreich und kosten- und zeitintensiv.[929] Die einzelnen *discovery*-Instrumente nehmen häufig tagelange Arbeit in Anspruch. *Interrogatories* in Kartellsachen können schnell mehrere tausend Fragen umfassen, deren Beantwortung unter strenger Beachtung einer umfassenden Wahrheitspflicht zu erfolgen hat.[930] Ein enormer Kostenfaktor ist insoweit auch die Pflicht zur Dokumentenvorlage, die im Einzelnen auch die Übersetzung unzähliger Schriftstücke erfordern kann.[931] Allerdings ist dieser Nachteil der Class-action vor dem Hintergrund des gesellschaftlichen Zwecks dieses Rechtsschutzinstrumentes zu sehen. Insoweit wird bewusst in Kauf ge-

---

925 *Hess*, JZ 2000, 374, 379.

926 *Schneider*, Rechtspolitische Fragen in den USA, S. 73 f.

927 Im Ergebnis auch *Ebbing*, ZVglRWiss 103 (2004), 32, 44.

928 Vgl. *Hohl*, S. 85 ff.

929 *Martens*, RIW 1981, 725, 726; *Schack*, Einführung in das US-amerikanische Zivilprozessrecht, Rn. 113.

930 *Schack*, Einführung in das US-amerikanische Zivilprozessrecht, Rn. 116.

931 *Schack*, Einführung in das US-amerikanische Zivilprozessrecht, Rn. 119 m.w.N.

nommen, dass Rechtsverfolgungskosten anfallen, die in keinem Verhältnis zum einzelnen Schadensersatzanspruch stehen.

4. Rechtsdurchsetzungs- oder Beutetheorie

Zu klären ist, ob die Anspruchsbündelung durch Instrumente des kollektiven Rechtsschutzes die Rechtsdurchsetzung verbessert oder ob die Kollektivklage lediglich ein Angriffsmittel gegen Unternehmen darstellt. Rechtstheoretisch werden diese Standpunkte einerseits mit der Rechtsdurchsetzungstheorie und andererseits mit der Beutetheorie beschrieben.[932]

Die US-Praxis zeigt, dass die Class-action Anreize zur Erhebung grundloser Klagen schafft. Die Ursache für dieses Phänomen liegt weniger in der Class-action selbst als im *toxic cocktail* des US-Rechtssystems. Starken Einfluss nehmen das Erfolgshonorar und die *Jury*-Entscheidung in Zivilsachen. Der klageführende Anwalt kann dem beklagten Unternehmen schaden, indem er einen unbegründeten Anspruch im Wege der Class-action geltend macht. Durch die Klageerhebung entstehen dem Beklagten Anwaltskosten, Reputationsverluste und unternehmensinterne Diversionskosten.[933] Diese Kostenfaktoren bewirken, dass dem Unternehmen jedenfalls ein Schaden entsteht, unabhängig davon, ob der Anspruch gerichtlich verfolgt wird oder nicht. Somit liegt es im finanziellen Interesse des Beklagten, die Anspruchsverfolgung möglichst schnell zu beenden.[934] Auch kann sich der Beklagte nicht gegen den Anspruch kosteneffizient verteidigen, indem er jedenfalls das gerichtliche Verfahren führt. Hier entstehen weitere Kosten, die ein rationaler Beklagter vermeiden muss, um am Markt bestehen zu können. Mit Blick auf diese Konstellation lässt sich also argumentieren, dass der Class-action Kläger einen Angriff auf das Unternehmen führt, um Vermögen zu *erbeuten*.[935] Die Folge ist nicht nur eine Vermögenseinbuße beim Beklagten. Es entsteht daneben ein gesamtgesellschaftlicher Vertrauensverlust in das Rechtssystem sowie eine Umverteilung der Kosten auf die Verbraucher. Die bessere Abschreckung durch die Class-action wird daher schnell durch die sozialen Verluste aufgewogen.[936] Ähnliche Anreize entstehen, wenn Ansprüche mit einer nur sehr geringen Erfolgsaussicht durchgefochten werden.

Ein Individualverfahren könnte ein rationaler Rechtsanwalt nicht führen, da das Unterliegensrisiko zu hoch wäre. Anders liegt es bei der Bündelung zahlreicher Ansprüche zu einer Sammelklage. Hier vervielfältigen sich die Anwaltskosten in

---

932 L.A. Bebchuk 17 J.L.Stud. 437 (1988); Schäfer European Journal of Law and Economics 2000, 183, 186.

933 Schäfer in Basedow/Hopt, S. 67, 72.

934 *Van den Bergh/Keske*, Rechtsökonomische Aspekte der Sammelklage, S. 17, 31.

935 Schäfer in Basedow/Hopt, S. 67, 72.

936 Schäfer in Basedow/Hopt, S. 67, 73.

einem geringeren Maße als der Streitwert.[937] Daher lohnt sich die Anspruchsverfolgung für den Anwalt, trotz der sehr geringen Erfolgswahrscheinlichkeit.[938]

Empirische Untersuchungen zur Class-action haben zudem gezeigt, dass die Beutetheorie die Auswirkungen der US-Sammelklage zutreffend beschreibt.[939] Auffallend hoch ist die Vergleichsquote, die einer verschwindend geringen Anzahl mündlicher Verhandlungen gegenüber steht.[940] Bei Aktionärsklagen wegen fehlerhafter Information beim Börsengang zeigte sich zudem die Tendenz, dass Klagen wesentlich häufiger gegen Großunternehmen mit hohem Reputationskapital gerichtet wurden als gegen kleinere Unternehmen.[941] Die Großunternehmen hatten im Regelfall renommierte Wirtschaftsprüfergesellschaften verpflichtet, was ebenso für die Beutetheorie spricht. Schließlich müssten – sofern die Class-action der Durchsetzung von Normbefehlen dient – eher Unternehmen betroffen sein, die keine seriösen Buchprüfer beauftragen. Für die Beutetheorie spricht insbesondere, dass die betroffenen Unternehmen meist über ein hohes Reputationskapital verfügen, sodass für den Kläger ein Vergleichsabschluss besonders lohnenswert ist.

Festzuhalten ist also, dass die Gruppenklage starke Anreize im Sinne der Beutetheorie liefert. Bei der Class-action ist dieses Missbrauchspotential vor allem durch die Eigenheiten des US-amerikanischen Rechts eröffnet. Allerdings bleibt es – unabhängig vom Kostenrecht oder der *Jury*-Entscheidung – dabei, dass sich Angriffe auf ein Unternehmen lohnen, um das Reputationskapital auszunutzen.

5. Zwischenergebnis

Mit der Class-action existiert eine praxisrelevante Verfahrensart, welche die rationale Apathie der Anspruchsinhaber überwinden kann. Dieser Effektivität stehen aber auch gewichtige Nachteile gegenüber. Das Missbrauchspotential der US-Class-action ist groß. Die Class-action bietet mannigfaltigen Raum für Interessenkonflikte, der vor allem von den Klägeranwälten ausgenutzt wird, um ein besonders hohes (Erfolgs-)Honorar zu erstreiten. Nicht alle US-amerikanischen Richter nehmen im erforderlichen Umfang ihre Aufgabe als *case manager* wahr, sodass die Interessen der passiven Gruppenmitglieder nicht immer gewahrt werden. Im Übrigen zeigt sich, dass die Beklagten, insbesondere in den Einzelstaaten, einen schweren Stand haben. Allerdings hat die Untersuchung auch gezeigt, dass

937 *Schäfer* zeigt dies anhand eines Rechenbeispiels. Die Kosten des Anwaltes vervierfachen sich, während der Streitwert von 300 auf 30000 steigt, vgl. *Schäfer* in Basedow/Hopt, S. 67, 74.

938 *G. Priest,* 26 J.L.Stud. 521 (1997).

939 *Schäfer* in Basedow/Hopt, S. 67, 75 m.w.N. und Datenmaterial.

940 *Issacharoff/Nagareda* 156 U.Pa.L.Rev. 1649 (2008).

941 *Schäfer* in Basedow/Hopt, S. 67, 76.

die Ursachen für diese gewichtigen Nachteile nicht der Class-action, sondern den allgemeinen Regeln des US-Zivilprozessrechts immanent sind.

Schweden hat sich als erstes europäisches Land mit dem kollektiven Rechtsschutz befasst und 2003 eine mit der US-amerikanischen Class-action vergleichbare Gruppenklage geschaffen. Die praktischen Erfahrungen sind bisher zu gering, um die Nachteile der schwedischen Gruppenklage abschätzen zu können. Allerdings sind die geringen Fallzahlen in Schweden ein Indiz dafür, dass nicht zwingend mit einer „Klageindustrie nach US-Vorbild" zu rechnen ist, wie es die Kritiker des Richtlinienentwurfs der Europäischen Kommission vorgeworfen haben.[942] Auch zeigt das schwedische Recht, dass die Einführung einer Gruppenklage in eine kontinentaleuropäische Rechtsordnung möglich ist, ohne dass mit den fundamentalen Prozessrechtsgrundsätzen gebrochen wird. Das gilt vor allem für das Prinzip der Unterliegenshaftung und das schadensrechtliche Bereicherungsverbot.

III. Ergebnis

Das Ergebnis der rechtsvergleichenden Betrachtungen ist, dass die US-Class-action sehr ambivalent zu sehen ist. Auf der einen Seite ist diese Rechtsschutzform zwar geeignet, das rationale Desinteresse zu überwinden und die Schadensersatzansprüche gerichtlich durchzusetzen. Auf der anderen Seite weist die Class-action aber ein starkes Missbrauchspotential auf. Das gleiche gilt für die Gefahr von Interessenkonflikten innerhalb der Gruppe wie auch zwischen dem Gruppenanwalt und der Gruppe.

Die Class-action ist im US-Kartellrecht relativ stark vertreten, da insbesondere die kartellrechtlichen *treble damages* einen Klageanreiz schaffen. Allerdings zeigt der Mehrfachschadensersatz auch, dass der individuellen Kompensation der erlittenen Einbuße nur nachrangige Bedeutung zukommt. Primär geht es um die Sanktion und Verhaltenssteuerung der Normadressaten. Das belegt auch die Praxis. Relativ häufig gelingt es nicht, die eingeklagte oder vergleichsweise errungene Summe effizient an die Anspruchsberechtigten auszukehren. Stattdessen wird auf alternative Verteilungswege wie den *cy pres* Vergleich oder die *fluid recovery* zurückgegriffen. Diese Verfahren führen allerdings zu einer Verzerrung des Wettbewerbs durch *windfall profits*. Auch sind die Interessen der Anspruchsinhaber nicht immer sachgerecht repräsentiert, etwa wenn *coupon*-Vergleiche geschlossen werden.

---

942 Vgl. Handelsblatt v. 09.03.2010, abrufbar unter http://www.handelsblatt.com/politik/international/entschaerfte-richtlinie-eu-will-nur-sammelklage-light-zulassen;2542085 (zuletzt besucht am 09.03.2010).

Die schwedische Gruppenklage ist dagegen ein kontinentaleuropäisches Novum. Seit ihrer Einführung 2003 sind allerdings nur wenige Gruppenklageverfahren zu verzeichnen, sodass keine verlässliche Aussage zur Rechtspraxis in Schweden getroffen werden kann. Gleichwohl zeigt das schwedische Recht, dass die Einführung von Formen des kollektiven Rechtsschutzes möglich ist, ohne dass mit den grundlegenden Elementen des nationalen Zivilprozessrechts gebrochen werden muss. Auch zeigt die mangelnde Rechtspraxis in Schweden, dass nicht mit einem exzessiven Gebrauch der Gruppenklage zu rechnen ist. Somit ist festzuhalten, dass Formen des kollektiven Rechtsschutzes zur Lösung des Streuschadenproblems erwogen werden können. Eine kategorische Ablehnung der Gruppenklage greift also zu kurz.

IV. Exkurs: Verteidigungsstrategien gegen Kollektivklagen aus dem Ausland

Schon seit einigen Jahren sind auch deutsche Unternehmen von US-Class-actions betroffen. Für die betroffenen Unternehmen sind die Schadensersatzprozesse in den USA angesichts der *pre-trial discovery*, der *Jury*-Entscheidung und der teils exorbitanten Schadenssummen eine Horrorvision.[943] US-amerikanische Anwaltskanzleien nutzen das Potential des US-Rechts aus, um eine Drohkulisse gegenüber dem beklagten deutschen Unternehmen aufzubauen. Es soll schnell in einen Vergleich gezwungen werden, indem man den Beklagten mit Ansprüchen tausender Kläger mit einem Gesamtstreitwert in Milliardenhöhe konfrontiert.[944] Spätestens seit der medienwirksamen Berichterstattung über die Class-action US-amerikanischer Musikautoren und Musikverlage gegen *Bertelsmann/Napster*[945] wegen Urheberrechtsverletzungen oder über die Klage ehemaliger NS-Zwangsarbeiter ist klar, dass die Class-action über den Atlantik hinaus Einfluss hat. Immer wieder werden deutsche Unternehmen in den USA auf Schadensersatz verklagt, was eine komplexe Rechtsverteidigung und nicht selten eine Gefährdung der finanziellen Stabilität des gesamten Unternehmens bedeutet. Daher ist aus praktischer Sicht eine Auseinandersetzung mit Verteidigungsstrategien gegen ausländische Kollektivklagen geboten. Da bislang die schwedische Gruppenklage keine nennenswerte praktische Relevanz erlangt hat, berücksichtigt die folgende Darstellung nur die US-Class-action.

Verteidigungsstrategien in dem hier gemeinten Sinne beschränken sich auf ein Tätigwerden des Beklagten im Inland, also in Deutschland. Nicht erörtert

943 *Prütting*, Ein neues Kapitel im Justizkonflikt USA-Deutschland, in FS-Jayme, S. 709.
944 *Bellinghausen/Paheenthararajah*, RIW 2008, 492.
945 BVerfGE 108, 238.

wird die Wahrnehmung der bestehenden Prozesschancen in den USA, obgleich eine Rechtsverteidigung vor US-Gerichten für ausländische Großunternehmen keineswegs als aussichtslos bezeichnet werden kann.[946] Insoweit ergeben sich für den Beklagten drei Ansatzpunkte für eine Bekämpfung der Class-action aus den USA. Ein erster möglicher Ansatz ist die Verhinderung der Zustellung. Zweitens kann im Falle der Verurteilung oder des Vergleichsschlusses die Vollstreckung bekämpft werden. Drittens bietet sich für den Beklagten die Möglichkeit, die Klägeranwälte auf Schadensersatz in Anspruch zu nehmen, soweit die Class-action missbräuchlich erscheint.[947] Im Folgenden ist auf die Schlagkraft der einzelnen Verteidigungsansätze einzugehen. Übergeordnet werden die Auswirkungen auf den europäisch-transatlantischen Rechtsdialog erörtert, da diese für die Erfolgschancen einer möglichen Rechtsverteidigung gegen US-Klagen von erheblicher Bedeutung sind.[948]

1. Verhinderung der Zustellung

Einen ersten und zeitlich früh gelagerten Verteidigungsansatz bietet die Verhinderung der Zustellung im Inland. Schließlich ist die wirksame Zustellung einer Klage Voraussetzung für die Durchführung des Verfahrens und später die Vollstreckung des Urteils bzw. des Vergleichs. Wegen des *due process* Grundsatzes ist die Zustellung der Klage auch zwingende Voraussetzung für die Rechtskrafterstreckung.

US-amerikanische Class-actions auf Schadensersatz werden als Zivil- und Handelssachen im Sinne von Art. 1 und 13 des Haager Zustellungsübereinkommens[949] qualifiziert, auch wenn sie auf Strafschadensersatz (*punitive damages*) gerichtet sind.[950] Die Zustellbarkeit der Klage richtet sich damit nach Art. 13 Abs. 1 HZÜ. Grundsätzlich dient die Zustellung (§§ 166 Abs. 1, 182 ZPO) der Bekanntgabe eines Schriftstücks, dem Empfänger soll hierdurch rechtliches Gehör und ein faires Verfahren gewährt werden.[951] Im Idealfall erfolgt die Zustellung durch Übergabe eines Schriftstückes, was aus praktischen Gründen nicht immer gewährleistet ist. Daher sieht das deutsche Prozessrecht in §§ 178 ff. ZPO Ersatzzustellungen vor, die regelmäßig zu einer eingeschränkten Gewährung des

---

946 Vgl. hierzu *Stürner*, JZ 2006, 60, 66 ff. m.w.N. aus der Praxis in den USA. Eine Auseinandersetzung würde den Rahmen dieser Arbeit überschreiten.

947 *Bellinghausen/Paheenthararajah*, RIW 2008, 492.

948 *Stürner*, JZ 2006, 60, 68.

949 HZÜ vom 15. November 1965 (BGBl. 1977 II, 1453).

950 OLG Düsseldorf NJW-RR 2007, 640; *Schlosser*, HZÜ, Art. 1, Rn. 3; *Schack*, IZVR, Rn. 679, 681.

951 *Schack*, IZVR, Rn. 659.

rechtlichen Gehörs führen.[952] In Deutschland herrscht die Vorstellung einer hoheitlichen Zustellung vor, obgleich dieses Bild (nach Privatisierung der Post und der umfangreichen Tätigkeit privater Zusteller) kaum realistisch ist.[953] Dies zeigt auch ein Blick in die USA, wo die private Zustellung gang und gäbe ist.

Dieses unterschiedliche Verständnis der Zustellung erklärt das Fehlen allgemeiner völkerrechtlicher Regeln über die Zustellung. Lediglich staatsvertraglich sind Zustellungsregeln in der HZÜ getroffen worden. Die HZÜ ist von zentraler Bedeutung, da wegen des Verständnisses der Zustellung als Hoheitsakt internationale Rechtshilfe für die Zustellung erforderlich ist.[954] Nach Art. 13 Abs. 1 HZÜ kann die zuständige Behörde den Zustellungsantrag nur ablehnen, wenn die Zustellung geeignet ist, die Hoheitsrechte oder die Sicherheit des Staates zu gefährden. Art. 13 Abs. 1 HZÜ ist bewusst enger gefasst als eine allgemeine *ordre-public* Klausel (z.B. § 328 Abs. 1 Nr. 4 ZPO), da die Nichtzustellung die absolute Ausnahme im internationalen Rechtsverkehr bleiben soll. Schließlich bezweckt die HZÜ die Beschleunigung und Vereinfachung des Rechtsverkehrs.[955]

Wann die Hoheitsrechte oder die Sicherheit des Zielstaates gefährdet sind (Art. 13 Abs. 1 HZÜ), ist bislang nicht präzise definiert.[956] *Stürner* verfolgt vor dem o.g. Zweck der HZÜ aber einen sehr zurückhaltenden Ansatz und will eine Verweigerung der Zustellung nur in besonders schwerwiegend gelagerten Fällen, wie etwa bei Klagen auf Eingehung einer Ehe oder Unterlassung jeglicher beruflicher Tätigkeiten.[957] Nach diesem Ansatz sind auch schikanöse bzw. missbräuchliche Class-actions zuzustellen, selbst wenn sie materiell-rechtlich kaum begründet erscheinen. Dieser strengen Sichtweise ist die deutsche Rechtsprechung auch weitgehend gefolgt.[958]

Eine andere Auffassung vertrat dagegen das OLG Koblenz in seinem viel beachteten Vorlagebeschluss (§ 29 Abs. 1 Satz 2 EGGVG a.F.) vom 27.06.2005.[959] Das OLG lehnte die Zustellung ab, da es die Class-action für offensichtlich missbräuchlich hielt, weil sie „unter Ausnutzung der Schwachstellen" des US-Systems einzig dazu diene, den Beklagten in einen nicht gerechtfertigten Vergleich zu

---

952 *Schack*, IZVR, Rn. 660.

953 *Schack*, AG 2006, 823, 825; *Schack*, IZVR, Rn. 663.

954 *Schack*, IZVR, Rn. 674. Praktisch haben internationale Zustellungsersuchen eine erhebliche Bedeutung. So wurden 2007 insgesamt 64.140 Zustellungsersuchen von deutschen Justizverwaltungen erledigt.

955 Vgl. *Geimer*, IZPR, Rn. 2157 ff.

956 *Geimer*, IZPR, Rn. 2159.

957 *Stürner*, JZ 2006, 60, 61.

958 BVerfG WM 2007, 375; BVerfG NJW 2007, 3709; OLG Düsseldorf NJW-RR 2007, 640; OLG Celle OLGR 2006, 686.

959 OLG Koblenz WuW/E 2005, 1147.

zwingen.[960] Hintergrund der Entscheidung war eine US-Sammelklage von Arzneimittelkonsumenten gegen diverse Pharmaunternehmen, die den (unstreitig nach US-Recht illegalen) Arzneimittelreimport aus Kanada unterbunden hatten. Mit der Sammelklage wurde eine Schadenssumme von insgesamt 264 Milliarden US-Dollar geltend gemacht.[961] Ob die Rechtsauffassung des OLG vor dem BGH Bestand gehabt hätte, kann nicht festgestellt werden, da es zu keiner Entscheidung des BGH gekommen ist. Vermutlich wurde der Vorlagebeschluss zurückgezogen.

Gegen die Rechtsauffassung des OLG Koblenz spricht, dass im Rahmen des Art. 13 Abs. 1 HZÜ gerade keine allgemeinen *ordre-public* Erwägungen anzustellen sind, da dies eine Frage der Anerkennung und Vollstreckung des ausländischen Urteils ist (vgl. § 328 Abs. 1 Nr. 4 ZPO).[962] Das OLG Koblenz legte seiner Begründung des Beschlusses – entgegen der herrschenden Meinung[963] – keine punktuelle Betrachtung der Zustellungsfrage zugrunde, sondern lenkte den Blick auf den gesamten Prozessstoff.[964] Im Übrigen aber hätte eine verhinderte Inlandszustellung für den Beklagten kaum einen positiven Effekt. Der Kläger ist nicht gehindert, auf die Möglichkeiten der Ersatzzustellung im Heimatland zurückzugreifen und so die Zustellung zu bewirken. Gerade wenn der Beklagte ein international tätiges Unternehmen ist, bietet sich zudem die Möglichkeit der Zustellung an eine Unternehmenstochter im Ausland[965] oder an einen Mitarbeiter auf Geschäftsreisen.[966] Eine verhinderte Inlandszustellung beraubt den Beklagten vielmehr seines Anspruchs auf rechtliches Gehör, da er keine oder verspätete Kenntnis vom Verfahren erlangt. *Schack* bringt dies auf die griffige Formel, dass das „rechtliche Gehör des (deutschen) Beklagten [...] auf dem Altar überzogener deutscher Souveränitätsvorstellungen geopfert" wird.[967] Folglich kann einer verhinderten Inlandszustellung allenfalls ein Lästigkeitswert für den Kläger beigemessen werden. Eine darüber hinausgehende effektive Verteidigungstaktik kann hierin nicht gesehen werden.[968]

960 OLG Koblenz WuW/E 2005, 1147, 1152, 1156.

961 Der Anspruch wurde auf den Sherman Act v. 1890 (15 U.S.C. § 1) und auf den Clayton Act v. 1914 gestützt, vgl. *Piekenbrock*, IPRax 2006, 4.

962 Vgl. *Schack*, IZVR, Rn. 680.

963 *Stürner/Stadler*, IPRax 1990, 157, 159; *Oberhammer*, IPRax 2004, 40, 45; *Schlosser*, HZÜ, Art. 13, Rn. 3.

964 *Piekenbrock*, IPRax 2006, 4, 5.

965 *Worldwide Volkswagen v. Schlunk*, 486 U.S. 694, 700 (1988).

966 *Stürner*, JZ 2006, 60, 61.

967 *Schack*, IZVR Rn. 665.

968 So im Ergebnis auch *Piekenbrock*, IPRax 2006, 4, 10.

Effektiven Schutz des Beklagten vor einer Inanspruchnahme – allerdings nur mit Blick auf das im Inland belegene Vermögen – aus einem ausländischen Urteil oder Vergleich bietet die Verhinderung der Anerkennung und der Vollstreckung des Urteils.[969]

Gerichtsentscheidungen sind Hoheitsakte, die nur innerhalb der Grenzen des Urteilsstaates Wirkung entfalten. Im Ausland entfalten Urteile nur dann eine Wirkung, wenn der jeweilige Staat sie anerkennt.[970] Jeder einzelne Staat regelt selbst, ob und unter welchen Voraussetzungen er ausländische Rechtsakte anerkennt; eine völkerrechtliche Pflicht zur Anerkennung besteht nicht.[971] Für den durch das ausländische Urteil begünstigten Gläubiger ist in erster Linie die Vollstreckbarkeit des Urteils von Interesse. Bevor das Vollstreckungsverfahren, das in der Hand des Hoheitsträgers liegt, beginnen kann, muss das Vollstreckbarerklärungsverfahren (Exequaturverfahren) durchlaufen werden und nach §§ 724 ff. ZPO muss eine Vollstreckungsklausel die Vollstreckbarkeit des Titels bescheinigen.

Für ausländische Urteile gilt die Besonderheit, dass nach §§ 722 f. ZPO erst ein Vollstreckungsurteil dem ausländischen Urteil die Vollstreckbarkeit für das Inland originär verleiht.[972] Führt die Anerkennung eines ausländischen Urteils für die inländische Rechtsordnung zu untragbaren Konsequenzen, dann greift die „Notbremse" des *ordre-public* (§ 328 Abs. 1 Nr. 4 ZPO).[973] Danach ist die Anerkennung zu versagen, wenn sie zu einem Ergebnis führt, das mit wesentlichen Grundsätzen des deutschen Rechts offensichtlich unvereinbar ist, insbesondere wenn die Anerkennung mit den Grundrechten unvereinbar ist.[974]

US-Class-actions werfen in Bezug auf § 328 Abs. 1 Nr. 4 ZPO in verfahrenswie auch in materiell-rechtlicher Hinsicht Fragen auf. Verfahrensrechtlich könnte man in der *pre-trial discovery* einen Verstoß gegen das Ausforschungsverbot sehen, das zu einer Verweigerung der Anerkennung nach § 328 Abs. 1 Nr. 4 ZPO führt.[975] Allerdings darf man insoweit nicht vorschnell auf die *ordre-public* Klausel zurückgreifen, nur weil die *discovery* dem deutschen Verständnis der Beweiserhebung fremd ist. Erforderlich ist vielmehr, dass fundamentale Prinzipien der

969 *Piekenbrock*, IPRax 2006, 4, 10.

970 *Schack*, IZVR, Rn. 865.

971 *Schack*, IZVR, Rn. 865 mit Verweis auf BGHZ 112, 127, 133.

972 *Schack*, IZVR, Rn. 868.

973 *Schack*, IZVR, Rn. 951.

974 Bis 1986 sprach § 328 Abs. 1 Nr. 4 ZPO von einem Verstoß gegen die guten Sitten oder gegen den Zweck eines deutschen Gesetzes. Die heutige Fassung ist deutlich restriktiver gefasst, vgl. *Schack*, IZVR, Rn. 951.

975 Im Ergebnis *Hök*, Discovery-proceedings als Anerkennungshindernis, S. 324; Wieczorek/Schütze/*Schütze*, § 328 Rn. 47.

deutschen Rechtsordnung, d.h. Grundgedanken und Gerechtigkeitsvorstellungen, durch die Anerkennung missachtet würden.[976] Bei verfahrensrechtlichen Fragen muss die Abweichung vom inländischen Recht so gravierend sein, dass es nach deutschem Rechtsverständnis als nicht geordnet und nicht rechtsstaatlich angesehen werden kann.[977] Die Beweiserhebung unter der Eigenregie der Parteien führt nicht unmittelbar zu einer nach deutschem Rechtsverständnis unzulässigen Ausforschung. Es besteht nur die Möglichkeit einer Ausforschung, vor allem durch die in den USA üblich gewordenen *fishing expeditions*. Die bloße Möglichkeit kann aber für die Nichtanerkennung nicht ausreichen, da hierdurch die Grundwerte deutschen Rechts nicht beeinträchtigt werden.[978]

Vor dem Hintergrund des § 328 Abs. 1 Nr. 4 ZPO lässt sich auch das in den USA übliche Erfolgshonorar der Klägeranwälte problematisieren, da derartige Honorarverträge in Deutschland nur in den ganz engen Grenzen des § 4a RVG zulässig sind. Allerdings wird man einen Verstoß gegen den *ordre-public* kaum begründen können, da das absolute Verbot einer erfolgsabhängigen Anwaltsvergütung vom BVerfG aufgehoben wurde.[979] Zudem zeigt § 4a RVG, dass die *quota litis* dem deutschen Recht mittlerweile nicht mehr ganz fremd ist. Im Übrigen hat der BGH auch festgestellt, dass die Besonderheiten des US-amerikanischen Kostenrechts bei der Beurteilung der Anwaltsvergütung beachtet werden müssen. Die Tatsache, dass der Anwalt das Verfahren vorfinanziert und das wirtschaftliche Risiko trägt, darf sich demzufolge in seinem Honoraranspruch niederschlagen.[980] Das Erfolgshonorar lässt sich also nicht mit § 328 Abs. 1 Nr. 4 ZPO angreifen.[981]

In US-Class-actions werden – gemessen an deutschen Verhältnissen – sehr hohe Schadenssummen zugesprochen, die der US-amerikanische Gläubiger in Deutschland vollstrecken möchte.[982] Ursache der hohen Schadenssummen sind die grundsätzlichen Eigenschaften des US-Zivilverfahrens[983] und aber die Eigenheiten des materiellen Schadensrechts. Die *punitive* und *treble damages* erlauben es, ein Vielfaches der erlittenen Vermögenseinbuße als Schadensersatz auszuurteilen.[984] Mit Blick auf den *ordre-public* in § 328 Abs. 1 Nr. 4 ZPO sind diese Ausprägun-

---

976 Prütting/*Völzmann-Stickelbrock*, § 328 Rn. 24; BGHZ 119, 312, 320-323.

977 BGHZ 118, 312, 321; 48, 327, 331; 53, 357, 359.

978 BGHZ 118, 312, 324.

979 BVerfGE 117, 163.

980 BGHZ 118, 312, 333.

981 Prütting/*Völzmann-Stickelbrock*, § 328 Rn. 31.

982 So etwa in BGHZ 118, 312.

983 Siehe hierzu oben, S. 60 ff.

984 Mittlerweile verfolgt der US-Supreme Court einen gemäßigten Ansatz, nach der die vervielfältigte Summe immer noch einen Bezug zur erlittenen Einbuße haben muss. Als höchster Vervielfältigungsfaktor wird eine einstellige Zahl gesehen, *State Farm Mutual Automobile Insurance Company vs. Inez Preece Campbell et al.* 538 U.S. 408 (2003).

gen des Mehrfachschadensersatzes zweifelhaft. Die *punitive damages* dienen der Abschreckung (*deterrence*) und der Bestrafung (*punishment*) des rechtswidrig Handelnden. Die Bestrafung durch den zivilrechtlichen Schadensersatzanspruch soll zudem etwaige Racheakte des Opfers verhindern.[985] Insoweit verfolgen *punitive damages* den gleichen Zweck wie eine Kriminalstrafe (vgl. § 46 StGB).[986] Dies betrifft aber nur die Wirkung, nicht die Rechtsnatur der *punitive damages*, da die Vollstreckbarerklärung sonst von vornherein nicht in den Anwendungsbereich der §§ 722, 723 ZPO fallen würde.[987] Bei *punitive damages* tritt die Sanktionswirkung außerhalb eines Strafverfahrens ein, da sie im Ausgangspunkt zivilrechtlicher Natur sind. Begründet wird dies mit der Tatsache, dass die Verurteilung aufgrund der Initiative einer Privatperson erfolgt und die Zahlung auch nur dieser Person zugute kommt. Bei der Class-action gilt das gleiche für die Gruppe, da hier die Zahlung ebenso an Privatpersonen erfolgt.[988] In Deutschland liegt das Bestrafungsmonopol beim Staat. Die gesetzlich vorgesehenen Sanktionen werden in besonderen Straf- bzw. Ordnungswidrigkeitenverfahren verhängt, wobei die Wahrung der Verfahrensrechte des Beklagten besonders wichtig ist.

Der Strafcharakter der *punitive damages* verletzt daher den deutschen *ordre-public*. Dagegen lässt sich auch nicht argumentieren, dass die deutschen Regeln über das Schmerzensgeld der Genugtuung dienen. Denn die Bemessung des Schmerzensgeldes erfolgt immer in Anbetracht der erlittenen Lebensbeeinträchtigung und in Ansehung des Einzelfalls. Somit ist mit dem Schmerzensgeld eine Ausgleichsfunktion verknüpft. Auch liegen der Bemessung des Schmerzensgeldes im deutschen Recht keine schadensfremden Erwägungen zugrunde, da die Höhe der Summe unmittelbar mit der erlittenen Einbuße korreliert. Ein US-Urteil, das eine zivilrechtliche Strafe zum Gegenstand hat, kann daher in Deutschland wegen § 328 Abs. 1 Nr. 4 ZPO nicht anerkannt und vollstreckt werden.

In Kartellsachen besteht aufgrund der Streuschäden in Bagatellhöhe kein echtes individuelles Kompensationsinteresse. Gewichtiger ist das öffentliche Interesse an einer Anspruchsdurchsetzung, um die Adressaten kartellrechtlicher Normen zu deren Einhaltung zu zwingen. Das US-Kartellrecht bietet daher mit den *treble damages* eine Vervielfältigung der erlittenen Einbuße, um besonders effektiv auf die Kartellanten einzuwirken. Auf diese Weise entstehen sehr hohe Schadens-

985 BGHZ 118, 312, 335.

986 Vgl. im Einzelnen, *Lackner/Kühl*, § 46, Rn. 1 ff.

987 So auch BGHZ 118, 312, 336.

988 *Spitzer*, Die einvernehmliche Prozessbeendigung, S. 43. Demzufolge ist die *Parens Patriae* Klagebefugnis als öffentlich-rechtliches Verfahren einzuordnen, da dort ähnlich wie bei der Vorteilsabschöpfung nach § 34a GWB keine unmittelbare Leistung an die Geschädigten erfolgt und die Initiative beim *attorney general* bzw. dem Justizminister des einzelnen US-Bundesstaates liegt.

ersatzforderungen, die zu hohen Einbußen, nicht selten sogar zur Insolvenz des Unternehmens führen.

Während bei *punitive damages* die erlittene Einbuße mit einem durch den Richter festgelegten Faktor multipliziert wird, erfolgt bei *treble damages* die Vervielfältigung nach einem festen Faktor. Aufgrund der Verdreifachung gehen *treble* wie die *punitive damages* deutlich über die individuell erlittene Vermögenseinbuße hinaus. *Treble damages* dienen weniger der Abschreckung als die *punitive damages*. Sie bezwecken durch die Schadenspauschalierung eine Gewinnabschöpfung und einen Ausgleich der geringen Verfolgungswahrscheinlichkeit von Kartellrechtsverstößen.[989] Die Verdreifachung wird daneben mit dem vom Schadensersatzkläger betriebenen Aufwand und Anstrengungen gerechtfertigt. Der Kläger soll gewisserweise für den Verfahrensaufwand und seine Funktion als *private attorney general* vergütet werden.

Wenn auch, anders als bei *punitive damages*, kein unmittelbar strafender Zweck verfolgt wird, ist die Sanktion des Kartelltäters doch eine Nebenfunktion der *treble damages*. Ihnen liegen daher nicht schadensbezogene Elemente zugrunde, die §§ 249 ff. BGB grundsätzlich fremd sind.[990]

Hierdurch wird der deutsche *ordre-public* (§ 328 Abs. 1 Nr. 4 ZPO) verletzt, da zivilrechtliche Ansprüche nicht der Sanktion eines Verhaltens dienen dürfen. Auch das Verständnis des Einzelnen als privater Staatsanwalt verstößt gegen das dem deutschen Recht zugrunde liegende Bestrafungsmonopol des Staates.[991]

Darüber hinaus umfasst der deutsche *ordre-public* aber auch das schadensrechtliche Bereicherungsverbot.[992] Hiergegen verstoßen die *treble damages*, da eine Entlohnung des Klägers für die Verfahrensführung ein schadensfremder Posten ist, der zu einer Bereicherung des Klägers auf Kosten des Beklagten führt. Somit ist ein US-amerikanisches Urteil oder ein entsprechender Vergleich, der derartigen Schadensersatz zuspricht, in Deutschland nicht anerkennungsfähig wegen Verstoßes gegen den *ordre-public*.[993] Soweit die Anerkennung verhindert werden kann, ist also der Beklagte zumindest mit Blick auf sein im Inland belegenes Vermögen geschützt. Allerdings hindert die deutsche Nichtanerkennung nicht die Vollstreckung im Ausland. Sofern also in den USA eine Verurteilung zum Strafschadensersatz erfolgt, kann selbstverständlich in das in den USA und anderen anerkennungsbereiten Staaten belegene Vermögen des Beklagten vollstreckt werden.

Festzuhalten ist, dass die Verhinderung der Zustellung im Inland kein i.E. gangbarer Ansatz für eine Verteidigung gegen ausländische Kollektivklagen ist.

---

989 Dieser Ansatz geht auf die rechtsökonomische Lehre von *Posner* zurück.

990 Palandt/*Grüneberg*, Vor § 249 Rn. 2-3.

991 BGHZ 118, 312, 339.

992 BGHZ 118, 312, 338, 343.

993 Prütting/*Völzmann-Stickelbrock*, § 328 Rn. 27.

Vielmehr schadet man dem Beklagten durch ein solches Vorgehen, da sein Anspruch auf rechtliches Gehör beschränkt wird. Praktisch drohen ihm durch die verspätete Kenntnisnahme Nachteile, da das Verfahren im Ausland u.U. ohne seine unmittelbare Beteiligung geführt wird. Erfolg versprechend ist aber die Verhinderung der Anerkennung, da *punitive* wie *treble damages* gegen den deutschen *ordre-public* (§ 328 Abs. 1 Nr. 4 ZPO) verstoßen. Gleichwohl muss aber klargestellt sein, dass die nur das in Deutschland belegene Vermögen des Beklagten betrifft. Eine Vollstreckung eines derartigen Urteils im Ausland ist durch eine deutsche Nichtanerkennung natürlich nicht zu verhindern.

3. Gegenansprüche

Ein weiterer denkbarer Ansatz, sich gegen ausländische Klagen zur Wehr zu setzen, ist die Geltendmachung zivilrechtlicher Gegenansprüche. Zwar verhindern zivilrechtliche Gegenansprüche nicht, dass die Folgen einer Verurteilung im Ausland eintreten, jedoch kann man einen beträchtlichen Lästigkeitswert erzielen. Gerade bei Missbrauch der US-Class-action kommen Schadensersatzansprüche gegen die handelnden Anwälte in Betracht, da diesen die missbräuchlichen Verfahrenshandlungen zuzurechnen sind. Mögliche Anspruchsgrundlagen sind im deutschen Deliktsrecht zu finden. Zu denken ist an § 823 Abs. 1 i.V.m. dem Recht am ausgeübten und eingerichteten Gewerbebetrieb sowie § 826 BGB. In besonders schwerwiegenden Fällen (*strike suits*) ist auch an einen Schadensersatzanspruch wegen Schutzgesetzverletzung zu denken, § 823 Abs. 2 BGB i.V.m. § 253 StGB.

Aufgrund des auf Kompensation gerichteten deutschen Schadensrechts (§§ 249 ff. BGB) werden die Gegenansprüche zwar zu keiner nennenswerten finanziellen Wirkung bei den Klägeranwälten führen. Jedoch hat eine solche Klage einen beträchtlichen Lästigkeitswert, da die US-amerikanischen Anwälte sich auf das deutsche Recht und das deutsche Verfahren einlassen müssen.[994] Da die Gegenansprüche sich nicht gegen die Gruppenkläger, sondern gegen deren Anwälte richten, kommt mangels akzessorischer Anknüpfung keine verbundene Behandlung mit der laufenden Class-action in Betracht. Die Anwendbarkeit des deutschen Rechts ergibt sich aus Art. 40 Abs. 1. Satz 2 EGBGB, wonach bei deliktischen Ansprüchen ein Wahlrecht zwischen dem Recht des Handlung- und des Erfolgsorts besteht.

Der Eingriff in das Recht am Unternehmen durch die Class-action erfolgt im Inland, am Sitz des Unternehmens. Das gleiche gilt für die Verletzung des Schutzgesetzes. Soweit man in krassen Fällen der Class-action eine Erpressung nach § 253 StGB annimmt, liegt auch hier der Erpressungserfolg (Vermögens-

994 *Bellinghausen/Paheenthararajah*, RIW 2008, 492, 493.

verfügung) in Deutschland. Für eine sittenwidrige Schädigung gilt nichts anderes.[995]

a. § 823 Abs. 1 BGB (Recht am Unternehmen)

Das Recht am eingerichteten und ausgeübten Gewerbebetrieb ist seit langem als „sonstiges Recht" i.S.d. § 823 Abs. 1 BGB anerkannt.[996] Geschützt werden der Bestand des Unternehmens sowie die unternehmerische Tätigkeit vor Störungen von außen.[997]

Eine Class-action, die auf die Verurteilung zu exorbitanten *punitive damages* gerichtet ist, gefährdet häufig die wirtschaftliche Existenz eines Unternehmens, da die Forderung den Gesamtumsatz eines Unternehmens um ein Vielfaches übersteigen kann.[998] Dagegen kann man auch nicht argumentieren, dass die mittels der (missbräuchlichen) Class-action geltend gemachten Ansprüche materiell unbegründet sind. Denn wegen der Eigenheiten des US-Rechts führt bereits die Klageerhebung zu substanziellen Beeinträchtigungen, jedenfalls wenn das beklagte Unternehmen börsennotiert ist.[999] Auch wenn man eine unmittelbare Existenzgefährdung verneint, liegt jedenfalls eine erhebliche Einschränkung der unternehmerischen Handlungsfreiheit vor. Die Klägeranwälte setzen bei *strike suits* bewusst auf das Drohpotential der Existenzgefährdung. Der Beklagte muss sich schnell, unter Bindung finanzieller Mittel, am Verfahren beteiligen, um seine Rechtsverteidigung zu gewährleisten. Dadurch sind die Erwerbschancen des Beklagten verringert, da sowohl personelle als auch finanzielle Mittel durch das anhängige Class-action Verfahren verbraucht werden.[1000]

Der deliktische Anspruch wegen Verletzung des Rechts am Unternehmen wird aber nur eingeschränkt unter der Voraussetzung gewährt, dass der Eingriff betriebsbezogen erfolgt.[1001] Die Betriebsbezogenheit im Sinne eines gewollten und unmittelbaren Eingriffs lässt sich zwar begründen, indem man argumentiert, dass die Klägeranwälte durch unbegründete Klagen enormen Druck aufzubauen versuchen.[1002] Schließlich ist den Klägeranwälten bewusst, dass bei der Class-action

995 Vorstellbar ist zum Beispiel, dass das Verfahren nur geführt wird, um einen Wettbewerber aus dem US-Markt zu drängen oder durch schlechte PR in wirtschaftliche Schwierigkeiten zu bringen.

996 BGHZ 29, 65, 74; Palandt/*Sprau*, § 823 Rn. 127.

997 Palandt/*Sprau*, § 823 Rn. 127.

998 Vgl. BVerfGE 108, 238, 249.

999 *Bellinghausen/Paheenthararajah*, RIW 2008, 492, 494.

1000 Wie oben bereits erläutert erfolgt die Abrechnung des Beklagtenanwalts stundenweise, d.h. das beklagte Unternehmen hat enorme Rechtsanwaltskosten zu tragen, da sich die Verteidigung gegen die Class-action sehr zeitaufwändig gestaltet.

1001 BGHZ 29, 65, 74.

1002 *Bellinghausen/Paheenthararajah*, RIW 2008, 492, 494.

enorme nicht erstattungsfähige Kosten für die Rechtsverteidigung generiert werden, auch wenn der geltend gemachte Anspruch materiell vollkommen unbegründet ist. Allerdings muss die Betriebsbezogenheit auch bewiesen werden, was im Einzelnen schwierig ist. Schließlich müsste dargelegt werden, dass der geltend gemachte Anspruch der Klägerseite materiell unbegründet ist. Soweit aber durch Unternehmensunterlagen und andere Beweismittel ein solcher Beweis zu führen ist, wäre der Anspruch aus § 823 Abs. 1 BGB ein möglicher Schadensersatzanspruch. Das gilt umso mehr, als in Deutschland große Skepsis gegenüber der Class-action und den exorbitanten Schadenssummen herrscht.[1003]

Problematisch stellt sich der Nachweis der Rechtswidrigkeit dar, da grundsätzlich die zivilrechtliche Geltendmachung eines unbegründeten Anspruchs nicht rechtswidrig ist, solange der Kläger subjektiv redlich ist.[1004] Zwar lässt sich argumentieren, dass die subjektive Redlichkeit bei missbräuchlicher Nutzung der Schwachstellen des US-Rechts nicht besteht, allerdings ist die Hürde der Beweispflicht dadurch nicht genommen.[1005] Auch wenn das OLG Koblenz seine Zweifel an der Class-action und dem Handeln der Anwälte geäußert hat, bedeutet das nicht, dass in anderen Verfahren ein entsprechender Vortrag Erfolg hätte. Schließlich ist aus internationalprivatrechtlicher Sicht Skepsis vor allzu harscher Kritik an ausländischen Rechtssystemen und Rechtsschutzformen angebracht. Grundsätzlich ist das ausländische Recht als gleichwertig anzuerkennen, soweit es nicht aus rechtsstaatlicher Sicht zu unerträglichen Konsequenzen führt.[1006] Das kann aber nicht bei jeder Class-action unterstellt werden, schließlich läuft diese in den USA nach gesetzlichen Regeln und in einem rechtsstaatlichen Verfahren ab. Dass diese Verfahrensform mit ihren Schwächen aus deutscher Sicht befremdlich wirkt, berechtigt nicht zu einer Globalkritik am US-amerikanischen Rechtssystem, wie sie das OLG Koblenz in seinem Vorlagebeschluss übt.[1007] Somit kommt ein Anspruch aus § 823 Abs. 1 BGB nur in Fällen in Betracht, wenn die Missbräuchlichkeit des Verhaltens geradezu augenfällig ist. Das wird aber nur selten der Fall sein. Unterstellt man dennoch die Rechtswidrigkeit und deren Beweisbarkeit, muss noch Verschulden (§ 276 BGB) vorliegen. Das ist im Falle einer offensichtlich missbräuchlichen Klage ohne weiteres anzunehmen. Das gleiche gilt für das erforderliche Unrechtsbewusstsein. Festzuhalten ist daher, dass in besonders schwerwiegenden Konstellationen ein deliktischer Schadensersatzanspruch aus § 823 Abs. 1 BGB i.V.m. dem Recht am Unternehmen in Betracht kommt.

1003 Vgl. BVerfGE 108, 251; OLG Koblenz IPRax 2006, 25 (mit Anm. *Piekenbrock*).

1004 BGHZ 36, 18, 20; 118, 201, 206; 154, 269, 272.

1005 *Bellinghausen/Paheenthararajah*, RIW 2008, 492, 495 mit dem Hinweis auf die Rspr. des OLG Koblenz WuW/E 1147, 1152, 1156.

1006 *Schack*, IZVR, Rn. 35.

1007 OLG Koblenz WuW/E 1147, 1152, 1156.

b. *§ 823 Abs. 2 BGB wegen Verletzung eines Schutzgesetzes*

Der Anspruch aus § 823 Abs. 2 BGB setzt die Verletzung eines Schutzgesetzes voraus. In Betracht kommt hier die Erpressung nach § 253 StGB, sowie die Nötigung nach § 240 StGB. Allerdings stellen sich hier die (hohen) Anforderungen eines strafrechtlichen Tatbestandes, den der Kläger nachzuweisen hat. Es ergeben sich ähnliche Beweisschwierigkeiten wie bei der Rechtswidrigkeit im Rahmen des § 823 Abs. 1 BGB. Nur in Ausnahmefällen wird sich nachweisen lassen, dass die Anwälte vorsätzlich mit einem empfindlichen Übel gedroht haben, um damit eine Vermögensverfügung herbeizuführen. Nichts anderes gilt für die Nötigung (§ 240 StGB). Somit kommt ein Anspruch aus § 823 Abs. 2 BGB nur in seltenen Ausnahmekonstellationen in Betracht.

c. *§ 826 BGB vorsätzliche, sittenwidrige Schädigung*

§ 826 BGB setzt eine vorsätzliche Vermögensschädigung durch sittenwidriges Handeln voraus. Dass ein Schaden zugefügt wird, kann im Regelfall bei einer missbräuchlichen Class-action angenommen werden. Problematischer ist die Frage der Sittenwidrigkeit zu beantworten. Es kommt zwar nicht darauf an, dass ein bestimmtes Verhalten im Ausland geduldet wird.[1008] Die Klägeranwälte können demzufolge nicht argumentieren, dass die Class-action in den USA ein anerkanntes Verfahren ist und daher schlechterdings in Deutschland nicht sittenwidrig sein kann. Allerdings ist auch nach innerstaatlichem Maßstab die Einleitung eines Gerichtsverfahrens nicht allein deshalb sittenwidrig, weil der Kläger mit der Begründetheit des geltend gemachten Anspruchs nicht ernsthaft rechnet. Erforderlich ist, dass das Verfahren gezielt zur Schädigung des Beklagten missbraucht wird.[1009] Zudem muss die Klageerhebung auf erkennbar sachfremden Motiven oder einer vollkommen abwegigen rechtlichen Einordnung beruhen.[1010]

Bei einer missbräuchlichen Class-action erscheinen diese Voraussetzungen leichter beweisbar. In der deutschen Rechtsprechung, insbesondere zum Aktienrecht, besteht eine gewisse Tendenz zur Missbrauchskontrolle.[1011] Das gilt vor allem, wenn mit der Klage bezweckt wird den Beklagten zum Abkauf des Lästigkeitswertes einer Klage zu bewegen.[1012] In der Literatur wurden von *Stürner* Kriterien für die Sittenwidrigkeit der Verfahrenseinleitung erarbeitet, die aber im

1008 OLG Düsseldorf NJW-RR 1990, 732, 734.

1009 BGHZ 154, 269, 272; 36, 18, 20 f.

1010 BGHZ 148, 175, 183.

1011 Vgl. zum Fall des berufsmäßigen Anfechtungsklägers LG Frankfurt/Main ZIP 2007, 2034, 2035 f.

1012 *Bellinghausen/Paheenthararajah*, RIW 2008, 492, 496.

Ergebnis unbestimmt bleiben.[1013] Nach diesem Ansatz soll die Sittenwidrigkeit bereits dann anzunehmen sein, wenn der geltend gemachte Anspruch „relativ aussichtslos“ ist und noch weitere Umstände hinzutreten, die für ein planmäßiges Ausnutzen der Massenklage sprechen. Beispielsweise sei die gezielte Drohung mit der existenzgefährdenden Schadenssumme, die eingeklagt wird. Insgesamt kann daher bezüglich § 826 BGB festgehalten werden, dass die Erfolgschancen dieses deliktischen Anspruchs im Falle der missbräuchlichen Class-action nicht schlecht stehen. Erforderlich ist aber, dass die Klage der US-Anwälte offensichtlich missbräuchlich ist. Sonst wird der Nachweis der Sittenwidrigkeit nicht gelingen.

d. Zwischenergebnis

Für die Betroffenen stellt die Geltendmachung von Gegenansprüchen einen Weg der aggressiven Gegenwehr dar. Soweit die Class-action offenkundig missbräuchlich ist, erscheint der Nachweis der Voraussetzungen der deliktischen Anspruchsgrundlage möglich. Die Gegenansprüche führen zwar nicht zu finanziell schmerzhaften Konsequenzen für die US-Anwälte. Gleichwohl ist mit dem Gegenanspruch ein nicht unerheblicher Lästigkeitswert verbunden, da die US-Anwälte sich auf ein Verfahren in Deutschland einlassen müssen.

B. Erweiterung der existierenden Verfahrensarten

Im Folgenden soll erörtert werden, ob und inwieweit die existierenden Formen des kollektiven Rechtsschutzes im deutschen Recht erweiterungsfähig sind. Zunächst werden einige vorprozessuale Überlegungen angestellt, um den Rahmen für die erforderlichen Änderungen festzulegen. Dieser Rahmen ist geprägt von verfassungsrechtlichen Grundlagen sowie durch die Verfahrensgrundsätze des deutschen Zivilprozesses. Hiernach wird überprüft, ob eine Verbandsklage auf Schadensersatz in Deutschland gesetzlich umsetzbar ist. Im Anschluss daran wird auf die Ausbaufähigkeit der in der Praxis durch Forderungsabtretung erreichten Sammelklagebefugnis eingegangen. Es geht darum zu ermitteln, ob das deutsche Recht für die Einführung einer Gruppenklage prinzipiell offen steht.

1013 Vgl. *Stürner*, JZ 1978, 499, 505 f.

I. Verfassungs- und verfahrensrechtlicher Rahmen des Zivilprozesses

Einzelheiten und spezielle Aspekte der Gruppen- bzw. Verbandsklage lassen sich nicht erörtern, ohne dass der Rahmen klargestellt ist, in den sich der kollektive Rechtsschutz einfügen soll. Insoweit müssen die verfassungsrechtlichen Anforderungen an den Zivilprozess herausgearbeitet werden, da sonst mögliche Defizite der Kollektivklagen nicht deutlich würden. Maßstab für die die folgende Darstellung ist das deutsche Verfassungsrecht genauso wie die europäischen Grundrechte.

1. Rechtliches Gehör und Recht auf faires Verfahren

Art. 103 Abs. 1 GG garantiert jedermann vor Gericht rechtliches Gehört. Der Anspruch auf gerichtliches Gehör ist ein elementarer Bestandteil einer rechtsstaatlichen Rechtsordnung.[1014] Dogmatisch stellt Art. 103 Abs. 1 GG ein so genanntes Prozessgrundrecht dar.[1015] Der Anspruch steht nicht nur Deutschen, sondern auch Ausländern sowie juristischen Personen zu (Art. 19 Abs. 3 GG).[1016] Da nur der Anspruch auf rechtliches Gehör *vor Gericht* garantiert wird, besteht der Schutz nur im Rahmen eines gerichtlichen Verfahrens, nicht jedoch im Verwaltungsverfahren.[1017] Berechtigt sind nicht nur die formell Beteiligten. Auch materiell Beteiligte, auf deren Rechte unmittelbar eingewirkt wird, können sich auf den Anspruch auf rechtliches Gehör berufen.[1018] Dies gilt allerdings nur unter der einschränkenden Voraussetzung, dass die Rechtsstellung durch unmittelbare rechtliche Wirkungen des Urteils beeinträchtigt wird. Faktische Auswirkungen genügen hingegen nicht.[1019]

Herleitbar ist der Anspruch auf rechtliches Gehör aus der Menschenwürde sowie aus dem Rechtsstaatsprinzip (Art. 20 Abs. 3 GG).[1020] In einer rechtsstaatlichen Prozessordnung dürfen die Verfahrensbeteiligten nicht zu bloßen Objektiven des Verfahrens degradiert werden, sondern müssen in der Lage sein, den Ausgang

1014 *Jauernig*, ZPO, S. 93.

1015 BVerfG NJW 2003, 1655; *Rauscher* in MünchKomm-ZPO, Einl. Rn. 199; *Jauernig*, ZPO, S. 93; **a.A.** *Epping*, GrundR, Rn. 942.

1016 *Rauscher* in MünchKomm-ZPO, Einl. Rn. 205.

1017 *Lerche*, ZZP 78 (1965), 1, 7.

1018 BVerfGE 21, 132, 137; *Waldner*, Der Anspruch auf rechtliches Gehör, S. 115 ff.; *Rauscher* in MünchKomm-ZPO, Einl. Rn. 207.

1019 **H.M.**, vgl. BVerfGE 75, 201, 215; *Rauscher* in MünchKomm-ZPO, Einl. Rn. 207.

1020 BVerfGE 7, 275, 279; *Epping*, GrundR, Rn. 941; *Rauscher* in MünchKomm-ZPO, Einl. Rn. 199.

des Verfahrens zu beeinflussen.[1021] Der Anspruch auf rechtliches Gehör ist auch als „Urrecht des Menschen“ in Art. 6 EMRK anerkannt, der ein faires Verfahren gewährleistet.[1022] Art. 6 Abs. 1 EMRK korrespondiert mit Art. 103 Abs. 1 GG.[1023] Aus der EMRK ergeben sich mit Blick auf das zu gewährende rechtliche Gehör keine strengeren Anforderungen als aus Art. 103 Abs. 1 GG.[1024]

Im Einzelnen werden sachlich das Recht auf Information, das Recht auf Äußerung und das Recht auf Berücksichtigung von Art. 103 Abs. 1 GG geschützt.[1025] Grundlage jeder Mitwirkung im Prozess ist die Information der vom Verfahren Betroffenen. Die Parteien müssen über den Gegenstand des Verfahrens, die eingeführten Tatsachen und Beweismittel informiert werden. Das gleiche gilt für die Rechtsauffassung des Gerichts, sofern die Parteien mit ihr ohnehin nicht rechnen mussten.[1026] Positivrechtlichen Ausdruck hat der Anspruch auf rechtliches Gehör in den richterlichen Hinweispflichten in der ZPO gefunden (§ 139 ZPO). Allerdings gebietet Art. 103 Abs. 1 GG keine umfassende richterliche Hinweispflicht. Ein richterlicher Hinweis ist lediglich dann von der Verfassung garantiert, wenn ein kundiger Prozessbeteiligter nicht mit der entsprechenden Handlung bzw. Rechtsansicht des Gerichtes zu rechnen brauchte.[1027] Die Information der Betroffenen ist lediglich Grundvoraussetzung, um am Prozessgeschehen teilzuhaben. Wesentlich zur Wahrnehmung der Rechte ist die Äußerungsbefugnis der Beteiligten. Den Parteien ist daher von Verfassungswegen garantiert, dass sie umfänglich zum Sachverhalt und ihrer Rechtsansicht vortragen können, um auf das Prozessgeschehen Einfluss zu nehmen.[1028] Nicht garantiert ist die Führung einer Rechtsdiskussion mit dem Gericht.[1029] Auch die Form der Äußerung ist nicht verbindlich festgelegt, sie hängt vielmehr von der Art des Verfahrens ab.[1030]

Art. 103 Abs. 1 GG verpflichtet das Gericht zur Kenntnisnahme des Prozessstoffes, der von den Parteien eingebracht wurde.[1031] D.h. es muss die Ausführungen grundsätzlich in Erwägung ziehen und sich mit vertretenen Rechtsauffassungen

---

1021 *Rauscher* in MünchKomm-ZPO, Einl. Rn. 199.

1022 BVerfGE 64, 1, 11; *Epping*, GrundR, Rn. 943; *Jauernig*, ZPO, S. 93.

1023 *Grabenwarter*, Europäische Menschenrechtskonvention, § 24 Rn. 64.

1024 *Grabenwarter/Pabel* in Grote/Marauhn, EMKR/GG, Kap. 14, Rn. 87 ff.

1025 Im Einzelnen, *Epping*, GrundR, Rn. 948 ff.

1026 BVerfGE 108, 341 345 f.; BVerfGE 84, 188; *Epping*, GrundR, Rn. 949.

1027 BVerfG NJW 2003, 2524; *Rauscher* in MünchKomm-ZPO, Einl. Rn. 211.

1028 BVerfGE 9, 231; 9, 261.

1029 BVerfGE 31, 364.

1030 So reicht es im schriftlichen Verfahren selbstverständlich aus, dass den Parteien Gelegenheit zur schriftlichen Stellungnahme gegeben wird, vgl. BVerfGE 6, 19 f.

1031 BVerfGE 55, 95, 98.

– soweit sie nicht offensichtlich unrichtig sind – inhaltlich auseinandersetzen.[1032] Daneben sichert der Anspruch auf ein faires Verfahren (Art. 20 Abs. 3 GG, Art. 6 Abs. 1 EMRK) als allgemeines Verfassungsprinzip den Anspruch auf rechtliches Gehör.[1033] Der Anspruch auf ein faires Verfahren bindet in erster Linie den Zivilrichter. Er muss das Zivilverfahren so leiten, dass es rechtsstaatlichen Ansprüchen genügt. Vor allem darf er keine Partei benachteiligen oder sich widersprüchlich verhalten.[1034] Das formelle Verfahrensrecht muss so gehandhabt werden, dass den Parteien die Rechtsverfolgung nicht unnötig erschwert und dem materiell-rechtlichen Anspruch zur Durchsetzung verholfen wird.[1035]

Eine allgemein anerkannte und praktisch bedeutsame Fallgruppe des Anspruchs auf ein faires Verfahren ist der Grundsatz der Waffengleichheit im Prozess.[1036] Der Grundsatz der Waffengleichheit garantiert den Parteien, dass sie alles für die gerichtliche Entscheidung Erhebliche vortragen und umfassend von den prozessualen Verteidigungsmitteln Gebrauch machen können.[1037] Daher wird die Waffengleichheit auch nicht von Art. 103 Abs. 1 GG geschützt, vielmehr dient die Waffengleichheit dazu, dass die Parteien von ihren Verfahrensrechten aktiven Gebrauch machen können und nicht aus Kostenerwägungen von der Anrufung eines Gerichts absehen.[1038] Der Grundsatz der Waffengleichheit beeinflusst in der zivilgerichtlichen Praxis die Gewährung von Prozesskostenhilfe, aber auch Fälle der Beweisnot.[1039]

Großen Einfluss übt der Anspruch auf ein faires Verfahren auf die Anforderungen an eine Fehler kompensierende Prozessleitung aus.[1040] Das betrifft insbesondere Fristversäumnisse, die maßgeblich auf Fehlern des Gerichts beruhen.[1041] Zu beachten ist aber, dass die richterliche Hinweispflicht aus § 139 ZPO über das

---

1032 Das setzt keine ausdrückliche inhaltliche Bezugnahme voraus. Es wird vielmehr vermutet, dass das Gericht die Ausführungen in Erwägung gezogen hat, soweit nicht besondere Umstände das Gegenteil nahe legen, BVerfGE 42, 364, 368.

1033 Dogmatisch leitet das BVerfG den *fair-trial* Grundsatz aus dem Rechtsstaatsprinzip (Art. 20 Abs. 3 GG) i.V.m. dem Recht auf freie Entfaltung der Persönlichkeit ab, vgl. BVerfG NJW 2004, 2079.

1034 BVerfGE 78, 123, 126.

1035 BVerfG NJW 2005, 814.

1036 Hergeleitet wird dieser Grundsatz aus dem Rechtsstaatsprinzip und dem allgemeinen Gleichheitssatz (Art. 3 Abs. 1 GG), vgl. BVerfGE 52, 131, 144.

1037 *Rauscher* in MünchKomm-ZPO, Einl. Rn. 222.

1038 BVerfG BeckRS 2005, 29635; *Rauscher* in MünchKomm-ZPO, Einl. Rn. 222.

1039 *Rauscher* in MünchKomm-ZPO, Einl. Rn. 224, 225. Die Fälle der Beweisnot wurden vom BVerfG im Rahmen der Rspr. zum Arzthaftungsrecht entwickelt, vgl. BVerfGE 51, 150.

1040 *Rauscher* in MünchKomm-ZPO, Einl. Rn. 226.

1041 Vgl. BVerfG NJW 2004, 2887.

verfassungsrechtlich garantierte Minimum hinausgeht. Eine allgemeine Hinweis- oder Aufklärungspflicht ist daher nicht von Art. 103 Abs. 1 GG gewährleistet.[1042]

Zusammenfassend stellt das GG nur fragmentarische Anforderungen an den Zivilprozess. Allerdings sind durch Art. 103 Abs. 1 GG und den Anspruch auf ein faires Verfahren die Mitwirkungsrechte der Betroffenen gesichert. Sie müssen über das Verfahren informiert werden, sodass sie aktiv ihre Rechte wahrnehmen können. Das Gericht ist dabei durch Art. 103 Abs. 1 GG zur Beachtung der Ausführungen verpflichtet. Zwischen den Parteien sichert der Grundsatz der Waffengleichheit, dass keine Partei über Gebühr benachteiligt wird oder durch Kostenerwägungen von der Anspruchsdurchsetzung abgehalten wird. Die Verfassung sichert damit, dass – bildlich gesprochen – das Verfahren nicht über die Köpfe der Beteiligten hinweg geführt wird.

2. Allgemeine Handlungsfreiheit

Hinsichtlich der Kollektivklagen wurde vielfach angemahnt, dass die Klageerhebung im Namen dritter Personen die Privatautonomie und die Dispositionsmaxime beeinträchtige. Die Privatautonomie ist als Grundprinzip der deutschen Privatrechtsordnung von der allgemeinen Handlungsfreiheit (Art. 2 Abs. 1 GG) verfassungsrechtlich garantiert.[1043] Die Privatautonomie besagt im Wesentlichen, dass private Personen ihre Rechtsverhältnisse eigenmächtig verwalten und ordnen können.[1044] Das heißt, sie gehen grundsätzlich miteinander auf freiwilliger Basis rechtsgeschäftliche Bindungen ein. Die Dispositionsmaxime ist das verfahrensrechtliche Gegenstück zur Privatautonomie.[1045] Den Parteien steht die Verfügungsbefugnis über das „Ob“ und das „Worüber“ eines Verfahrens zu.[1046] Wesentliche Verfahrensschritte unterliegen damit der Parteidisposition. Hervorzuheben sind die Verfahrenseinleitung (§ 253 ZPO), die einseitige Verfahrensbeendigung (§§ 269, 515, 566, 306, 514 ZPO) und die einverständliche Verfahrensbeendigung (arg. ex § 91a ZPO).

Ausgangspunkt der Dispositionsmaxime ist die Berechtigung des Einzelnen über ein Recht zu verfügen. Soweit das GG etwa das Eigentum garantiert, müssen Einzelne auch in die Lage versetzt werden, Ansprüche aus dem Eigentum geltend zu machen. Die verfahrensrechtliche Disposition lässt sich daher methodisch als Konsequenz der materiellen Freiheitsrechte aus dem GG verorten.[1047]

1042 BVerfG NJW-RR 05, 937; *Jauernig*, ZPO, S. 75.

1043 *Jauernig*, ZPO, S. 67.

1044 *Ipsen*, StaatsR II, Rn. 69.

1045 *Stürner* in FS-Baur, S. 650; *Jauernig,* ZPO, S. 67.

1046 *Jauernig,* ZPO, S. 67; seinen Niederschlag findet die Dispositionsmaxime an verschiedenen Stellen im Gesetz, vgl. §§ 253, 338, 485, 518 ZPO.

1047 *Stürner* in FS-Baur, S. 651.

Die Reichweite des verfassungsrechtlichen Schutzes der Dispositionsmaxime ist nicht klar abgrenzbar. Weitgehende Einhelligkeit besteht mit Blick auf die Verfahrenseinleitung, da die freie Entscheidung für ein Verfahren durch Art. 2 Abs. 1 GG abgesichert ist, zumal mit der Verfahrenseinleitung regelmäßig eine Pflicht zur aktiven Führung des Verfahrens einhergeht.[1048] Das gilt jedenfalls, wenn es um die individuelle Anspruchsverfolgung geht. Eine andere Frage ist allerdings, ob das Grundgesetz auch das Recht garantiert, sich *gegen* ein Verfahren zu entscheiden, das schwerpunktmäßig einem öffentlichen Verfolgungsinteresse dient. Schließlich geht es bei kartellrechtlichen Kollektivklagen in der Regel weniger um die individuelle Kompensation als um die Verfolgung und Sanktionierung eines Rechtsbrechers, sodass fraglich ist, ob dem einzelnen Anspruchsinhaber ein Recht zur Verfahrensverhinderung von Verfassungswegen zusteht. Grundsätzlich schützt die Handlungsfreiheit des Einzelnen nicht den objektiven Rechtsbruch einer anderen Person.[1049] D.h. soweit das Verfahren einzig der Verwirklichung des objektiven Rechts dient, kann der Anspruchsinhaber nicht eingreifen. Das gilt aber nur insoweit, wie das subjektive Recht des Einzelnen nicht berührt wird. Denn er allein kann über die Geltendmachung eines Anspruchs entscheiden. Ein Zahlungsurteil, das ohne Mitwirkung des Forderungsinhabers durch einen Verband erstritten wird oder gar von Amts wegen ergeht, würde den Anspruchsinhaber in seinen Rechten aus Art. 14 Abs. 1 und Art. 2 Abs. 1 GG verletzen.[1050] Es bleibt damit dem Einzelnen überlassen zu entscheiden, ob er Klage erhebt. Die Rechtsordnung hat diese Entscheidung zu respektieren, unabhängig davon, ob sie sinnvoll ist.[1051] Niemals darf das Gericht einen Zivilprozess eröffnen, es gilt die sprichwörtliche Maxime *wo kein Kläger, da kein Richter.*[1052]

Von dieser individualistischen Prägung wird nur in Ausnahmefällen abgewichen, wenn ein besonderes öffentliches Interesse an der Rechtsverfolgung besteht, etwa im Falle der Doppelehe (§ 1306 BGB), wo der Antrag auf Eheaufhebung von der zuständigen Verwaltungsbehörde gestellt werden kann (§ 1316 Abs. 1 Nr. 1 BGB).[1053] In den genannten Ausnahmefällen geht es nicht um die Durchsetzung eines Zahlungsanspruches, sondern um die Klärung des personenstandsrecht-

1048 *Stürner* in FS-Baur, S. 652.

1049 *Stürner* in FS-Baur, S. 652.

1050 *Stürner* in FS-Baur, S. 652.

1051 *Jauernig*, ZPO, S. 67.

1052 *Nullo actore, nullus iudex; Jauernig,* ZPO, S. 67.

1053 In derartigen Konstellationen geht es nicht mehr vorrangig um die privatautonome Geltendmachung von Ansprüchen, da hier der Verfahrensgegenstand den Betroffenen im öffentlichen Interesse entzogen ist, vgl. *Rauscher* in MünchKomm-ZPO, Einl. Rn. 287, 308, 311.

lichen Status. Mithin sind keine individuellen Interessen unmittelbar betroffen. Entscheidet sich der Kläger für eine Klageerhebung, dann legt er damit zugleich auch den Gegenstand des Verfahrens fest. Das Gericht darf also nur über den anhängig gemachten Sachverhalt urteilen. Würde das Gericht sich stattdessen mit einem anderen Sachverhalt beschäftigen, würde es in unzulässiger Weise von sich aus einen Prozess eröffnen. Aus diesem Grund verlangt die deutsche ZPO, anders als das US-Recht[1054], dass der Prozessstoff mehr als nur skizziert wird. Der Kläger muss darlegen, welchen Inhalt das angestrebte Urteil haben soll.

Die von Art. 2 Abs. 1 GG gesicherte Dispositionsmaxime ist allerdings kein schrankenlos gewährleistetes Recht. Der Gesetzgeber ist im Rahmen des Art. 2 Abs. 3 GG befugt, die Disposition durch eine einfachgesetzliche Schranke zu beschränken. Insofern ist es nicht zwingend, dass ein *Opt-out* Modell mit der deutschen Verfassung unvereinbar ist. Bei einer entsprechenden rechtlichen Gestaltung durch den Gesetzgeber ist es denkbar, die Dispositionsmaxime einzuschränken. Gesetzlich geregelte Informationspflichten und Veröffentlichungspflichten über das Klagevorhaben sind zweckdienliche Instrumente, um die Interessen der Anspruchsinhaber sachgerecht zu schützen. Insofern erscheint eine Einschränkung des Art. 2 Abs. 1 GG also zumindest grundsätzlich möglich.

3. Verfahrensgrundsätze

Dem deutschen Zivilprozess liegen die so genannten Prozessmaximen zu Grunde. Diese nur zum Teil verfassungsrechtlich abgesicherten Grundprinzipien bilden schlagwortartig formulierte Strukturelemente.[1055] Die Prozessmaximen setzen den Rahmen für den Zivilprozess, der die detaillierte Diskussion von Einzelfragen erst ermöglicht.[1056] Die Prozessmaximen beeinflussen inhaltlich und zeitlich verschiedene Verfahrensabschnitte.

a. Verfahrenseinleitung und Verfahrensherrschaft

Die Verfahrenseinleitung hängt, wie gesehen, von der verfassungsrechtlich gesicherten Dispositionsmaxime ab. In der ZPO finden sich vielfältige Ausprägungen dieses Verfahrensgrundsatzes. Hervorzuheben ist aber, dass kein Verfahren von Amts wegen einzuleiten ist und das Gericht an den Parteiantrag gebunden ist (*ne ultra petita*, § 308 Abs. 1 S.1 ZPO).

1054 Siehe hierzu oben, S. 64 ff.

1055 Krit. zum „Maximendenken" *Bomsdorf*, Prozessmaximen und Rechtswirklichkeit, S. 278.

1056 Wieczorek/Schütze/*Prütting*, Einl. Rn. 70, 71.

b. Sammlung des Prozessstoffes

Die Sammlung des Prozessstoffes kann auf zwei unterschiedliche Weisen erfolgen. Zum einen kann der Prozessstoff durch die Parteien selbst in den Prozess eingeführt werden, insoweit ist von der Verhandlungsmaxime (Beibringungsgrundsatz) zu sprechen. Zum anderen kann man die Ermittlung des Prozessstoffes aber auch dem Gericht überlassen (Untersuchungsmaxime).[1057] Der ZPO liegt die Verhandlungsmaxime zugrunde[1058], was zwar nicht ausdrücklich geregelt ist, aber aus der Gesetzessystematik zu folgern ist.[1059] Danach ist es grundsätzlich allein Sache der Parteien, den Streitstoff vorzutragen. An diesen Vortrag ist der Richter gebunden, er darf kein eigenes Wissen in die Entscheidung einfließen lassen, anders nur bei offenkundigen Tatsachen (§ 291 ZPO).[1060]

Die Verhandlungsmaxime beeinflusst auch die Feststellungsbedürftigkeit der behaupteten Tatsachen. Die Parteien entscheiden selbst, ob sie die Behauptungen bestreiten und damit feststellungsbedürftig machen. Umgekehrt können sie durch Nichtbestreiten (§ 138 Abs. 3 ZPO) die behaupteten Tatsachen zugestehen und sie der Beweisaufnahme entziehen.[1061] Auch die Beschaffung der erforderlichen Beweismittel ist grundsätzlich Sache der Parteien, wobei aber auch hier Einschränkungen zu machen sind. So kann das Gericht beispielsweise von Amts wegen die Vorlage von Urkunden anordnen, die sich im Besitz einer Partei befinden.[1062] Flankiert wird die Verhandlungsmaxime durch die prozessuale Wahrheitspflicht (§ 138 Abs. 1 ZPO). Die Parteien haben im Interesse einer redlichen und lauteren Prozessführung vollständig und wahrheitsgemäß vorzutragen. Die Wahrheitspflicht gilt aber nur in subjektiver Hinsicht, d.h. den Parteien ist es nicht verboten, zweifelhafte Tatsachen zu behaupten bzw. einseitig günstig darzustellen.[1063]

c. Verfahrensgestaltung

Die Verfahrensgestaltung ist maßgeblich geprägt vom Amtsbetrieb. Dabei geht es darum, dass das formale Ingangsetzen und Inganghalten des Verfahrens Sache

---

1057 *Rosenberg/Schwab/Gottwald*, § 77, Rn. 41 ff.; Wieczorek/Schütze/*Prütting*, Einl. Rn. 77, 78.

1058 BVerfGE 67, 39, 49. Anders im verwaltungsgerichtlichen Verfahren, wo die Offizialmaxime gilt.

1059 *Rauscher* in MünchKomm-ZPO, Einl. Rn. 291. Ihre Geltung lässt sich aus einem Umkehrschluss aus § 616 Abs. 1 ZPO a.F. (heute § 26 FamFG) bestätigen, der für Ehesachen den Untersuchungsgrundsatz anordnet.

1060 *Rauscher* in MünchKomm-ZPO, Einl. Rn. 294.

1061 Wieczorek/Schütze/*Prütting*, Einl. Rn. 80.

1062 Vgl. §§ 142, 143 ZPO; *Rauscher* in MünchKomm-ZPO, Einl. Rn. 301.

1063 *Rauscher* in MünchKomm-ZPO, Einl. Rn. 304.

des Gerichts ist.[1064] Das Gericht hat daher Termine von Amts wegen zu bestimmen (§ 216 Abs. 1 ZPO) und Ladungen zu veranlassen. Dies geschieht im Interesse der Verfahrensbeschleunigung (Konzentrationsmaxime). Die Verfahrensbeschleunigung wird als zivilprozessuales Prinzip anerkannt, das sowohl Parteien als auch Richter bindet.[1065] In jüngerer Zeit wird das Beschleunigungsgebot aus dem Rechtsstaatsprinzip (Art. 20 Abs. 3 GG) und aus dem Menschenrecht auf ein faires Verfahren hergeleitet (Art. 6 Abs. 1 EMRK).[1066] Den Beteiligten wird daher die Pflicht zum prozessfördernden Verhalten auferlegt. Ziel soll grundsätzlich die abschließende Behandlung des Streitstoffes in einer mündlichen Verhandlung sein. Da die Verfahrensbeschleunigung im Konflikt mit der richterlichen Arbeit steht, kann die Konzentrationsmaxime aber nur verlangen, dass vermeidbare Verzögerungen ausgeschaltet werden.[1067] Die Konzentrationsmaxime gilt also nur relativ. Im Hinblick auf Kollektivverfahren bedeutet dies, dass nur im Rahmen des Möglichen eine effektive und schnelle Verfahrensdurchführung zu verlangen ist. Es besteht also kein Anspruch darauf, dass eine Verbandsklage nach einer bestimmten Zeit abgeschlossen ist, sondern nur, dass das Verfahren so zügig wie möglich durchgeführt wird.

Die Parteien handeln im Zivilprozess grundsätzlich mündlich (§ 128 Abs. 1 ZPO). Allerdings liegen der mündlichen Verhandlung in der Regel ein schriftliches Vorverfahren sowie schriftlich gestellte Anträge zu Grunde. Das Mündlichkeitsprinzip ist Ausdruck des Art. 103 Abs. 1 GG, da den Parteien Gelegenheit zum Widerspruch und zur Nachfrage gegeben werden soll.[1068] Die Beweisaufnahme muss grundsätzlich unmittelbar, d.h. vor dem erkennenden Gericht, erfolgen.[1069] Eine Zwischenschaltung richterlicher Mittelspersonen ist unzulässig.

4. Zusammenfassung

Festzuhalten ist, dass der deutsche Zivilprozess durch verfassungsrechtlich abgesicherte Grundsätze geprägt ist. Daneben bilden die Verfahrensmaximen, die im Einzelnen nicht vom Grundgesetz garantiert sind, den Rahmen des Verfahrens. Hinsichtlich der kartellrechtlichen Sammelklagen ist vor allem die Dispositionsmaxime von Bedeutung, da grundsätzlich einzig der Anspruchsinhaber (§ 33 Abs. 3 GWB) die Entscheidung trifft, ob eine Klage erhoben wird oder nicht (§ 253 ZPO). Dies gilt aber nicht unbeschränkt, da der Gesetzgeber durch eine verhält-

1064 Der Gegenbegriff lautet Parteibetrieb.

1065 Wieczorek/Schütze/*Prütting*, Einl. Rn. 89; *Rauscher* in MünchKomm-ZPO, Einl. Rn. 320.

1066 BVerfGE 54, 39, 41; BVerfG NJW 2005, 739.

1067 *Rauscher* in MünchKomm-ZPO, Einl. Rn. 321.

1068 *Rauscher* in MünchKomm-ZPO, Einl. Rn. 333.

1069 Wieczorek/Schütze/*Prütting*, Einl. Rn. 87.

nismäßige gesetzliche Gestaltung Art. 2 Abs. 1 GG einschränken kann. Ebenso nimmt der Verhandlungsgrundsatz Einfluss auf das Beweisrecht, da es grundsätzlich zur Parteidisposition steht, welche Tatsachenbehauptungen zum Gegenstand der Beweiserhebung gemacht werden. Die prozessrechtliche Ausgestaltung eines Regelungsvorschlags im Bereich des kollektiven Rechtsschutzes muss daher sicherstellen, dass es die Entscheidung des Einzelnen bleibt, ob der Anspruch geltend gemacht wird. Genauso muss das Kollektivverfahren im Einklang mit dem Beschleunigungsgebot effektiv gestaltet sein, d.h. mögliche Verzögerungsursachen müssen ausgeschaltet werden. Dies gilt aber nur im Rahmen des Möglichen.

Hinsichtlich des Beweisrechts und der Sammlung des Prozessstoffes muss der Regelungsentwurf die Parteiendisposition wahren. Allerdings kann dies nur insoweit gelten, als es den Parteien praktisch überhaupt möglich ist, den relevanten Streitstoff vorzutragen. Dort wo dies aufgrund von Informationsasymmetrien nicht möglich ist, muss das Zivilprozessrecht bzw. der zuständige Richter den Parteien Hilfestellung bieten, da ansonsten bestehende Rechtsbehelfe für die Anspruchsinhaber wirkungs- und wertlos blieben.

II. Vorfragen zur Verbands- und Gruppenklage

Im Folgenden sollen vorprozessualen Fragen beantwortet werden, die sowohl die Verbandsklage, als auch die Gruppenklage betreffen. Dabei werden allgemeine Rechtsfragen genauso aufgeworfen wie spezifische Aspekte des kollektiven Rechtsschutzes. Prozessrechtlich stellen sich vor allem praktische Fragen der Sachverhaltsermittlung, der Beweislast, der Verfahrensfinanzierung und des Prozesskostenrisikos. Materiellrechtlich müssen die schadensrechtlichen Konsequenzen erörtert werden, die sich aus der kollektiven Anspruchsdurchsetzung ergeben. Das betrifft zum einen den aus den USA bekannten Strafschadensersatzanspruch, zum anderen auch das Prinzip der Verschuldenshaftung. Die erwähnten Fragestellungen sind vor dem Hintergrund des Richtlinienentwurfs der Kommission zu sehen.

1. Prozessfinanzierung

Die Prozessfinanzierung gestaltet sich in komplexen Sachverhalten besonders aufwändig und teuer. Nicht umsonst ist es häufig die nicht gesicherte Finanzierung eines Verfahrens, die Anspruchsinhaber von der gerichtlichen Durchsetzung ihres Anspruchs abhält. Daher sollen im Folgenden die bestehenden Prozesskostenhilferegeln betrachtet und auf mögliche Erweiterungen eingegangen werden. Die schwedische Prozessfinanzierung durch öffentliche Zuschüsse bietet dazu Anregungen. Allerdings weist auch das deutsche Kartellrecht Mechanismen zur

Senkung des Kostenrisikos auf, wie etwa die Streitwertherabsetzung in § 89a GWB[1070], sodass deren Effektivität mit Blick auf den kollektiven Rechtsschutz näher zu betrachten ist. Schließlich wird die rechtliche Zulässigkeit des Rechtsanwalts als Prozessunternehmer untersucht, insbesondere mit Blick auf Erfolgshonorare und anwaltliche Werbung.

a. Prozesskostenhilfe und öffentliche Zuschüsse

Die finanziellen Konsequenzen des Unterliegens im Zivilprozess lassen häufig Anspruchsinhaber vor einer gerichtlichen Durchsetzung ihrer Ansprüche zurückschrecken.[1071] Daher muss im Vorfeld diskutiert werden, welche Mechanismen zur Senkung des Prozesskostenrisikos in Betracht zu ziehen sind.

aa. Prozesskostenhilfe

Das Rechts- und Sozialstaatsprinzip (Art. 20 Abs. 1, 3 GG) verlangen in Verbindung mit dem allgemeinen Gleichheitssatz (Art. 3 Abs. 1 GG), dass auch unbemittelte Parteien „Zugang zum Recht" erhalten.[1072] Den gleichwertigen Zugang zum Recht gewährleistet die in §§ 114 ff. ZPO normierte Prozesskostenhilfe.[1073] Soweit sie bewilligt wird (§ 119 ZPO), erlangt die bedürftige Partei Kostenbefreiung (§ 122 ZPO). Das betrifft entstandene und entstehende Gerichtskosten, Gerichtsvollzieherkosten und die Honorarkosten vom beigeordneten Rechtsanwalt.[1074] Allerdings bewirkt die Prozesskostenhilfe nur eine einseitige Kostenübernahme, d.h. der Prozesskostenhilfeempfänger haftet im Unterliegensfalle (§ 91 ZPO) unverändert für die dem Gegner entstandenen Kosten (§ 123 ZPO).[1075] Folglich bleibt es beim Prinzip der Unterliegenshaftung, auch wenn Prozesskostenhilfe gewährt wird.[1076] Die obsiegende Partei kann ihre Kosten also auch gegen die mittellose bzw. minderbemittelte Partei vollstrecken.[1077] Die Rechtsverteidigungskosten sind je nach Fallgestaltung erheblich, sodass auch bei Zahlung von Prozesskostenhilfe ein erhebliches finanzielles Restrisiko bleibt.[1078] Das gilt insbesondere mit Blick

1070 Zu den Voraussetzungen im Einzelnen, *Bechtold*, § 89a Rn. 3 ff.

1071 Vgl. *Hempel*, S. 156, der das Kostenrisiko aber als bloße Folge der rechtsunsicheren Anwendung des Kartellrechts durch die Gerichte ansieht; *Jüntgen*, S. 131.

1072 *Rosenberg/Schwab/Gottwald*, § 87 Rn. 1 mit Hinweis auf BVerfGE 9, 124, 130 f.; BVerfG NJW 1988, 2231.

1073 Zu den Voraussetzungen im Einzelnen, *Motzer* in MünchKomm-ZPO, § 114 Rn. 1 ff.

1074 *Rosenberg/Schwab/Gottwald*, § 87 Rn. 57 ff.

1075 Zöller/*Geimer*, § 123 Rn. 3; Schoreit/*Groß*, § 123 Rn. 1; *Rosenberg/Schwab/Gottwald*, § 87 Rn. 73.

1076 Kritisch hierzu *Grunsky*, NJW 1980, 2041, 2046.

1077 *Rosenberg/Schwab/Gottwald*, § 87 Rn. 73

1078 *Rosenberg/Schwab/Gottwald*, § 87 Rn. 73.

auf die kartellrechtlichen Massenverfahren, da die Kollektivverfahren mit hohen Kosten verbunden sind. Daher ist die Prozesskostenhilfe insgesamt nicht geeignet, die Klageapathie zu beseitigen. Schließlich bleibt es bei einem hohen finanziellen Risiko, wenn der Kläger den Rechtsstreit verliert. Mithin kann eine vertiefte Erörterung der §§ 114 ff. ZPO dahinstehen.

bb. Streitwertherabsetzung

Seit der 7. GWB-Novelle 2005 kennt das deutsche Kartellrecht in § 89a GWB eine Regelung zur Reduzierung des Streitwertes.[1079] § 89a GWB ermöglicht eine Anpassung des Streitwertes an die „wirtschaftliche Lage" der antragstellenden Partei. Hierdurch wird einseitig das Kostenrisiko gesenkt, da im Falle des Obsiegens der unterlegene Gegner die Gebühren des Anwaltes nach dem regulären Gebührensatzes erstatten muss, sodass der klageführende Rechtsanwalt eine Art Erfolgshonorar erhält.[1080]

Der Antragsteller muss glaubhaft machen, dass ihn die Prozessführung nach dem regulären Gebührenstreitwert in seiner wirtschaftlichen Lage erheblich gefährden würde. Nach allgemeiner Ansicht ist an das Merkmal der erheblichen Gefährdung der wirtschaftlichen Lage ein strenger Maßstab anzulegen. Bevor der Streitwert herabgesetzt wird, muss der Kläger sich um alternative Finanzierungswege bemüht haben.[1081] Das schließt – in Anlehnung an die Rechtslage im Markenrecht – auch eine Pflicht zur Kreditaufnahme ein.[1082] Somit kann insgesamt bezweifelt werden, dass § 89a GWB ein taugliches Mittel zur Überwindung der Klageapathie ist. Auch wird § 89a GWB nur rudimentär zur Senkung des Prozesskostenrisikos beitragen, da bei komplexen Massenverfahren auch bei einem reduzierten Streitwert hohe Kosten auflaufen. Angesichts der geringen individuellen Anspruchshöhe der Gläubiger – im Falle der Streuschadensproblematik handelt es sich häufig um Endverbraucher – ist nicht mit einem Anstieg der Klagebereitschaft zu rechnen. Dagegen kann nicht argumentiert werden, dass bei Massenverfahren die Kostenlast auf viele Kläger aufgeteilt wird. Schließlich sind die rational Desinteressierten auch an einer geringfügigen Kostenübernahme nicht interessiert.

Festzuhalten ist, dass die Streitwertherabsetzung nach § 89a GWB zwar eine Ergänzung in einem Maßnahmenbündel zur Überwindung der rationalen Apathie darstellt. Allein ist sie aber kein Instrument, um die Finanzierung einer Kollektivklage sicherzustellen.

1079 Die Forderung nach einer Streitwertermäßigung ist allerdings keineswegs neu, vgl. *Soell* in FS-Wahl, S. 444.

1080 BT-Drucks. 15/3640, S. 35; *Bechtold*, § 89a Rn. 11; *K. Schmidt* in Immenga/Mestmäker, § 89a Rn. 9.

1081 *K. Schmidt* in Immenga/Mestmäcker, § 89a Rn. 9.

1082 Ströbele/*Hacker*, § 142 Rn. 9.

cc. Prozessfinanzierung durch die öffentliche Hand

Eine Alternative zur Prozesskostenhilfe wäre eine vollständige Finanzierung der Prozessführung aus der öffentlichen Hand. Sowohl eine vollständige Kostenübernahme als auch eine staatliche Bezuschussung der Prozessführung erscheinen dabei möglich. Das derzeitige Kostenrecht kennt solche Regelungen nicht. Allerdings ist bei der staatlichen Prozessfinanzierung zu beachten, dass eine klare Trennung zwischen der privaten und staatlichen Rechtsdurchsetzung aufgehoben wird. Um das das Kostenrisiko bei kartellrechtlichen Streuschäden sachgerecht schätzen zu können, müsste die öffentliche Hand spezialisiertes Personal vorhalten. Die Risikoprognose müsste, um zuverlässig zu sein, von Juristen und Ökonomen vorgenommen werden, die nicht nur im Bereich des Kartellrechts, sondern auch in der Prozessführung mit internationalen Bezügen Expertise nachweisen können. Andernfalls würde die öffentliche Hand blind Prozesse finanzieren, die unter Umständen zu einem Ausfall der vorfinanzierten Kosten und Gebühren führen. Im Übrigen stellt sich ganz generell die Frage, ob eine staatliche Unterstützung überhaupt sinnvoll ist. Die staatliche Finanzierungsstelle würde, das zeigen die gewerblichen Prozessfinanzierer, erheblichen Einfluss auf die Prozessführung des Klägers nehmen.

Das wirft die Frage auf, ob es nicht konsequenter wäre, wenn Genugtuung und Abschöpfung der Kartellrendite von vornherein durch staatliche Stellen erfolgt. Denkbar ist eine Aufstockung der Ressourcen des BKartA, damit eine flächendeckende Ermittlung und Sanktion der Kartellverstöße gewährleistet werden kann. Dieser Weg ist im Gegensatz zu einer Mischform aus privater und hoheitlicher Rechtsdurchsetzung konsequenter. Eine staatliche Prozessfinanzierung ist daher abzulehnen.

b. Anwalt als Prozessunternehmer

Die Erfahrungen aus den USA zeigen, dass es grundsätzlich möglich ist das Prozesskostenrisiko weitgehend auf den klageführenden Anwalt bzw. dessen Sozietät abzuwälzen. In den USA geschieht dies durch die Vereinbarung eines Erfolgshonorars (*contingency fee*). Der Anwalt wird dadurch zum Prozessunternehmer[1083].

Das Erfolgshonorar kann einerseits als Siegprämie (*pactum de palmario*) vereinbart werden, so dass der Anwalt nur im Falle des Obsiegens ein Honorar erhält.[1084] Andererseits ist auch die Honorierung durch eine *quota litis* möglich, also mittels einer quotenmäßigen Beteiligung des Anwaltes an der erstrittenen Summe.[1085] Mit Blick auf das deutsche Recht werfen derartige Gestaltungen zahlreiche

1083 *Entrepreneur.*

1084 Zu dieser Differenzierung *Conrad*, MDR 2006, 848.

1085 In der Praxis werden bei Vergütungsmodelle kombiniert.

Rechtsfragen auf. Erfolgshonorare sind im deutschen Berufsrecht der Rechtsanwälte traditionell verpönt[1086] und in neuerer Zeit nur in den engen Grenzen des § 4a RVG zulässig. Soweit man von der standesrechtlichen Zulässigkeit einer Verlagerung des Kostenrisikos ausgeht, muss die Frage nach den betriebswirtschaftlichen Folgen für die betroffenen Sozietäten gestellt werden. Der Anwalt muss – da er das volle wirtschaftliche Risiko der Prozessführung trägt – für seine Tätigkeit werben dürfen, da andernfalls ein hinreichender Klageerfolg (der das wirtschaftliche Risiko zu kompensieren vermag) nicht erreicht werden kann.[1087] Die Praxis in den USA zeigt, dass die prozessführenden Anwälte großen Aufwand betreiben, um potentielle Gruppenmitglieder für *ihr* Verfahren zu werben. Daher muss im Folgenden auch erörtert werden, in welchen Grenzen deutsche Rechtsanwälte aktiv PR und Werbung für ihre Tätigkeit betreiben dürfen.

aa. Berufsrechtliche Zulässigkeit anwaltlicher Prozessfinanzierung

Das Prozesskostenrisiko kann vom Mandanten auf den Rechtsanwalt vor allem durch die Vereinbarung eines Erfolgshonorars verlagert werden. Der Mandant muss dann im Unterliegensfalle nicht für das Honorar seines Anwalts aufkommen.

Unabhängig davon, ob eine solche Gestaltung mit dem deutschen Berufs- und Kostenrecht zu vereinbaren ist, ist problematisch, wer für die Gebühren des Gegenanwalts aufzukommen hat. Schließlich würde die Vereinbarung eines Erfolgshonorars nur den klageführenden Anwalt sowie den Kläger binden. Eine Abweichung vom Prinzip der Unterliegenshaftung geht damit nicht einher. Um dem Mandanten das Prozessrisiko vollständig zu nehmen, muss also daneben noch eine gesonderte Vereinbarung für die Kosten der Gegenseite getroffen werden. Die Extremlösung wäre eine Abrede, wonach der Klägeranwalt auch die Kosten der Gegenseite zu tragen hat, soweit § 91 ZPO die Unterliegenshaftung anordnet. Eine solche Abrede verstößt aber gegen § 49b Abs. 2 Satz 2 BRAO. Die Rechtsfolge eines Verstoßes ist die Nichtigkeit des Beratungsvertrags nach § 134 BGB.[1088] Somit kann der Mandant nur im Hinblick auf die eigenen Rechtsanwaltskosten vom Kostenrisiko entlastet werden. Ein Erfolgshonorar kann ein Anwalt unter den Voraussetzungen der §§ 49b Abs. 2 Satz 2 BRAO, 4a RVG vereinbaren. § 4a RVG stellt die Reaktion des Gesetzgebers auf das Urteil des Bundesverfassungs-

1086 Bereits das RG ging von einem Verstoß gegen die guten Sitten mit der Folge der Nichtigkeit des Beratungsvertrags aus (§ 138 BGB), vgl. RGZ 115, 141; 142, 70.

1087 Die US-Praxis zeigt, dass die auf Class-actions spezialisierten Kanzleien die betreuten Verfahren in Risikoportfolios zusammenfassen, um in Relation zum wirtschaftlichen Risiko die Höhe des Erfolgshonorars zu bemessen.

1088 *Hartung/Römermann*, § 49b Rn. 65; Palandt/*Ellenberger*, § 134 Rn. 21, 21a.

gerichts[1089] dar, wonach das absolute Verbot von Erfolgshonoraren in § 49b BRAO a.F. verfassungswidrig war. Die Intention des Gesetzgebers war, das grundsätzliche Verbot der Erfolgshonorare beizubehalten und das RVG nur insoweit zu öffnen, wie es das Bundesverfassungsgericht gefordert hat.[1090] Das erklärt die restriktiven Voraussetzungen des § 4a RVG.

Im Einzelnen kann danach ein Erfolgshonorar nur vereinbart werden, wenn der Auftraggeber aufgrund seiner wirtschaftlichen Verhältnisse bei verständiger Betrachtung ohne eine Vereinbarung eines Erfolgshonorars von einer Rechtsverfolgung abgehalten würde (§ 4a Abs. 1 RVG).

Über die Zulässigkeit der Erfolgshonorarvereinbarung entscheiden allein die wirtschaftlichen Verhältnisse des Auftraggebers, nicht hingegen die finanziellen Interessen des Rechtsanwalts.[1091] Erfüllt ist das Merkmal jedenfalls bei absoluter Mittellosigkeit des Auftraggebers.[1092] Problematischer ist die Konstellation, dass der Kläger grundsätzlich über die Mittel für eine Rechtsverfolgung verfügt, allerdings durch das Kostenrisiko abgeschreckt wird. Durch die Wendung der „verständigen Würdigung" (§ 4a Abs. 1 RVG) wollte der Gesetzgeber einen flexiblen Maßstab schaffen, der eine einzelfallgerechte Lösung ermöglicht.[1093] Die wirtschaftliche Fähigkeit zur Rechtsverfolgung soll nicht allein entscheiden, vielmehr sind auch die finanziellen Risiken und deren Bewertung im Einzelfall bei der Frage nach der Zulässigkeit eines Erfolgshonorars zu berücksichtigen.[1094] Die Art und Weise des Erfolgshonorars (also Siegprämie oder *quota litis*) steht nach der gesetzlichen Regelung weiterhin zur Disposition der Vertragspartner.[1095] § 4a Abs. 1 Satz 2 RVG schreibt lediglich vor, dass zwar *No win, No fee*-Klauseln grundsätzlich zulässig sind, allerdings nur unter der Voraussetzung, dass auch ein entsprechender Erfolgszuschlag vereinbart wird. Für kartellrechtliche Kollektivklagen bedeutet die Regelung der §§ 49b BRAO, 4a RVG, dass Rechtsanwälte zumindest in einem gewissen Rahmen zur Senkung des Kostenrisikos des Mandanten beitragen können. Die Prozessführung gestaltet sich insoweit zwar bei weitem nicht so risikolos wie bei der US-amerikanischen Class-action, allerdings bedeutet die Vereinbarung doch eine spürbare Entlastung, da zumindest keine Kostenvorschüsse an den eigenen Rechtsanwalt zu entrichten sind. Dass es gleichwohl beim

1089 BVerfG NJW 2007, 979.

1090 Gaier/Wolf/Göcken/*v. Seltmann*, § 49b Rn. 34; *Kleine-Cosack*, § 49b Rn. 27; zur Intention des Gesetzgebers, vgl. BT-Drucks. 16/8916, S. 14.

1091 *Kleine-Cosack*, § 49b Rn. 33.

1092 Ein solcher Sachverhalt lag dem Urteil des Bundesverfassungsgerichts zugrunde, BVerfG NJW 2007, 979.

1093 BT-Drucks. 16/8916, S. 14; Gaier/Wolf/Göcken/*v. Seltmann*, § 49b Rn. 38.

1094 Gaier/Wolf/Göcken/*v. Seltmann*, § 49b Rn. 38.

1095 Gaier/Wolf/Göcken/*v. Seltmann*, § 49b Rn. 41.

Prinzip der Unterliegenshaftung bleibt (§ 91 ZPO), ist Ausdruck des kontinentaleuropäischen Prozessverständnisses.

Die Unterliegenshaftung führt dazu, dass der Mandant sowohl die Gerichtskosten als auch die Rechtsverteidigungskosten des Gegners zu tragen hat. In kartellrechtlichen Schadensersatzverfahren steht die geschädigte Verbrauchergruppe in der Regel einem großen Unternehmen gegenüber, das – angesichts des komplexen Verfahrens – erhebliche Mittel zur Rechtsverteidigung aufwenden wird. Der Erstattungsanspruch im Unterliegensfall wird hoch ausfallen, sodass auch mit der Vereinbarung eines Erfolgshonorars kein hinreichender Klageanreiz geschaffen wird, der die rationale Apathie der Anspruchsinhaber überwinden kann. Die bisher geltende Rechtslage ermöglicht daher keine hinreichend attraktive Verfahrensgestaltung, welche die rational desinteressierten Anspruchsinhaber zu einer Klageerhebung motivieren könnte.

bb. Rechtsanwalt und PR

Durch die stetig steigende Anzahl der Berufsträger und der fortschreitenden Liberalisierung des Rechtsberatungsmarktes sind viele Anwälte darauf angewiesen, für ihre Dienstleistungen zu werben und durch Öffentlichkeitsarbeit auf ihre Sozietät aufmerksam zu machen.[1096] Seit dem Grundsatzurteil des Bundesverfassungsgerichts[1097] ist ein kategorisches Verbot der Anwaltswerbung verfassungswidrig. In den Grenzen des § 43b BRAO[1098] sind Anwälte zur nicht standeswidrigen Werbung berechtigt[1099], d.h. sie dürfen in Form und Inhalt sachlich für ihre berufliche Tätigkeit werben, soweit die Werbung nicht auf die Erteilung eines Auftrags im Einzelfall gerichtet ist (§ 43b BRAO, §§ 6 ff. BORA). Begründet wird die eingeschränkte Werbebefugnis mit der Stellung des Rechtsanwalts als unabhängigem Organ der Rechtspflege (§ 1 BRAO). Die Werbeverbote schränken die durch Art. 12 Abs. 1, 5 Abs. 1 GG gewährleistete Werbefreiheit ein, sodass das Verbot aus § 43b BRAO der Rechtfertigung bedarf.[1100] Mit Blick auf die kartellrechtlichen Sammelklagen ist vor allem das Verbot der Einzelfallwerbung und Irreführung relevant. Rechtsanwälte dürfen nicht um die Erteilung eines Auftrages im Einzelfall

1096 *Hagemeister*, Rechtsanwaltskanzleien und PR, S. 19; *Müller-Thiele/Schlegel*, MDR 2008, 65, 67; *Hartung*, MDR 2003, 485.

1097 BVerfGE 76, 196.

1098 BRAO v. 01.08.1959 (BGBl. I 565) i.d.F.v. 12.12.2007 (BGBl. I. 2840, 2848).

1099 *Müller-Thiele/Schlegel*, MDR 2008, 65.

1100 Als Berufsausübungsregelung bedarf es nachvollziehbarer Gründe des Gemeinwohls, um einen Eingriff in die Werbefreiheit zu rechtfertigen. Der Schutz einer funktionierenden Rechtspflege vor übertriebener Kommerzialisierung wird insoweit zur Rechtfertigung herangezogen, vgl. *Feuerich/Weyland*, § 43b Rn. 6, 8; *Kleine-Cosack*, § 43b Rn. 3, 4.

werben.[1101] Das Verbot ist vor dem Hintergrund der Berufsfreiheit (Art. 12 Abs. 1 GG) restriktiv auszulegen.[1102] Das Werbeverbot greift, wenn der Anwalt an einen potentiellen Mandanten durch Werbung herantritt, um einen konkret bestehenden Beratungsbedarf zu befriedigen.[1103] Dabei muss der Anwalt in subjektiver Kenntnis der Umstände handeln.[1104]

Gerade bei Sammelklagen – das zeigt die US-Praxis – müssen Anwälte aber die potentiellen Gruppenmitglieder auf das laufende bzw. geplante Verfahren aufmerksam machen und zur Teilnahme motivieren. In der Regel erfolgt die Information durch eine kurze Schilderung des zugrunde liegenden Sachverhaltes, aus dem hervorgeht, dass ein Schadensersatzanspruch besteht. Die Anspruchsinhaber sollen so auf einen einfachen und kostengünstigen Weg der Anspruchsdurchsetzung hingewiesen werden.

Das OLG Hamburg hat in einer ähnlich gelagerten Sache zum Kapitalanlagerrecht entschieden, dass es gegen das Verbot der Einzelfallwerbung verstößt, wenn eine Rechtsanwaltssozietät namens ihrer Mandanten an andere Kapitalanleger mit dem Anliegen herantritt, sie für eine geplante Sammelklage zu mandatieren.[1105] Zudem verstieß das Vorgehen der Kanzlei gegen das Verbot der „Angstwerbung", da die Kanzlei den Kapitalanlegern einen baldigen Schadenseintritt vorhersagte und auf die drohende Verjährung hinwies.[1106] Das OLG Hamburg argumentierte, dass die direkte schriftliche Ansprache der potentiellen Mandanten die persönliche Entscheidungsfreiheit über eine Mandatierung einschränke.[1107] Anders liege der Sachverhalt, wenn eine Rechtsanwaltskanzlei auf ihrer Homepage für ein geplantes Verfahren wirbt, da dann sowohl die Informationsbeschaffung als auch die Kontaktaufnahme auf die Initiative des potentiellen Mandanten zurückzuführen sei.[1108]

Festzuhalten ist daher, dass es – auch unter Zugrundelegung der verfassungsrechtlichen Vorgaben – unzulässig ist, an Personen heranzutreten, die aufgrund

---

1101 Hierzu im Einzelnen *Hartung*, MDR 2003, 485.

1102 BVerfG GRUR 2008, 618 – *Anwaltsdienste bei Ebay*; *Hartung*, MDR 2003, 485, 489.

1103 OLG Hamburg NJW 2004, 1668, 1669.

1104 Gaier/Wolf/Göcken/*Huff*, § 43b Rn. 27.

1105 OLG Hamburg NJW 2005, 2783. In dem vom OLG Hamburg entschiedenen Sachverhalt ging es um mögliche Schadensersatzansprüche der Kapitalanleger, die gebündelt durch die beklagte Anwaltskanzlei durchgesetzt werden sollten. Die Kanzlei übersandte den Kapitalanlegern teilausgefüllte Prozessvollmachten, sowie den Hinweis auf die besondere Dringlichkeit einer schnellen Mandatierung, da andernfalls die Verjährung drohe.

1106 OLG Hamburg NJW 2005, 2783, 2785; *Müller-Thiele/Schlegel*, MDR 2008, 65, 67.

1107 OLG Hamburg NJW 2005, 2783, 2785.

1108 OLG Hamburg NJW 2005, 2783, 2785.

eines konkret-individuellen Ereignisses[1109] betroffen sind, da der potentielle Mandant bei der Wahl des Rechtsanwalts frei und unbedrängt sein soll.[1110] Das deutsche Berufsrecht kennt dabei keine zeitliche Begrenzung des Verbots der Einzelfallwerbung.[1111] Zulässig ist eine Werbung um ein Einzelfallmandat demgegenüber, wenn sich der potentielle Mandant durch die Kontaktaufnahme weder überrumpelt, bedrängt noch belästigt (vgl. §§ 1, 7 UWG) fühlen kann.[1112] Bei der Ansprache potentieller Gruppenmitglieder bei einem kartellrechtlichen Sammelklageverfahren wird regelmäßig von einer standesrechtlichen Unzulässigkeit des Vorgehens auszugehen sein. Allerdings ist die klageführende Anwaltskanzlei bei der Durchsetzung von Streuschäden auf die Direktansprache der Anspruchsinhaber angewiesen, da die Geschädigten in aller Regel von ihrem Anspruch keine Kenntnis haben.

Eine Lösung dieser Problematik könnte in allgemein formulierten Informationsrundschreiben zu sehen sein. Nach der Rechtsprechung des BGH[1113] handelt es sich bei derartigen Rundschreiben (so genannte *mailings*) nicht um anwaltliche Werbung um ein Einzelfallmandat, da die Entscheidung über den Abschluss eines Beratungsvertrages dem Empfänger bleibt. Das OLG München[1114] hat zudem richtig festgestellt, dass das Kriterium der Auftragserteilung kein geeignetes Abgrenzungskriterium ist, da jede Form der anwaltlichen Werbung letztlich die Auftragserteilung intendiert. Kanzleien könnten also in Form von Infobriefen über den der Sammelklage zugrunde liegenden Sachverhalt hinweisen und so die Möglichkeit der Kontaktaufnahme bieten. Es ist dann Sache der klageführenden Anwaltskanzlei die Information so zu gestalten, dass eine Teilnahme am Verfahren für die Empfänger hinreichend attraktiv ist.

c. Gewerbliche Prozessfinanzierer

Seit 1998 bietet die gewerbliche Prozessfinanzierung dem Kläger eine Möglichkeit zur Durchsetzung von Schadensersatzansprüchen, ohne ein eigenes finanzielles Risiko einzugehen.[1115] Gewerbliche Prozessfinanzierungsgesellschaften übernehmen gegen Erfolgsbeteiligung die Prozessfinanzierung, soweit der streiti-

---

1109 Etwa ein Kartellverstoß oder aber ein massendeliktisches Ereignis wie ein Zugunglück.

1110 *Hartung*, MDR 2003, 485, 489. Das in den USA als *ambulance chasing* bekannte Verhalten ist in Deutschland daher nach geltendem Standesrecht unzulässig.

1111 *Hartung*, MDR 2003, 485, 489. Anders stellt sich die Rechtslage im US-Bundesstaat *Florida* dar. Dort darf innerhalb von 30 Tagen nach dem Unglücksfall nicht um ein Mandat geworben werden, vgl. *Hartung/Römermann*, § 43b Rn. 36 m.w.N.

1112 *Hartung*, MDR 2003, 485, 490.

1113 Vgl. BGH BGH-Report 2001, 714.

1114 OLG München NJW 2000, 2824.

1115 *Frechen/Kochheim*, NJW 2004, 1213.

ge Anspruch Erfolg versprechend und der beklagte Schuldner solvent ist.[1116] Der Markt der gewerblichen Prozessfinanzierer ist in den letzten zehn Jahren stark gewachsen.[1117] Die Prozessfinanzierungsgesellschaften übernehmen das Prozesskostenrisiko bei Mindeststreitwerten zwischen 4.000 und 500.000 Euro, soweit der eingeklagte Anspruch auf einen beteiligungsfähigen Erlös gerichtet ist.[1118]

Da § 49b Abs. 1 BRAO eine Norm des anwaltlichen Standesrechts ist, gilt das grundsätzliche Verbot einer erfolgsabhängigen Beteiligung nicht für die gewerblichen Prozessfinanzierer.[1119] § 49b BRAO bezweckt den standesrechtlichen Schutz des Rechtsanwaltes, insbesondere als unabhängiges Organ der Rechtspflege.[1120] Ein Dritter wird durch diese Regelung nicht gebunden, da kein Interessenkonflikt droht und er dem anwaltlichen Standesrecht nicht unterworfen ist.[1121] Problematisch sind vor dem Hintergrund des § 49b BRAO allerdings Konstellationen, in denen ein Rechtsanwalt an der Prozessfinanzierungsgesellschaft beteiligt ist.[1122] Daneben droht im vorvertraglichen Bereich ein Verstoß gegen § 2 Abs. 1 RDG, wenn ein Prozessfinanzierer einen nicht-anwaltlich beratenen Anspruchsinhaber über die Erfolgsaussichten eines möglichen Prozesses berät.[1123] Im Einzelnen kann sich dadurch sogar die Nichtigkeit des Prozessfinanzierungsvertrags nach § 134 BGB ergeben.[1124] Die rechtliche Einordnung des Prozessfinanzierungsvertrags ist im Einzelnen problematisch, allerdings spricht einiges für eine Qualifizierung als selbstständiger Garantievertrag.[1125] Demgegenüber gehen weite Teile des Schrifttums und auch das LG Köln von einem Gesellschaftsvertrag aus.[1126]

1116 *Conrad*, MDR 2006, 848, 849.

1117 Eine Marktübersicht findet sich unter http://www.test.de/themen/steuern-recht/meldung/Prozessfinanzierer-Firmen-uebernehmen-Risiko-1696438-1696966/ Stand: 19.07.2008 (zuletzt besucht am 24.03.2010). Nicht nur der deutsche, sondern auch der europäische Markt ist gewachsen, *Frechen/Kochheim*, NJW 2004, 1213, 1217.

1118 *Frechen/Kochheim*, NJW 2004, 1213. Eine Prozessfinanzierung kommt mithin nur bei Zahlungsklagen in Betracht.

1119 *Conrad*, MDR 2006, 848, 849.

1120 *Conrad*, MDR 2006, 848, 849.

1121 *Skrzepski*, Gewerbliche Fremdfinanzierung, S. 85; *Kochheim*, Prozessfinanzierung, S. 158.

1122 *Frechen/Kochheim*, NJW 2004, 1213, 1215 mit Hinweis auf KG BRAK-Mitt 2003, 244.

1123 Zur alten Rechtslage nach § 1 Abs. 1 Satz 1 RBerG vgl. *Frechen/Kochheim*, NJW 2004, 1213, 1215.

1124 Krenzler/*Teubel*, § 1 Rn. 7; zur alten Rechtslage nach § 1 Abs. 1 RBerG, LG Köln NJW-RR 2003, 426, 427.

1125 Vgl. *Skrzepski*, Gewerbliche Fremdfinanzierung, S. 195.

1126 *Kochheim*, Prozessfinanzierung, S. 90 ff.; *Dethloff*, NJW 2000, 2225, 2227; *Grunewald*, BB 2000, 729, 731; LG Köln NJW-RR 2003, 426, 427.

Die Erfolgsbeteiligung des Prozessfinanzierers staffelt sich nach der Höhe des Streitwertes.[1127] Der Prozessfinanzierer sichert sich regelmäßig ab, indem er sich die streitige Forderung im Voraus abtreten lässt. Hält der Prozessfinanzierer im Prozess eine vergleichsweise Verfahrensbeendigung für zweckmäßig, während der Kläger das streitige Verfahren weiter betreiben möchte, so hat der Prozessfinanzierer regelmäßig einen Anspruch auf seinen hypothetischen Vergleichsanteil. Zudem verpflichten die Prozessfinanzierungsverträge den Kläger zur aktiven Prozessführung, wobei die Einlegung von Rechtsmitteln u.ä. von der Zustimmung des Prozessfinanzierers abhängen.[1128]

Insgesamt ermöglicht die Prozessfinanzierung zwar eine fast vollständige Übernahme der Prozesskosten. Diese Übernahme schränkt allerdings die Entscheidungsfreiheit des Klägers bei der Prozessführung ein, da zahlreiche Rechtsmittel unter dem Erlaubnisvorbehalt des Financiers stehen. Allerdings ermöglicht häufig erst die gewerbliche Prozessfinanzierung den Zugang zum Gericht, da von den hohen Streitwerten in komplexen Sachen mitunter eine große Abschreckungswirkung ausgeht. Eine erhebliche Steigerung der „Klagefreudigkeit" ist in den vergangenen Jahren nicht festzustellen gewesen, sodass keine „amerikanischen Verhältnisse" zu befürchten sind.[1129] Schließlich müssen die Prozessfinanzierer das wirtschaftliche Risiko der Prozessführung kalkulieren, sodass keine spürbaren prozesstreibenden Kräfte freigesetzt werden. Gegenüber den Rechtsschutzversicherungen bietet die Prozessfinanzierung zudem den Vorteil, dass sie nicht an versicherbare Lebensrisiken gebunden ist, sondern flexible Finanzierungsmodelle für sämtliche Zahlungsklagen bietet. Für kartellrechtliche Kollektivklagen stellt die gewerbliche Prozessfinanzierung ein taugliches Finanzierungsmodell dar, da eine prozessuale Durchsetzung der gebündelten Schadensersatzforderungen wirtschaftlich sinnvoll ist. Das zeigt auch das Geschäftsmodell der CDC. Allerdings ist die Bündelung der Schadensersatzansprüche letztlich die zwingende Voraussetzung, um kartellrechtliche Kollektivklagen für gewerbliche Prozessfinanzierer attraktiv zu machen.[1130]

Festzuhalten ist also, dass die gewerbliche Prozessfinanzierung auch für kartellrechtliche Sammelklagen auf Schadensersatz in Betracht kommt. Damit die Prozessfinanzierung nicht gegen das anwaltliche Berufsrecht verstößt, ist es zwin-

---

1127 *Frechen/Kochheim*, NJW 2004, 1213, 1214. Die Beteiligung beträgt bei Streitwerten bis 500.000 Euro 30 %. Soweit der Streitwert diesen Betrag übersteigt, beträgt die Beteiligung im Übrigen 20 %.

1128 Siehe hierzu m.w.N. *Frechen/Kochheim*, NJW 2004, 1213, 1214.

1129 *Frechen/Kochheim*, NJW 2004, 1213, 1217.

1130 Bisher sind gewerbliche Prozessfinanzierer vor allem im Bereich des Architekten- und Ingenieurshonorarrechts sowie im Arzthaftungsrecht tätig geworden, vgl. *Frechen/Kochheim*, NJW 2004, 1213, 1217.

gend erforderlich, dass der prozessführende Anwalt nicht an der Prozessführungsgesellschaft beteiligt ist. Ansonsten drohen Verstöße gegen § 49b BRAO. Der Prozessfinanzierer darf nicht rechtsberatend tätig werden, da sonst ein Verstoß gegen das Rechtsdienstleistungsgesetz droht, der zur Nichtigkeit des Vertrags führen kann.

2. Zuständiges Gericht

Die Zuständigkeit des Gerichts richtet sich auch bei kartellrechtlichen Schadensersatzklagen im Wesentlichen nach den allgemeinen Grundsätzen.

a. Sachlich

Die sachliche Zuständigkeit bestimmt sich bei Zivilsachen grundsätzlich nach dem Gebührenstreitwert. Eine kartellrechtliche Besonderheit stellt § 87 GWB dar, wonach ohne Rücksicht auf den Streitwert die Landgerichte ausschließlich sachlich zuständig sind. § 87 GWB wurde durch die 7. GWB-Novelle neu gefasst[1131] und legt fest, dass das Landgericht ausschließlich zuständig ist, wenn eine bürgerlich-rechtliche Streitigkeit[1132] das Kartellrecht betrifft. Diese Zuständigkeitszuweisung greift auch für kartellrechtliche Schadensersatzklagen, da es im Schadensersatzprozess um das Vorliegen der Voraussetzungen des § 33 Abs. 3 GWB geht.[1133] Eine weitere Besonderheit liegt in der Ermächtigung der Landesregierungen gemäß § 89 GWB eine Zuständigkeitskonzentration bei einem Landgericht für mehrere Gerichtsbezirke vorzunehmen. Hierdurch sollen die Spezialisierung und die Fachkompetenz der Spruchkörper sichergestellt werden, damit aufwändige kartellrechtliche Sachverhalte professionell bewältigt werden können. Zudem fördert die Zuständigkeitskonzentration eine einheitliche Rechtsprechung in Kartellsachen. Für kartellrechtliche Sammelklagen sind also stets die Landgerichte erstinstanzlich sachlich zuständig. Dort wo die Landesregierungen von der Ermächtigung aus § 89 GWB Gebrauch gemacht haben, kann ein Landgericht für mehrere Gerichtsbezirke zuständig sein.[1134]

1131 *Bechtold*, § 87 Rn. 5; *K. Schmidt* in Immenga/Mestmäcker, § 87 Rn. 11. Die Gesetzesbegründung spricht von einer redaktionellen Vereinfachung, vgl. BT- Drucks. 15/3640 zu Nr. 52. Allerdings geht mit der Neufassung eine Erweiterung des Anwendungsbereichs einher, da das Merkmal „betreffen" weiter gefasst ist, als die Formulierung des § 87 GWB a.F., der von Streitigkeiten „aus diesem Gesetz" sprach.

1132 D.h. zivilrechtliche Streitigkeiten, *K. Schmidt* in Immenga/Mestmäcker, § 87 Rn. 3 ff.

1133 Zur Zuständigkeit beim Gesamtschuldnerregress in Kartellsachen, *Krüger*, S. 141 ff.

1134 Insgesamt ist die Zuständigkeitskonzentration sehr zu begrüßen, da so die kartellrechtliche Spezialisierung der Richter gesteigert wird, die Spruchkörper also eine größere Expertise mitbringen. Dies ist sehr im Interesse einer schnellen, fehlerfreien und auch einheitlichen Rechtsfindung. Siehe hierzu *Bechtold*, § 89 Rn. 2.

b. Örtlich

Die örtliche Zuständigkeit hängt vom allgemeinen Gerichtsstand ab (§ 12 ZPO). Bei kartellrechtlichen Sammelklagen muss also bei dem Landgericht geklagt werden, in dessen Bezirk sich der Sitz des beklagten Unternehmens befindet. Aus der oben erwähnten Zuständigkeitskonzentration nach § 89 GWB kann sich allerdings die Abweichung ergeben, dass für den entsprechenden Gerichtsbezirk ein anderes Landgericht zuständig ist.[1135] Von diesem Grundsatz braucht auch nicht abgewichen werden, da damit kein gravierender Nachteil für die geschädigten Verbraucher einhergeht. Im Grunde liegt es sogar im Interesse des Klägers am Ort des Beklagten das Verfahren durchzuführen, da häufig ein Zugriff auf Unterlagen des Beklagten in dessen Unternehmensniederlassung erforderlich sein wird.[1136] Ohnehin wird sich die klagende Einheit durch einen (hinreichend spezialisierten) Rechtsanwalt vertreten lassen, sodass lediglich Reisekosten anlaufen. Diese sind aber angesichts des Umfangs der kollektivierten Schadensersatzforderungen zu vernachlässigen, sodass das örtlich zuständige Landgericht nach den allgemeinen Grundsätzen bestimmt werden kann.

3. Sachverhaltsermittlung und Beweisanforderungen

Wesentliches Hindernis der privaten Rechtsdurchsetzung im Kartellrecht ist das erhebliche Informationsdefizit der Anspruchsinhaber.[1137] Daher soll im Folgenden untersucht werden, welche Anforderungen sich nach der derzeitigen Rechtslage an die Sachverhalts- und Beweisermittlung ergeben.

a. Grundlagen

Grundsätzlich muss jeder Prozessbeteiligte die ihm günstigen Tatsachen darlegen und beweisen. Eine allgemeine Aufklärungspflicht kennt das deutsche Recht nicht.[1138] Etwas anderes gilt, wenn die geltend gemachte Anspruchsgrundlage eine Beweislastumkehr anordnet oder ein Tatbestandsmerkmal vermutet wird (z.B. § 280 Abs. 1 S. 2 BGB). Daneben existiert ein richterrechtlich geschaffener Auskunftsanspruch aus § 242 BGB.[1139] Für den durch einen Kartellverstoß geschädigten Kläger stellt diese Grundregel der Beweislast ein nahezu unüberwindbares Hindernis dar. Der vorprozessuale Ermittlungsaufwand des Schadensersatzklä-

1135 Eine Übersicht über die auf Landesebene erfolgten Zuständigkeitskonzentrationen findet sich bei *K. Schmidt* in Immenga/Mestmäcker, § 89 Rn. 2.

1136 Vgl. *Stadler*, Referat, Verhandlungen des 62. Deutschen Juristentages Bremen 1998, Band II/1, S. I 35, 50.

1137 *Hempel*, S. 67, 299; *Jüntgen*, S. 37 ff.

1138 *Wagner*, JZ 2007, 706.

1139 RGZ 108, 1, 7; BGH NJW 1957, 669; BGHZ 61, 180; BGH NJW 2001, 821, 822.

gers ist im Kartellrecht typischerweise sehr hoch.[1140] Nicht selten gestaltet sich schon die Bestimmung des Klagegegners schwierig, insbesondere wenn sich der Geschädigte auf einer nachgeordneten Marktstufe befindet. Die anspruchsbegründenden Tatsachen liegen für den Kläger zudem meist im Dunklen. Das liegt an der Informationsasymmetrie, die zwischen dem Kläger und dem beklagten Unternehmen besteht. Auch führt die fortschreitende Ökonomisierung des Kartellrechts dazu, dass etwa für die Marktabgrenzung aufwändige ökonomische Analysen durchgeführt werden müssen, die den Sachverstand von Ökonomen erfordern. Der Kläger wird daher häufig einen Spezialisten hinzuziehen müssen, der ihm hilft, den Anspruch durch ein Gutachten zu substantiieren, was hohe Kosten verursachen wird.

Es stellt sich daher die Frage, wie man dem Kläger die Sachverhalts- und Beweisermittlung erleichtern kann, um die Schadensersatzklage attraktiver zu machen. Der Länderbericht zu den Vereinigten Staaten hat gezeigt, dass das US-amerikanische Zivilprozessrecht weitreichende Offenbarungspflichten im Rahmen der *discovery* kennt. Das hat zwar sicher den Vorteil, dass „klagewillige" Anspruchsinhaber ihre Schadensersatzansprüche relativ leicht substantiieren können, allerdings steht die *discovery* auch in einem erheblichen Konflikt mit dem berechtigten Geheimhaltungsinteresse der Unternehmen. Schließlich kann durch die *discovery* eine Ausforschung betrieben werden, die dem deutschen Recht fremd ist.[1141] Nicht ohne Grund hat sich in den USA der Ausdruck *fishing expeditions* für ein solches Vorgehen herausgebildet.[1142] Die deutsche Rechtsprechung hat dagegen die schlagwortartige Maxime gebildet, dass niemand verpflichtet sei, seinem Gegner die Waffen für einen Prozesssieg in die Hand zu geben.[1143]

Die Problematik der Beweisermittlung hat auch die ehemalige Wettbewerbskommissarin *Kroes* gesehen[1144], die in dem unveröffentlichten Richtlinienentwurf zur Durchsetzung kartellrechtlicher Schadensersatzansprüche ein so genanntes *Disclosure*-Modell (begrenzte Offenbarungspflichten) vorgeschlagen hat.[1145] Diese Regelung wird im Folgenden auf ihre Umsetzbarkeit im deutschen Recht hin untersucht. Zudem werden Mechanismen des deutschen Rechts betrachtet, die zu einer Erleichterung der Beweis- und Sachverhaltsermittlung beitragen können.

1140 *Jüntgen, S.* 38.

1141 Siehe hierzu Zöller/*Greger*, Vor § 284 Rn. 5 a.

1142 *Hempel*, S. 211 mit Hinweis auf die Sache *in re IBM Peripheral EDP Devices Antitrust Litig.*, 77 F.R.D. 39, 41 (1977), wo von *fishing expeditions* gesprochen wird.

1143 BGH NJW 1958, 1491, 1492; BGH NJW 1990, 3151; Zöller/*Greger*, vor § 284 Rn. 34; **a.A.** Stürner, S. 175.

1144 Vgl. nur Weißbuch, S. 5; Grünbuch, S. 5.

1145 Vgl. Art. 8 RiLi-Entwurf.

aa. Beweislast und Beweiserleichterungen

Anders als der Kartellbehörde stehen dem privaten Kläger keine hoheitlichen Ermittlungskompetenzen zu. Während das Bundeskartellamt und die Europäische Kommission Auskunftsrechte, Herausgabeansprüche und Durchsuchungsrechte zur Ermittlung nutzen können[1146], sind Privatpersonen weitgehend auf sich allein gestellt.[1147]

Das deutsche Recht hilft dem beweisbelasteten Kläger durch spezialgesetzlich geregelte unselbstständige Auskunftsansprüche.[1148] Spezielle Auskunftsansprüche existieren für das Kartellrecht nicht.[1149] Unselbstständige Auskunftsansprüche sind als Hilfsansprüche immer vom Bestehen eines Hauptanspruches abhängig. Im Kartellzivilverfahren stellt dieses Abhängigkeitsverhältnis den Auskunftssuchenden vor das Problem, dass er den Hauptanspruch gerade nicht darlegen kann, sodass ihm die unselbstständigen Auskunftsansprüche nicht gewährt werden können.[1150] Abgesehen davon kennt das deutsche Recht keine allgemeine Aufklärungspflicht. Unter engen Voraussetzungen hat aber die Rechtsprechung einen Auskunftsanspruch aus Treu und Glauben (§ 242 BGB) entwickelt. Danach kann eine Auskunft nur verlangt werden, wenn „die Auskunft die Rechtsverfolgung in hohem Maße erleichtert, oft überhaupt möglich macht, insbesondere bei Rechtsverhältnissen, deren Wesen es mit sich bringt, dass der Berechtigte in entschuldbarer Weise über Bestehen und Umfang seines Rechts im Ungewissen, der Verpflichtete hingegen in der Lage ist, unschwer solche Auskünfte zu erteilen"[1151].

Die Tauglichkeit des Auskunftsanspruchs aus § 242 BGB für kartellrechtliche Schadensersatzklagen ist allerdings fraglich. Schließlich setzt der Anspruch, wie alle unselbstständigen Hilfsansprüche, das Bestehen eines Hauptanspruchs voraus. Gerade diesen kann der geschädigte Endverbraucher aber nicht darlegen. In der Rechtsprechung wurden zwar in der Vergangenheit auch in kartellrechtlichen Fällen Auskunftsansprüche gewährt, allerdings immer in Konstellationen, in denen der Anspruchsberechtigte entweder am Wettbewerbsrechtsverstoß beteiligt war oder der Verstoß sich gezielt gegen ihn richtete.[1152] Zwar machen Gerichte von diesem Erfordernis des bestehenden Hauptanspruchs Ausnahmen, dies

1146 *Klees*, Kartellverfahrensrecht, S. 309 ff.; *Klaue* in Immenga/Mestmäcker, §§ 57 ff.; *Lutz*, WuW 2005, 718, 725.

1147 *Jüntgen*, S. 39.

1148 Solche Ansprüche sind beispielsweise in den §§ 402, 469 Abs. 1 S. 1, 666, 716 Abs. 1, 809, 810 BGB oder in § 8 Abs. 1 und 3 UmweltHG geregelt.

1149 *Winkler v. Mohrenfels*, Abgeleitete Informationspflichten, S. 215.

1150 *Jüntgen*, S. 40.

1151 RGZ 108, 1, 7; 158, 377, 379.

1152 BGH NJW 1999, 2671, 2675 ff. (zu § 14 GWB a.F.); BGH NJW 1996, 3212, 3214 (zu § 21 Abs. 1 GWB).

allerdings nur bei vertraglichen Ansprüchen.[1153] Für gesetzliche Ansprüche (§ 33 Abs. 3 GWB) gilt das hingegen nur in ganz wenigen Ausnahmefällen.[1154] Bisher verzichtet der BGH nur in seiner Rechtsprechung zum Erbrecht ausdrücklich auf das Erfordernis des Hauptanspruchs.[1155] Eine weitere Ausnahme wird gemacht, wenn ein Rechtsverstoß für die Vergangenheit feststeht und in Zukunft mit hoher Wahrscheinlichkeit mit weiteren Rechtsverletzungen zu rechnen ist.[1156] Der BGH hat diese Kriterien u.a. auf Urheberrechtsverletzungen angewandt[1157], allerdings ist keine entsprechende Rechtsprechung zum Kartellrecht ersichtlich. Auch eine Übertragung der BGH-Rechtsprechung zum Erbrecht kommt für das Kartellrecht nicht in Betracht, da es an einem bedingten Rechtsverhältnis fehlt. Anders als im Erbrecht hängt der kartellrechtliche Schadensersatzanspruch nicht von einem zukünftigen, ungewissen Ereignis ab, da der anspruchsbegründende Kartellverstoß bereits in der Vergangenheit begangen wurde, der Anspruch also bereits entstanden ist. Bei Kartellverstößen sind diese Umstände dem Anspruchsteller lediglich unbekannt bzw. er kann sie nicht beweisen.

In Kartellsachen kann sich aber ein Auskunftsanspruch nach § 242 BGB aus der verfassungsrechtlichen Garantie des effektiven Rechtsschutzes (Art. 19 IV GG) ergeben, da es mit dem Justizgewährungsanspruch nicht vereinbar wäre, einen Anspruch gesetzlich zu regeln, der aber wegen unüberwindbarer praktischer Hürden wertlos ist.[1158] Für die Gewährung eines Auskunftsanspruchs aufgrund von Verdachtsmomenten spricht außerdem der Zweck des Private Enforcements, nämlich die Bewährung der Rechtsordnung durch die Initiative von Privatpersonen zu steigern. Die general-präventive Wirkung kann aber nur dann sicher entstehen, wenn die Anspruchsinhaber auch die Chance erhalten, die anspruchsbegründenden Tatsachen zu erfahren. Genauso verlangt das unionsrechtliche Effektivitätsgebot von den nationalen Rechtsordnungen die Ausgestaltung eines hinreichend abschreckenden Schadensersatzanspruchs.

Somit kann in eng umgrenzten Fällen ein Auskunftsanspruch aus § 242 BGB bestehen. Ein originär zivilprozessuales Instrument zur Erleichterung der Beweisführung ist die sekundäre Behauptungslast. Danach darf sich der Gegner nicht auf einfaches Bestreiten zurückziehen, wenn die beweispflichtige Partei Tatsachen darzulegen hat, die außerhalb ihrer Sphäre liegen und die Partei keine Kenntnis von den Tatsachen haben kann.[1159] Die sekundäre Behauptungslast führt nicht zu

---

1153 BGH NJW 2002, 3771; BAG DB 1996, 2182.

1154 *Jüntgen*, S. 43.

1155 BGHZ 18, 67, 70.

1156 *Jüntgen*, S. 43.

1157 BGH NJW 1986, 1244, 1245 – *Gema Vermutung I.*

1158 *Habscheid,* ZZP 96 (1983), 306, 307.

1159 BGHZ 86, 23, 28; 100, 190, 196; BGH NJW 2008, 982, 984.

einer Beweislastumkehr, sondern bewirkt lediglich, dass die nicht beweisbelastete Partei im Einzelfall verpflichtet wird, das Vorbringen der beweispflichtigen Partei im Rahmen des Zumutbaren substantiiert zu bestreiten (§ 138 Abs. 3 ZPO).[1160] Stehen einander Konkurrenten im Verfahren gegenüber, ist es aber regelmäßig unzumutbar, Geschäftsgeheimnisse zu offenbaren.[1161] Bei kartellrechtlichen Schadensersatzklagen im Bagatellbereich stehen dem Beklagten aber meist Endverbraucher gegenüber, sodass es regelmäßig zumutbar sein wird, Auskünfte zu machen. Wird das Vorbringen der beweisbelasteten Partei nicht substantiiert bestritten, gilt es als zugestanden.[1162]

bb. Disclosure-Modell der Kommission

Das dritte Kapitel des Richtlinienentwurfs greift die Beweisprobleme der Anspruchsinhaber auf, indem in Art. 8 RiLi-Entwurf geregelt wird, unter welchen Voraussetzungen das Gericht die Offenlegung von Beweismitteln anordnen kann. Hierbei handelt es sich, wie sich aus Art. 8 Abs. 6 ergibt, nur um eine Mindestharmonisierung. Die Anordnung der Offenlegung soll erfolgen, wenn die beweisbelastete Partei aufgrund von *vernünftigerweise verfügbaren* Tatsachen und Beweismitteln den Verdacht dargelegt hat, dass sie durch eine Kartellrechtsverletzung des Beklagten geschädigt worden ist.[1163] Das Gericht ordnet gemäß Art. 8 Abs. 2 RiLi-Entwurf die Vorlage an, wenn es das Beweismittel für entscheidungserheblich hält, der Kläger das Beweismittel so genau wie möglich spezifiziert hat und der Kläger selbst nicht in der Lage ist, das Beweismittel mit vertretbarem Aufwand selbst zu beschaffen. Die Vorlageanordnung steht unter dem Vorbehalt der Verhältnismäßigkeit. Das Gericht hat die berechtigten Interessen der Beteiligten und Dritter zu berücksichtigen, insbesondere die Höhe des geltend gemachten Anspruchs, die Kosten der Vorlage sowie das Geheimhaltungsinteresse. Art. 8 Abs. 3 lit. d RiLi-Entwurf weist den Mitgliedstaaten in Bezug auf die Geheimhaltung die Aufgabe zu, geeignete und effektive Geheimhaltungsmechanismen zu regeln. Hierdurch soll ein angemessener Ausgleich zwischen dem Durchsetzungsinteresse des Klägers und dem Geheimhaltungsinteresse des Beklagten ermöglicht werden.[1164] Darüber hinaus sieht Art. 9 RiLi-Entwurf Ausnahmen von der Vorlagepflicht vor. Das betrifft insbesondere Unternehmenserklärungen, die im Rahmen von Kronzeugenprogrammen abgegeben wurden. Eine Vorlage ist vorübergehend ausgeschlossen,

---

1160 Zöller/*Greger*, Vor § 284 Rn. 34.

1161 BGH MDR 2004, 898.

1162 Zöller/*Greger*, § 138 Rn. 9.

1163 Diese Formulierung lehnt sich an die RiLi 2004/48/EG zur Durchsetzung des geistigen Eigentums an.

1164 *Wagner-von Papp*, EWS 2009, 445, 447. *Wagner-von Papp* hält das *in camera* Verfahren für einen geeigneten Weg zur Lösung dieses Interessenkonflikts.

wenn durch die Vorlage laufende kartellbehördliche Ermittlungen gestört würden. Auch darf die Vorlage das Anwaltsprivileg und andere Verfahrensgarantien nicht außer Kraft setzen, aber nur soweit diese nach dem Europarecht bestehen. Die Beweismittelvorlage wird durch die von Art. 10 RiLi-Entwurf vorgesehenen Sanktionen gesichert. Die Kommission vertritt mit dem *Disclosure*-Modell einen deutlich gemäßigten Standpunkt, verglichen mit den rechtspolitischen Vorschlägen aus dem Grünbuch (2005) und dem Weißbuch (2008).[1165]

Die von Art. 8 Abs. 2 RiLi-Entwurf festgelegten Voraussetzungen, unter denen eine Vorlage angeordnet werden kann, sind mit dem Institut der sekundären Darlegungslast vergleichbar. Der Kläger muss nur insoweit Tatsachen vorbringen, wie es ihm praktisch möglich ist. Dort wo ihm ein Zugriff auf Beweismittel verwehrt ist, weil Urkunden, Dokumente in der Sphäre des beklagten Unternehmens liegen, greift die Anordnung der Vorlage. Ähnlich verhält es sich bei der sekundären Darlegungslast, nur dass dort der Beklagte das Vorbringen des Klägers substantiiert bestreiten muss, um eine Präklusion (§ 138 Abs. 3 ZPO) zu vermeiden. Die seit 2001 in § 142 ZPO geregelte Pflicht zur Urkundenvorlage[1166] zeigt deutliche Parallelen zur Offenlegungspflicht aus dem Richtlinienentwurf. Das gilt vor allem für die in Art. 8 Richtlinienentwurf geregelten Schranken der Vorlagepflicht. Diese benennen ausdrücklich Grenzen der Vorlagepflicht, was in Deutschland erst durch Auslegung von § 142 ZPO gelungen ist.[1167]

Somit lässt sich festhalten, dass der Richtlinienentwurf keine substantielle Veränderung mit sich bringt. Schon gar nicht ist mit den besagten „amerikanischen Verhältnissen" zu rechnen. Vielmehr ähnelt die Vorlageanordnung dem Institut der sekundären Darlegungslast und der gesetzlich geregelten Pflicht zur Urkundenvorlage aus § 142 ZPO. Eine präzise Kodifizierung der Vorlagepflicht würde zudem Rechtssicherheit bewirken, die gerade bei der sekundären Darlegungslast fehlt. Diese wird nur im Einzelfall nach richterlichem Ermessen gewährt, sodass ein Kläger zunächst einen Prozess beginnen muss, obwohl er tatsächlich nicht in der Lage ist, die anspruchsbegründenden Tatsachen zu substantiieren. Hier bietet der RiLi-Entwurf eine wirksame Hilfestellung an.

Problematisch am Vorschlag der Kommission ist allerdings, dass keine Privilegierung von *Leniency*-Antragstellern vorgesehen ist. Hierdurch droht eine erhebliche Schwächung der effektiven Kronzeugenprogramme, da die Antragsteller eine massive zivilrechtliche Inanspruchnahme befürchten müssen.[1168] Die Friktionen mit den Kronzeugenprogrammen lassen sich aber kaum vermeiden, wenn man die private Rechtsdurchsetzung des Kartellrechts steigern will.

1165 Siehe hierzu oben, S. 31 ff.

1166 Hierzu *Wagner*, JZ 2007, 706 ff.

1167 *Wagner-von Papp*, EWS 2009, 445, 454.

1168 *Mäger/Zimmer/Milde*, WuW 2009, 885.

b. Geheimnisschutz und nemo-tenetur Grundsatz

Soweit unter den engen Voraussetzungen ein zivilrechtlicher Auskunftsanspruch aus Treu und Glauben besteht, stellt sich die Frage, wie ein interessengerechter Geheimnisschutz erreicht wird. Auch wenn Kartellrechtsverstöße, abgesehen von § 298 StGB, keine Straftaten sind[1169], muss doch der *nemo-tenetur* Grundsatz beachtet werden. Schließlich sind Kartellverstöße gemäß § 81 Abs. 1 GWB bußgeldbewehrt, sodass den vom Ordnungswidrigkeitenverfahren Betroffenen keine Aussagepflicht trifft.[1170] Unmittelbar kann dieser Grundsatz allerdings keine Anwendung finden, da er den Betroffenen nur vor der Offenbarung von Informationen gegenüber staatlichen Ermittlungsstellen schützt. Er muss sich nur dann nicht äußern, wenn Ermittlungen oder Sanktionen *von hoher Hand* drohen. Das gilt im Zivilverfahren nicht, da einander Privatpersonen gegenüberstehen. Dem Anspruchsteller können Einwendungen und Einreden entgegengehalten werden, nicht jedoch eine Verweigerung der Aussage aufgrund des Selbstbezichtigungsverbots.[1171] Diesen Standpunkt vertreten insoweit auch der BGH und der EuGH.[1172] Der Einzelne wird nur dann vor Ermittlungsmaßnahmen durch das Aussageverweigerungsrecht geschützt, wenn er genötigt werden soll, Verhaltensweisen einzugestehen, die straf- oder verwaltungsrechtliche Sanktionen bewirken.[1173] Gleichwohl kann das Aussageverweigerungsrecht gegenüber dem Hoheitsträger nicht durch ein umfassendes Auskunftsrecht im Zivilprozess entwertet werden, schließlich könnte der Staat sonst auf die Erkenntnisse des Zivilprozesses zurückgreifen, um ein Ermittlungsverfahren zu beginnen. Um die Wirksamkeit des Aussageverweigerungsrechts zu schützen, muss eine weitere Verwertung der erteilten Auskunft also von der Zustimmung des Betroffenen abhängen.[1174] Soweit danach also grundsätzlich Auskunft zu erteilen ist, stellt sich die Frage nach den Geheimhaltungsinteressen des in Anspruch Genommenen. Vor dem Hintergrund des Rechtsbewährungsgedanken ist festzustellen, dass grundsätzlich kein berechtigtes Geheimhaltungsinteresse an illegalen Geheimnissen besteht.[1175] Dort wo die Rechtsordnung illegale Geheimnisse schützt, geschieht dies immer vor dem Hintergrund einer Abwägung mit dem Allgemeininteresse.[1176] Beispielsweise dient die Vertraulichkeit des Mandatsverhältnisses der Funktionsfähigkeit sozial-

---

1169 Zum Kartellstrafrecht *Wagner-von Papp*, WuW 2009, 1236.

1170 *Nemo tenetur ipsum accusare*; *Göhler/König*, OWiG, § 55 Rn. 8.

1171 *Jüntgen*, S. 44.

1172 Vgl. BGHZ 41, 318, 322; EuGH Urt. v. 10.11.1993, Slg. 1993, I-5683, Rn. 16 – *Otto/Postbank*.

1173 EuGH a.a.O. Rn. 16 – *Otto/Postbank*.

1174 *Schaffert* in FS-Erdmann, S. 719, 722.

1175 *Jüntgen*, S. 45.

1176 *Rützel*, GRUR 1995, 557, 560.

wichtiger Beraterberufe. Soweit es aber um kartellrechtswidriges Verhalten, also um eine Gefährdung des unverfälschten Wettbewerbs geht, besteht kein öffentliches Interesse an einer Geheimhaltung der wettbewerbsrechtswidrigen Praktiken. Vielmehr besteht ein öffentliches Interesse an einer baldigen Offenbarung, da der schädigende Rechtsverstoß schneller abgestellt werden kann. Anders liegt es, wenn es um den Schutz rechtmäßiger Unternehmensgeheimnisse vor einer Offenbarung geht. Dort besteht gerade vor dem Hintergrund des Schutzzwecks des Kartellrechts ein Geheimhaltungsinteresse. Schließlich sollen die Wettbewerber keine Informationen über ihre Wettbewerber erhalten, die sie ohne das Zivilverfahren niemals erlangen könnten. Die Anreizfunktion des Wettbewerbs wäre gefährdet, wenn Konkurrenten auf Geheimnisse des Wettbewerbers Zugriff nehmen könnten. § 72 Abs. 2 Satz 4 GWB zeigt allerdings, dass dieser Schutz nicht absolut zu gewähren ist, sondern die Offenbarung eine Abwägungsfrage des zuständigen Gerichts ist. Soweit im Rahmen der Schadensersatzklage ein allgemeines Zivilgericht zuständig ist, kann der gleiche Abwägungsmaßstab aus § 242 BGB hergeleitet werden. Das Gericht wird im Einzelfall also prüfen, ob sich nach einer Abwägung der maßgeblichen Parteiinteressen die Offenbarung als unzumutbar darstellt. Festzuhalten ist daher, dass es keine festen Regeln gibt, aus denen sich ableiten lässt, ob eine bestimmte Information zu offenbaren ist oder nicht. Es ist vielmehr Sache des zuständigen Gerichts, abzuwägen und sorgfältig zu begründen, ob eine Offenbarung der Information zumutbar ist. Das entspricht auch dem praktischen Bedürfnis nach einer flexiblen Reaktion im Einzelfall. Andernfalls könnten die vielschichtig gelagerten Sachverhalte nicht sach- und interessengerecht bewältigt werden.

c. Akteneinsichtsrecht

Zur Vorbereitung einer Schadensersatzklage kann es für die Geschädigten hoch interessant sein, auf die Akten der Kartellbehörde zurückzugreifen.[1177] Das Akteneinsichtsrecht der Kartellgeschädigten regelt § 46 Abs. 1, 3 Satz 4 OWiG i.V.m. § 406e Abs. 1 StPO. Durch die Einsicht in die Ermittlungsakten könnten die Geschädigten von den weitreichenden Ermittlungsbefugnissen der Behörden profitieren.[1178] Die Vorbereitung einer Schadensersatzklage würde sich vereinfachen, wenn Geschädigte durch § 406e StPO Zugriff auf Kronzeugenanträge erhielten. Für potentielle Kläger wäre es leicht zu ermitteln, gegen welchen der Kartellanten sich die Durchsetzung von Schadensersatzansprüchen lohnt. Gleiches gilt für den Nachweis der schädigenden Handlung, also der anspruchs-

1177 *Lampert/Weidenbach*, WRP 2007, 152; *Eichholtz*, S. 240.

1178 Das Einsichtsrecht in die Akten der Kommission richtet sich nach den „Mitteilungen über die Regeln für die Einsicht in Kommissionsakten in Kartellverfahren“, ABl. EG 2005 C 235/7.

begründenden Tatsachen. Ob den Geschädigten insofern Akteneinsicht zu gewähren ist, ist fraglich.

Diese Fragestellung ist im Spannungsverhältnis zwischen Public und Private Enforcement zu sehen.[1179] Schließlich wirkt sich das Risiko, mit zivilrechtlichen Schadensersatzklagen überzogen zu werden, negativ auf die Kooperationsbereitschaft der Kartelltäter im Rahmen der Kronzeugenprogramme aus (Bonusregelung des BKartA).

Aus § 46 Abs. 1, 3 Satz 4 OWiG i.V.m. § 406e Abs. 1 StPO kann der Kartellgeschädigte grundsätzlich das Recht ableiten, mit seinem Rechtsbeistand Einsicht in die beim Bundeskartellamt geführten Akten zu nehmen. Allerdings ist das Einsichtsrecht zu versagen, „soweit überwiegende Interessen des Beschuldigten oder anderer Personen entgegenstehen" (§ 406e Abs. 2 Satz 2 StPO). Mit dieser Wendung ist vor allem das Geheimhaltungsinteresse des von dem kartellbehördlichen Verfahren betroffenen Unternehmens gemeint. Die Geheimhaltung von Unternehmens- und Betriebsgeheimnissen ist auch verfassungsrechtlich garantiert.[1180] Daneben bezweckt § 406e StPO eine effektive und vor allem transparente Rechtspflege.[1181] Vor diesem Hintergrund ist das Akteneinsichtsrecht des Geschädigten auf die Daten und Informationen zu beschränken, die zur Substantiierung eines Schadensersatzanspruchs erforderlich sind.[1182]

Die Vertraulichkeit der Kronzeugenanträge ergibt sich zunächst aus einer Selbstbindung der Verwaltung (BKartA). In Nr. 22 der Bonusregelung ist festgelegt, dass Anträge privater Dritter auf Akteneinsicht im Rahmen des gesetzlich eingeräumten Ermessens grundsätzlich insoweit abzulehnen sind, als es um einen Antrag auf Erlass oder Reduktion einer Geldbuße und die dazu übermittelten Beweismittel geht. Das BKartA hat sich eindeutig zum Vertraulichkeitsschutz der Kronzeugenanträge (sowie der dabei übermittelten Beweismittel) bekannt.[1183] Die Bonusregelung ist als Verwaltungsvorschrift Grundlage für die Praxis des BKartA. Daher hat das BKartA das ihm eingeräumte Ermessen zugunsten des Geheimnisschutzes auszuüben. Auch aus der Systematik des Kartellrechts und des § 406e StPO lässt sich nicht ableiten, dass das Gesetz von einem unbedingten Vorrang der Interessen der Geschädigten ausgeht.[1184] Vielmehr ergibt sich aus

1179 *Mäger/Zimmer/Milde*, WuW 2009, 885, 886; *Albrecht*, WRP 2007, 417, 423; aktuell hierzu *Wessing*, WuW 2010, 1019.

1180 Der grundrechtliche Schutz ergibt sich aus Art. 14 wie auch aus Art. 12 GG jeweils in Verbindung mit Art. 19 Abs. 3 GG, vgl. *Velten* in SK-StPO, § 406e Rn. 10 (Stand: Januar 2004); Meyer-Goßner, § 406e Rn. 6.

1181 *Velten* in SK-StPO, § 406e Rn. 1 (Stand: Januar 2004).

1182 LG Berlin WM 2008, 1470, 1474; *Mäger/Zimmer/Milde*, WuW 2009, 885, 887.

1183 Nr. 22 der Bonusregelung des BKartA; *Mäger/Zimmer/Milde*, WuW 2009, 885, 887.

1184 So auch *Mäger/Zimmer/Milde*, WuW 2009, 885, 888; **a.A.** *Lampert/Weidenbach*, WRP 2007, 152.

der Regelung des § 406e StPO primär ein Schutz des Beschuldigten.[1185] Auch die Begründung der 7. GWB-Novelle weist in diese Richtung, da die private Rechtsdurchsetzung ausdrücklich nur eine Ergänzung der behördlichen Ermittlungstätigkeit sein soll.[1186] Da bisher die kartellbehördliche Ermittlung von Kartellrechtsverstößen durch die weitreichenden Ermittlungskompetenzen der Behörden wesentlich schlagkräftiger war als die privaten Schadensersatzklagen, besteht auch ein öffentliches Interesse an einer effektiven hoheitlichen Kartellverfolgung. Ein umfassendes Akteneinsichtsrecht in die Kronzeugenanträge würde aber die Ermittlungstätigkeit destabilisieren, schließlich sind es in einer Vielzahl von Fällen erst die Kronzeugenanträge, die eine Kartellverfolgung überhaupt erst möglich machen.[1187]

Nichts anderes gilt für das Unionsrecht. Die Kommission hat im Weißbuch von 2008 abschließend festgestellt, dass die private Rechtsdurchsetzung die hoheitliche Ermittlungstätigkeit ergänzt und die Kronzeugenprogramme eine (staatliche) Aufdeckung von kartellrechtswidrigen Absprachen wahrscheinlicher bzw. erst möglich machen.[1188] Wenn auch aus den Veröffentlichungen der Kommission nicht unmittelbar hervorgeht, dass ein *klarer Vorrang* der staatlichen Kartellverfolgung auf Ebene des Unionsrechts besteht[1189], so kann aber aus dem Effektivitätsgebot abgeleitet werden, dass private Schadensersatzklagen jedenfalls die behördliche Tätigkeit nicht destabilisieren oder behindern dürfen. Die Mitgliedstaaten müssen also bei der Anwendung des nationalen Rechts beachten, dass der effektive Schutz des unverfälschten Wettbewerbs auf dem Gemeinsamen Markt nicht beeinträchtigt werden darf. Insoweit verwundert es nicht, dass die Kommission in ihrer Kronzeugenmitteilung (Nr. 34, 40) festgelegt hat, dass freiwillig übermittelte Informationen und Unterlagen gegen die Akteneinsichtsanträge Dritter geschützt sind.[1190] Hierdurch soll vermieden werden, dass die kooperierenden Unternehmen durch Folgeklagen auf Schadensersatz schlechter gestellt werden als unkooperative Kartelltäter.[1191] Der deutsche § 406e StPO muss demzufolge so angewandt werden, dass die europäische Kartellrechtsdurchsetzung nicht beeinträchtigt wird. Soweit also § 406e StPO im Rahmen eines Ordnungswidrigkeitenverfahrens wegen eines Unionsrechtsverstoßes angewandt werden soll, muss dieser europarechtskonform ausgelegt werden und eine Akteneinsicht verweigert

1185 *Velten* in SK-StPO, § 406e Rn. 1 (Stand: Januar 2004).

1186 BT-Drucks. 15/3640, S. 35.

1187 *Stockmann* in FS-Bechtold, S. 559, 561; *Schroeder* in FS-Bechtold, S. 437, 449.

1188 Vgl. Weißbuch, S. 11; Staff Working Paper, Rz. 255.

1189 So *Mäger/Zimmer/Milde*, WuW 2009, 885, 897.

1190 Vgl. *Lampert/Weidenbach*, WRP 2007, 152, 156 mit aktuellen Beispielen.

1191 *Dannecker/Biermann* in Immenga/Mestmäcker, VO 1/2003, Art. 23 Rn. 229; *Albrecht*, WRP 2007, 417, 420, 425.

werden.[1192] Es wird deutlich, dass das Kompensationsinteresse nicht allein maßgeblich ist. Vielmehr stellt die private Rechtsdurchsetzung lediglich *ein* Mittel der Kartellrechtsdurchsetzung dar, das *neben* der behördlichen Durchsetzung steht und die Wirksamkeit der behördlichen Ermittlungstätigkeit nicht beeinträchtigen darf.

Festzuhalten ist also, dass den Kartellgeschädigten in Vertretung durch einen Rechtsanwalt zwar grundsätzlich ein Akteneinsichtsrecht aus § 406e StPO zusteht. Dieses ist aber auf das absolut zur Substantiierung Notwendige zu beschränken. Dem Kompensationsinteresse steht das verfassungsrechtlich verbürgte Geheimhaltungsinteresse der Unternehmen gegenüber, das bei der Ermessensentscheidung über die Gewährung von Akteneinsicht zu berücksichtigen ist. Auch muss das BKartA beachten, dass es durch die Verwaltungspraxis in der Ermessensausübung gebunden ist. Die Kronzeugen dürfen also auf die Geheimhaltung der freiwillig übermittelten Unterlagen vertrauen. Nichts anderes gilt für das Unionsrecht.

4. Verschuldenserfordernis

Während die Kommission in ihrem Grünbuch von 2005 noch eine verschuldensunabhängige Haftung des Kartelltäters vorschlug[1193], vertrat sie im Weißbuch (2008) einen deutlich gemäßigten Ansatz.[1194] Dort schlug die Kommission vor, dass der Rechtsverletzer grundsätzlich auf Schadensersatz haftet, allerdings dann nicht, wenn er nachweist, dass der Verstoß auf einem *genuin entschuldbaren Irrtum* beruhte.[1195] Der Richtlinienentwurf von 2009 geht einen ähnlichen Weg, indem Art. 14 dem Rechtsverletzer die Darlegungs- und Beweislast aufbürdet, die Verschuldensvermutung zu widerlegen.[1196] Soweit also der Schadensersatzkläger den Kartellrechtsverstoß nachweist, haftet der Täter auf Schadensersatz, es sei denn, es gelingt ihm sich zu exkulpieren.

Im deutschen § 33 Abs. 3 GWB wird vom Schadensersatzkläger dagegen der Nachweis für das Verschulden verlangt.[1197] Eine Erleichterung wird dem Schadensersatzkläger lediglich durch die (tatbestandliche) Bindungswirkung an rechtskräf-

---

1192 *Mäger/Zimmer/Milde*, WuW 2009, 885, 898.

1193 Grünbuch, S. 7, Option-11.

1194 **A.A.** GA *van Gerven*, Rs. C-128/92, Slg. 1994, I-1209 – *Banks vs. British Coal. Van Gerven* hält das Verschuldenserfordernis für Unvereinbar mit dem Unionsrecht.

1195 Weißbuch, S. 8. *Kroes* verteidigte sich gegen die Kritik am Weißbuch mit der Aussage „I left my cowboy hat at home“, vgl. *Niemeier*, WuW 2008, 927.

1196 *Wagner-von Papp*, EWS 2009, 445, 447.

1197 Die Wendung „vorsätzlich oder fahrlässig“ ist, wie im allgemeinen Zivilrecht (§§ 276, 823 Abs. 1 BGB) mit Verschulden gleichzusetzen, vgl. *Bechtold*, § 33 Rn. 21.

tige Behördenentscheidungen gewährt (§ 33 Abs. 4 GWB).[1198] Der Nachweis des Verschuldens fällt den Geschädigten regelmäßig schwer, soweit sie nicht auf eine rechtskräftige Behördenentscheidung zurückgreifen können.[1199] Bereits an anderer Stelle ist deutlich geworden, dass die zum Teil erhebliche Beweisnot zumindest mitursächlich ist für die Klageapathie der Geschädigten. Es stellt sich daher die Frage, ob die derzeitige Regelung des kartellrechtlichen Schadensersatzanspruchs ein Hindernis darstellt, das die kollektive Anspruchsverfolgung vereiteln kann. Ob sich der Nachweis des Verschuldens als unüberwindbare Hürde darstellt, ist immer eine Frage des Einzelfalles. Allerdings ist festzustellen, dass der Nachweis des Verschuldens möglich erscheint, soweit der Kläger bereits einen Kartellrechtsverstoß nachgewiesen hat. Die deutlich höhere Hürde bildet die Darlegung des Kartellverstoßes, da die Täter im Geheimen handeln und darauf bedacht sind, keine Spuren zu hinterlassen.[1200]

Zwar besteht durch das oben dargestellte Institut der sekundären Darlegungslast im Prozess jedenfalls die Möglichkeit, der beweispflichtigen Partei zu helfen. Allerdings führt das Verschuldenserfordernis zu einer erheblich erschwerten Anspruchsdurchsetzung. Doch kann nicht von einer Vereitelung der Anspruchsdurchsetzung durch § 33 Abs. 2 GWB gesprochen werden, auch wenn sich die gerichtliche Durchsetzung sich schwierig gestaltet.

Die Kommission vertritt daher den Standpunkt, dass eine hiervon abweichende Regelung in den Mitgliedstaaten wünschenswert ist.[1201] Die Kommission sieht einen geeigneten Lösungsweg in der Beweislastumkehr. Soweit ein Kartellrechtsverstoß vom Schadensersatzkläger nachgewiesen wurde, muss der Beklagte sich exkulpieren, indem er nachweist, dass er einem unvermeidbaren Rechtsirrtum unterlegen ist. Die Rechtsprechung stellt hohe Anforderungen an die Vermeidbarkeit des Irrtums.[1202] Das Verschulden ist danach nur dann abzulehnen, wenn der Täter bei Beachtung der im Verkehr erforderlichen Sorgfalt nicht mit einer anderen Entscheidung des Gerichts hat rechnen müssen.[1203] Zu bedenken ist allerdings,

---

1198 *Emmerich* in Immenga/Mestmäcker, § 33 Rn. 71.

1199 Vgl. *Hempel*, S. 69 f.

1200 *Hempel*, S. 69. Die Täter sind an einem „spurenlosen“ Vorgehen nicht nur interessiert, um eine kartellbehördliche Sanktion zu vermeiden. Auch droht bei international-tätigen Unternehmen ein Schadensersatzprozess in den USA, sodass jede Form der Dokumentierung den strengen Offenbarungspflichten der *discovery* unterfällt. Die Kartelltäter würden Gefahr laufen, eine so genannte *smoking gun* offenbaren zu müssen.

1201 Siehe S. 10 des *Explanatory Memorandums* zum Richtlinienentwurf. Gleichwohl stellt es die Kommission den Mitgliedstaaten anheim zu entscheiden, ob sie auf das Verschuldenserfordernis verzichten oder nicht.

1202 WuW/E BGH 1891, 1894 – *Ölbrenner II*; zum Verschulden *Lübbig* in MünchKomm-GWB, § 33 Rn. 75.

1203 WuW/E BGH 2341, 2345 – *Taxizentrale Essen.*

dass ein weit gefasstes Verschuldenskriterium die Bereitschaft von Unternehmen zu unternehmerischen Handlungen im wettbewerbsrechtlichen Grauzonenbereich im Keim zu ersticken droht.[1204] Dies ist eine Konsequenz, die vom Kartellrecht gerade nicht bezweckt wird, da das Kartellrecht innovatives Verhalten weder verhindern noch sanktionieren möchte. Übergeordnet droht zudem ein Konflikt mit dem kontinentaleuropäischen Verständnis einer freiheitlichen Wirtschaftsordnung und dem europarechtlichen Grundrechtsschutz.[1205] Die Anwendung dieser Grundsätze würde die Prozessführung erheblich erleichtern, zumal die Exkulpation trotz der strengen Maßstäbe der Rechtsprechung möglich erscheint, schließlich ist das Unternehmen im Besitz sämtlicher zur Exkulpation erforderlichen Informationen.

Somit ist festzuhalten, dass die Prozessführung erheblich erleichtert und dadurch attraktiver wäre, wenn eine Beweislastumkehr nach dem Modell des Richtlinienentwurfes in Deutschland geschaffen würde.

5. Schadensrecht

Die Erfahrungen mit den Class-actions aus den USA haben gezeigt, dass ein ganz erheblicher Klageanreiz von den dortigen Regeln des Schadensrechts ausgeht. Durch die *punitive* bzw. die kartellrechtlichen *treble damages* wird die Prozessführung zu einer wirtschaftlich lohnenswerten Tätigkeit, an der insbesondere die US-amerikanischen Anwälte großen Anteil nehmen.

Auch in der Debatte über die private Kartellrechtsdurchsetzung wurde eine Vervielfältigung des Schadensersatzes angeregt.[1206] *Hempel* etwa geht davon aus, dass aus Sicht der ökonomischen Analyse die Einführung einer Vervielfältigung sinnvoll ist, da so die nicht hundertprozentige Aufklärungswahrscheinlichkeit ausgeglichen werden könne.[1207] Zudem führt die Steigerung der Abschreckung zu einer deutlichen Verbesserung der Kartellrechtsdurchsetzung. *Hempel* schlägt darüber hinaus vor, dass abweichend von dem Institut der *treble damages* sogar ein noch höherer Multiplikator anzuwenden sei, um die Schwere des Kartellverstoßes angemessen flexibel berücksichtigen zu können.[1208]

Die *treble damages* waren bereits in der Vergangenheit Ziel scharfer Kritik von *Benisch*, der die privaten Verfolgungsmittel in den USA als „monströs“ bezeichnet.[1209] Er geht davon aus, dass das Institut der *treble damages* zu einer Übersteigerung der Klagebereitschaft führt, die dem deutschen Rechtsstaat fremd ist. Zudem seien Klagen im Allgemeininteresse auf den dreifachen Schadensersatz

1204 *Weyer* in FK, EG-Art 81 Zivilrechtsfolgen Rn. 199.
1205 *Weyer* in FK, EG-Art 81 Zivilrechtsfolgen Rn. 199.
1206 Vgl. Grünbuch, S. 8 Option-16; *Hempel*, S. 299.
1207 *Hempel*, S. 299 anknüpfend an die rechtsökonomische Lehre *Posners*.
1208 *Hempel*, S. 299.
1209 *Benisch* in FS-Hartmann, S. 48.

mit der kontinentalen Vorstellung von Fairness und Leistung unvereinbar; der Mechanismus gedeihe einzig auf Racheinstinkten und erpresserischen Veranlagungen.[1210] Die von *Benisch* betriebene Verteufelung wird den US-amerikanischen Rechtsinstituten nicht gerecht und malt zudem ein Bild, das in seiner Einseitigkeit nicht haltbar ist. Dennoch ist gegenüber der Vervielfältigung der erlittenen Einbuße Skepsis angebracht. Zum einen ist die Vervielfältigung des Schadensersatzes dem deutschen Schadensrecht grundsätzlich fremd, da §§ 249 ff. BGB den Kompensationsgedanken und das schadensrechtliche Bereicherungsverbot zugrunde legen.[1211] Zwar sind grundsätzlich – in den Grenzen des Art. 79 Abs. 3 GG – alle Rechtsgrundsätze durch den Gesetzgeber veränderbar, sodass die Einführung der Vervielfältigung nicht allein deshalb abgelehnt werden kann, weil es so etwas in Deutschland nicht gibt. Allerdings haben sich Rechtsgrundsätze auch aus den von der Gesellschaft getragenen Vorstellungen des Miteinanders entwickelt und sind zumindest grundsätzlich Abbild des Rechtsempfindens der Bevölkerung.[1212] Auch müssen sich neue Rechtsinstitute in die bereits entwickelte Rechtsordnung einfügen, was bei einer Vervielfältigung des Schadensersatzes fraglich erscheint. Schließlich könnten plötzlich einige Kläger aufgrund einer Vervielfältigung ihres Schadens zu einer Bereicherung gelangen, obgleich die sonstigen Anspruchsgrundlagen des deutschen Zivilrechts eine Multiplikation nicht kennen. Das wäre eine Folge, die kaum vermittelbar wäre. Zu bedenken ist auch, dass in Deutschland – anders als in den USA – die private Rechtsdurchsetzung im Regelfall im Nachgang an ein abgeschlossenes kartellbehördliches Verfahren stattfindet (*follow on*). Die Unternehmen müssten also neben dem Bußgeld auch noch Schadensersatz in erheblicher Höhe zahlen. Hierin liegt aber, jedenfalls aus Sicht der Unternehmen, eine doppelte Sanktion. Im Übrigen räumen auch die Befürworter der *treble damages* ein, dass sie zur Steigerung der Klagebereitschaft in Deutschland nur bedingt beitragen würden.[1213] Der Kommissionsentwurf einer Richtlinie legt, anders als noch im Grünbuch von 2005 vorgeschlagen[1214], einen rein kompensatorischen Ansatz zu Grunde.[1215] Hintergrund dieses veränderten rechtspolitischen Standpunkts sind die öffentlichen Konsultationen zum Grün- und Weißbuch, die eine breite Ablehnung von Mehrfachschadensersatzansprü-

1210 *Benisch* in FS-Hartmann, S. 49.

1211 *Oetker* in MünchKomm-BGB, § 249 Rn. 8, 20.

1212 Dies gilt selbstverständlich nicht für spezielle Fachgesetze. Lediglich für die ganz grundsätzlichen Regelungen der Rechtsordnung kann dieser Satz Geltung beanspruchen.

1213 *Hempel*, S. 299, der auf die mit der Vervielfältigung einhergehende Steigerung des Gebührenstreitwertes hinweist.

1214 Grünbuch, S. 8, Option-16.

1215 Explanatory Memorandum, S. 3, 5.

chen widerspiegelten.[1216] Der Kommission geht es darum, einen Schadensersatzanspruch zu schaffen, der eine Unterkompensation genauso vermeidet wie eine Überkompensation. Bei dem zu schaffenden Schadensersatzanspruch steht der Ausgleich einer erlittenen Vermögenseinbuße und nicht die Sühne von Unrecht im Vordergrund.[1217] Daher kann der folgenden Darstellung ein kompensatorisches Verständnis des Schadensersatzanspruchs zu Grunde gelegt werden. Das gleiche gilt für das schadensrechtliche Bereicherungsverbot[1218], das auch vom Unionsrecht anerkannt wird[1219].

III. Verbandsklage auf Schadensersatz

Im Folgenden sollen die Erweiterungsmöglichkeiten der kartellrechtlichen Verbandsklage erörtert werden. Hauptfrage ist, ob eine Verbandsklage auf Schadensersatz im deutschen Kartellrecht sinnvoll ist. Zudem ist zu klären, ob die derzeitige Beschränkung der Aktivlegitimation auf Verbände zur Förderung gewerblicher Interessen (§ 33 Abs. 2 GWB) beizubehalten oder ob eine Erweiterung auf Verbraucherverbände vorzuziehen ist.

1. Legitimation der Einrichtungen

Eine wesentliche Schwierigkeit der Verbandsklage ist die Auswahl und die Legitimation der klagenden Einheit. Dies gilt nicht nur für die Verbandsklage, sondern auch für die Gruppenklage.

Kartellverstöße haben häufig erhebliche Breitenwirkung, sodass der Fall eintreten kann, dass mehrere Verbände bzw. Gruppen eine Klage anstreben. Dadurch werden die Beklagten der Gefahr ausgesetzt, mehrfach wegen ein und desselben Verstoßes auf Schadensersatz in Anspruch genommen zu werden. Unabhängig von einer Verurteilung zur Zahlung von Schadensersatz entstehen dem (mehrfach) beklagten Unternehmen erhebliche Rechtsverteidigungskosten.

Auch droht das aus den USA bekannte Phänomen des *run to the courthouse*, sofern man annimmt, dass der wachsamste und daher schnellste Verband das Verfahren führen darf.[1220]

Eine Variante der Legitimationsproblematik ist die *Seriositätskontrolle* der klagenden Einheit. Es muss zum Schutze der Geschädigten und im Interesse einer zügigen und qualifizierten Verfahrensführung sichergestellt werden, dass die

1216 Explanatory Memorandum, S. 5.

1217 *Becker*, Schadensersatzklagen bei Verstoß gegen das Kartell- und Missbrauchsverbot, S. 25.

1218 *Oetker* in MünchKomm-BGB, § 249 Rn. 20.

1219 EuGH a.a.O. Rn. 30 – *Courage und Crehan.*

1220 Siehe *Stadler*, Bündelung von Interessen im Zivilprozess, S. 19.

Verbände über den erforderlichen Sachverstand und die finanziellen Mittel verfügen. Auch muss eine Missbrauchsaufsicht existieren, die eine Prozessführung aus sachfremden Motiven verhindert.

Die Regelung des § 33 Abs. 2 GWB[1221] verlangt, dass der Verband rechtsfähig ist und zumindest auch den Zweck verfolgt, gewerbliche oder selbstständige berufliche Interesse zu fördern.[1222] Wie oben bereits erörtert, knüpft § 33 Abs. 2 GWB die Klagebefugnis des Verbands an strenge Voraussetzungen.[1223] Diese Strenge des Gesetzgebers mag zwar generell geeignet sein unseriöse Praktiken durch Verbände zu verhindern. Allerdings existiert keine nennenswerte Verbandsklagepraxis im Kartellrecht, sodass schon aus Gründen der Effektivität der Norm über eine Erweiterung der Klagebefugnis nachgedacht werden muss. Speziell mit Blick auf die kartellrechtlichen Streuschäden zeigt sich, dass eine Neuregelung zwingend erforderlich ist, um die Streuschäden zu bewältigen. Sofern man annimmt, dass die kartellbedingt erhöhten Preise an die jeweils nachfolgende Marktstufe weitergereicht werden (*passing-on*)[1224], so ist der letztlich Geschädigte ein Endverbraucher. Die Endverbraucher sind jedoch der Marktgegenseite zuzuordnen und keine Wettbewerber des Kartelltäters. Daher können Verbraucherverbände auch keine Anspruchsberechtigung haben. Diese ist aber zwingend erforderlich, um die Streuschäden durchzusetzen.

Möglicherweise würde auch eine Erweiterung der Anspruchsberechtigung auf Verbraucherverbände, die im Übrigen im Gesetzgebungsverfahren zur 7. GWB-Novelle in letzter Minute gestrichen wurde[1225], die praktische Bedeutung des § 33 Abs. 2 GWB steigern. Angesichts des vom Gesetzgeber ausgerufenen rechtspolitischen Ziels, die private Rechtsdurchsetzung zu stärken, wäre dies wünschenswert.[1226] Schließlich gewährleistet die derzeitige Regelung des § 33 Abs. 2 GWB auch eine angemessene Seriösitätskontrolle der Verbände, da diese nur klagebefugt sind, wenn sie über eine entsprechende Ausstattung verfügen.[1227] Das beklagte Unternehmen kann im Prozess rügen, dass der Verband nicht über die erforderliche Ausstattung zur tatsächlichen Anspruchsverfolgung verfügt. Eine missbräuchliche Prozessführung aus sachfremden Erwägungen, wie etwa bei den aus den USA bekannten *strike suits*, droht in Deutschland nicht. Die gesellschaft-

1221 § 33 Abs. 2 GWB ist im Wortlaut mit dem § 8 Abs. 3 Nr. 2 UWG identisch.

1222 *Bechtold*, § 33 Rn. 16; *Lübbig* in MünchKomm-GWB, § 33 Rn. 72 ff.

1223 Siehe oben, S. 124.

1224 Hierzu *Kießling*, GRUR 2009, 733; *Bächli*, SJZ 2007, 365; *Glöckner*, WRP 2007, 490, 492.

1225 *Bechtold*, § 33 Rn. 16, die Regelung wurde auf die Beschlussempfehlung des Vermittlungsausschusses hin gestrichen, vgl. BT-Drucks. 15/5735, S. 3.

1226 BT-Drucks. 15/3640, S. 1.

1227 Siehe insoweit bereits oben, S. 121 ff.

lichen Verhältnisse, insbesondere die Existenz eines sozialen Sicherungssystems, bedingen eine geringere Klagebereitschaft in Europa. Dies hat auch die Untersuchung der schwedischen Gruppenklage gezeigt.[1228] Zudem sind die Regelungen des deutschen Kostenrechts so gestaltet, dass eine missbräuchlich erhobene Klage zu einer vollständigen Übernahme der Kosten führt (§§ 91 ff. ZPO). Ferner verhindert die streitwertabhängige Bemessung der Gerichtsgebühr von vornherein, dass vollkommen überhöhte Schadensersatzforderungen anhängig gemacht werden. Schließlich steigt mit der geltend gemachten Schadenssumme auch der zu zahlende Gerichtskostenvorschuss. Im Falle einer missbräuchlichen Klageerhebung müsste der Verband daher zunächst einen erheblichen finanziellen Aufwand betreiben, um die Klage überhaupt rechtshängig machen zu können.

Festzuhalten ist daher zunächst, dass eine Erweiterung der Verbandsklage (§ 33 Abs. 2 GWB) auf Schadensersatz nur dann einen Sinn ergibt, wenn auch Verbraucherverbände aktivlegitimiert sind. Andernfalls fehlt es an einer Klageberechtigung der Marktgegenseite, der aber durch die Weitergabe der kartellbedingt erhöhten Preise die tatsächlich Geschädigten angehören. Somit muss der Gesetzgeber § 33 Abs. 2 GWB in zweierlei Hinsicht modifizieren.

Erstens müssen auch Verbraucherverbände klagebefugt sein. Zweitens muss die Aktivlegitimation auf Schadensersatzansprüche erweitert werden.

Die Erweiterung der Klagebefugnis auf Verbraucherverbände erscheint unproblematisch möglich, da die Verbraucherverbandsklagebefugnis dem deutschen Recht prinzipiell nicht fremd ist.[1229] Schwieriger ist die Durchsetzung von Schadensersatzansprüchen durch den Verband. Das deutsche Schadensrecht bezweckt grundsätzlich den Ausgleich der individuell erlittenen Vermögenseinbuße (§§ 249 ff. BGB). Die Durchsetzung fremder Schäden durch einen Dritten ist dem deutschen Recht hingegen fremd, da der Schadensersatzanspruch eine Form der Durchsetzung subjektiver Rechte ist.[1230] Von Kritikern einer derart erweiterten Klagebefugnis wird daher angeführt, dass die Entscheidung, ob ein Schadensersatzanspruch durchgesetzt wird, immer dem einzelnen Geschädigten überlassen bleiben soll.[1231] Das gleiche gilt grundsätzlich für die Entscheidung, wen man zu seinem Repräsentanten in einem Prozess ernennt.[1232] Rechtspolitisch ist zu erwägen, ob nicht mit dieser schadensrechtlichen Regel für kartellrechtliche Streuschadensersatzansprüche gebrochen werden kann. Schließlich haben die Anspruchsinhaber aufgrund des nominell geringen Schadens und der fehlenden unmittelbaren Beziehung zum Kartelltäter kein messbares Eigeninteresse an einer

1228 Siehe oben, S. 112.

1229 Vgl. nur die Regelungen des UKlaG.

1230 *Halfmeier*, S. 383.

1231 *Stadler* in Brönneke, Kollektiver Rechtsschutz im Zivilprozeßrecht, S. 1, 26 ff.

1232 *Halfmeier*, S. 383.

Anspruchsdurchsetzung. Das gilt jedenfalls bei echten Streuschäden im absoluten Bagatellbereich. Die oben angesprochene Entscheidungsfreiheit wird von den Geschädigten ohnehin nicht wahrgenommen. Daher könnte man eine kartellrechtliche Sonderregelung einführen, die vom oben genannten Grundsatz abweicht, da die Geschädigten in ihrer Entscheidungsfreiheit nicht beeinträchtigt würden. Diesbezüglich wäre eine Bagatellgrenze geeignet um sicherzustellen, dass tatsächlich nur die Ansprüche der rational Desinteressierten geltend gemacht werden.[1233]

Allerdings verbleiben bei einer solchen Regelung Zweifel bezüglich der Vereinbarkeit mit dem Grundsatz des rechtlichen Gehörs, Art. 103 Abs. 1 GG. Die Betroffenen müssen vor einer endgültigen Endscheidung des Gerichts gehört werden.[1234] Erforderlich ist, dass die Betroffenen über das Verfahren informiert werden, wobei aber die nur theoretische Möglichkeit zur Wahrnehmung des rechtlichen Gehörs nicht ausreicht. Hier ist danach zu differenzieren, ob der Verband die Ansprüche seiner Mitglieder oder die Ansprüche von Nichtmitgliedern geltend macht. Bei Klagen von Nichtmitgliedern werden die Anforderungen der Verfassung ohne weiteres durch ein *Opt-in* Modell erfüllt, bei dem die Anspruchsinhaber der gerichtlichen Anspruchsverfolgung ausdrücklich zustimmen. Dieses Modell wird aber den praktischen Anforderungen bei kartellrechtlichen Streuschäden nicht gerecht, da die Geschädigten von ihrem Recht zum *Opt-in* wegen der rationalen Apathie keinen Gebrauch machen werden.

Vor diesem Hintergrund ist ein *Opt-out* Modell ohne weiteres denkbar, wenn die einzelnen Geschädigten ermittelt werden.[1235] Dies ist angesichts der unüberschaubaren Anzahl der Geschädigten praktisch nicht durchführbar. Allerdings ist nicht erkennbar, inwieweit die Anspruchsinhaber in ihrem Recht beeinträchtigt wären, wenn eine umfassende mediale Information über das Verfahren gesetzlich angeordnet würde. Schließlich sind dem Anspruch aus Art. 103 Abs. 1 GG im Interesse eines funktionsfähigen Justizwesens prozessökonomische Grenzen gesetzt.[1236] Die Präklusionsvorschriften und Fristenregelungen zeigen, dass eine Einschränkung des Rechts auf rechtliches Gehör nicht von vornherein unzulässig ist.

Man könnte eine Pflicht zur Veröffentlichung des Klageinhalts in überregionalen Medien, vor allem Tageszeitungen und Fernsehen, erwägen. Ein derartiges Vorgehen ist auch in den USA üblich und wurde in Deutschland im Rahmen des

1233 Diesen Vorschlag macht *Stadler* in Brönneke, Kollektiver Rechtsschutz im Zivilprozeßrecht, S. 1, 26 ff.

1234 *Jüntgen*, S. 181.

1235 So jedenfalls die h.M., vgl. *Jüntgen*, S. 181.

1236 *Grabenwarter/Pabel* in Grote/Marauhn, EMRK/GG, Kap. 14 Rn. 95 (m.w.N.).

Google-Book Settlements[1237] praktiziert.[1238] Durch gesetzliche Vorgaben ließe sich ein Mindestinformationsgehalt festlegen, der den Geschädigten den Inhalt des Verfahrens zur Kenntnis bringt. Es bleibt dann dem einzelnen Anspruchsinhaber überlassen, ob er am Verfahren teilnehmen möchte oder nicht. Eine solche Regelung wirkt wie ein konkludenter Verzicht auf rechtliches Gehör, wenn die Geschädigten sich nicht weiter zum Verfahren äußern. Soweit man diesen aber Ansatz ablehnt, müsste der Gesetzgeber eine Änderung des Grundgesetzes vornehmen.

Macht der Verband die Ansprüche von Mitgliedern geltend, lässt sich die Verfassungskonformität des Vorgehens leichter begründen. Man kann argumentieren, dass die Mitglieder durch den Beitritt in den Verband ihre kartellrechtlichen Schadensersatzansprüche konkludent abgetreten haben (§ 398 BGB) oder aber den Verband zur treuhänderischen Anspruchsdurchsetzung ermächtigt haben. Dies gilt insbesondere, wenn der Verband die Durchsetzung kartellrechtlicher Schadensersatzansprüche zu seinem satzungsmäßigen Zweck erklärt hat.[1239]

Im Übrigen könnte man aber auch einen eigenen Schaden des Verbandes konstruieren, sodass dieser aus eigenem Recht vorgeht.[1240] Anders als in Frankreich[1241], wo diese Konstruktion schon lange anerkannt ist, gibt es derartige Regelungen im deutschen Recht bisher nicht.[1242] In Frankreich können Verbraucherverbände im kollektiven Verbraucherinteresse den Schaden am Verbraucherinteresse einklagen.[1243] Probleme bestehen vor allem im Hinblick auf die Quantifizierung des geschädigten Verbraucherinteresses, sodass in der Rechtsprechung zum Teil nur der *Franc symbolique* zugesprochen wurde.[1244] In anderen Fällen wurden demgegenüber Summen zwischen 100 und 10.000 Euro zugesprochen, sodass in der Verurteilung zu einer symbolischen Zahlung[1245] nicht selten nur die grundsätzliche Ablehnung der Verbandsklage zum Ausdruck kommt.[1246] Diese fehlende Greifbarkeit ist letztlich auch die Ursache für die sehr kritische, bisweilen auch ablehnende Haltung zu dieser Definition des Schadensersatzes.[1247] Im Übrigen zeigt auch

1237 Aktuell hierzu *Rauer*, K&R 2010, 9; *Adolphsen/Mutz*, GRUR Int. 2009, 789; *Csillag*, MR-Int 2010, 19.

1238 Im Rahmen dessen wurden z.T. ganzseitige Anzeigen in überregionalen Tageszeitungen geschaltet.

1239 *Jüntgen*, S. 182.

1240 *Halfmeier*, S. 384.

1241 Zur Verbandsklage in Frankreich, vgl. *Franke*, Die Verbandsklagen der Verbraucherverbände.

1242 *Halfmeier*, S. 384.

1243 *L'intérêt collectif des consommateurs*, siehe Art. L 421-1 *Code de la consommation.*

1244 *Puttfarken/Franke* in Basedow/Hopt, S. 149, 175.

1245 Zum symbolischen Schadensersatzanspruch, vgl. *Brüggemeier* in FS-Heinrichs, S. 79 ff.

1246 *Franke*, Die Verbandsklagen der Verbraucherverbände, S. 122.

1247 *Hopt/Baetge* in Basedow/Hopt, S. 11, 45.

die französische Rechtsprechung, dass die im Einzelnen zugesprochenen Beträge zu niedrig ausfallen, um die objektive Rechtsdurchsetzung und damit das Private Enforcement überhaupt zu stärken. Eine Konstruktion eines eigenen Schadens ist daher abzulehnen. Im Ergebnis bleibt es also dabei, dass die Verbände durch eine Gesetzesänderung zur Durchsetzung *fremder* Vermögensschäden ermächtigt werden müssen.[1248] Die Regelung wird insoweit einen Fremdkörper in der Rechtsordnung bilden, was aber hinnehmbar erscheint, um die Streuschadensproblematik zu lösen. Auch die verfassungsrechtlichen Bedenken lassen sich entkräften.

2. Verteilung der Schadenssummen

Soweit ein Verfahren erfolgreich vom Verband geführt wurde, stellt sich die Frage, was mit der erstrittenen Summe geschieht. Mehrere Modelle sind dabei denkbar, auf die im Folgenden einzugehen ist.

a. Summe gebührt der klagenden Einrichtung

Einen starken wirtschaftlichen Anreiz auf den Verband übt die Lösung aus, wonach der die erstrittene Summe ganz der klagenden Einrichtung gebührt. Dadurch hätte der Verband ein eigenes wirtschaftliches Interesse an der erfolgreichen Durchsetzung der Schadensersatzansprüche, da die Verfahren die Verbandsarbeit letztlich finanzieren würden. Hiergegen spricht aber, dass die Verbände letztlich nur als Dritte die Ansprüche der Geschädigten durchsetzen. Sie verfügen somit, jedenfalls sofern sie die Ansprüche von Nichtmitgliedern durchsetzen, über Forderungen fremder Personen. Insoweit würde diese Lösung in das Forderungsrecht der Geschädigten eingreifen. Auch vor dem Hintergrund eines auf Ausgleich der Schäden gerichteten Schadensrechts ist diese Lösung problematisch. Die Verbände würden den Unrechtsgewinn beim Kartelltäter abschöpfen, während die eigentlichen Geschädigten keinen Ausgleich erhielten. Das ist weder von § 33 Abs. 3 GWB noch von §§ 249 ff. BGB bezweckt. Diese Lösung ist daher nicht geeignet.

b. Abschöpfung durch Fiskus

Weiterhin könnte man erwägen, dass die Verbände ausschließlich im öffentlichen Interesse tätig werden und die erstrittene Summe an den Fiskus weiterleiten müssen. Dem entspricht die derzeitige Regelung des Gewinnabschöpfungsanspruchs in § 34a GWB. Diese Regelung berücksichtigt vollständig, dass ein erhebliches öffentliches Interesse an der Durchsetzung der Streuschadensersatzansprüche besteht. Allerdings wird dabei nicht beachtet, dass den Verbänden so jeder Anreiz zu einer effektiven Verfolgung der Ansprüche fehlt. Zudem wäre die Finanzierung

1248 Diesen Vorschlag hat auch die Monopolkommission gemacht, siehe Sondergutachten Nr. 41/42, S. 48.

der Verbände nicht mehr sichergestellt, da die Verbände erhebliche Aufwendungen für die Führung des fremdnützigen Verfahrens machen müssen. Das betrifft zunächst die Marktbeobachtung, um überhaupt den Verdacht eines Verstoßes entwickeln zu können. Weiterhin sind umfangreiche Marktanalysen und Marktbeobachtungen erforderlich, um den Verstoß festzustellen. Schließlich bedarf es erheblichen juristischen Sachverstands, um eine entsprechende Schadensersatzklage überhaupt anhängig zu machen. Diese Auslagen müsste der Verband vorfinanzieren, ohne eine Aussicht auf eine Beteiligung an der erstrittenen Summe zu haben. Bei diesem Lösungsansatz fehlt jedweder Anreiz zu einer seriösen und vor allem motivierten Verbandstätigkeit. Verbände würden nur aus ideellen Interessen an der Rechtsdurchsetzung mitwirken, was aber unzureichend ist, um das Ziel einer effektiven privaten Rechtsdurchsetzung zu erreichen.

c. Verteilung an Verbandsmitglieder

Schließlich ist denkbar, dass die Verbände die erstrittenen Summen an die Verbandsmitglieder ausschütten. Jedes Mitglied würde so zwar seinen Anteil an der Summe erhalten, der aber im Einzelfall nur wenige Euros beträgt. Im Übrigen erfordert diese Lösung bei Streuschäden einen großen Verwaltungsaufwand, da die Kontoverbindungen sämtlicher Geschädigter ermittelt werden müssen. Hieraus entstehen Kosten, die die individuell zugewiesene Summe leicht übersteigen.[1249] Dieses Problem ist hinnehmbar, wenn man bedenkt, dass mittels des kollektiven Rechtsschutzes Ansprüche im öffentlichen Interesse geltend gemacht werden sollen, die andernfalls aufgrund der rationalen Apathie der Geschädigten nicht durchgesetzt würden. Die Praxis aus den USA zeigt, dass durch Class-actions Ansprüche durchgesetzt werden, obwohl die Rechtsverfolgungskosten die Anspruchshöhe übersteigen. Sofern aber die Anspruchsdurchsetzung primär die Durchsetzung des Kartellrechts bezweckt, kann die Frage nach der ökonomischen Zweckmäßigkeit im Einzelfall dahinstehen.

d. Verteilung an Geschädigte

Klagen Verbände auch im Namen von Nichtmitgliedern, muss vor dem Hintergrund des Kompensationsgedankens und des Forderungsrechts der Geschädigten eine Auskehrung an die Geschädigten erfolgen. Hier hat die US-amerikanische Praxis gezeigt, dass gerade beim *Opt-out* Modell eine sinnvolle Auskehrung der erstrittenen Summen häufig unmöglich ist. In den USA werden daher *cy pres* Vergleiche geschlossen oder eine so genannte *fluid recovery* vorgenommen. Beiden Instituten ist gemeinsam, dass sie sich um eine Verteilung bemühen, die möglichst interessengerecht ist.

1249 Das zeigt die Class-action Praxis in den USA. Siehe hierzu, oben S. 96.

Bei den *cy pres* Vergleichen wird versucht, den eigentlichen Geschädigten zumindest mittelbar einen Ausgleich für die erlittenen Einbußen zu gewähren. Die *fluid recovery* bemüht sich um einen Schadensausgleich, indem die Kartelltäter zu einem bestimmten Marktverhalten gerichtlich verurteilt werden.[1250] Eine Ideallösung kann hierin zwar nicht gesehen werden, da bei der *fluid recovery* Wettbewerbsverzerrungen durch *windfall profits* entstehen können. Anzuerkennen ist allerdings, dass die Modelle aus den USA den Interessen der Geschädigten dienen und ein besseres Modell derzeit nicht existiert. Soweit also Formen des kollektiven Rechtsschutzes in Deutschland eingeführt werden, müssen gleichzeitig Regelungen geschaffen werden, die eine flexible Verteilung der erstrittenen Summen ermöglichen.

3. Rechtskrafterstreckung, Urteilswirkungen und internationale Dimension

Ein Problem des kollektiven Rechtsschutzes ist die Frage nach der Rechtskrafterstreckung. Klärungsbedürftig ist, welche Geschädigten durch das Urteil im Verbandsklageverfahren gebunden werden und wie sich das Verhältnis zu möglichen Individualverfahren darstellt. Wenn auch bei der hier zu erörternden Streuschadensproblematik nicht ernsthaft mit Individualverfahren gerechnet werden kann, muss die Konkurrenzfrage jedoch geklärt werden. Andernfalls droht erhebliche Rechtsunsicherheit.

Das gilt insbesondere für eine Verbandsklage, die – entsprechend dem Richtlinienentwurf der Kommission – einem *Opt-out* Ansatz folgt. Der folgenden Darstellung liegt eine Verbandsklage zugrunde, bei der der Verband die Schäden der einzelnen Geschädigten einklagt. Hiervon ist eine Verbandsklage abzugrenzen, bei der der Verband lediglich die Unrechtsrendite des kartellrechtswidrig handelnden Unternehmens abschöpft. Bei dieser Form der Verbandsklage stellt sich die Frage nach der Konkurrenz zu möglichen Individualverfahren nicht, da der Verband nicht die Einzelschäden durchsetzt. Die Individualschäden und die Abschöpfung des Unrechtsgewinns bilden unterschiedliche Streitgegenstände.

Keine unterschiedlichen Streitgegenstände liegen dagegen der hier zu erörternden Verfahrensart zugrunde: der Verband macht kollektiv die Schadensersatzansprüche einer Vielzahl Geschädigter geltend.[1251] Soweit die einzelnen Geschädigten aber neben dem Verband zur Durchsetzung ihrer Schadensersatzansprüche befugt sind, droht eine Überkompensation der Geschädigten.[1252] Zudem

---

1250 Siehe hierzu oben, S. 99 mit einem Beispiel aus der Praxis. Häufig werden beide Institute aber auch synonym verwendet.

1251 *Wagner*, Kollektiver Rechtsschutz – Regelungsbedarf bei Massen- und Streuschäden, S. 41, 78.

1252 Staudinger/*Schiemann* (2005), Vorb. §§ 249 ff. Rn. 2, 81; *Oetker* in MünchKomm-BGB, § 249 Rn. 20.

sehen sich die beklagten Unternehmen einer Mehrfachverfolgung ausgesetzt, was aber dem Effizienzargument, dass die Verbandsklage die umfassende Erledigung einer komplexen Rechtstreitigkeit in einem Verfahren ermöglichen soll, widerspricht. Die Praxis in den USA zeigt, dass die Beklagten in einer solchen Situation nur ein geringes Interesse an der Class-action haben, da ein möglicher Vergleich den Rechtsstreit nicht endgültig aus der Welt schaffen kann. Die Konkurrenzfrage zwischen mehreren klagebefugten Verbänden wurde oben beantwortet, da dem nachrangig klagenden Verband das Rechtsschutzbedürfnis fehlt, wenn ein anderer Verband bereits die Klage anhängig gemacht hat.[1253]

Problematisch sind dagegen die Konkurrenz zwischen kollektiver und individueller Anspruchsverfolgung und die Reichweite der Urteilswirkungen. Der Richtlinienentwurf und auch das Weißbuch der Kommission gehen über dieses Problem hinweg, indem festgestellt wird, dass eine individuelle Anspruchsverfolgung weiterhin möglich sein soll.[1254] Der Richtlinienentwurf konkretisiert, dass Betroffene, die nicht von ihrem Recht zum *Opt-out* Gebrauch gemacht haben, durch die gerichtliche Entscheidung gebunden werden.[1255] Dies entspricht im Übrigen der US-amerikanischen Typ-3 Class-action.[1256] Daher können die Wirkungen des Urteils – vor dem Hintergrund der Eigentumsgarantie aus Art. 14 Abs. 1 GG – nur diejenigen binden, die nicht von ihrem Recht zum *Opt-out* Gebrauch gemacht haben. Hierbei handelt es sich aber mit Blick auf die Streuschadensproblematik um eine rein theoretische Frage, da aufgrund der rationalen Apathie mit Individualklagen nicht zu rechnen ist. Problematischer ist dagegen die internationale Dimension des kollektiven Rechtsschutzes, da Kartellrechtsverstöße in aller Regel nicht vor nationalen Grenzen halt machen. Die Internationalität der Sachverhalte bedingt zunächst, dass geklärt sein muss, welche Verbände überhaupt zur Klage berechtigt sind. Des Weiteren muss auch die internationale Reichweite der Urteilswirkungen geklärt sein, da andernfalls Unsicherheiten im internationalen Rechtsverkehr drohen. Aus Sicht des deutschen Rechts sind sämtliche ausländischen Verbände klagebefugt, welche die entsprechenden gesetzlichen Voraussetzungen erfüllen.[1257] Ein anderes Ergebnis lässt sich auch mit Blick auf das Diskriminierungsverbot des Art. 18 AEUV nicht vertreten, sodass jedenfalls Verbände

1253 *Gottwald*, ZZP 91 (1978), 1, 34. Das Windhundprinzip ermöglicht eine klare Abgrenzung und ist ökonomisch effizient.

1254 Weißbuch, S. 4; differenzierter der RiLi-Entwurf, vgl. Erwägungsgründe Tz. 9, zur individuellen Prozessführung sind lediglich Geschädigte berechtigt, die nicht schon durch eine Kollektivklage gebunden sind.

1255 *Wagner-von Papp*, EWS 2009, 445, 447; Art. 6 Abs. 4 RiLi-Entwurf.

1256 Siehe oben, S. 89. Anders bei den *mandatory Class-actions*, die kein Recht zum *opt-out* vorsehen.

1257 Zu § 3 Abs. 1 UKlaG und § 8 Abs. 3 UWG *Schack*, IZVR, Rn. 625. Aus diesem Grund können US-Class-actions nicht bei einem deutschen Gericht anhängig gemacht werden.

aus dem europäischen Ausland in Deutschland klagebefugt sein müssen. Weitreichender und kontroverser ist dagegen die Frage, ob eine deutsche Entscheidung in einem Verfahren des kollektiven Rechtsschutzes im Ausland anerkannt und vollstreckt werden kann.[1258] Die gleiche Frage stellt sich, wenn in Deutschland eine im Ausland ergangene Entscheidung anerkannt und vollstreckt werden soll. Die sehr kontrovers geführte Diskussion über die Anerkennungsfähigkeit von Class-action Urteilen in Deutschland zeigt, dass dies nicht nur eine rechtliche, sondern eine rechtspolitische Problematik ist.[1259] Dieser Streit, bei dem sich zwei Lager unversöhnlich gegenüber stehen, wird seit Jahren geführt, obwohl die Class-action als eine extreme Ausprägung des kollektiven Rechtsschutzes gilt. Insoweit ist daher mit Blick auf eine gemäßigt ausgestaltete Verbandsklage auf Schadensersatz erst recht nicht mit einer einhelligen Lösung dieser Fragen zu rechnen. Die internationalverfahrensrechtliche Seite dieser Verfahrensart zu erörtern, würde aber den Rahmen dieser Arbeit überschreiten. Allerdings ist damit eine schwierige Folgefrage aufgezeigt, die für die rechtspolitische Bewertung des kollektiven Rechtsschutzes von erheblicher Bedeutung ist.

Abschließend ist somit festzuhalten, dass sich eine echte Konkurrenzfrage zu Individualverfahren bei Streuschäden nicht stellt. Die Konkurrenz unter den Verbänden ist durch das *Windhundprinzip* zu lösen. Ungelöste und schwerwiegende Probleme wirft dagegen die internationale Dimension des kollektiven Rechtsschutzes auf. Die Erörterung dieser Fragen würde jedoch den Rahmen dieser Arbeit überschreiten.

4. Privatstrafe und doppelte „Bestrafung"

Zwischen der zivilrechtlichen Anspruchsdurchsetzung und den kartellbehördlich verhängten Bußgeldern bestehen erhebliche Reibungspunkte. In der kartellbehördlichen Praxis der letzten Jahre wurden extrem hohe Bußgelder verhängt.[1260] Das gilt für das BKartA wie für die Europäische Kommission gleichermaßen. Die Bußgelder sollen den gesamtwirtschaftlichen Wohlfahrtsverlust, der durch den Kartellrechtsverstoß entstanden ist, ausgleichen. Letztlich sollen auch die geschädigten Verbraucher von den Bußgeldern profitieren, die die verurteilten Unternehmen an den Fiskus zu zahlen haben. Soweit aber die Bußgelder zumindest entfernt den Geschädigten zu Gute kommen sollen, ist zu fragen, ob die kartellbehördlichen Bußgelder tatsächlich unabhängig neben den Zivilrechtsfolgen stehen können. Mit Blick auf die Rechtsprechung zum Schmerzensgeld lässt sich eine strikte Trennung von Bußgeld und Schadensersatz rechtfertigen. Es ist unbestrit-

1258 Ausführlich zur Anerkennung und Vollstreckung, *Schack*, IZVR, Rn. 864 ff.

1259 Zu dieser Frage bereits oben, S. 178.

1260 Hierzu *Bach* in FS-Bechtold, S. 1 ff.

ten, dass Freiheitsstrafe und zivilrechtlicher Schadensersatz nebeneinander stehen. Schließlich haftet der zu einer Freiheitsstrafe Verurteilte auf Schadensersatz, auch wenn der Täter den Strafvollzug bereits angetreten hat.[1261] Allerdings verfolgen das Schmerzensgeld und die Freiheitsstrafe unterschiedliche Zwecke. Das Schmerzensgeld dient der individuellen Genugtuung des geschädigten Opfers; die erlittene Einbuße ist von maßgebender Bedeutung für die Höhe des Schmerzensgeldes.[1262] Die Freiheitsstrafe verfolgt dagegen general-präventive Zwecke im öffentlichen Interesse; das individuelle Genugtuungsinteresse des Geschädigten spielt nach den modernen Strafzwecktheorien nur eine untergeordnete Rolle.[1263] Der von der Rechtsprechung vertretene Vereinigungsansatz sieht die Vergeltung, die Spezial- und die Generalprävention als nebeneinander zu verfolgende Strafzwecke.[1264] Was den Vergeltungszweck betrifft, hat das BVerfG ausgeführt, dass es sich um eine allgemeine Aufgabe des Strafrechts handele, elementare Werte des Gemeinschaftslebens zu schützen.[1265] Die Vergeltung erfolge im gesamtgesellschaftlichen und nicht im Opferinteresse. Somit verfolgen Kriminalstrafe und der zivilrechtliche Anspruch auf Schmerzensgeld unterschiedliche Zwecke.

Anders liegt der Sachverhalt bei den kartellrechtlichen Geldbußen und den Zivilrechtsfolgen. Jedenfalls die Durchsetzung kartellrechtlicher Streuschäden erfolgt im öffentlichen Interesse.[1266] Das gleiche gilt aber auch für die kartellrechtlichen Geldbußen, die den Kartellverstoß zu sanktionieren suchen und eine gewinnabschöpfende Funktion übernehmen.[1267] Somit verfolgen beide Ansätze gleiche Zwecke, sodass ein unabhängiges Nebeneinander beider Konzepte problematisch erscheint.

Es droht dem beklagten Unternehmen eine Doppelbestrafung, wenn einerseits die kartellbehördliche Sanktion des Bußgeldes verhängt wird und daneben noch die zivilrechtlichen Folgen des Kartellverstoßes durch Verbände durchgesetzt werden. Im gesamtwirtschaftlichen Zusammenhang ist zudem zu beachten, dass die Unternehmen im europäischen Wirtschaftsraum mit enormen finanziellen Belastungen konfrontiert würden, die häufig nicht durch die Leistungsfähigkeit der Unternehmen kompensiert werden könnten. Zu beachten ist, dass § 81 Abs. 4 Satz 2 GWB seit der 7. GWB-Novelle ein nach oben offenes Bußgeld in Höhe von 10

1261 LG München I, Urt. v. 24.3.1998 – 25 O 23878/97; ähnlich OLG Nürnberg NJW 1998, 2293.

1262 OLG Nürnberg NJW 1998, 2293.

1263 Vgl. *Rengier*, Strafrecht-AT, § 3 Rn. 1 ff.; *Roxin*, A § 3 Rn. 33 ff.

1264 *Roxin*, A § 3 Rn. 33.

1265 BVerfGE 45, 187, 253 f.

1266 Bei größeren, weniger breit gestreuten Schäden besteht sehr wohl ein mitunter erhebliches individuelles Kompensationsinteresse, wie etwa bei dem *Zementkartellfall*.

1267 Vgl. S. 1 des explanatory memorandums des RiLi-Entwurfs.

% des Gesamtumsatzes erlaubt. Die Berechnungsgröße ist dabei nicht der Umsatz des kartellbefangenen Einzelunternehmens, sondern der gesamten wirtschaftlichen Einheit.[1268] Kartelliert also ein einzelnes Unternehmen aus einem Konzern, so bemisst sich dennoch das Bußgeld nach dem Gesamtumsatz des Konzerns. Die Bußgeldhöhe erreicht durch diese Berechnung teils Höhen, die in keinem Bezug zum kartellbedingten Mehrerlös mehr stehen.[1269] Denkbar ist zum Beispiel, dass effiziente Unternehmenskooperationen von vornherein aus Angst vor einer möglichen Kartellverfolgung unterbleiben. Die Vermeidungsstrategien behindern aber nicht nur die Entwicklung, sondern treiben auch die Kosten für ein Produkt in die Höhe. Das Ergebnis ist ein *over-enforcement* kartellrechtlicher Normen, das rechtspolitisch nicht gewünscht sein kann. Zudem droht ein gesamtgesellschaftlicher Vertrauensverlust in das Rechtssystem, wenn das Kartellrecht mit unverhältnismäßiger Schärfe durchgesetzt wird. Daher muss die kartellbehördliche Bußgeldpraxis eine mögliche zivilrechtliche Haftung des Kartelltäters bei der Bemessung des Bußgeldes angemessen berücksichtigen.

5. Kronzeugenprogramme

Von der verstärkten zivilrechtlichen Anspruchsdurchsetzung durch Verbände sind die Kronzeugenprogramme der Kartellbehörden unmittelbar betroffen.[1270] Die Geltendmachung zivilrechtlicher Ansprüche zerstört für Kartelltäter die Anreizwirkung aus dem Kartell auszusteigen und mit den Kartellbehörden im Rahmen von Kronzeugenprogrammen zu kooperieren. Der finanzielle Anreiz einer möglichen Bußgeldermäßigung verpufft, wenn die Kartelltäter Schadensersatzprozesse befürchten müssen. Die Kronzeugenprogramme sind seit ihrer Einführung ein sehr erfolgreiches Instrument der kartellbehördlichen Praxis, das viele Ermittlungserfolge erst möglich gemacht hat.[1271] Soweit die Offenbarungsbereitschaft der Kartelltäter durch die Verbandsklage auf Schadensersatz verringert wird, sinkt damit auch die Aufklärungswahrscheinlichkeit von Kartellrechtsverstößen. Dies wird auch nicht durch die Stärkung der privaten Rechtsdurchsetzung kompensiert werden können. Schließlich sind auch die Verbände erheblichen Beweisschwierigkeiten ausgesetzt. Es erscheint kaum denkbar, dass ein Verbraucherverband tatsächlich im Rahmen eines *stand-alone* Verfahrens[1272], d.h. ohne Bezugnah-

---

1268 *Bechtold*, § 81 Rn. 3, 25.

1269 Bis 2005 galt die Mehrerlösregelung, wonach Bußgelder bis zur dreifachen Höhe des kartellbedingten Mehrerlöses verhängt werden durften. Durch die Verdreifachung konnte das Risiko der Nichtaufdeckung des Verstoßes berücksichtigt werden, was letztlich eine optimale Rechtsdurchsetzung fördert.

1270 BKartA, Diskussionspapier, S. 31.

1271 BKartA Tätigkeitsbericht 2007/2008, BT-Drucks. 16/13500, S. 9, 10.

1272 Zur prozessualen Bewältigung dieses Verfahrens vgl. *Jüntgen*, S. 21 ff.

me auf eine rechtskräftige Behördenentscheidung, einen Schadensersatzprozess führt. Dem Verbraucherverband fehlen sämtliche Ermittlungsbefugnisse, die zur Aufdeckung eines Kartellrechtsverstoßes erforderlich sind, wie etwa das Recht zur Hausdurchsuchung bzw. der Nachprüfung. Die privaten Initiativen der Verbände würden also ohnehin nur im Nachgang an ein Verfahren der Kartellbehörden stattfinden, sodass durch Verbandsklagen gerade keine Verfolgungslücke geschlossen werden kann. Sofern dann aber zudem noch die Offenbarungsbereitschaft der Kartellanten im Rahmen der Kronzeugenprogramme sinkt, wird die Kartellrechtsdurchsetzung insgesamt vermindert. Dies überzeugt nicht vor dem Hintergrund des Effektivitätsgebots, das auch vom EuGH in der Entscheidung *Courage und Crehan* betont wurde.[1273] Rechtspolitisch wäre dann also die Frage zu lösen, inwieweit die Kronzeugenerklärungen zu schützen sind.

Eine Freistellung der Kronzeugen von der zivilrechtlichen Haftung kommt mit Blick auf die Eigentumsgarantie aus Art. 14 Abs. 1 GG nicht in Betracht, da man nicht die Schadensersatzforderung der Geschädigten enteignen kann. Im Übrigen könnte zwar eine umfassende Garantie der Geheimhaltung des Kronzeugenantrags helfen. Es ist allerdings nicht zu erwarten, dass durch die Sicherung der Geheimhaltung die Offenbarungsbereitschaft von Kartellanten erhöht werden kann, da das finanziell schwer kalkulierbare Risiko eines Folgeprozesses bleibt. Sobald nämlich die Entscheidung des BKartA öffentlich wird, muss ein Unternehmen mit Folgeprozessen rechnen. Insoweit fehlen dem Kronzeugenprogramm aber die erforderlichen Anreizwirkungen, um das Risiko möglicher Folgeprozesse zu überwiegen. Ein rational handelndes Unternehmen wird sich daher in den meisten Fällen gegen eine Offenbarung des Kartells entscheiden. Eine sehr weitreichende und ungewöhnliche Lösung dieses Problems böte die Bildung einer Analogie zum Kostenerstattungsanspruch des Abmahnenden nach § 12 Abs. 1 Satz 2 UWG. Nach dieser Vorschrift kann der Abmahnende bei berechtigter Abmahnung den Ersatz seiner Aufwendungen verlangen. Bereits vor der Reform des UWG im Jahre 2004 war ein solcher Ersatzanspruch im Ergebnis anerkannt, seine dogmatische Begründung allerdings umstritten.[1274] Der BGH begründete den Erstattungsanspruch unter dem Gesichtspunkt der Geschäftsführung ohne Auftrag (§§ 683 S. 1, 670 BGB).[1275] Die Abmahnung sei ein „Geschäft für einen anderen" (§ 677 BGB), da sie dem Rechtsverletzer ermögliche, einen kostspieligen Rechtsstreit zu vermeiden. Der entgegenstehende Wille des Abgemahnten sei unerheblich, da die Abmahnung im öffentlichen Interesse an einem lauteren Wettbewerb erfolge.[1276] Seit 2004 existiert mit § 12 Abs. 1 Satz 2 UWG eine eigene Anspruchsgrundlage,

1273 EuGH a.a.O. Rn. 26 – *Courage und Crehan.*

1274 Hierzu *Köhler* in FS-Erdmann, S. 845, 850; *Piper*/Ohly, § 12 Rn. 19.

1275 BGHZ 52, 393, 399 – *Fotowettbewerb*; BGH WRP 2000, 633, 636 – *Sicherungsschein.*

1276 BGHZ 52, 393, 399 – *Fotowettbewerb.*

die zwar in Anknüpfung an die BGH Rechtsprechung geschaffen wurde, jedoch eine wettbewerbsrechtliche Anspruchsnorm *sui generis* ist.[1277] Übertragen auf den Kronzeugen im Kartellrecht bewirkt die Offenbarung gegenüber dem Kartellamt nicht, dass „ein kostspieliger Rechtsstreit“ vermieden werden kann. Jedoch schafft der Kronzeugenantrag die Grundlage für einen erfolgreichen Schadensersatzprozess, der für die Geschädigten lukrativ sein kann.[1278] Da der Schadensersatzprozess auch zur Durchsetzung des Kartellrechts beiträgt, kann ein öffentliches Interesse an der Prozessführung begründet werden. Somit könnte man erwägen, ob dem Kronzeugen ein Zahlungsanspruch gegen die Geschädigten zusteht, mit dem er dann gegen die Schadensersatzforderung der Geschädigten (§ 33 Abs. 3 GWB) aufrechnen kann. Hierdurch wäre die Attraktivität der Kronzeugenprogramme gesichert, da der finanzielle Anreiz der Bußgeldreduzierung erhalten bliebe.

Gegen eine solche Konstruktion bestehen grundlegende Bedenken. Der Kronzeuge hat, anders als der Abmahnende im Lauterkeitsrecht, einen Verstoß gegen das Kartellrecht begangen und sich auf Kosten der Marktteilnehmer bereichert. Die Teilnahme am kartellbehördlichen Bonusprogramm erfolgt nicht im Interesse an der Wiederherstellung des rechtmäßigen Zustands, sondern im eigenen finanziellen Interesse an der Bußgeldermäßigung. Auch kann nicht argumentiert werden, dass die Kronzeugenerklärung im Interesse der Geschädigten liegt, da so erst ein erfolgreicher Zivilprozess ermöglicht werde. Schließlich liegt es von vornherein nicht im Interesse der Geschädigten, einen Prozess zu führen; die Geschädigten sind nur an den Vorteilen eines funktionierenden Wettbewerbs interessiert. Insgesamt wäre die Konstruktion eines Zahlungsanspruchs auch gesellschaftlich nicht vermittelbar, da im Ergebnis ein Schädiger von den Geschädigten Zahlung verlangen könnte. Es entspricht nicht mit Rechtsempfinden, dass der rechtswidrig Handelnde für sein Verhalten Vorteile durch seine „Opfer“ gewährt bekommt. Daher ist diese Konstruktion abzulehnen.

6. Zwischenergebnis

Festzuhalten ist, dass eine Verbandsklage auf Schadensersatz im Kartellrecht umsetzbar ist. Allerdings wirft eine solche Kollektivklage mehrere Folgefragen auf.

So gibt es beispielsweise mehrere Wege zur Verteilung der erstrittenen Summe. Eine absolut interessengerechte Lösung, die sowohl mit Blick auf die Verwaltung effektiv, als auch auf den Ausgleich der individuellen Einbuße hinreichend effizient ist, existiert aber nicht. Jeder Lösungsweg bedeutet einen Kompromiss, bei dem jeweils ein Interesse (entweder das an der individuellen Kompensation oder das an einer effektiven Verwaltung) zurückstehen muss. Die Streuschadens-

---

1277 *Gloy*, Hdb. d. WettbewerbsR, § 75 Rn. 33.
1278 Vgl. *Lampert/Weidenbach*, WRP 2007, 152.

problematik erfordert flexible Lösungswege. Das zeigen etwa die von der CDC geführten Schadensersatzprozesse gegen die Zement- und neuerdings gegen Bleichmittelhersteller. Hier ist keine allzu breite Streuung eingetreten, die Anzahl der Geschädigten ist überschaubar. Insoweit ist eine vollständige Auskehrung an die Geschädigten ohne weiteres möglich. Anders stellt sich die Lage beim *Kaffeekartell*[1279] dar, wenn zahllose Endverbraucher zu viel für ihren Kaffee gezahlt haben. Bei einer solchen Streuung ist eine Verteilung auf die einzelnen Geschädigten praktisch unmöglich. Zudem ist fraglich, ob die Endverbraucher beweisen können, dass sie geschädigt wurden. Schließlich ist es unüblich, Kaufbelege über den alltäglichen Lebensmitteleinkauf für eine längere Zeit aufzubewahren. Somit sollte eine Regelung geschaffen werden, die die unterschiedlichen Ausprägungen der Streuschäden angemessen berücksichtigt. Die zu schaffende Verteilungsregel darf nicht dazu führen, dass dem Verband kein finanzieller Anreiz mehr zur Prozessführung bleibt.[1280] Eine Gewinnbeteiligung erscheint daher sinnvoll, da nur dann zu erwarten ist, dass Verbände das mitunter erhebliche Prozessrisiko und den damit verbundenen Aufwand eingehen werden.[1281] Um dem Ausgleichsgedanken des deutschen Schadensrechts – der im Übrigen auch von der Kommission verfolgt wird[1282]– so wenig wie möglich einzuschränken, sollte, dort wo es praktisch möglich, ist eine Verteilung der erstrittenen Summe an die Geschädigten erfolgen.[1283]

Um nicht mit dem Verbot der Doppelbestrafung in Konflikt zu geraten, muss die behördliche Bußgeldpraxis die zivilrechtlichen Schadensersatzurteile berücksichtigen. Die Erweiterung der Zivilrechtsfolgen durch eine Verbandsklage auf Schadensersatz führt zudem zu Konkurrenzproblemen mit den Kronzeugenprogrammen der Kartellbehörden. Der effektive Schutz der Kronzeugenprogramme ist für die behördliche Verfolgungspraxis von großer Wichtigkeit, da viele Ermittlungserfolge auf einen Kronzeugenantrag zurückzuführen sind. Die absolute Geheimhaltung der Erklärung des Kronzeugen gegenüber dem Kartellamt lässt sich derzeit nicht mit hinreichender Rechtssicherheit garantieren. Aber auch eine unterstellte absolute Geheimhaltung würde den Attraktivitätsverlust der Bonusregelungen nicht verhindern. Die private Rechtsdurchsetzung in Deutschland findet im Regelfall im Nachgang an ein abgeschlossenes kartellbehördliches Verfahren

1279 Siehe die Bußgeldentscheidung des BKartA B11-18/08 abrufbar unter http://www.bundeskartellamt.de/wDeutsch/download/pdf/Kartell/Kartell09/Fallberichte/B11-018-08-Fallbeschreibung.pdf?navid=38 (zuletzt besucht am 23.04.2010); hierzu FTD v. 13.01.2010 abrufbar unter http://www.ftd.de/unternehmen/handel-dienstleister/:geheimtreffen-kraft-verpetzte-kaffeekartell/50060021.html (zuletzt besucht am 23.04.2010).

1280 So im Ergebnis zur Vorteilsabschöpfung auch, Monopolkommission, Sondergutachten Nr. 41/42, S. 52.

1281 *Roth*, Sammelklagen im Bereich des Kartellrechts, S. 109, 131.

1282 Vgl. nur Art. 1 Abs. 1 RiLi-Entwurf.

1283 *Augenhofer*, Anforderungen an die österreichische und deutsche Rechtsordnung, S. 39, 53.

statt. Die vom Kartellverfahren betroffenen Beteiligten sind jedoch im Regelfall leicht auszumachen, sodass es auch ohne die Informationen aus dem Kronzeugenantrag zu Zivilverfahren kommen wird. Dieses Prozess- und Kostenrisiko senkt bei den Kartellanten die Offenbarungsbereitschaft erheblich, da das kartellrechtswidrige Verhalten sich gegenüber einem Kronzeugenantrag lohnt.

IV. Einführung einer echten Gruppenklage

Der Richtlinienentwurf der Kommission sieht keine *Opt-out* Gruppenklage vor, was letztlich auf die massive rechtspolitische Kritik zurückzuführen ist, die die Kommission im Rahmen der öffentlichen Konsultationen nach der Veröffentlichung des Weißbuchs (2008) erfuhr.[1284] Die Kommission schlägt eine Gruppenklage nach dem *Opt-in* Prinzip vor. Wie bereits gesehen, vermag aber das *Opt-in* Prinzip kaum zur Lösung der Streuschadensproblematik beizutragen, da jeder einzelne Geschädigte sich aktiv für eine Klageerhebung entscheiden muss.[1285] Wegen der rationalen Apathie der Geschädigten ist nicht damit zu rechnen, dass einzelne die Initiative als *lead plaintiff* ergreifen.[1286] Selbst wenn man unterstellt, dass Einzelne bereit sind, im Gemeinwohlinteresse einen Prozess anzustrengen, ist jedoch zu bedenken, dass der Gruppenkläger auch das Prozessrisiko trägt. Das bedeutet für den Gruppenkläger ein erhebliches finanzielles Risiko, sodass nicht ernsthaft zu erwarten ist, dass jemand aus rein gemeinnützigen Motiven ein derartiges Wagnis eingehen wird.[1287] Abgesehen davon wird einem klagewilligen *lead plaintiff* der Nachweis des Wettbewerbsrechtsverstoßes kaum gelingen, sofern er nicht auf eine bestandskräftige Behördenentscheidung zurückgreifen kann. Schließlich nimmt der einzelne Verbraucher in aller Regel noch nicht einmal von einem Preiskartell Notiz, sofern kein kartellbehördliches Verfahren medienwirksam geführt wurde.[1288] Die behördenunabhängige Anspruchsdurchsetzung ist aber der Sinn

1284 Vgl. Art. 5 RiLi-Entwurf. Siehe auch S. 3 der Erwägungsgründe zum RiLi-Entwurf.

1285 Vgl. *Wagner*, Kollektiver Rechtsschutz – Regelungsbedarf bei Massen- und Streuschäden, S. 41, 75.

1286 *Wagner*, Kollektiver Rechtsschutz – Regelungsbedarf bei Massen- und Streuschäden, S. 41, 77.

1287 Bei Streuschäden fehlt wegen der rationalen Apathie die Fähigkeit zur Selbstorganisation der Gruppe, anders liegt der Fall daher bei höheren individuellen Schäden, vgl. *Roth*, Sammelklagen im Bereich des Kartellrechts, S. 109, 132.

1288 Das verdeutlicht das Beispiel von *van den Bergh/Keske*, Rechtsökonomische Aspekte der Sammelklage, S. 17, 20; Beteiligte eines Verkehrsunfalls haben detaillierte Kenntnisse über den Unfallhergang, sie kennen also die Schadensursache und die Schadenshöhe. Anders liegt es bei Wettbewerbsverstößen; dort ist etwa bei Preiskartellen noch nicht einmal mit einer Kenntnisnahme der Verbraucher zu rechnen.

und Zweck des Private Enforcements; die Geltendmachung privatrechtlicher Ansprüche soll die behördliche Kartellverfolgung ergänzen, und zwar dort, wo kein behördliches Verfahren durchgeführt wurde.[1289] Daher sollen im Folgenden die Rahmenbedingungen für die Einführung einer *Opt-out* Gruppenklage untersucht werden. Konzeptionell geht es um die Schaffung einer echten Gruppenklage, die es im deutschen Recht bisher noch nicht gibt.[1290]

Zweifel ergeben sich zwar mit Blick auf die verfassungsrechtliche Zulässigkeit eines *Opt-out* Ansatzes. Die vom Grundgesetz garantierte Dispositionsmaxime sichert, dass der einzelne Anspruchsinhaber selbst über die gerichtliche Durchsetzung seiner Forderung entscheiden kann.[1291] Allerdings lassen sich diese Bedenken durch gesetzlich geregelte Informationspflichten entkräften.

Daneben stellt sich die Problematik der praktischen Umsetzbarkeit eines solchen Konzeptes bei Streuschäden. Die *Opt-out* Gruppenklage verringert zwar die mit der Klageerhebung verbundenen Kosten, da nicht sämtliche Anspruchsinhaber eine Klage einreichen müssen.[1292] Auch werden die Schadensersatzforderungen gebündelt geltend gemacht, sodass eine effektive Handhabung des Verfahrens durch das zuständige Gericht möglich ist. Allerdings bleibt es bei den zum Teil erheblichen Kosten für die Verwaltung und Verteilung der erstrittenen Summen. Die US-Praxis zeigt, dass den Anspruchsinhabern häufig sogar das erforderliche Entschädigungsinteresse fehlt, um die Kompensationsleistung abzurufen. Dieses Desinteresse macht deutlich, dass in der Mehrzahl der Streuschadensfälle kein Geschädigter bereit sein wird, eine Gruppenklage anzustrengen. Der Gruppenkläger müsste zunächst das gesamte Prozessrisiko tragen, welches aber in komplexen kartellrechtlichen Fällen sehr hoch ist. Angesichts des geringen eigenen Schadens wird aber selbst ein sehr altruistisch ausgerichteter Geschädigte das Prozessrisiko nicht tragen wollen. Durch ein Prämienmodell zugunsten des Gruppenklägers lässt sich dieses Problem nicht lösen. Die Prämie würde nur im Falle des Obsiegens an den Gruppenkläger ausgezahlt, sodass es beim Grundsatz der Unterliegenshaftung bleibt. Angesichts des unsicheren Prozessausgangs bei einem kartellrechtlichen Schadensersatzverfahren wird ein rationaler Geschädigter auch bei einer Aussicht auf eine Prämie von der Prozessführung Abstand nehmen. Das

---

1289 Hintergrund ist, dass durch die private Rechtsdurchsetzung behördliche Ressourcen eingespart werden und die Behördenarbeit auf Hardcore-Kartellverstöße konzentriert wird. Ganz anders stellt sich die Rechtslage in den USA dar, wo die private Rechtsdurchsetzung auf weniger gravierende Verstöße konzentriert ist. Vgl. *Fuchs*, Effizienzorientierung, S. 69, 76.

1290 Zur unechten Gruppenklage (Forderungskauf durch eine Gesellschaft), siehe oben S. 140.

1291 *von Bar*, Gutachten zum 62. DJT, A 100.

1292 *Wagner*, Kollektiver Rechtsschutz – Regelungsbedarf bei Massen- und Streuschäden, S. 41, 77.

gilt insbesondere bei Kartellsachen. Die durch Kartelle Geschädigten sind durch das schädigende Verhalten weniger „emotionalisiert“, sodass sie rationaler vorgehen werden als andere Geschädigte.[1293] Eine Prämie wird einen rationalen Geschädigten daher nicht zu einer Klageerhebung motivieren.

Abhilfe könnte eine Verlagerung des Prozessrisikos auf die Rechtsanwälte durch Erfolgshonorare sein, die in den USA gängige Praxis sind. Die Sozietät würde so im Vorfeld einer Gruppenklage die Risiken zu einem Portfolio bündeln und bewerten. Anders als die geschädigten Verbraucher verfügt der Rechtsanwalt über die erforderliche Sachkompetenz und die Ressourcen, um das Prozessrisiko angemessen zu bewerten. Es würden dann nur Verfahren mit hinreichender Erfolgsaussicht geführt werden. Die Gewinne aus siegreichen Gruppenklagen müssten dann allerdings auch die Verluste aus verlorenen Verfahren ausgleichen. Dazu müssten Erfolgshonorare für Rechtsanwälte europaweit zugelassen werden.[1294] Hiergegen sprechen aber die negativen Erfahrungen aus dem US-Recht, die nicht nur von europäischer Warte aus kritisiert werden.[1295] Die Erfolgshonorare sind ein Hauptgrund für die missbräuchliche Anwendung der Class-action in den USA.[1296] Die Freigabe von Erfolgshonoraren würde somit einen erheblichen Einschnitt in die bisherigen kostenrechtlichen Regelungen darstellen. Zudem ließe sich ein solcher Schritt kaum isoliert für kartellrechtliche Kollektivklagen durchführen, da die Streuschadensproblematik auch in anderen Konstellationen auftaucht.[1297]Angesichts der Kritik, die in den USA an den Erfolgshonoraren geübt wird, ist von der Freigabe von Erfolgshonoraren abzusehen. Unabhängig davon bewirken Erfolgshonorare ökonomisch zweifelhafte Konsequenzen. Die Bündelung gleichgerichteter Interessen in Kombination mit Erfolgshonoraren macht die Führung von Prozessen mit geringer Erfolgswahrscheinlichkeit für den Anwalt lohnenswert, da sich der Streitwert durch die zahlreichen Geschädigten vervielfacht[1298], während der Kostenaufwand des Anwalts kaum steigt.[1299] Es entsteht der *Principal-Agent*

1293 Anders liegt der Fall bei Gesundheitsbeeinträchtigungen durch schädliche Umwelteinwirkungen, beispielsweise durch die Schwerindustrie.

1294 *Schäfer* in Basedow/Hopt, S. 67, 90.

1295 Vgl. zur rechtspolitische Kritik an den Erfolgshonoraren die Ausführungen *der American Tort Reform Association*, abrufbar unter www.atra.org (zuletzt besucht am 25.04.2010).

1296 Die Erfolgshonorare werden im Zusammenhang mit anderen Elementen des US-Rechtssystems wie der *Jury*-Entscheidung auch *toxic cocktail* genannt, vgl. Janssen, Auf dem Weg zu einer europäischen Sammelklage?, S. 1, 13.

1297 So etwa im Umweltrecht, wenn beispielsweise durch weiträumige Kontamination Schäden entstehen.

1298 *Schäfer* in Basedow/Hopt, S. 67, 74 mit einem Rechenbeispiel.

1299 *Schäfer* in Basedow/Hopt, S. 67, 74.

Konflikt. Eine *Opt-out* Gruppenklage scheidet daher zur effektiven Durchsetzung von Streuschäden insgesamt aus.[1300]

Um höhere Einzelschäden durchzusetzen, beispielsweise die Ansprüche der Geschädigten des *Zementkartells*, bedarf es einer echten Gruppenklage nicht.[1301] Wie oben bereits erörtert, sind ausreichende Möglichkeiten zur Durchsetzung erheblicher Streuschäden im Wege einer Anspruchsbündelung durch Forderungskauf und Abtretung bereits gegeben. Das zeigt die von CDC betriebene „Marktlösung“ dieses Problems.[1302] Dies belegt das durch CDC aufgegriffene Schadensersatzverfahren gegen die Kartellanten des *Bleichmittelkartells*.[1303]

V. Alternative Verfahren

Der Verlauf der Darstellung hat gezeigt, dass Gruppenklagen das Streuschadensproblem im europäischen Rechtsraum nicht in geeigneter Form lösen können. Daher soll auf mögliche Alternativen zu kollektiven Rechtsschutzformen eingegangen werden.

1. Zivilklagebefugnis für Behörden (Parens Patriae)

Im Rahmen des Länderberichts zum Recht der USA wurde bereits auf die Zivilklagebefugnis von Behörden im Rahmen von so genannten *Parens Patriae* Verfahren eingegangen. Im Folgenden soll erörtert werden, ob und inwieweit die behördliche Zivilklagebefugnis geeignet ist, um die Streuschadensproblematik zu bewältigen.

Grundsätzlich lässt sich vorab allerdings festhalten, dass die *Parens Patriae* Klagebefugnis nicht in das System des Private Enforcements passt. Das Private Enforcement bezweckt die Durchsetzung des Kartellrechts durch die Geltendmachung zivilrechtlicher Ansprüche, unabhängig von einem vorherigen Behördenverfahren. In der US-Praxis kommt die *Parens Patriae* Klage im Nachgang an einen bereits ermittelten Rechtsverstoß zum Einsatz.[1304] Die behördliche Zi-

1300 Zu diesem Ergebnis kommt auch *Wagner*, Kollektiver Rechtsschutz – Regelungsbedarf bei Massen- und Streuschäden, S. 41, 78.

1301 Anders *Roth*, Sammelklagen im Bereich des Kartellrechts, S. 109, 132, der eine *Opt-out* Gruppenklage als Alternative zur oben erörterten „Marktlösung“ des Forderungskaufmodells zulassen möchte.

1302 *Roth*, Sammelklagen im Bereich des Kartellrechts, S.109, 125 f. Anders als bei den Streuschäden sind die einzelnen Schadensersatzansprüche relativ hoch, die individuelle Vermögenseinbuße also beträchtlich. Ein rationales Desinteresse gibt es daher nicht.

1303 Zum Hintergrund, vgl. www.carteldamageclaims.com/Print/Hydrogen%20Peroxide%20print.html (zuletzt besucht am 26.04.2010).

1304 Siehe oben, S. 101.

vilklagebefugnis soll dort eingreifen, wo Class-actions aus praktischen Gründen nicht umsetzbar sind.[1305] Somit wird der verfahrensökonomische Zweck des Private Enforcements, nämlich die Entlastung der Kartellbehörden, durch die *Parens Patriae* Klage nicht erreicht.[1306]

Die US-amerikanische Gestaltung der Zivilklagebefugnis von Behörden widerspricht daneben aber auch den Prinzipien des deutschen Schadensrechts. Soweit nämlich die erstrittene Summe nicht verteilt werden kann, verbleibt die Restsumme als *civil penalty* dem Staat.[1307] Dies vermengt die Kompensationsfunktion des Schadensersatzes mit dem Bestrafungsmonopol des Staates. Zudem wird der unionsrechtliche Kompensationszweck (vgl. Art. 1 Abs. 1 RiLi-Entwurf) nicht erreicht, wenn die erstrittene Summe nicht auf die einzelnen Geschädigten verteilt wird. Soweit man dem Staat eine umfassende Verteilungspflicht auferlegt, stellt sich die praktische Umsetzung der Verteilung als sehr schwierig dar. Schließlich wird der einzelne Verbraucher seinen individuellen Schaden nicht nachweisen können, da Kaufbelege über Verbrauchsgüter nicht aufbewahrt werden. Ansonsten würden sich bei einer Einführung der behördlichen Zivilklagebefugnis die gleichen praktischen Probleme ergeben, die die US-Praxis ausweist. Das betrifft die knappen behördlichen Ressourcen sowie die mangelnden Spezialkenntnisse, die zur Führung eines derartigen Verfahrens erforderlich sind.

Insgesamt ist die *Parens Patriae* Klagebefugnis damit eher im Zusammenhang mit der behördlichen Kartellverfolgung zu sehen und nicht als Mittel der privaten Rechtsdurchsetzung.[1308] Zudem entlastet bzw. ergänzt die Zivilklagebefugnis nicht die behördliche Tätigkeit, da die Verfahrensleitung in der Hand des Hoheitsträgers verbleibt. Das Streuschadensproblem lässt sich hierdurch zudem nicht bewältigen. Weder könnten die hoheitlichen Stellen den konkreten Schadensnachweis noch eine sachgerechte Verteilung der erstrittenen Summen gewährleisten.

Eine Regelung wie in den USA, die es erlaubt, den Restbetrag als „Zivilstrafe“ dem Staat zuzuweisen, verstößt letztlich gegen das Verbot der Doppelbestrafung[1309] aus Art. 103 Abs. 3 GG, sofern die Bußgeldpraxis hieran nicht angepasst wird. Zudem würde diese Regelung sich nicht in den schadensrechtlichen Normenbestand einfügen. Die *Parens Patriae* Klagebefugnis ist daher keine geeignete Alternative zu den Instrumenten des kollektiven Rechtsschutzes.

1305 *Jüntgen*, S. 190; *Großmann*, AG 1977, 177, 178; *Hempel*, S. 183.

1306 *K. Schmidt*, Leistungsgrenzen, S. 37.

1307 *Jüntgen*, S. 190.

1308 Diese Einordnung nimmt auch *Hempel*, S. 183 vor.

1309 *Ne bis in idem.*

2. Behördliche Anordnung von Wiedergutmachung und Ausgleich

Einleitend wurde bereits erwähnt, dass bei Streuschäden ein erhebliches öffentliches Interesse an einer Geltendmachung der Schadensersatzansprüche besteht, da andernfalls ein erheblicher Gesamtschaden der Volkswirtschaft nicht ausgeglichen würde. Daneben werden die Unternehmen durch die general-präventive Wirkung der Schadensersatzforderungen zu einem wettbewerbsrechtskonformen Verhalten motiviert. Schließlich kann das Unternehmen bei einer effektiven Rechtsdurchsetzung mögliche Renditen aus Wettbewerbsrechtsverstößen nicht mehr in das unternehmerische Kalkül mit einbeziehen. Das öffentliche Interesse wäre daher befriedigt, wenn dem Unternehmen die Rendite aus dem Rechtsverstoß entzogen würde. Daher kann man erwägen, dass anstelle eines zivilgerichtlichen Schadensersatzprozesses eine behördliche Anordnung zum Ausgleich und zur Wiedergutmachung erfolgen kann.

Hier zeigt sich allerdings das gleiche Strukturproblem wie bei der *Parens Patriae* Klagebefugnis. Es liegt insoweit keine private Rechtsdurchsetzung mehr vor, die eine behördliche Kartellrechtsdurchsetzung ergänzt. Vielmehr handelt es sich um eine reine hoheitliche Tätigkeit. Die behördliche Anordnung der Wiedergutmachung und des Ausgleiches würde praktisch immer im Nachgang an ein kartellbehördliches Verfahren erfolgen, da der Hoheitsträger sonst keine Kenntnis von einem Rechtsverstoß hat. Im Übrigen wird auch bei der behördlich angeordneten Wiedergutmachung die Verteilungsproblematik entstehen, da die Geschädigten zunächst einmal ermittelt und datentechnisch erfasst werden müssen. Außerdem entstehen durch die Verwaltung und Auszahlung von Kleinstbeträgen enorme Kosten. Hierfür fehlen den Behörden die finanziellen und personellen Ressourcen. Zudem bietet das deutsche Kartellrecht mit § 34 GWB eine Regelung, mit der die Kartellbehörde den gesamten durch den Kartellrechtsverstoß erlangten wirtschaftlichen Vorteil abschöpfen kann.[1310] § 34 GWB wurde im Zuge der 7. GWB-Novelle neu gefasst und im Vergleich zur alten Mehrerlösabschöpfung erweitert, da nunmehr nicht nur die Nettogewinne, die auf den Rechtsverstoß zurückzuführen sind abschöpfbar sind, sondern auch sonstige Vorteile, wie etwa der Wert einer verbesserten Marktposition.[1311] Insoweit ermöglicht die derzeitige Rechtslage bereits eine Abschöpfung der Unrechtsrendite, wobei allerdings auf eine Verteilung an die tatsächlich Geschädigten verzichtet wird. Wie aber bereits oben zum *Parens Patriae* Verfahren erörtert, ist bei Streuschäden eine Auskehr

---

1310 RegE. Begr. BT-Drucks. 15/3640, B zu § 34; *Bechtold*, § 34 Rn. 1. Dogmatisch handelt es sich bei § 34 GWB nicht um eine straf- oder ordnungswirdrigkeitenrechtliche Regelung, sondern um ein verwaltungsrechtliches Instrumentarium, *Lübbig* in MünchKomm-GWB, § 34 Rn. 1.

1311 *Bechtold*, § 34 Rn. 4. *Emmerich* in Immenga/Mestmäcker, § 34 Rn. 5, 15, 20.

des Erlöses ohnehin schwer umzusetzen.[1312] Eine gesonderte Regelung, die die hoheitliche Anordnung der Wiedergutmachung erlaubt, würde daher in Konkurrenz zu § 34 GWB stehen. Abgesehen davon würde sich diese Regelung nicht in das Konzept der privaten Rechtsdurchsetzung einfügen, da nicht die einzelnen Anspruchsinhaber ihre Forderung geltend machen, sondern der Sachverhalt pauschal durch einen Hoheitsträger geregelt wird. Ebenso würde eine behördliche Anordnung der Wiedergutmachung und des Ausgleichs mit der verfassungsrechtlich garantierten Dispositionsmaxime kollidieren. Da aber schon die derzeitige Vorteilsabschöpfungsregelung des § 34 GWB keine spürbare praktische Wirksamkeit entfaltet[1313], wäre eine Neuregelung unter Kollision mit der Dispositionsmaxime rechtspolitisch nicht zu rechtfertigen.[1314] Somit ist die behördliche Anordnung der Wiedergutmachung und des Ausgleichs kein empfehlenswertes Instrument, um die Streuschadensproblematik angemessen zu bewältigen.

3. Cy-pres Verteilung von Bußgeldern

Verteilungs- und Kollisionsfragen stellen sich nur, wenn das Alternativverfahren an die Schadensersatzforderung der geschädigten Endverbraucher anknüpft. In diesem Fall muss aufgrund des schadensrechtlichen Kompensationsgedankens eine Verteilung der Summe auf die einzelnen Geschädigten erfolgen. Anders stellt sich der Sachverhalt dar, wenn der Ansatzpunkt das durch die Kartellbehörde verhängte Bußgeld ist.

Der volkswirtschaftliche Gesamtschaden durch den Kartellverstoß könnte durch die Anwendung der Regeln des US-amerikanischen *cy pres* Vergleichs auf kartellbehördliche Bußgelder ausgeglichen werden. Nach diesem Ansatz könnte die Kartellbehörde das Bußgeld so verteilen, dass die geschädigten Verbraucher profitieren. Zwar hat der Länderbericht zu den USA gezeigt, dass mit den alternativen Verteilungsmodellen des *cy pres* Vergleichs und der *fluid recovery* auch Probleme verbunden sind. Insbesondere die *fluid recovery* kann *windfall profits* erzeugen und daher den Wettbewerb beeinträchtigen. Zu bedenken ist aber, dass die in den USA entwickelten Lösungsansätze zumindest Möglichkeiten bieten, die Geschädigten am erfolgreichen Verfahren zu beteiligen. Bessere Alternativen wurden in der Diskussion nicht entwickelt.

1312 Nicht ohne Grund erlaubt die US-amerikanische Regelung der *Parens Patriae* Klagebefugnis, dass der überschüssige Betrag als *civil penalty* einbehalten wird.

1313 Von der alten Mehrerlösabschöpfung nach § 37b GWB a.F. wurde zwischen 1980 und 1998 kein einziges Mal Gebrauch gemacht, *Emmerich* in Immenga/Mestmäcker, § 34 Rn. 8.

1314 *Emmerich* in Immenga/Mestmäcker, § 34 Rn. 8, 9.

Die von den Kartellbehörden verhängten Bußgelder stehen dem Fiskus zu; die Geschädigten profitieren von den mitunter extrem hohen Summen also gar nicht oder nur ganz entfernt[1315].

Würde die Behörde statt die Summe dem Fiskus zu überweisen, eine *cy pres* Verteilung vornehmen, so könnten die Geschädigten der Kartelle vom Bußgeld profitieren. Auch würde eine Verteilung der Bußgelder den Zweck der Verhaltenssteuerung nicht beeinträchtigen. Schließlich muss das Unternehmen weiterhin die festgesetzte Summe an das Kartellamt überweisen; lediglich die Verteilung wäre verändert. Insofern bleibt es auch bei der Bußgeldandrohung für kartellrechtswidriges Verhalten. Eine ex-ante Prävention kartellrechtswidriger Verhaltensweisen wäre somit möglich. Auch der Sanktionszweck würde erreicht, da die *cy pres* Verteilung nur die Verwendung der Gelder beträfe. Die Verteilung muss im Einzelfall flexibel gestaltet werden können, da sonst die Besonderheiten des jeweiligen Kartellverstoßes nicht angemessen berücksichtigt werden könnten. Dem Hoheitsträger müsste es erlaubt sein auch Teilsummen zu verteilen, da sonst bei sehr hohen Bußgeldern eine Bevorteilung einzelner Einrichtungen droht. Begünstigte der *cy pres* Verteilung könnten beispielsweise Verbraucherschutzorganisationen sein.

In Deutschland und auch in ausländischen Rechtsordnungen existiert kein vergleichbares Instrument. Erforderlich wäre eine vollkommene Neuregelung eines Rechtsinstituts, das nicht nur in Deutschland, sondern auch im europäischen Rechtsraum einen regelrechten Fremdkörper bilden würde. Anders aber als bei Strafschadensersatzansprüchen, die möglicherweise noch neben einem Bußgeld gefordert werden, wäre eine *cy pres* Verteilung von Bußgeldern eine vermittelbare Neuregelung. Sofern man davon ausgeht, dass die Geschädigten von den kartellbehördlichen Ermittlungen profitieren sollen, selbst aber aus Gründen der rationalen Apathie keinen Zivilprozess anstrengen, ist die Verteilung von Bußgeldern ein zumindest schlüssiger Ansatz. Das gilt insbesondere vor dem Hintergrund des derzeitigen Rechtszustandes; die Bußgelder stehen ausschließlich dem Fiskus zu und werden auch nicht vorrangig für die Verbesserung der kartellbehördlichen Ermittlungstätigkeit verwendet. Trotzdem wären aber mit der Einführung eines solchen Systems zu große Veränderungen verbunden, sodass die Einführung einer *cy pres* Verteilung von Bußgeldern nicht zu empfehlen ist.

1315 Man kann argumentieren, dass die Bußgelder zur Finanzierung staatlicher Tätigkeiten gebraucht werden und die Staatsbürger insofern von der finanzierten hoheitlichen Tätigkeit profitieren.

VI. Zwischenergebnis

Die Darstellung hat bis zu diesem Punkt gezeigt, dass sowohl die Verbands- als auch die Gruppenklage nur eingeschränkt geeignet sind, eine effektive Durchsetzung kartellrechtlicher Streuschäden zu gewährleisten. Die rationale Apathie lässt sich nur überwinden, indem man dem Kollektivverfahren einen *Opt-out* Mechanismus zugrunde legt. Das *Opt-in* Prinzip funktioniert wegen der rationalen Apathie der Geschädigten nicht. Der verfassungsrechtliche Rahmen des deutschen Zivilprozessrechts steht mit einer solchen Gestaltung in Konflikt, da die Dispositionsfreiheit ein verfassungsrechtlich verbürgtes Schutzgut ist. Durch eine entsprechend ausgestaltete Informationspflicht lassen sich die verfassungsrechtlichen Bedenken entkräften. Hinsichtlich der konkreten Verfahrensart hat die Darstellung gezeigt, dass Gruppenklagen insgesamt rechtspolitisch nicht zu empfehlen sind, um die Streuschadensproblematik zu lösen. Die Einführung einer *Opt-out* Gruppenklage ist abzulehnen, weil weitreichende kostenrechtliche Änderungen erforderlich wären, da andernfalls kein Geschädigter als *lead plaintiff* fungieren würde.[1316] Die US-Praxis belegt, dass eine vollständige Verlagerung des Kostenrisikos auf den Anwalt ein erhebliches Missbrauchspotential erzeugt, sodass – auch angesichts der rechtspolitischen Kritik aus den USA selbst – von einer *Opt-out* Gruppenklage abzuraten ist. Für größere Streuschäden könnte eine *Opt-in* Gruppenklage im deutschen Recht eingeführt werden. Allerdings zeigt das Geschäftsmodell der CDC, dass schon jetzt eine Art Gruppenklage praktiziert wird, um kartellrechtliche Schadensersatzansprüche geltend zu machen. Daneben besteht die Möglichkeit, eine GbR zur Prozessführung zu gründen. Ebenso kann bei höheren Einzelschäden auf die traditionellen Bündelungsmöglichkeiten der ZPO, insbesondere die Streitgenossenschaft (§§ 59, 60 ZPO) zurückgegriffen werden.

Eine den kontinentaleuropäischen Rechtsvorstellungen nahe liegende Verfahrensart zur Lösung des Streuschadensproblems ist eine Verbandsklage auf Schadensersatz.[1317] Diese zum Teil als „domestizierte Schwester" der Class-action bezeichnete Verfahrensart[1318] hat, jedenfalls was die Durchsetzung von Beseitigungs- und Unterlassungsansprüchen angeht, eine lange Tradition in Deutschland. Die Erweiterung der Verbandsklagebefugnis erscheint für das deutsche Recht ohne größere Probleme möglich.[1319] Problematisch ist bei der Streuschadenskonstellation zwar die Schadensverteilung[1320], allerdings kann hier eine flexible gesetzliche

1316 *Wagner*, Verhandlungen des 66. DJT Bd. I, A. 108.

1317 So auch *Roth*, Sammelklagen im Bereich des Kartellrechts, S. 109, 128.

1318 *Wagner*, Regelungsbedarf bei Massen- und Streuschäden, S. 41, 78.

1319 Vgl. *Wagner*, Verhandlungen des 66. DJT Bd. I Teil A, A. 115, 117.

1320 Dies zeigt auch die US-Praxis zu den Class-actions, die häufig mit einer *fluid recovery* oder einem *cy pres* Vergleich enden.

Gestaltung erfolgen, um dem jeweiligen Einzelfall gerecht zu werden. Jedenfalls aber muss dem Verband ein finanzieller Anreiz zur Prozessführung bleiben. Die Beteiligung des Verbands am Klageerlös muss die Aufwendungen für die Prozessführungen decken und das eingegangene Prozessrisiko berücksichtigen. Andernfalls fehlen dem Verband die erforderlichen Anreize, um sich überhaupt mit einer komplexen Prozessführung zu beschäftigen.

Die bereits in der ZPO existierenden Bündelungsformen helfen dem Streuschadensproblem dagegen nicht ab. Auch Alternativverfahren, wie etwa die behördliche Anordnung der Wiedergutmachung oder die *Parens Patriae* Klagebefugnis, lösen das Problem nicht. Vor allem lassen sich diese Alternativen nicht in das System der privaten Rechtsdurchsetzung integrieren. Auch die Einführung einer *cy pres* Verteilung Bußgeldern kommt aus rechtspolitischen Gründen nicht in Betracht, da die Einführung mit zu großen Veränderungen verbunden ist.

Festzuhalten ist daher, dass das Streuschadensproblem nur durch eine Verbandsklage auf Schadensersatz sinnvoll angegangen werden kann. Die Definition der Verbandsmitglieder muss – in Entsprechung zum Richtlinienentwurf der europäischen Kommission[1321] – nach dem *Opt-out* Prinzip erfolgen. Andernfalls scheitert die Prozessführung bereits im Ansatz an der Ermittlung der mitunter zahllosen Anspruchsinhaber (§ 33 Abs. 3 GWB).

C. Regelungsvorschlag

Nachdem die unterschiedlichen Formen des kollektiven Rechtsschutzes auf ihre prinzipielle Tauglichkeit zur Bewältigung des Streuschadensproblems im Kartellrecht untersucht worden sind, soll im Folgenden ein Regelungsvorschlag für das deutsche Recht erarbeitet werden. Die Darstellung hat gezeigt, dass eine Gruppenklage nicht zur Lösung des Streuschadensproblems zu empfehlen ist. Zum einen ist eine *Opt-in* Gruppenklage nicht in der Lage, die rationale Apathie der Anspruchsinhaber zu überwinden. Zum anderen erfordert eine *Opt-out* Lösung schwerwiegende, vor allem kostenrechtliche Veränderungen, die die möglichen Effizienzgewinne wieder aufwiegen. Die Verbandsklage kommt dagegen deutschen und auch kontinentaleuropäischen Rechtsvorstellungen deutlich näher. Daher soll im Folgenden ein Regelungsvorschlag ausgearbeitet werden, der eine Verbandsklage gerichtet auf Schadensersatz zum Gegenstand hat.

1321 Siehe Art. 6 Abs. 2 RiLi-Entwurf.

I. Anspruchsberechtigte Einrichtungen

Wesentlich für die praktische Wirksamkeit einer Verbandsklage auf Schadensersatz ist die Definition der klagebefugten Einrichtungen. Der Kreis der anspruchsberechtigten Verbände muss klar abgegrenzt werden, um missbräuchliche Verfahren aus sachfremden Erwägungen zu vermeiden. Dies belegt der Länderbericht zu den US-Class-actions, wo eine überaus großzügige Definition der Klägergruppe eine erhebliche Drohkulisse aufbaut. Dies wird durch die zum Teil sehr großzügige *certification*-Praxis einiger Gerichte in den USA unterstützt, die sich so den zweifelhaften Ruf als *judicial hellhole* erarbeitet haben. Ebenso schlechte Erfahrungen hat man in Deutschland mit den so genannten *Abmahnvereinen* gemacht, die durch Rechtsanwälte missbraucht wurden, um Gebühren zu generieren. Daher muss für eine effektive Seriositätskontrolle der Verbände durch eine gesetzliche Regelung gesorgt werden. Um ähnliche Probleme wie bei *Abmahnvereinen* zu vermeiden, muss zudem eine solide Finanzierung der klageberechtigten Einrichtungen sichergestellt sein. Damit die Verbandsklage auch langfristig eine seriöse Verfolgung kartellrechtlicher Streuschadensersatzansprüche gewährleistet, sollte daneben eine ständige behördliche Aufsicht erfolgen.

1. Seriositätskontrolle

Gemäß § 33 Abs. 2 GWB sind Verbände zur Förderung gewerblicher oder selbstständiger beruflicher Interessen zur Geltendmachung der Abwehransprüche aus § 33 Abs. 1 GWB befugt. Nach allgemeiner Meinung müssen die Verbände i.S.d. § 33 Abs. 2 GWB die Verfolgung von Wettbewerbsrechtsverstößen zu ihrem Satzungszweck machen sowie eine Ausstattung bereithalten, die sowohl Marktbeobachtungen als auch die prozessuale Verfolgung der Ansprüche ermöglicht.[1322] So soll gesichert werden, dass Verbände nicht nur zum Schein gegründet werden, um dann tatsächlich einer Anwaltssozietät zuzuarbeiten. Die derzeitige Regelung ist nicht ausreichend, um bei kartellrechtlichen Schadensersatzansprüchen die notwendige Seriositätskontrolle zu leisten.

Daher wird dem Gesetzgeber vorgeschlagen, § 33 Abs. 2 GWB wie folgt zu ändern:

Die Ansprüche aus Absatz 1 sowie den Schadensersatzanspruch aus Absatz 3 können auch Verbände geltend machen, deren satzungsmäßiger Zweck es ist, Verbraucherinteressen zu vertreten und zu schützen.

Hierdurch würde die Anspruchsberechtigung im Vergleich zur bisherigen Regelung des § 33 Abs. 2 GWB erweitert. Das entspricht einerseits der europarechtlichen Tendenz zur Stärkung des Private Enforcements. Andererseits spiegelt diese

1322 *Bechtold*, § 33 Rn. 17, 18.

Regelung aber auch die verbraucherschützende Wirkung des Kartellrechts wider. Bereits im Zuge der Beratungen zur 7. GWB-Novelle wurde eine derart erweiterte Klagebefugnis diskutiert, im Ergebnis dann aber abgelehnt.

Damit die Änderung des § 33 Abs. 2 GWB nicht zu missbräuchlichem Verhalten führt, müssen die Klageberechtigten weitere Voraussetzungen erfüllen. Daher wird dem Gesetzgeber vorgeschlagen, das GWB um einen § 34b Abs. 1 GWB zu ergänzen:

Die Ansprüche aus § 33 Abs. 3 GWB können nur solche Verbände geltend machen, die bereits seit 24 Monaten existieren und über hinreichende personelle, sachliche und finanzielle Ressourcen verfügen, die eine Anspruchsverfolgung praktisch ermöglichen.

Durch das zeitliche Mindestbestandserfordernis von 24 Monaten wird eine kontinuierliche Arbeit des Verbandes gesichert, *ad hoc* Gründungen zum schnellen Tätigwerden lassen sich so vermeiden. Hierdurch ist sichergestellt, dass die meisten Verbraucherverbände als so genannte *repeat players*[1323] tätig werden.[1324] Die Verbände erwerben durch ihre Tätigkeit eine hinreichende Spezialisierung, die eine effektivere Verfahrensführung ermöglicht.[1325] Dies betrifft Kenntnisse über Märkte, das Kartellrecht und Prozessführung, auf die Einzelpersonen nicht zurückgreifen können.[1326] Im Übrigen wird so gesichert, dass der Verband über Erfahrung mit kartellrechtlichen Fällen verfügt, die unabdingbar ist, um eine verfahrensökonomische Anspruchsverfolgung zu gewährleisten. Hinsichtlich der personellen und sachlichen Ressourcen gilt das oben bereits Erwähnte entsprechend. Es gilt zu vermeiden, dass die Verbände von Rechtsanwälten als bloßes Vehikel im Gebühreninteresse missbraucht werden. Die gleiche Intention verfolgt das Erfordernis, dass der Verband nachweisen muss, über hinreichende finanzielle Mittel zu verfügen.

2. Finanzierung

Die Finanzierung von Verbänden kann auf unterschiedliche Weise gestaltet werden. Man kann eine reine Finanzierung aus Spendengeldern oder eine Bezuschussung aus Mitteln der öffentlichen Hand erwägen. Von derartigen Modellen geht aber keine Anreizwirkung für den Verband aus, der schließlich bei kartellrechtlichen Schadensersatzverfahren auch ein erhebliches Prozessrisiko eingehen muss. Zudem ist mit hohen Verfahrenskosten zu rechnen, die nicht durch unregelmäßig fließende Spenden finanzierbar sind. Daher muss eine Regelung gefunden werden,

---

1323 Dieser Begriff ist der Spieltheorie entlehnt, wonach eine Partei, die mehrfach auftritt, durch Lernprozesse und Informationszuwächse ihr Verhalten optimieren kann.

1324 Van den Bergh/Keske, Rechtsökonomische Aspekte der Sammelklage, S. 17, 36.

1325 Van den Bergh/Keske, Rechtsökonomische Aspekte der Sammelklage, S. 17, 36.

1326 Van den Bergh/Keske, Rechtsökonomische Aspekte der Sammelklage, S. 17, 36.

die den Verband angemessen an der erfolgreich eingeklagten oder vergleichsweise ausgehandelten Summe beteiligt. Die Erfolgsbeteiligung muss dabei so gestaltet sein, dass die Schwierigkeit und der Aufwand des konkreten Verfahrens berücksichtigt werden. Bei der Bemessung der Beteiligungsquote ist zu beachten, dass die Verbände nicht nur das konkrete siegreiche Verfahren finanzieren, sondern auch verlorene Verfahren kompensieren müssen. Die Neuregelung soll eine einzelfallgerechte Lösung bieten, die den vielschichtig gelagerten Streuschadensfällen durch Flexibilität gerecht wird. Dem Gesetzgeber wird vorgeschlagen, einen § 34b Abs. 2 GWB zu erlassen.

Hat ein Verband aus einem Verfahren nach § 33 Abs. 2 GWB einen wirtschaftlichen Vorteil erlangt, so gebührt die Summe dem Verband, soweit dies zur Deckung seiner tatsächlichen Aufwendungen erforderlich ist. Daneben erhält der Verband eine Erfolgsbeteiligung von Fünfzehn von Hundert der erlangten Summe. Der Restbetrag ist, soweit wie möglich, auf die tatsächlich Geschädigten zu verteilen. Ist die Verteilung aus tatsächlichen Gründen unmöglich oder unzumutbar, so hat der Verband die Mittel so zu verwenden, dass die geschädigten Verbraucher so weit wie möglich profitieren.

Diese Regelung bietet einen Kompromiss zwischen dem Kompensationsinteresse der Geschädigten und dem Anreizinteresse des Verbandes, das zwingend erforderlich ist, um ihn überhaupt zur Führung eines Schadensersatzverfahrens zu motivieren. Zudem ist die Erfolgsbeteiligung erforderlich, um eine solide Finanzierung der Verbandstätigkeit zu gewährleisten, schließlich geht der Verband ein nicht unerhebliches Prozessrisiko ein. Die Einführung einer erfolgsabhängigen Verbandstätigkeit steht zwar grundsätzlich in Konflikt mit dem Rechtsanwaltsvergütungsgesetz, das nur in den engen Grenzen des § 4a RVG ein Erfolgshonorar zulässt. Allerdings sind Verbände nicht vom Anwendungsbereich des Gesetzes erfasst (§ 1 Abs. 1 RVG). Im Übrigen könnte zugunsten der Verbände die Ausnahme des § 1 Abs. 2 RVG analog greifen, wenn man den Verband als eine Art Treuhänder im öffentlichen Interesse begreift. Daneben ist vorgesehen, dass der Verband den Restbetrag auf die Geschädigten zu verteilen hat. Da es aber aufgrund der breiten Streuung nicht immer möglich sein wird, die Geschädigten zu ermitteln, kann der Verband die Summe auch *so nah wie möglich* verteilen. Nichts anderes gilt für Beträge, die von ermittelten Geschädigten aufgrund des rationalen Desinteresses nicht abgerufen werden.

3. Aufsicht

Um eine dauerhaft seriöse Anspruchsverfolgung durch Verbände zu sichern, sollten die Verbände einer hoheitlichen Aufsicht unterliegen. Daneben sollte den Verbänden von einer Behörde durch Verwaltungsakt die Berechtigung zur Durchsetzung kartellrechtlicher Schadensersatzansprüche erteilt werden.

Dem Gesetzgeber wird daher vorgeschlagen, § 34b GWB um einen Abs. 3 zu ergänzen.

Die Verbände unterliegen der Aufsicht einer obersten Landesbehörde. Näheres regelt eine Landesverordnung. Die oberste Landesbehörde erteilt den Verbänden auf Antrag die Berechtigung zur gerichtlichen Geltendmachung der Schadensersatzansprüche aus § 33 Abs. 3.

Diese Regelung sichert, dass die Verbände sich in ihrer Tätigkeit nicht verselbstständigen und sachfremde Motive verfolgen. Die Behörde kann bei einem konkreten Missbrauchsverdacht einschreiten. Das Zulassungserfordernis ermöglicht eine genaue Prüfung, ob der Verband auch die für eine effektive Rechtsdurchsetzung erforderlichen Voraussetzungen mitbringt.

II. Opt-out Lösung

Die Untersuchung hat gezeigt, dass einzig eine Klage nach dem *Opt-out* Prinzip tauglich ist, um kartellrechtliche Streuschäden geltend zu machen. Insoweit ist dem Richtlinienentwurf[1327] der Kommission zuzustimmen. Grundsätzlich sollte aber, soweit dies dem Verband praktisch möglich ist, eine konkrete Bezeichnung der einzelnen Geschädigten erfolgen. Allerdings ist bei der hier erörterten Streuschadensproblematik nicht ernsthaft damit zu rechnen, dass den Verbänden diese Ermittlungs- und Verwaltungsleistung gelingt. Daher soll eine Regelung geschaffen werden, die eine abstrakte Definition der verletzten Parteien erlaubt.

Dem Gesetzgeber wird daher vorgeschlagen, § 34b GWB um einen Abs. 4 zu ergänzen.

Die Verbände müssen die Geschädigten, deren Ansprüche sie geltend machen, bezeichnen. Soweit eine konkrete Bezeichnung der Geschädigten aus tatsächlichen Gründen unmöglich oder unzumutbar ist, genügt jede Definition der Geschädigtengruppe, die es dem Gericht erlaubt, jederzeit zu bestimmen, wer von dem Verfahren betroffen ist. Dabei sind die anspruchsbegründenden Tatsachen und die im Einzelnen erlittenen Schäden so genau wie möglich zu beschreiben. Die Verbände müssen über das Verfahren in geeigneter Form informieren. Die Information muss räumlich im vom Kartellverstoß betroffenen Markt erfolgen. Jedem Betroffenen steht das Recht zu, einer Anspruchsdurchsetzung zu widersprechen (Opt-out).

Diese Regelung erlaubt den Verbänden eine flexible Umschreibung der vom Verfahren betroffenen Geschädigten. Allerdings muss im Verfahren jederzeit Klarheit darüber herrschen, wessen Ansprüche durch den Verband durchgesetzt werden. Daher muss der Verband eine abstrakte Definition der Gruppe liefern, die es zu jedem Zeitpunkt der Verfahrens erlaubt festzustellen, wer vom Verfahren

1327 Siehe Art. 6 Abs. 2 RiLi-Entwurf.

betroffen ist und wer nicht. Wesentliche Abgrenzungskriterien sind insoweit der Kartellverstoß und die erlittene Einbuße der Geschädigten.

Die Verbände sind zudem verpflichtet, über das avisierte Verfahren in geeigneter Form zu informieren. Der Regelungsvorschlag ist bewusst offen formuliert, um den Verbänden die Wahl des geeigneten Mittels für die Information zu überlassen. Im Regelfall wird die Information aber in ähnlicher Form erfolgen wie beim *Google-Book Settlement*, wo ganzseitige Anzeigen in überregionalen Tageszeitungen geschaltet wurden. Daneben könnten die Verbände eine Informationsplattform schaffen, um über laufende und geplante Verfahren zu informieren.[1328] Die Information der Geschädigten muss auf dem vom Kartellverstoß betroffenen Markt erfolgen. Die zu schaffende Regelung muss das Recht zum *Opt-out* absichern, da andernfalls Geschädigte gegen ihren Willen durch das Verfahren gebunden werden. Das Recht zum *Opt-out* steht allen Anspruchsinhabern zu und ist nicht an eine bestimmte Form gebunden. Die ausgelegte Willenserklärung des Geschädigten muss lediglich erkennen lassen, dass der Geschädigte nicht an dem Verfahren teilnehmen möchte.

III. Konkurrenz

Eine Frage, die sich im Rahmen der rechtspolitischen Diskussion über den kollektiven Rechtsschutz stellt, ist das Konkurrenzverhältnis zu Individualklagen und Klagen anderer Verbände. Bereits oben wurde festgehalten, dass das Konkurrenzverhältnis zu Klagen anderer Verbände keiner Regelung bedarf. Es ist mit keinem gravierenden Nachteil verbunden, wenn der *schnellste* Verband mit seiner Klage zum Zuge kommt. Durch das Windhundprinzip kann die Effektivität der Verbandsarbeit gesteigert werden, da der besonders engagierte Verband zum Zuge kommt.

Das Verhältnis zu Individualklagen sollte dagegen geregelt werden, da andernfalls eine erhebliche Rechtsunsicherheit entsteht. Gleichwohl wird es bei der Streuschadenskonstellation nur selten zu Individualklagen kommen, da die Geschädigten kein ausreichendes Interesse an der Durchsetzung ihrer Ansprüche haben. Den Geschädigten, die sich gegen eine Verbandsklage entschieden und von ihrem Recht zum *Opt-out* Gebrauch gemacht haben, steht eine Individualklage offen. Wenn die Geschädigten aber nicht widersprechen, erstreckt sich die Rechtskraft des Urteils auch auf sie. Ihnen ist dann insoweit die individuelle Anspruchsverfolgung verwehrt.

1328 Siehe hierzu die mehrsprachige Internetpräsenz zum *Google-Book Settlement*, www.googlebooksettlement.com (zuletzt besucht am 29.04.2010).

Dem Gesetzgeber wird daher vorgeschlagen, § 34b GWB um einen Abs. 5 zu ergänzen.

Die Rechtskraft erstreckt sich auf alle Geschädigten, die der Prozessführung durch den Verband nicht widersprochen haben.

Durch diese Regelung ist die Reichweite der Rechtskraftwirkungen klargestellt. Soweit also die Rechtskraft einen Geschädigten nicht erfasst, kann dieser seinen Schadensersatzanspruch individuell verfolgen. Damit droht zwar theoretisch eine doppelte gerichtliche Inanspruchnahme des Kartelltäters, da er sich nicht nur gegen eine Verbandsklage, sondern auch mögliche Individualverfahren verteidigen muss. Dies ist aber bei der Streuschadenskonstellation eine rein akademische Frage, da der Hintergrund des kollektiven Rechtsschutzes gerade die Klageapathie der Geschädigten ist. Mit zahlreichen Individualverfahren ist nicht zu rechnen.

IV. Bagatellgrenze

Die kartellrechtliche Verbandsklage auf Schadensersatz ist ein Spezialverfahren, um Streuschadensersatzansprüche im öffentlichen Interesse geltend zu machen.

Um eine allzu starke Erweiterung der Klagebefugnis von kollektiven Einrichtungen zu vermeiden, sollte eine Bagatellgrenze gesetzlich festgelegt werden, damit tatsächlich nur diejenigen Ansprüche durch Verbände durchgesetzt werden, die sonst mangels Individualinteresse unbeachtet geblieben wären. Denn nur insoweit besteht auch ein öffentliches Interesse an der Anspruchsdurchsetzung. Im Übrigen erzeugt eine fehlende Obergrenze Konkurrenzprobleme zur individuellen Anspruchsverfolgung.[1329]

Dem Gesetzgeber wird daher vorgeschlagen, den Wortlaut des § 33 Abs. 2 GWB um die Wendung *bis zu einer individuellen Höhe von 5000 Euro* zu ergänzen:

Die Ansprüche aus Absatz 1 sowie den Schadensersatzanspruch aus Absatz 3 bis zu einer individuellen Höhe von 5000 Euro können auch Verbände geltend machen, deren satzungsmäßiger Zweck es ist, Verbraucherinteressen zu vertreten und zu schützen.

Hierdurch wird sichergestellt, dass die Verbände sich auf die Durchsetzung von Streuschäden beschränken. Zudem drohen nur geringe Interessenkonflikte mit den einzelnen Geschädigten, da bei einem Betrag von unter 5000 Euro nicht mit einer individuellen Anspruchsdurchsetzung zu rechnen ist. Bei höheren Beträgen kann dagegen mit einer gerichtlichen Geltendmachung der Forderungen gerechnet werden, sodass diese Entscheidung zwingend dem Einzelnen überlassen bleiben sollte.

1329 *Stadler*, Bündelung von Interessen im Zivilprozess, S. 12, 13.

V. Synopse der geänderten Vorschriften

Aus den hier vorgeschlagenen Neuregelungen ergeben sich folgende neu gestaltete Normen:

§ 33 Unterlassungsanspruch, Schadensersatzpflicht

(1) Wer gegen eine Vorschrift dieses Gesetzes, gegen Art. 81 oder 82 des Vertrages zur Gründung der Europäischen Gemeinschaft[1330] *oder eine Verfügung der Kartellbehörde verstößt, ist dem Betroffenen zur Beseitigung und bei Wiederholungsgefahr zur Unterlassung verpflichtet. Der Anspruch auf Unterlassung besteht bereits dann, wenn eine Zuwiderhandlung droht. Betroffen ist, wer als Mitbewerber oder sonstiger Marktbeteiligter durch den Verstoß beeinträchtigt ist.*

(2) Die Ansprüche aus Absatz 1 sowie den Schadensersatzanspruch aus Absatz 3 bis zu einer individuellen Höhe von 5000 Euro können auch Verbände geltend machen, deren satzungsmäßiger Zweck es ist, Verbraucherinteressen zu vertreten und zu schützen.

(3) Wer einen Verstoß nach Absatz 1 vorsätzlich oder fahrlässig begeht, ist zum Ersatz des daraus entstehenden Schadens verpflichtet. Wird eine Ware oder Dienstleistung zu einem überteuerten Preis bezogen, so ist der Schaden nicht deshalb ausgeschlossen, weil die Ware oder Dienstleistung weiterveräußert wurde. Bei der Entscheidung über den Umfang des Schadens nach § 287 der Zivilprozessordnung kann insbesondere der anteilige Gewinn, den das Unternehmen durch den Verstoß erlangt hat, berücksichtigt werden. Geldschulden nach Satz 1 hat das Unternehmen ab Eintritt des Schadens zu verzinsen. Die §§ 288 und 289 Satz 1 des Bürgerlichen Gesetzbuches finden entsprechende Anwendung.

(4) Wird wegen eines Verstoßes gegen eine Vorschrift dieses Gesetzes oder Artikel 81 oder 82 des Vertrages zur Gründung der Europäischen Gemeinschaft Schadensersatz begehrt, ist das Gericht insoweit an die Feststellung des Verstoßes gebunden, wie sie in einer bestandskräftigen Entscheidung der Kartellbehörde, der Kommission der Europäischen Gemeinschaft oder der Wettbewerbsbehörde oder des als solche handelnden Gerichts in einem anderen Mitgliedsstaat der Europäischen Gemeinschaft betroffen wurde. Das Gleiche gilt für entsprechende Feststellungen in rechtskräftigen Gerichtsentscheidungen, die infolge der Anfechtung von Entscheidungen nach Satz 1 ergangen sind. Entsprechend Artikel 16 Abs. 1 Satz 4 der Verordnung (EG) Nr. 1/2003 gilt diese Verpflichtung unbeschadet der Rechte und Pflichten nach Artikel 234 des Vertrages zur Gründung der Europäischen Gemeinschaft.

(5) Die Verjährung eines Schadensersatzanspruchs nach Absatz 3 wird gehemmt, wenn die Kartellbehörde wegen eines Verstoßes im Sinne des Absatzes 1 oder die Kommission der Europäischen Gemeinschaft oder die Wettbewerbsbehörde eines anderen Mitgliedsstaats der Europäischen Gemeinschaft wegen eines Verstoßes gegen Art. 81 oder 82 des Vertrages zur Gründung der Europäischen Gemeinschaft ein Verfahren einleitet. § 204 Abs. 2 des Bürgerlichen Gesetzbuches gilt entsprechend.

1330 Das GWB wurde bislang noch nicht redaktionell an die neue Terminologie des AEUV angeglichen.

§ 34b Schadensersatzklage durch Verbände

(1) Die Ansprüche aus § 33 Abs. 3 GWB können nur solche Verbände geltend machen, die bereits seit 24 Monaten existieren und über hinreichende personelle, sachliche und finanzielle Ressourcen verfügen, die eine Anspruchsverfolgung praktisch ermöglichen.
(2) Hat ein Verband aus einem Verfahren nach § 33 Abs. 2 GWB einen wirtschaftlichen Vorteil erlangt, so gebührt die Summe dem Verband, soweit dies zur Deckung der tatsächlichen Aufwendungen erforderlich ist. Daneben erhält der Verband eine Erfolgsbeteiligung von Fünfzehn vom Hundert der erlangten Summe. Der Restbetrag ist, soweit wie möglich, auf die tatsächlich Geschädigten zu verteilen. Ist die Verteilung aus tatsächlichen Gründen unmöglich oder unzumutbar, so hat der Verband die Mittel so zu verwenden, dass die geschädigten Verbraucher so weit wie möglich profitieren.
(3) Die Verbände unterliegen der Aufsicht einer obersten Landesbehörde. Näheres regelt eine Landesverordnung. Die oberste Landesbehörde erteilt den Verbänden auf Antrag die Berechtigung zur gerichtlichen Geltendmachung der Schadensersatzansprüche aus § 33 Abs. 3.
(4) Die Verbände müssen die Geschädigten, deren Ansprüche sie geltend machen, bezeichnen. Soweit eine konkrete Bezeichnung der Geschädigten aus tatsächlichen Gründen unmöglich oder unzumutbar ist, genügt jede Definition der Geschädigtengruppe, die es dem Gericht erlaubt, jederzeit zu bestimmen, wer von dem Verfahren betroffen ist. Dabei sind die anspruchsbegründenden Tatsachen und die im Einzelnen erlittenen Schäden so genau wie möglich zu beschreiben. Die Verbände müssen über das Verfahren in geeigneter Form informieren. Die Information muss räumlich im vom Kartellverstoß betroffenen Markt erfolgen. Jedem Betroffenen steht das Recht zu, einer Anspruchsdurchsetzung zu widersprechen (Opt-out).
(5) Die Rechtskraft erstreckt sich auf alle Geschädigten, die der Prozessführung durch den Verband nicht widersprochen haben.

D. Einordnung der Erkenntnisse

Die Untersuchung des deutschen Rechts hat gezeigt, dass in Deutschland eine Verbandsklage auf Schadensersatz grundsätzlich umsetzbar ist. Die Verbandsklage ist im deutschen Recht nicht unbekannt, wobei aber die derzeitigen Verbandsklagebefugnisse auf Abwehransprüche beschränkt sind. Eine Schadensersatzverbandsklage wäre dagegen ein Novum im deutschen Recht, das schwierige Folgefragen aufwirft. Verfassungsrechtlich ist die Einführung eines *Opt-out* Ansatzes problematisch, da er mit der allgemeinen Handlungsfreiheit, die die Privatautonomie und die Dispositionsmaxime sichert, in Konflikt steht. Die Bedenken lassen sich jedoch mit Blick auf die strengen Anforderungen, die der Regelungsvorschlag an die Informationspflichten des Verbandes stellt, entkräften.

Ein anderes Problem der kartellrechtlichen Verbandsklage auf Schadensersatz ist das Beweisrecht. Den Verbänden fehlen die erforderlichen Ermittlungsbefugnisse, um einen Kartellverstoß aufzudecken. Das Informationsdefizit ließe sich allenfalls durch weitreichende Offenbarungspflichten nach dem Modell der US-*discovery* beseitigen. Dies ist aber mit dem deutschen Rechtsverständnis nicht zu vereinbaren. Keine Partei ist verpflichtet, dem Gegner die Waffen zum Sieg zur Verfügung zu stellen. Das im Richtlinienentwurf der Kommission vorgeschlagene *Disclosure*-Modell entspricht in seinen Grundzügen bereits der derzeitigen Rechtslage in Deutschland, da die sekundäre Darlegungslast und die Pflicht zur Urkundenvorlage vergleichbare Beweiserleichterungen erlauben. Somit wäre die Lösung der Kommission keine Alternative, um die Informationsasymmetrie zu beseitigen. Auch würde eine umfassende Offenbarungspflicht gegen den verfassungsrechtlich verbürgten Schutz des Unternehmensgeheimnisses verstoßen. Mit Blick auf den Schutzzweck des Kartellrechts entstehen Bedenken, da der Informationsaustausch zwischen Mitbewerbern gerade verhindert werden soll. Durch eine weitreichende Offenbarungspflicht im Zivilprozess wäre aber eine Kenntnisnahme anderer Unternehmer wahrscheinlich.

Daneben ist problematisch, dass die erhöhte zivilprozessuale Durchsetzung von Schadensersatzansprüchen die Offenbarungsbereitschaft der Unternehmen im Rahmen von Kronzeugenprogrammen mindert. Wie der damit einhergehende Verlust von Ermittlungserfolgen zu kompensieren ist, ist bisher nicht geklärt.

Ungeklärt ist auch die internationalverfahrensrechtliche Seite der Verbandsklagen auf Schadensersatz. Ob und inwieweit gerichtliche Entscheidungen in Verbandsklageverfahren im Ausland anerkannt und vollstreckt werden können, lässt sich nicht ohne weiteres beantworten. Da die Anerkennung eines ausländischen Urteils grundsätzlich Sache des jeweiligen Einzelstaates ist, ist nicht damit zu rechnen, dass die Staaten die Anerkennung einheitlich handhaben werden. Somit droht neben einer nicht unerheblichen Rechtsunsicherheit auch das aus dem US-Prozessrecht bekannte Phänomen des *Forum Shoppings*.[1331] Unabhängig von der Frage der Anerkennung ausländischer Entscheidungen wird es im europäischen Rechtsraum *Forum Shopping* geben, da der RiLi-Entwurf keine Vollharmonisierung des kollektiven Rechtsschutzes in Europa vorsieht. Dass die europäischen Staaten sich auf einen einheitlichen Standard verständigen werden, ist angesichts der verschiedenen Rechtstradition der Mitgliedstaaten unwahrscheinlich.

Nicht ganz zufriedenstellend ist auch die Verteilungsfrage gelöst. Der Regelungsvorschlag versucht eine flexible und interessengerechte Lösung zu schaffen, die dem Verband einen finanziellen Anreiz zur Prozessführung durch eine Erfolgsbeteiligung belässt. Gleichwohl kann auch der Regelungsvorschlag das rechtspolitisch wünschenswerte Ziel – eine vollständige Verteilung der eingeklagten Summe auf die einzelnen Geschädigten – nicht erreichen.

Eine *echte* Gruppenklage, die der US-Class-action entspricht und dem *Opt-out* Ansatz folgt, ist in Deutschland dagegen nicht einführbar. Um echte Streuschä-

1331 Hierzu oben, S. 164.

den[1332] effektiv geltend zu machen zu können, muss die fehlende Organisationsfähigkeit der Geschädigten überwunden werden. Das könnte zwar grundsätzlich mit einem *Opt-out* Modell funktionieren, allerdings fehlt dann nach wie vor der Anreiz als *lead plaintiff* zu agieren. Diesen Anreiz könnte nur eine Verlagerung der Kosten auf den prozessführenden Rechtsanwalt schaffen, indem Erfolgshonorare eingeführt werden. Dies wäre eine sehr weitreichende Veränderung des deutschen Kostenrechts, die mit dem kontinentaleuropäischen Rechtsverständnis in Konflikt stünde.[1333] Eine Gruppenklage nach Art der Class-action ist daher nicht zu empfehlen. Als Ergebnis ist also festzuhalten, dass einzig die Verbandsklage eine einführbare Ausprägung des kollektiven Rechtsschutzes ist. Die Verbandsklage ist, anders als die Gruppenklage, wenig missbrauchsanfällig und dem deutschen Recht nicht unbekannt. Trotz dieser Probleme ist aber anzuerkennen, dass die Europäische Wettbewerbsrechtspolitik insgesamt auf Mechanismen des kollektiven Rechtsschutzes setzt. Aus deutscher Sicht wäre eine kategorische rechtspolitische Verweigerung gegenüber diesen Aktivitäten fatal, da eine Verweigerung nicht verhindern wird, dass durch die europäische Kommission kollektive Rechtsschutzformen eingeführt werden. Die Konsultationen zum Weißbuch (2008) haben gezeigt, dass eine engagierte Teilhabe am Entstehungsprozess solcher Initiativen Wirkung zeigt.[1334] Aus politischer Sicht muss die Entstehung einer neuen Richtlinie zu kartellrechtlichen Schadensersatzansprüchen unter aktiver deutscher Beteiligung kritisch, aber konstruktiv begleitet werden, um eine möglichst interessengerechte Lösung der Streuschadensproblematik zu erzielen. Als Ergebnis dieser Untersuchung ist festzuhalten, dass eine Verbandsklage auf Schadensersatz im Ergebnis zwar umsetzbar, jedoch nicht zu empfehlen ist.

1332 Sofern der individuelle Schaden eine spürbare Dimension hat, ist keine echte Gruppenklage erforderlich. Bereits unter der geltenden Rechtslage ist eine Art Gruppenklage möglich, wie das Geschäftsmodell der CDC zeigt. Hierzu bereits oben, S. 138.

1333 Erfolgshonorare sind den meisten kontinentaleuropäischen Rechtsordnungen fremd.

1334 Zahlreiche extreme Vorschläge (*double damages*; Erfolgshonorare usw.) haben keinen Eingang in den RiLi-Entwurf gefunden.

5. Kapitel: Ergebnisse

A. Zusammenfassung

Die Einführung von Instrumenten des kollektiven Rechtsschutzes ist Teil der wettbewerbsrechtspolitischen Gesamtstrategie der Kommission zum Private Enforcement des Kartellrechts. Das gilt jedenfalls für die Amtsperiode der ehemaligen Wettbewerbskommissarin *Kroes*. In sämtlichen Veröffentlichungen der Kommission zur privaten Rechtsdurchsetzung spielten die Instrumente des kollektiven Rechtsschutzes eine Rolle.[1335] Nicht nur im Bereich des Kartellrechts, sondern auch im Verbraucherrecht wurde über die kollektive Rechtsdurchsetzung diskutiert, was das Grünbuch zur Durchsetzung des Verbraucherrechts der Verbraucherrechtskommissarin *Kuneva* zeigt. Es ist daher davon auszugehen, dass auch der neue Wettbewerbskommissar *Almunia* den kollektiven Rechtsschutz in seine rechtspolitische Strategie zum Private Enforcement einfließen lässt. Für den deutschen Standpunkt bedeutet dies, dass das Ignorieren oder eine kategorische Ablehnung des kollektiven Rechtsschutzes und der privaten Rechtsdurchsetzung im Kartellrecht kein produktives und zukunftsorientiertes Vorgehen ist. Eine deutsche Verweigerungshaltung wird die Rechtsentwicklung in diesem Bereich nicht aufhalten, da mittelfristig mit einer Richtlinie zur privaten Rechtsdurchsetzung im Kartellrecht zu rechnen ist.

Wesentliches Anliegen dieser Richtlinie wird die Lösung des Streuschadenproblems sein. Das liegt vor allem daran, dass die Kommissarin *Kroes* die Wendung „Jedermann" aus den EuGH Urteilen in Sachen *Courage und Crehan* bzw. *Manfredi* wörtlich nimmt. Die Untersuchung hat jedoch gezeigt, dass dieses Verständnis keineswegs zwingend ist, sondern das Wort „Jedermann" im Bezug zum jeweiligen Einzelfall zu sehen ist.

In den USA wird das Streuschadensproblem mit der Class-action gelöst, allerdings unter Inkaufnahme eines erheblichen Missbrauchspotentials. Jedoch hat der Länderbericht zu den USA gezeigt, dass nicht die Class-action als solche, sondern die Eigenheiten des US-Rechts die von Kontinentaleuropäern kritisierten Probleme generieren. Zu nennen sind die *Jury*-Entscheidung in Zivilsachen, die *discovery*, der Mehrfachschadensersatz und die „unternehmerische" Tätigkeit des Anwalts auf der Grundlage eines Erfolgshonorars.[1336]

1335 Siehe nur das Grünbuch (2005) und das Weißbuch (2008).

1336 *Eichholtz*, S. 305.

In Schweden wurde 2003 eine Gruppenklage geschaffen, die an das Konzept der Class-action angelehnt ist, ohne die gerade genannten problematischen Merkmale des US-amerikanischen Rechts zu übernehmen. Die fehlende Fallpraxis in Schweden zeigt, dass eine Gruppenklage ohne zusätzliche Klageanreize, beispielsweise durch Mehrfachschadensersatz, nicht geeignet ist, die rationale Apathie der Geschädigten zu überwinden.

Vor diesem Hintergrund ist in Deutschland eine Gruppenklage zur Überwindung der rationalen Apathie nicht umsetzbar. Um eine hinreichende Klagebereitschaft zu erzeugen, müssten umfassende Änderungen des Kosten- und des Beweisrechts vorgenommen werden, die rechtspolitisch nicht zu empfehlen sind. Nicht zuletzt würde auch ein Rechtsinstitut eingeführt, das dem deutschen Recht bis jetzt unbekannt ist. Im Übrigen ist eine Gruppenklage auch nur bei echten Streuschäden erforderlich. Das Geschäftsmodell der CDC zeigt, dass bei höheren Einzelschäden die Forderungsabtretung ein geeignetes Instrument zur Bündelung in einer Hand ist.

Wesentlich einfacher gestaltet sich dagegen die Erweiterung der Verbandsklagebefugnis auf Schadensersatz. Die bisher existierende Verbandsklagebefugnis ist auf Beseitigung und Unterlassung beschränkt. Funktional ist die bisherige Verbandsklage daher auf die Identifizierung des Rechtsverstoßes und dessen Beseitigung für die Zukunft gerichtet. Eine Kompensation der erlittenen Einbußen oder eine Abschöpfung der unrechtmäßig erlangten Kartellrendite ist so nicht möglich. Die Untersuchung hat gezeigt, dass die Erweiterung der Verbandsklagebefugnisse auf Schadensersatz möglich ist, ohne dass „amerikanische Verhältnisse“ zu befürchten sind. Zu bedenken ist aber, dass auch eine Verbandsklage auf Schadensersatz erhebliche Folgefragen aufwirft. Ungeklärt ist, wie die Verteilung der erstrittenen Summen erfolgen soll. Einen möglichen, aber nicht unproblematischen Weg bietet zwar die *fluid recovery* aus den USA. Allerdings sind mit ihr auch gravierende Nachteile für den Wettbewerb verbunden, wie die *windfall profits* aus den USA zeigen. Auch die internationalverfahrensrechtliche Seite einer Verbandsklage auf Schadensersatz im Kartellrecht wirft Fragen auf. Das gilt insbesondere für die gegenseitige Anerkennung der Urteile.

Der in diesem Beitrag zum kollektiven Rechtsschutz erarbeitete Maßnahmenvorschlag an den deutschen Gesetzgeber stellt daher auch keine Ideallösung des Streuschadensproblems dar.

Vielmehr sind die angeregten Neuregelungen der §§ 33, 34b GWB ein Kompromissvorschlag, der zum einen die Vorgaben der Kommission zur privaten Rechtsdurchsetzung berücksichtigt, zum anderen aber auch die Grundsätze des deutschen Zivilprozessrechts nicht übermäßig verändert.

B. Gesamtergebnis

I. Eine *Opt-out* Verbandsklage auf Schadensersatz ist im deutschen Recht umsetzbar. Nur ein *Opt-out* Ansatz kann die rationale Apathie der einzelnen Geschädigten sachgerecht überwinden. Um für die Verbände einen Anreiz zur Klageerhebung und eine hinreichende Grundlage für die Finanzierung des Verbandes zu legen, muss der Verband am Erfolg des Prozesses prozentual beteiligt werden.

II. Die Einführung einer *echten* Gruppenklage ist rechtspolitisch nicht zu empfehlen. Ohne weitreichende Änderungen, insbesondere im Kostenrecht, ist eine Gruppenklage kein taugliches Instrument, um die rationale Apathie der Geschädigten zu überwinden.

III. Insgesamt entspricht die Einführung von Formen des kollektiven Rechtsschutzes nicht dem deutschen rechtspolitischen Interesse. Aufgrund der Friktionen mit der behördlichen Kartellverfolgung, insbesondere der effektiven Kronzeugenprogramme, würde der kollektive Rechtsschutz die Kartellrechtsdurchsetzung insgesamt nicht spürbar verbessern. Aufgrund der Regeln des deutschen Beweis- und Kostenrechts ist mit *stand-alone* Verfahren nicht zu rechnen, sodass die private Rechtsdurchsetzung dort nicht eingreift, wo kein behördliches Verfahren stattfindet. Soweit die zivilrechtlichen Schadensersatzklagen aber im Nachgang an ein behördliches Verfahren erfolgen, wird die Offenbarungsbereitschaft von möglichen Kronzeugen sinken. Insbesondere die Konstruktion eines Zahlungsanspruchs des Kronzeugen gegen die Geschädigten ist mit dem Rechtsgefühl unvereinbar, da es nur schwer vermittelbar sein wird, dass der rechtswidrig Handelnde für sein Verhalten von den Geschädigten Zahlung verlangen kann. Diese Konstellation ist auch nicht mit dem Anspruch auf Erstattung der Abmahnkosten vergleichbar, da hier nicht der rechtswidrig Handelnde einen Anspruch geltend macht. Abgesehen vom Verhältnis zur hoheitlichen Kartellverfolgung wirft eine Verbandsklage auf Schadensersatz schwerwiegende Folgefragen auf. Diese betreffen das Beweisrecht, das Verhältnis zu den behördlichen Kronzeugenprogrammen sowie die internationalverfahrensrechtliche Seite der Kollektivklagen. Zudem stellt sich am Ende eines erfolgreich geführten Verbandsklageverfahrens die Verteilungsproblematik, für die bis jetzt keine interessengerechte Lösung gefunden werden konnte. Festzuhalten ist daher, dass eine Verbandsklage auf Schadensersatz in Deutschland zwar einführbar, rechtspolitisch aber nicht zu empfehlen ist.

IV. Für Streuschäden von einer für den einzelnen Geschädigten erheblichen Größe sind keine Instrumente des kollektiven Rechtsschutzes erforderlich. Die *Marktlösung* durch eine Forderungsabtretung bietet bereits nach der derzeitigen Rechtslage eine zufriedenstellende Lösung dieses Problems, was das neu aufgegriffene Verfahren der CDC gegen das *Bleichmittelkartell* zeigt.

V. Eine von der behördlichen Kartellverfolgung unabhängige Verbandstätigkeit wird es auch nach dem hier gemachten Regelungsvorschlag nicht geben. Die Informationsasymmetrien ließen sich nur durch weitreichende *discovery*-Regeln nach dem Vorbild des US-Rechts beseitigen, was aber in Deutschland rechtspolitisch nicht umsetzbar ist. Das Unternehmensgeheimnis ist nicht nur verfassungsrechtlich, sondern auch durch das Kartellrecht geschützt. Auch ist eine Ausforschung des Prozessgegners dem deutschen Prozessrechtsverständnis grundsätzlich fremd. Das von der Kommission vorgeschlagene *Disclosure*-Modell löst das Beweisproblem ebenso wenig. Es entspricht vielmehr in seinen Grundzügen bereits der geltenden Rechtslage in Deutschland.

Literaturverzeichnis

Adolphsen, Jens / Mutz, Marina: *Das Google Book Settlement*, GRUR Int. 2009, 789

Ahrens, Hans-Jürgen u.a. (Hrsg.): Festschrift für Willi Erdmann, zum 65. Geburtstag, Köln 2002

Albrecht, Stephan: *Die neue Kronzeugenmitteilung der Europäischen Kommission in Kartellsachen*, WRP 2007, 617

Alexander, Christian: *Gemeinschaftsrechtliche Perspektiven der kollektiven Rechtsdurchsetzung,* WRP 2009, 683

Alexander, Janet Cooper: *Do the Merits Matter? A Study of Settlements in Securities Class-actions*, 43 Stan.L.Rev. 497 (1991)

Augenhofer, Susanne (Hrsg.): Die Europäisierung des Kartell- und Lauterkeitsrechts, Tübingen 2009

Bächli, Marc: *Die Passing-on Defence,* SJZ 2007, 365

Basedow, Jürgen / Hopt, Klaus J. / Kötz, Hein / Baetge, Dietmar: Die Bündelung gleichgerichteter Interessen im Prozeß, Verbandsklage und Gruppenklage, Tübingen 1999

Baumbach, Adolf / Lauterbach, Wolfgang / Albers, Jan / Hartmann, Peter: Zivilprozessordnung, 68. Aufl., München 2010

Bebchuk, Lucian Arye: *Suing Solely to Extract a Settlement Offer,* 17 J.L.Stud. 437 (1988)

Bechtold, Rainer: GWB Kommentar, 6. Aufl., München 2010

Bechtold, Rainer / Brinker, Ingo / Bosch, Wolfgang / Hirsbrunner, Simon: EG-Kartellrecht Kommentar, 2. Aufl., München 2009

Beisner, John H. / Davidson Miller, Jessica: There Will be No Exodus: An Empirical Study of S. 2062's Effects On Class-actions, 1-9 Mealey's Tort Ref. Update, 12 (2004)

Belling, Detlev W. / Riesenhuber, Karl: *Beweislastumkehr und Mitverschulden,* ZZP 108 (1965), 455

Bellinghausen, Rupert / Paheenthararajah, Kokularajah: *Gegenangriff: Schadensersatzklage gegen US-Klägeranwälte wegen Erhebung offenkundig missbräuchlicher US-Sammelklagen gegen deutsche Unternehmen*, ZIP 2008, 492

Beuchler, Holger: *Class-actions und Security Class-actions in den Vereinigten Staaten von Amerika*, Diss. Erlangen 2007

Blomeyer, Arwed: *Die Umkehr der Beweislast*, AcP 158 (1959), 97
Böhm, Ulrike: Amerikanisches Zivilprozessrecht, Köln 2005
Bomsdorf, Falk: Prozessmaximen und Rechtswirklichkeit, Diss. Kiel, 1970
Brinker, Ingo / Scheuing, Dieter H. / Stockmann, Kurt (Hrsg.): *Recht und Wettbewerb,* Festschrift für Rainer Bechtold, zum 65. Geburtstag, München 2006 (zitiert: *Bearbeiter* in FS-Bechtold, S.)
Brönneke, Tobias (Hrsg.): Kollektiver Rechtsschutz im Zivilprozeßrecht, Gruppenklagen, Verbandsmusterklagen, Verbandsklagebefugnis und Kosten des kollektiven Rechtsschutzes, Baden-Baden 2001
Bulst, Friedrich Wenzel: *Schadensersatzansprüche der Marktgegenseite im Kartellrecht – zur Schadensabwälzung nach deutschen, europäischen und US-amerikanischen Recht*, Diss. Hamburg, 2006
Bulst, Friedrich Wenzel: *Of Arms and Armour – The European Commission's White Paper on Damages Actions for Breach of EC Antitrust Law –,* Bucerius Law Journal Heft 2/2008, 81
Bundeskartellamt: Das Bundeskartellamt in Bonn, Organisation, Aufgaben und Tätigkeit, März 2009
(zitiert: Bundeskartellamt, Informationsbroschüre, S.)
Bunte, Hermann-Josef (Hrsg.): Kommentar zum deutschen und europäischen Kartellrecht, Band 2 Europäisches Kartellrecht, 10. Aufl., München 2006
Bunte, Hermann-Josef: Kartellrecht – Lehrbuch für Studium und Praxis, 2. Aufl., München 2008
Burbank, Stephen B: *The Class-action in American Securities Regulations*, ZZP Int. 4 (1999) 321, 327
Carsten, Gebhard: *Marktgerichtshof und Verbraucherombudsmann*, WuW 1973, 667
Casper, Mathias / Janssen, André / Pohlmann, Petra / Schulze, Reiner (Hrsg.): Auf dem Weg zu einer europäischen Sammelklage?, München 2009
(zitiert: *Bearbeiter*, Titel, S.)
Conrad, Sebastian: *Erfolgshonorare – Zulässigkeit von Vereinbarungen für rechtsanwaltliche Prozesskostenfinanzierung und Inkassozession*, MDR 2006, 848
Csillag, Sandra: *Der Google Urheberrechtsvergleich – the American Dream vom digitalen Monopol*, MR-Int. 2010, 19
Cumming, George: *Courage Ltd. v. Crehan,* ECLR 2005, 199
Derleder, Peter / Zänker, Leif: *Die Anforderungen an die Struktur von Abmahnvereinen seit der UWG-Novelle 1994,* GRUR 2002, 490
Dethloff, Nina: *Verträge zur Prozessfinanzierung gegen Erfolgsbeteiligung*, NJW 2000, 2225
Duve, Christian / Pfitzner, Tanja V.: *Braucht der Kapitalmarkt ein neues Gesetz für Massenverfahren?,* BB 2005, 673

Ebbing, Frank: *Class-action – Die Gruppenklage: Ein Vorbild für das deutsche Recht?*, ZVglRWiss 103 (2004), 31

Ebert, Ina: Pönale Elemente im deutschen Privatrecht, Tübingen, 2004

Eichholtz, Stefanie: *Die US-amerikanische Class-action und ihre deutschen Funktionsäquivalente*, Diss. Tübingen 2002

Einhaus, Stefan: *Kollektiver Rechtsschutz im englischen und deutschen Zivilprozessrecht*, Diss. Freiburg/Brsg. 2007

Emmerich, Volker: Unlauterer Wettbewerb, 8. Aufl., München 2009

Epping, Volker / Lenz, Sebastian / Leydecker, Philipp: Grundrechte, 4. Aufl., Heidelberg 2010

Erttmann, Dorothee / Keul, Thomas: *Zum Vorlageverfahren nach dem KapMuG – zugleich eine Bestandsaufnahme zur Effektivität des Kapitalanlegermusterverfahrens*, WM 2007, 482

Eyermann, Erich / Fröhler, Ludwig: Verwaltungsgerichtsordnung Kommentar, 12. Aufl., München 2006

Feuerich, Wilhelm E. / Weyland, Dag: Bundesrechtsanwaltsordnung – Kommentar, 7. Aufl., München 2008

Fezer, Karl-Heinz: Lauterkeitsrecht, Kommentar zum Gesetz gegen den unlauteren Wettbewerb (UWG), Band 2: §§ 5-22 UWG, 1. Aufl., München 2005

Fezer, Karl-Heinz: Markenrecht, Kommentar zum Markengesetz, zur Pariser Verbandsübereinkunft und zum Madrider Markenabkommen, 4. Aufl., München 2009

Fleischer, Holger / Zimmer, Daniel (Hrsg.): Effizienz als Regelungsziel im Handels- und Wirtschaftsrecht, Frankfurt/Main 2008

Forschungsinstitut für Wirtschaftsverfassung und Wettbewerb (Hrsg.): Wettbewerbsordnung im Spannungsfeld von Wirtschafts- und Rechtswissenschaft, Festschrift für Gunther Hartmann zum 65. Geburtstag, Köln 1976
(zitiert: *Bearbeiter* in FS-Hartmann, S.)

Franke, Nicole: Die Verbandsklagen der Verbraucherverbände nach dem französischen Code de la consommation im Vergleich zum deutschen Recht, Diss. Hamburg 2002

Franklin, Richard M. / Heydn, Truiken J.: *KapMuG: Class-action vor deutschen Gerichten?,* ZVglRWiss (105) 2006, 313

Frechen, Fabian / Keuchheim, Martin L.: *Fremdfinanzierung von Prozessen gegen Erfolgsbeteiligung*, NJW 2004, 1213

Friedenthal, Jack H. / Kane, Mary Kay / Miller, Arthur R.: Civil Procedure, 3. Aufl., St. Paul 1999

Friedman, Leon / Israel, Fred L. (Hrsg.): The Judges of the U.S. Supreme Court: Their Lives and Major Opinions, New York 1995

Fuchs, Andreas / Schwintowski, Hans-Peter / Zimmer, Daniel: *Wirtschafts- und Privatrecht im Spannungsfeld von Privatautonomie, Wettbewerb und Regulierung* –, Festschrift für Ulrich Immenga zum 70. Geburtstag, München 2004
(zitiert: *Bearbeiter* in FS-Immenga, S.)

Galanter, Marc / Cahill, Mia: *"Most cases settle": Judicial Promotion and Regulation of Settlements*, 46 Stan. L. Rev. 1339-1391

Gaier, Reinhard / Wolf, Christian / Göcken, Stephan: Anwaltliches Berufsrecht – Kommentar, Köln 2010

Geiss, Karlmann / Gerstenmaier, Klaus-A. / Winkler, Rolf M. / Mailänder, Peter: Festschrift für Karl Peter Mailänder zum 70. Geburtstag am 23. Oktober 2006, Berlin 2006
(zitiert: *Bearbeiter* in FS-Mailänder, S.)

Geimer, Reinhold: Internationales Zivilprozessrecht, 6. Aufl., Köln 2009

Glöckner, Jochen: *Individualrechtsschutz und Funktionenschutz in der privaten Durchsetzung des Kartellrechts – Der Zweck heiligt die Mittel nicht; er bestimmt sie!*, WRP 2007, 490

Gloy, Wolfgang / Loschelder, Michael: Handbuch des Wettbewerbsrechts, 3. Aufl., München 2005

Göhler, Erich / fortgeführt von / Gürtler, Frank / Seitz, Helmut: Gesetz über Ordnungswidrigkeiten, Kommentar, 15. Aufl., München 2009

Göertz, Christian: *Private Durchsetzung von Kartellrecht in Deutschland, Österreich und der Schweiz,* Diss. Münster 2007

Görner, André: *Die Anspruchsberechtigung der Marktbeteiligten nach § 33 GWB*, Diss. Mainz 2007

Gottwald, Peter: *Class-actions auf Leistung von Schadensersatz nach amerikanischem Vorbild im deutschen Zivilprozeß?,* ZZP 91 (1978), 1

Gummert, Hans / Weipert, Lutz: Münchner Handbuch des Gesellschaftsrechts, Band 1, 3. Aufl., München 2009

Grabenwarter, Christoph: Europäische Menschenrechtskonvention, 4. Aufl., Basel 2009

Groeben von der, Hans / Schwarze, Jürgen: Kommentar zum Vertrag über die Europäische Union und zur Gründung der Europäischen Gemeinschaft – Band 4, Art. 189-314 EGV, 6. Aufl., Baden-Baden 2004

Großmann, Hartmut G.: *Die amerikanische „Parens Patriae"-Klage: Ein Vorbild für bessere Durchsetzung des Kartellrechts in Deutschland?,* AG 1977, 177

Grote, Rainer / Marauhn, Thilo (Hrsg.): EMRK/GG – Konkordanzkommentar zum europäischen und deutschen Grundrechtsschutz, Tübingen 2006

Grunewald, Barbara: *Prozessfinanzierungsvertrag mit gewerbsmäßigem Prozessfinanzierer – ein Gesellschaftsvertrag,* BB 2000, 729

Grunsky, Wolfgang: *Die neuen Gesetze über die Prozesskosten- und die Beratungshilfe,* NJW 1980, 2041
Grunsky, Wolfgang / Stürner, Rolf / Wolf, Manfred: Festschrift für Fritz Baur, Tübingen, 1981
(zitiert: *Bearbeiter* in FS-Baur, S.)
Habscheid, Walther J.: *Das Recht auf Beweis*, ZZP 96 (1983), 306
Hagemeister, Volker: Rechtsanwaltskanzleien und PR, Diss. Münster 2006
Halberstam, Daniel: *Gerichtliche Zusammenarbeit im föderalen System der USA – ein rechtsvergleichender Beitrag zur Diskussion über die Gerichtsreform in der Europäischen Union*, RabelsZ 66 (2002), 216
Halfmeier, Axel: Popularklagen im Privatrecht – zugleich ein Beitrag zur Theorie der Verbandsklage, Tübingen, 2006
Halfmeier, Axel / Rot, Peter / Feess, Eberhard: Kollektiver Rechtsschutz im Kapitalmarktrecht: Evaluation des Kapitalanlegermusterverfahrensgesetzes, 1. Aufl., Frankfurt/Main 2010
Harte-Bavendamm, Henning / Henning-Bodewig, Frauke (Hrsg.): Gesetz gegen den unlauteren Wettbewerb (UWG) – Kommentar mit Preisangabenverordnung, 2. Aufl., München 2009
Hartmann, Peter: Kostengesetze, Band 2, 39. Aufl., München 2009
Hartung, Wolfgang: *Werbung um einen Auftrag im Einzelfall – ein weiterhin ungelöstes Problem?,* MDR 2003, 485
Hartung, Wolfgang / Römermann, Volker: Berufs- und Fachanwaltsordnung – Kommentar, 4. Aufl., München 2008
(zitiert: *Hartung/Römermann*, § Rn.)
Haß, Detlef: Die Gruppenklage – Wege zur prozessualen Bewältigung von Massenschäden, Diss. München 1996
Hay, Peter: US-amerikanisches Recht, 4. Aufl., München 2008
Heldrich, Andreas (Hrsg.): Recht im Spannungsfeld von Theorie und Praxis: Festschrift für Helmut Heinrichs zum 70. Geburtstag, München 2008
(zitiert: *Bearbeiter* in FS-Heinrichs, S.)
Hempel, Rolf: *Privater Rechtsschutz im Kartellrecht,* Diss., Tübingen 2002
Hempel, Rolf: *Privater Rechtsschutz im deutschen Kartellrecht nach der 7. GWB-Novelle,* WuW 2004, 362
Hempel, Rolf: *Private Follow-on Klagen im Kartellrecht*, WuW 2005, 137
Heidenberger, Peter: *Der amerikanische Jury-Prozess in Produkthaftungsfällen*, RIW 1982, 872
Hess, Burkhard: *Entschädigung für NS-Zwangsarbeit vor US-amerikanischen und deutschen Zivilgerichten*, AG 1999, 145
Hess, Burkhard: *Die Anerkennung eines Class-action settlements in Deutschland*, JZ 2000, 373

Hess, Burkhard: *Sammelklagen im Kapitalmarktrecht*, AG 2003, 113
Hess, Burkhard: *Der Regierungsentwurf für ein Kapitalanlegermusterverfahrensgesetz – eine kritische Bestandsaufnahme*, WM 2004, 2329
Hess, Burkhard: *Transatlantische Justizkonflikte,* AG 2006, 809
Hess, Burkhard: *Kartellrechtliche Kollektivklagen in der Europäischen Union – Aktuelle Perspektiven*, WuW 2010, 493
Hess, Burkhard / Reuschle, Fabian / Rimmelspacher, Bruno: Kölner Kommentar zum KapMuG, 1. Aufl., Köln 2008
Hirsch, Günter / Montag, Frank / Säcker, Franz-Jürgen (Hrsg.): Münchener Kommentar zum Europäischen und Deutschen Wettbewerbsrecht (Kartellrecht), Band 1, Europäisches Wettbewerbsrecht, 1. Aufl., München 2007
dies.: Band 2, Gesetz gegen Wettbewerbsbeschränkungen (GWB), 1. Aufl., München 2008
Hirte, Heribert: Sammelklagen – Fluch oder Segen? – ein Blick in die amerikanische Diskussion –, VersR 2000, 148
Hirte, Heribert: *Kommentar – spielt das US-Recht verrückt?,* NJW 2002, 345
Hippel von, Eike: *Besserer Rechtsschutz des Verbrauchers?,* RabelsZ 37 (1973), 268
Hök, Götz-Sebastian: Discovery-proceedings als Anerkennungshindernis, Diss. Göttingen 1993
Hohl, Julia M.: *Die US-amerikanische Sammelklage im Wandel*, Diss. Regensburg, 2008
Hoppe, Vera: *Die Einbeziehung ausländischer Beteiligter in US-amerikanische Class-actions*, Diss. Köln 2005
Immenga, Ulrich / Mestmäcker, Ernst-Joachim (Hrsg.): Wettbewerbsrecht, Band 1. EG/Teil 2 – Kommentar zum Europäischen Kartellrecht, Band 2. GWB Kommentar zum deutschen Kartellrecht, 4. Aufl., München 2007
Ipsen, Jörn: Staatsrecht II, Grundrechte, 12. Auflage, Köln 2009
Issacharoff, Samuel / Nagareda, Richard A.: *Class Settlements under Attack*, 156 U.Pa.L.Rev. 1649 (2008)
Jacobs, Rainer / Lindacher, Walter F. / Teplitzky, Otto: UWG Gesetz gegen den unlauteren Wettbewerb mit Nebengesetzen – Großkommentar, zweiter Band, 1. Aufl., Berlin 2006
Jagenburg, Walter / Maier-Reimer Georg / Verhoeven, Thomas: Festschrift für Walter Oppenhoff zum 80. Geburtstag, München 1985
(zitiert: *Bearbeiter* in FS-Oppenhoff, S.)
Jahn, Joachim: *Der Telekomprozess: Stresstest für das Kapitalanleger-Musterverfahrensgesetz,* ZIP 2008, 1314
Jarass, Hans D. / Pieroth, Bodo: Grundgesetz für die Bundesrepublik Deutschland – Kommentar, 10. Aufl., München 2009

Jauernig, Othmar: Zivilprozessrecht, 29. Aufl., München 2007
Jüntgen, David-Alexander: Die prozessuale Durchsetzung privater Ansprüche im Kartellrecht, Diss. Münster 2006
Jüntgen, David-Alexander: *Zur Verwertung von Kronzeugenerklärungen in Zivilprozessen,* WuW 2007, 128
Junker, Abbo: *Einheit und Vielfalt: Die Zivilprozeßrechte der Vereinigten Staaten von Amerika – Geschichte, Systematik, Rezeption,* ZZP 101 (1988), 241
Kahlenberg, Harald / Haellmigk, Christian: *Neues Deutsches Kartellgesetz?,* BB 2005, 1509
Kaplan, Benjamin: *Continueing Work of Civil Committee: 1966 Amendments of the Federal Rules of Civil Procedure (I),* 81 Harv.L.Rev. 356 (1967)
Karas, Stan: *The Role of Fluid Recovery in Consumer Protection Litigation: Kraus v. Trinity MAnagement Services,* 90 Cal.L.Rev. 959 (2002)
Kersting, Mark Oliver: Der Schutz des Wirtschaftsgeheimnisses im Zivilprozess – eine rechtsvergleichende Untersuchung anhand der Federal Rules of Civil Procedure und der ZPO –, Diss. Mainz 1994
Keßler, Jürgen: *Schadensersatzansprüche von Kartellabnehmern de lege lata und de lege ferenda,* BB 2005, 1125
Kießling, Erik: *Neues zur Schadensabwälzung,* GRUR 2009, 733
Klinger, Michael: *„Vernichtet und verloren?" – zum Einfluss der US-amerikanischen pre-trial discovery-Regeln auf die Obliegenheiten deutscher Unternehmen zur Aufbewahrung von Dokumenten und zur Sicherung elektronischer Daten,* RIW 2007, 108
Koenig, Christian / Loetz, Sascha / Neumann, Andreas: Telekommunikationsrecht, 1. Aufl., Stuttgart 2004
Körner, Marita: *Zur Aufgabe des Haftungsrechts – Bedeutungsgewinn präventiver und punitiver Elemente,* NJW 2000, 241
Köster, Thomas: Haftung wegen Forum Shoppings in den USA, Diss. Dresden 2000
Koch, Harald: Prozessführung im öffentlichen Interesse, Frankfurt/Main 1983
Koch, Harald: *Sammelklagen durch eine BGB-Gesellschaft,* NJW 2006, 1469
Kochheim, Martin L.: Gewerbliche Prozessfinanzierung, Univ.-Diss. Hamburg 2002
Köhler, Helmut: *UWG-Reform und Verbraucherschutz,* GRUR 2003, 265
Köhler, Helmut: *Kartellverbot und Schadensersatz,* GRUR 2004, 99
Köhler, Helmut: *Schutzlücken bei der Verbandsklagebefugnis im Kartell- und Wettbewerbsrecht – eine Aufgabe für den Gesetzgeber,* WRP 2007, 602
Köhler, Helmut / Bornkamm, Joachim: Gesetz gegen den unlauteren Wettbewerb, 26. Aufl., München 2008
Klees, Andreas: Europäisches Kartellverfahrensrecht mit Fusionskontrollverfahren, 1. Aufl., Köln 2004

Kleine-Cosack, Michael: Bundesrechtsanwaltsordnung mit Berufs- und Fachanwaltsordnung – Kommentar, 6. Aufl., München 2009

Krenzler, Michael (Hrsg.): Rechtsdienstleistungsgesetz – Handkommentar, 1. Aufl., Baden-Baden 2010

Krüger, Carsten: Kartellregress, Der Gesamtschuldnerausgleich als Instrument der privaten Kartellrechtsdurchsetzung, Diss. Münster 2010

Lackner, Karl / Kühl, Kristian: Strafgesetzbuch Kommentar, 26. Aufl., München 2007

Lahme, Rüdiger: Die Eignung des Zivilverfahrens zur Durchsetzung des Kartellrechts, Diss. Göttingen 2010

Lampert, Thomas / Weidenbach, Georg: *Akteneinsicht zur Substantiierung einer Schadensersatzklage gegen Mitglieder eines Kartells – Beweisprobleme gibt es nicht!,* WRP 2007, 152

Langbein, John H.: *The German Advantage in Civil Procedure,* 52 U.Chi.L.Rev. 823 (1985)

Larenz, Karl: Lehrbuch des Schuldrechts, Bd. I., 14. Aufl., München 1987

Lenenbach, Markus: *Reformen des US-amerikanischen Kapitalanlegerrechts: Abwehr missbräuchlicher Schadensersatzklagen und ein „safe harbour" für Unternehmensprognosen,* WM 1999, 1393

Lerche, Peter: *Zum „Anspruch auf rechtliches Gehör"*, ZZP 78 (1965), 1

Lettl, Tobias: Kartellrecht, 2. Aufl., München 2007

Linder, Ludwig: Privatklage und Schadensersatz im Kartellrecht – eine rechtsvergleichende Untersuchung zum deutschen und amerikanischen Recht, Diss. Hamburg 1980

Loewenheim, Ulrich / Meessen Karl M. / Riesenkampff, Alexander (Hrsg.): Kartellrecht Kommentar, Europäisches und Deutsches Recht, 2. Aufl., München 2009

Loritz, Karl-Georg / Wagner, Klaus R.: *Sammelklagen geschädigter Kapitalanleger mittels BGB-Gesellschaften – Kollision mit dem Rechtsberatungsgesetz,* WM 2007, 477

Lübbig, Thomas / le Bell, Miriam: *Die Reform des Zivilprozesses in Kartellsachen*, WPR 2006, 1209

Lüke, Wolfgang: *Die Beteiligung Dritter im Zivilprozess*, Habil. Freiburg/Brsg. 1992

Lutz, Martin: *Schwerpunkte der 7. GWB-Novelle*, WuW 2005, 718

Macey, J.R. / Miller, G.P.: *Auctionioning Class-action and Derivative Suits: A Rejoinder,* 87 North Western University Law Review 485 (1993)

Mäger, Thorsten / Zimmer, Daniel / Milde, Sarah: *Konflikt zwischen öffentlicher und privater Kartellrechtsdurchsetzung – zum Schutz der Vertraulichkeit von Kronzeugenanträgen an das Bundeskartellamt*, WuW 2009, 885

Mailänder, K. Peter: *Privatrechtliche Folgen unerlaubter Kartellpraxis,* Karlsruhe 1964

Mansel, Heinz-Peter / Pfeiffer, Thomas / Kronke, Herbert / Kohler, Christian / Hausmann, Rainer: Festschrift für Erik Jayme, Band 1, München 2004 (zitiert: *Bearbeiter*, Titel, in FS-Jayme, S.)

Martens, Dirk Rainer: *Erfahrungen mit Rechtshilfeersuchen aus den USA nach dem Haager Beweisaufnahme-Übereinkommen,* RIW 1981, 725

Martens, Klaus-Peter: *Grenzprobleme der Interventionswirkung,* ZZP 85 (1972), 77

Mattil, Peter / Desoutter, Vanessa: *Die europäische Sammelklage – Rechtsvergleichende und EU-rechtliche Betrachtungen –,* WM 2008, 521

Mertens, Hans-Joachim: *Kollektivrechtlicher Schadensersatz als Mittel des Verbraucherschutzes –, Überlegungen zur Einführung eines kollektivrechtlichen Schadensersatzanspruches im Rahmen von § 3 UWG,* ZHR 139 (1975), 438

Meyer-Goßner, Lutz: Strafprozessordnung Kommentar mit GVG und Nebengesetzen, 53. Aufl., München 2010

Micklitz, Hans-Wolfgang / Stadler, Astrid: *Der Reformvorschlag der UWG-Novelle für eine Verbandsklage auf Gewinnabschöpfung,* WRP 2003, 559

Möschel, Wernhard: *Kommentar – Erweiterter Privatrechtsschutz im Kartellrecht?,* WuW 2006, 115

Monopolkommission: Sondergutachten Nr. 32, Folgeprobleme der europäischen Kartellverfahrensreform, 1. Aufl., Baden-Baden 2002

Monopolkommission: Sondergutachten Nr. 41/42, Das allgemeine Wettbewerbsrecht in der Siebten GWB-Novelle, Die Pressefusionskontrolle in der Siebten GWB-Novelle, 1. Aufl., Baden-Baden 2004

Moore, James William: Moore's Federal Practice, Vol. 5, 3. Aufl., 1997 New York/ San Francisco

Müller, Klaus / Soell, Hermann: Rechtswissenschaft und Gesetzgebung, Festschrift für Eduard Wahl zum 70. Geburtstag am 29. März 1973, Heidelberg 1973
(zitiert: *Bearbeiter* in FS-Wahl, S.)

Müller-Thiele, Stefan / Schlegel, Uwe: *Neue Wege für anwaltliche Werbung – Aktuelle Rechtsprechung im Überblick,* MDR 2006, 65

Neufang, Sebastian: Kostenverteilung im US-amerikanischen Zivilprozess und Urteilsanerkennung in Deutschland, Diss. Münster 2001

Niemeier, Wilhelm: *Das Weißbuch – eine Abkehr von „amerikanischen Verhältnissen"?,* WuW 2008, 927

Note: Back to the drawing board: The Settlement Class-action and the Limits of Rule 23, 109 Harv. L. Rev. 828 (1996)

Nordh, Roberth: *Group Actions in Sweden: Reflections on the purpose of civil litigation, the need for reforms, and a forthcoming proposal*, 11 Duke Journal of Comparative and International Law 381 (2001)
Oberhammer, Paul: *Deutsche Grundrechte und die Zustellung US-amerikanischer Klagen im Rechtshilfeweg, (zu BVerfG, 25.7.2003 – BvR 1198/03),* IPRax 2004, 40
Olson, Walter K.: The Litigation Explosion, New York 1991
Palandt, Otto (Begr.): Bürgerliches Gesetzbuch mit Nebengesetzen, 69. Aufl. München 2010
Palzer Christoph / Preisendanz, David: *Frischer Wind in der privaten Durchsetzung des Kartellrechts?,* EWS 2010, 215
Parness, Jeffrey A. / Manthey, Christopher C.: *Public Process and State Judicial Rulemaking*, 1 Pace L. Rev. 121 (1980)
Petersen, Jan-Hendrik: *Die Änderungen im Recht der US-Sammelklagen durch den Class-action Fairness Act of 2005*, RIW 2005, 812
Piekenbrock, Andreas: *Zur Zustellung kartellrechtlicher treble damages-Klagen in Deutschland*, IPRax 2006, 4
Piper, Henning / Ohly, Ansgar: Gesetz gegen unlauteren Wettbewerb, mit Preisangabenverordnung – Kommentar, 4. Aufl., München 2006
Priest, George L.: *Procedural versus substantive Controls of mass tort Class-actions*, 26 J.L.Stud. 521 (1997)
Prütting, Hans / Gehrlein, Markus: ZPO Kommentar, 1. Aufl., Köln 2010
Posner, Richard A.: Economic Analysis of Law, 7. Aufl., Austin 2007
Posser, Herbert (Hrsg.) / Wolff, Heinrich Amadeus (Hrsg.): Verwaltungsgerichtsordnung Kommentar, 1. Aufl., München 2008
Rath, Michael / Hausen, Sebastian: *Ich bin doch nicht blöd? Rechtsmissbräuchliche gerichtliche Mehrfachverfolgung wettbewerbsrechtlicher Unterlassungsansprüche,* WRP 2007, 133
Rauer, Nils: *Das Google Book Settlement 2.0*, K&R 2010, 9
Rauscher, Thomas / Wax, Peter / Wenzel, Joachim: Münchener Kommentar zur Zivilprozessordnung, Band 1, §§ 1-510 c, 3. Aufl., München 2008
Rebmann, Kurt / Säcker, Franz-Jürgen / Rixecker, Roland (Hrsg.): Münchener Kommentar zum Bürgerlichen Gesetzbuch, Band 2, Schuldrecht Allgemeiner Teil, §§ 241-432 und FernAbsG, 4. Aufl., München 2001
Rengier, Rudolf: Strafrecht Allgemeiner Teil, 1. Aufl., München 2009
Reuschle, Fabian: *Möglichkeiten und Grenzen kollektiver Rechtsverfolgung – Zu den Defiziten im deutschen Prozessrecht, der Übertragbarkeit ausländischer Lösungen und den Grundzügen eines kollektiven Musterverfahrens –*, WM 2004, 966

Ritter, Jan-Stephan: *Private Durchsetzung des Kartellrechts – Vorschläge des Weißbuchs der Europäischen Kommission*, WuW 2008, 762
Rosenberg, Leo / Schwab, Karl Heinz / Gottwald, Peter: Zivilprozessrecht, 17. Aufl., München 2010
Roth, Wulf-Henning: *Neuere Entwicklungen zur Durchsetzung der amerikanischen Kartellgesetze*, ZHR 139 (1975), 534
Rothe, Oliver: *Zustellung einer US-amerikanischen Schadensersatzklage nach dem HZÜ: Verstoß gegen das Rechtsstaatsprinzip?,* RIW 2003, 859
Roxin, Claus: Strafrecht Allgemeiner Teil, Band I, 4. Aufl., München 2005
Rubenstein, William B.: Understanding the Class-action Fairness Act 2005, UCLA Program on Class-actions, Berkeley 2005
Rudolphi, Hans-Joachim / Wolter, Jürgen (Gesamtredaktion): SK-StPO, Systematischer Kommentar zur Strafprozessordnung und zum Gerichtsverfassungsgesetz, Loseblattsammlung (Stand: Januar 2004), Frankfurt/Main
Rützel, Stefan: *Illegale Unternehmensgeheimnisse?*, GRUR 1995, 557
Säcker, Franz Jürgen: Die Einordnung der Verbandsklage in das System des Privatrechts, München 2006
Säcker, Franz Jürgen / Rixecker, Roland: Münchener Kommentar zum Bürgerlichen Gesetzbuch, Band 5 Schuldrecht Besonderer Teil III, §§ 705-853 BGB, 5. Aufl., München 2009
Sandrock, Otto: *Die US-amerikanische Öffentlichkeit empört sich: ein Schadensersatzprozess über US-Dollar 54 Mio. wegen einer verschwundenen Hose*, RIW 2009, 202
Schack, Haimo: *Ein unnötiger transatlantischer Justizkonflikt: die internationale Zustellung und das Bundesverfassungsgericht*, AG 2006, 823
Schack, Haimo: Einführung in das US-amerikanische Zivilprozessrecht, 4. Aufl., München 2010
Schack, Haimo: Internationales Zivilverfahrensrecht, 5. Aufl., München 2010
Schack, Haimo: Urheber- und Urhebervertragsrecht, 5. Aufl., Tübingen 2010
Schäfer, Hans Bernd: *The Bundling of Similar Interests in Litigation. The Incentives for Class-action and Legal Actions taken by Associations*, European Journal of Law and Economics 2000, 183
Schellhammer, Kurt: Zivilprozess – Gesetz – Praxis – Fälle, 12. Aufl., Heidelberg 2007
Schilken, Eberhard: Zivilprozessrecht,, 5. Aufl., Köln 2006
Schindler, Benjamin: *Die Klagebefugnis im Wettbewerbsprozess nach der UWG-Reform,* WRP 2004, 835
Schlosser, Peter F.: EU-Zivilprozessrecht, 3. Aufl., München 2009
Schmidt, Karsten: Aufgaben und Leistungsgrenzen der Gesetzgebung im Kartelldeliktsrecht – eine rechtspolitische Studie zu den außerstrafrechtlichen Sanktionen des GWB, 1. Aufl., Baden-Baden 1978

Schmidt, Karsten: Gesellschaftsrecht, 4. Aufl., Köln 2002
Schmidt, Karsten: *Gesetzliches Kartellzivilprozessrecht*, ZWeR 2007, 394
Schneider, Hilka: Class-actions – Rechtspolitische Fragen in den USA und Anerkennung in Deutschland, Diss. Münster 1999
Schoreit, Armin / Groß, Ingo Michael: Beratungshilfe Prozesskostenhilfe, – BerH / PKH – Kommentar, 10. Aufl., Heidelberg 2010
Schwarze, Jürgen (Hrsg.): EU-Kommentar, 2. Aufl., Baden-Baden 2008
Siliciano, John A.: *Mass Torts and the Rhetoric of Crisis*, 80 Cornell L. Rev. 990 (1995)
Skrzepski, John-Robert: Die gewerbliche Fremdfinanzierung von Prozessen gegen Erfolgsbeteiligung, Diss. Greifswald 2008
Spindler, Johannes Carl: Anerkennung und Vollstreckung ausländischer Prozessvergleiche unter besonderer Berücksichtigung der U.S.-amerikanischen Class-action Settlements, Diss. Konstanz 2001
Spitzer, Christine: Die einvernehmliche Prozessbeendigung im amerikanischen Zivilprozess und die Anerkennung ihrer Prozesswirkungen in Deutschland, Diss. Rostock 2008
Stadler, Astrid: Bündelung von Interessen im Zivilprozess – Überlegungen zur Einführung von Verbands- und Gruppenklagen im deutschen Recht, Juristische Studiengesellschaft Karlsruhe, Band 256
Stadler, Astrid: *Grenzüberschreitender kollektiver Rechtsschutz in Europa*, JZ 2009, 121
Staudinger, J. von: Kommentar zum Bürgerlichen Gesetzbuch mit Einführungsgesetz und Nebengesetzen, Buch 2, Recht der Schuldverhältnisse, §§ 249-254 (Schadensersatzrecht), 14. Aufl., Berlin 2005
Stein, Friedrich / Jonas, Martin: ZPO Großkommentar, Band 2, §§ 41 - 127 a ZPO, 22. Aufl., Tübingen 2004
Steindorff, Ernst: *Gesetzgeberische Möglichkeiten zu verbesserter Durchsetzung des Gesetzes gegen Wettbewerbsbeschränkungen*, ZHR 138 (1974), 504
Stelkens, Paul: *Das Gesetz zur Neuregelung des verwaltungsgerichtlichen Verfahrens (4. VwGOÄndG – das Ende einer Reform?,* NVwZ 1991, 209
Stengel, Ulrich / Hakemann, Pär: *Gruppenklage – Ein neues Institut im schwedischen Zivilverfahrensrecht*, RIW 2004, 221
Stigler, George J.: *Free Riders and Collective Action: An Appendix to the Theories of Economic Regulation,* 5 Bell Journal of Economics and Management Science 359 (1974)
Ströbele, Paul / Hacker, Franz / Kirschneck, Irmgard: Markengesetz – Kommentar, 8. Aufl., Köln 2006
Stürner, Rolf: *Rechtsprobleme der verbandsmäßig organisierten Massenklage*, JZ 1978, 499

Stürner, Rolf: *Die verweigerte Zustellungshilfe für U.S.-Klagen oder der „Schuss übers Grab"*, JZ 2006, 60

Stürner, Rolf / Stadler, Astrid: *Zustellung von „punitive damage"-Klagen an deutsche Beklagte nach dem Haager Zustellungsübereinkommen? (zu OLG München, 9.5.1989 – 9 VA 3/89)*, IPRax 1990, 157

Sullivan, Lawrence Anthony: Handbook of the Law of Antitrust, Berkley 1977

Tamm, Marina: *Die Bestrebung der EU-Kommission im Hinblick auf den Ausbau des kollektiven Rechtsschutzes für Verbraucher*, EuZW 2009, 439

Teplitzky, Otto: Wettbewerbsrechtliche Ansprüche und Verfahren, Unterlassung – Beseitigung – Auskunft – Schadensersatz, 9. Aufl., Köln 2009

Teply, Larry L / Whitten, Ralph U.: Civil Procedure, 1. Aufl., Littleton 1991

Thomas, Heinz / Putzo, Hans: Zivilprozessordnung Kommentar, 31. Aufl., München 2010

Tilmann, Winfried: *Zur Rechtsstellung des Verbrauchers bei Wettbewerbsdelikten*, ZHR 141 (1977), 32

Togo, Federica: *Bericht: Die Einführung der kollektiven Schadensersatzklage in Italien*, GRUR Int. 2009, 132

Vollkommer, Gregor: *Neue Wege zum Recht der kapitalmarktrechtlichen Streitigkeiten - Erste Erfahrungen mit dem Gesetz zur Einführung von Kapitalanleger- Musterverfahren*, NJW 2007, 3094

Wagner, Gerhard: *Urkundenedition durch Prozessparteien – Auskunftspflicht und Weigerungsrechte*, JZ 2007, 706

Wagner-von Papp, Florian: *Der Richtlinienentwurf zu kartellrechtlichen Schadensersatzklagen*, EWS 2009, 445

Wagner-von Papp, Florian: *Kartellstrafrecht in den USA, dem Vereinigten Königreich und Deutschland*, WuW 2009, 1236

Waldner, Wolfram: Der Anspruch auf rechtliches Gehör, 2. Aufl., Köln 2000

Weidenbach, Georg: *Zementkartell: Das LG Düsseldorf als Vorreiter der Zulassung von Class-actions im Kartellrecht,* BB 2007, 847

Weidenbach, Georg / Saller, Michael: *Das Weißbuch der Europäischen Kommission zu kartellrechtlichen Schadensersatzklagen – Darstellung und erste Bewertung wesentlicher Aspekte,* BB 2008, 1020

Werner, Olaf / Häberle, Peter / Kitagawa, Zentaro / Saenger, Ingo: Festschrift für Hans G. Leser, Brücken für die Rechtsvergleichung, Tübingen 1998 (zitiert: *Bearbeiter* in FS-Leser, S.)

Wessing, Jürgen: *Die Akteneinsicht im Kartellbußgeldverfahren,* WuW 2010, 1019

Westhoff, Jan Philipp: Der Zugang zu Beweismittel bei Schadensersatzklagen im Kartellrecht, Diss. Münster 2010

Wieczorek, Bernhard / Schütze, Rolf (Hrsg.): Zivilprozessordnung und Nebengesetze – Großkommentar, Zweiter Band, 3. Teilband, Teil 1 (§§ 300-354), 3. Aufl., Berlin 2007

Wiedemann, Gerhard (Hrsg.): Handbuch des Kartellrechts, 2. Aufl., München 2008
Wieland, Joachim: *Der Zugang des Bürgers zum BVerfG und zum U.S. Supreme Court*, Der Staat 29 (1990), 333
Winkler von Mohrenfels, Peter: Abgeleitete Informationspflichten im deutschen Zivilrecht, Berlin 1986
Willging, Thomas E. / Wheatman, Shannon A.: *Attorney choice of forum in Class-action litigation: What difference does it make?*, 81 Notre Dame L. Rev. 512 (2006)
Zätzsch, Jörg: *Richterliche Unabhängigkeit und Richterauswahl in den USA und Deutschland*, Diss. Berlin 1999
Zimmer, Daniel / Höft, Jan: *„Private Enforcement" im öffentlichen Interesse?, Ansätze zur Effektivierung der Rechtsdurchsetzung bei Streu- und Massenschäden im Kapitalmarkt-, Wettbewerbs- und Kartellrecht*, ZGR 2009, 662
Zirngibl, Eva: *Kollektiver Rechtsschutz im Zivilprozess in den USA und Deutschland*, Diss. Augsburg 2006
Zöller, Richard: Zivilprozessordnung – Kommentar, 28. Aufl., Köln 2010